beck'sche reihe

bsr

»Kaiserin des Geistes« nannte der Schriftsteller Sainte-Beuve die vehemente Gegnerin Napoleons, und Madame de Chastenay notierte in ihren Memoiren, drei Großmächte hätten gegen Napoleon gekämpft: »England, Russland und Madame de Staël«. Diese Frau ging ihren Weg. Anne Louise Germaine de Staël (1766–1817) führte ein bewegtes Leben in historisch ereignisreicher Zeit. Ihre Lebensgeschichte führt sie mitten in die Turbulenzen der Französischen Revolution, und von Napoleon wird sie 1802 aus Paris verbannt. Zweimal bereist sie in diesen Jahren Deutschland und lernt Wieland, Schiller und Goethe kennen. Mit ihrem Buch »Über Deutschland« begründete sie den Mythos von Deutschland als »Land der Dichter und Denker«. Souverän entwirft Sabine Appel das Lebensbild einer engagierten und selbstbewussten Frau und zeichnet ein eindrucksvolles Porträt von Deutschland um 1800.

Sabine Appel ist promovierte Germanistin und freie Autorin. Von ihr erschienen unter anderem Biographien Goethes und Schopenhauers. Bei C.H.Beck erscheint 2011 ihre Nietzsche-Biographie »Friedrich Nietzsche. Wanderer und freier Geist«.

Sabine Appel

Madame de Staël

Kaiserin des Geistes

Verlag C.H.Beck

Mit 25 Abbildungen

1., überarbeitete Auflage in der Beck'schen Reihe
Das Buch erschien zuerst 2006 bei Artemis, Düsseldorf

Satz, Druck u. Bindung: Druckerei C.H.Beck, Nördlingen
Umschlagentwurf: malsyteufel, Willich
Umschlagabbildung: Portrait von François Gérard, 1810,
Château de Coppet © akg-images/Erich Lessing
Printed in Germany
ISBN 978 3 406 61729 4

www.beck.de

Inhalt

Land der Dichter und Denker

Eine Französin in Deutschland

»Die Rheingrenze ist feierlich; indem man sie überschreitet, fürchtet man das schreckliche Wort zu hören: Jetzt bist du außerhalb Frankreichs.« Es war ein nasskalter Novembertag des Jahres 1803. Mit Skepsis und Unbehagen, fröstelnd im diesigen Nebel, blickte Germaine de Staël von französischem Boden aus auf die andere Rheinseite, von der sie noch immer nicht wusste, ob sie ihr Ziel war. Von Paris kommend, hatte sie zwölf Tage in Metz verbracht, unschlüssig, ob sie die Weiterfahrt nach Deutschland tatsächlich antreten sollte. Madame reiste unter besonderen Umständen und nicht so ganz freiwillig. Der heimische Herrscher, Frankreichs Erster Konsul Napoleon Bonaparte, hatte sie auf vierzig Meilen aus Paris verbannt, was einer Verbannung aus dem ganzen Lande gleichkam. Es war ein empfindlicher Schlag für Madame de Staël, was der Machthaber wusste. Paris war ihr Lebensnerv und nach ihrem Empfinden der Nabel der Welt. Im Falle des Heimatverlusts, so die Reisende, habe die Existenz ihre Wurzel verloren – und wo konnte Heimat sein als in Paris?! Am Ufer des Rheins trat ihr eventuell erstmals die Situation des Exils bildhaft vor Augen. Auch die Jahreszeit vermittelte nicht gerade die gefälligsten Reiseeindrücke. Bilder von Trauer und Schwermut, die winterliche Flusslandschaften auslösen, legten sich Germaine aufs Gemüt.

Anne Louise Germaine de Staël war 37 Jahre alt. Sie reiste mit einer Hand voll Bediensteter, mit zwei ihrer drei Kinder und mit dem Freund und Geliebten Benjamin Constant. Das Leben der Pariser Intellektuellen und einflussreichen Salondame war umtriebig, gesellschaftszentriert, dicht am Siedepunkt, und es vertrug sich noch schlecht mit der behäbigen Ruhe, die das Land auf der anderen Rheinseite ankündigte. Madame kannte Deutschland aus Büchern. Sie selbst hatte es in ihrem vorletzten Buch quasi als Trägerland nordischen Dichtens und Denkens klassifiziert. Man neigte hier sehr zu stiller Versenkung, Träumerei, Denktiefe und Melancholie. Zu wünschen übrig ließ leider der gute Geschmack. In Metz hatte Madame zwölf Tage lang mit Villers über diese Dinge debattiert. Charles de Villers, ein in Deutschland lebender Franzose und begeisterter Germanophile, hatte ihr vor einiger Zeit folgenden Standpunkt verkündet: »Erlauben Sie mir, Ihnen ganz leise zu sagen, daß die Gebildeten in Deutschland über das, was man in Frankreich Geschmack nennt, erhaben sind. Diese altersschwache Gottheit unserer Boudoirs mit ihrer Fistelstimme, ihren Reifröcken und ihrer Perücke à la Ludwig der Vierzehnte ist nicht dazu geschaffen, auf dem malerischen Parnaß Germaniens Platz zu nehmen. Ein Fußtritt der teutonischen Muse hat sie längst auf den Mist befördert. Diese hält eine Leier aus Eichenholz in der Hand, ihr blondes, mit Misteln bekränztes Haar ist zum Zopf geflochten, ihr Kleid ist ein schlichtes ätherisches Gewand. Wenn ihr irgendein Gott des Geschmacks auf ihrem Fluge und ihren Wegen folgt, so ist es doch keiner mit Seidenstrümpfen und Schnallenschuhen.« Gut und schön, meinte Madame de Staël: neue Gedanken und tiefe Gefühle. Aber: »Was ich in diesem Lande vermisse, ist, daß die Ideen auf die Institutionen Einfluß nehmen können und das Nachdenken zu positiven Resultaten führt.« Konnte es möglich sein, dass der Freiheitskampf der Franzosen in Deutschlands verschlafenen Kleinstaaten, in der Provinz all dieser Dichter und Denker, kaum registriert worden war? Die Reisende wollte dem nachgehen. Vielleicht gab es im Freiheitskampf auch einen anderen Weg, der über die Denktiefe führte, über die Innerlichkeit.

Familienvergangenheit

Der Bankier und die Schöngeistige

JACQUES NECKER
»Monsieur Necker liebt die Tugend, wie ein Mann seine Frau liebt, und den Ruhm, wie er seine Mätresse liebt.« Madame de Marchais

SUZANNE NECKER
»Als Gott Madame Necker fertig geschaffen hatte, versteifte er sie noch innen und außen mit Stärke.« Eine Zeitgenossin

Als Jacques Necker und Suzanne Curchod (er 32, sie 27) sich 1764 zur Ehe entschlossen, waren beide nach Auffassung der Zeit schon in mittleren Jahren und dem gängigen Heiratsalter bereits entronnen. Die Hochzeit fand in Paris statt, doch beide Ehepartner stammten aus der französischen Schweiz, dem Waadtland am Genfer See, einer lieblichen Gegend, in der die Aristokratie und das reiche Bürgertum sich in sommerlichen Erholungsaufenthalten ergingen. Jacques Necker und Suzanne Curchod waren beide über mehrere Generationen die Abkömmlinge protestantischer Pfarrersfamilien. Das protestantische Element überwog in der Region, besonders in Genf, der ehemaligen Wirkungsstätte des Reformators Calvin. Mehr als 60000 reformierte Hugenotten hatte das Land nach der Aufhebung des Edikts von Nantes 1685 aufgenommen, darunter viele Vertreter des Uhrmacher- und Färberhandwerks sowie der Bereiche Handel und Bankwesen, was gerade dem westlichen Zipfel der Schweiz, sprachlich und kulturell von Frankreich beeinflusst, bedeutende wirtschaftliche Impulse verlieh. Ideen von Wirtschaftsliberalismus und vom Aufstieg der bürgerlichen Klasse konnten hier gut gedeihen – und Germaines Vater Jacques Necker, dessen Laufbahn vom Banklehrling in Genf über einen der reichsten Bankiers von Europa bis hin zum Pariser Staatsmann reicht, ist ein spektakuläres Beispiel dafür.

Seine Vorfahren waren brandenburgische und pommersche Pastoren. Jacques Vater Karl Friedrich Necker kam als Erzieher und Reisebegleiter des jungen Grafen Bernstorff, Sohn des Kabinettschefs des Kurfürsten von Hannover, unter anderem auch nach Genf, wo er sich niederließ. Da der Hannoversche Kurfürst später als Georg I. den englischen Thron bestieg, erhielt Karl Friedrich Necker (der sich bald »Charles Frédéric« nannte) monarchische Protektion auf direktem Wege und übernahm mit einem Jahresgehalt von 200 Pfund die Leitung eines Pensionats für junge Engländer in Genf. Später bekam er einen Lehrstuhl für öffentliches Recht an der Genfer Akademie und heiratete zu guter Letzt noch in die obersten Kreise der Stadt ein, als er Jeanne Gautier, die Tochter des Ersten Syndikus der Republik, ehelichte und damit auch die begehrten Genfer Bürgerrechte erwarb.

Den beiden Söhnen Louis und Jacques stand nun nichts mehr im Wege. Louis, der ältere, durchlief eine illustre Laufbahn mit Höhen und Tiefen: Mathematik-Professur und eine einflussreiche, vermögende Heirat, der Verlust beider Errungenschaften, ein Eifersuchtsdrama mit weitreichenden Folgen, der Weggang aus Genf und die Rückkehr, beides aufsehenerregend und in ehrenvoll erworbenem Reichtum endend. Sein Bruder Jacques wirkte daneben wie die schlichte und biedere, fleißige und dabei unprätentiöse Variante dieser noch frischen Genfer Familienabkunft. Ihm stand nicht der Sinn nach höheren akademischen Weihen und auch nicht nach glanzvollen Nahzielen. Mit fünfzehn Jahren verließ er die Schule und trat als Kommis in das Genfer Bankhaus Isaac Vernets ein. Dort arbeitete er solide und pflichterfüllt. Sein bescheidener Fleiß, mit dem wohl von Anfang an eine besondere Faszination, ein Händchen fürs Bankgeschäft, für Kredite und Wertpapiere einherging, zahlte sich aus, und der junge Jacques Necker wurde nach zwei Jahren Banklehre in die Pariser Filiale des Hauses versetzt. Noch über die kommenden Jahre zog sich sein unermüdlicher Arbeitseifer ganz unauffällig dahin. Im Stillen indes hatte Jacques längst all seine erworbenen Kenntnisse verinnerlicht, die er später auf dem Finanzmarkt im großen Stil einsetzen sollte. Noch in Genf schrieb der jugendliche Kommis einem Freund, er besitze ein kleines Kapital von 100 Livres (ein Sechstel seines bescheidenen Jahresgehalts) und wolle sich mit diesem gerne an einem Geschäft beteiligen – womit er den Freund um einen aktuellen Kurszettel bat.

1756 verwandelte Isaac Vernet seine Bank in eine Kommanditgesellschaft und machte den begabten und umsichtigen Necker, nicht seinen verschwenderischen Neffen zum Teilhaber. Die Geschäfte, die Necker in der Folge auf dem Überseemarkt, im Getreidehandel, mit Frachtschiffen und Wertpapieren tätigte, liefen teils über die Bank, teils auch unabhängig davon. Seine erste Million machte er bei einem gewagten Spekulationsgeschäft mit französischen Effekten in Kanada. Einigen Quellen zufolge soll es dabei vonseiten Neckers auch nicht ganz redlich zugegangen sein. Es wurde behauptet, er habe seine Informanten mit einem Bluff ausgetrickst und ihnen die versprochene Beteiligung an dem millionenschweren Gewinn vorenthalten. Da er nun aber einmal im Besitz eines nicht unbeträchtlichen Grundkapitals war, konnte er dieses auch weiterhin einschießen und sein Vermögen recht mühelos multiplizieren.

Die Zeit bot Privatfinanziers ganz gewaltige Chancen. Ein derart marodes System wie der französische Staatshaushalt in der Endphase der absolutistischen Monarchie war auf private Kreditgeber angewiesen, und je maroder dieser öffentliche Haushalt durch gesellschaftliche und volkswirtschaftliche Diskrepanzen, die Verschwendungssucht des Hofes und der Aristokratie insgesamt sowie durch eine korrupte Verwaltung wurde, umso größer wurden die Gewinnmöglichkeiten privater Bank- und Handelshäuser, die meist aus dem protestantischen Norden, vor allem Holland, Flandern oder eben der Handels- und Bankenstadt Genf kamen. Ein mittelalterliches Vorurteil hielt nämlich das katholische Frankreich noch lange Zeit davon ab, Geld als Ware zu betrachten und dafür Zinsen zu verlangen, und so besaß Frankreich zunächst kein eigenes funktionierendes Banksystem. Es bildete sich erst später allmählich heraus und bestand vorläufig weitgehend aus den Pariser Filialen der ausländischen protestantischen Häuser.

1750 war der siebzehnjährige Jacques Necker als kleiner, aber vielversprechender Angestellter von Vernets Bank in die französische Hauptstadt gekommen. Fünfzehn Jahre später – Vernet hatte sich, altersbedingt, inzwischen aus dem Geschäft zurückgezogen – wurde er zum alleinigen Direktor der Bank, während Vernets Neffe die Londoner Filiale übernahm. Necker war 32. Bei all seinem Vermögen – ein Mann von Welt war er nicht. So sehr ihn seine Tochter Germaine auch später zum Idol verklärte (und zu einem Idol gehört selbstredend Weltläufigkeit): Jacques Necker war eine biedere, wenn nicht gar trockene Erscheinung, die mehr vom Stubengeruch schlecht gelüfteter Comptoirs geprägt war als vom Gesellschaftsparkett der Metropole Paris. Dass er sich eben nicht als junger Mann, so wie andere, von den verführerischen Zerstreuungen dieser Metropole hatte einnehmen lassen, sondern unaufhaltsam und zäh an seinem Aufstieg gearbeitet hatte, war schließlich ein wesentlicher Grund für seinen spektakulären Erfolg.

Als Necker Suzanne Curchod traf, hatte er wohl noch nicht allzu viele Erfahrungen darin, auf Freiersfüßen zu wandeln. Er hatte bisher auch schlicht keine Zeit dazu gehabt. Schwerfällig war er und schweigsam – im Grunde das Gegenteil dessen, was man in dieser Zeit der überfeinerten Salonkultur, im französischen Rokoko, von einem sprühenden Geist der Gesellschaft erwartete. Germaine, die in diese Sphäre der raffinierten, bravourösen Konversation hineinwuchs und eine unübertreffliche Kunstfertigkeit darin entwickeln sollte, hatte früh den eigenwillig unkonventionellen Gegenpol zu diesen Geschmackszwängen in Gestalt ihres Vaters vor Augen. Schon damals begann man, der Überzüchtungen überdrüssig, nach neuen Mustern zu suchen, zunächst bei den zur Skurrilität neigenden Engländern und später bei den tiefsinnigen Deutschen. Wenn also der Hausherr im Salon seiner Frau, in dem es namentlich darum ging, dass er gesellschaftlich vorgeführt wurde, sich nicht weiter an den bravourösen Gesprächen beteiligte, sondern nur nachdenklich durchs Zimmer lief, am Daumen lutschend, nur hier und da einen Kommentar abgebend, dann hielt man sein Schweigen für besonderen Tiefsinn und ließ ihn gewähren.

Die Porträts zeigen Jacques Necker ausnahmslos in der Aufmachung der höfischen Zeit: Zopfperücke, Rüschenhemd und eine samtene Weste. Als die gepuderten Perücken längst abgelegt waren, trug Necker noch immer eine enorm aufgetürmte Frisur, die auf seine Umgebung grotesk wirkte. Er war groß und kräftig, besaß starke Augenbrauen und die Neigung zum Doppelkinn; das Gesicht wirkt leicht aufgedunsen. Auf einem Gemälde von Duplessis, das auf dem Höhepunkt seiner politischen Karriere entstand, hat Necker in Mimik und Gestik schon den Habitus eines Staatsmannes: Eine freie Körperhaltung, die Umgebung durchmessend, ein überheblicher Blick und ein zynischer Zug um die Mundwinkel offenbaren sich dem Betrachter. Seine schweigsame, aber von stillem Ehrgeiz getriebene Natur hatte sich ihren Platz in der Welt schon erobert.

Suzanne Curchod, die spätere Madame Necker, war eine Pfarrerstochter aus einem Dorf am Fuße des Jura, zwischen Genf und Lausanne. In ihrer Art und Erscheinung war sie von Beginn an nichts weniger als das. Zwar von Hause aus arm, wuchs sie doch in dem Bewusstsein auf, für Höheres geboren zu sein, und ihr Vater, der Dorfpfarrer und Abkömmling französischer Hugenotten, trug mit einer exzellenten Erziehung seiner Tochter nicht wenig zu dieser Auffassung bei. Suzanne erhielt Unterricht in den alten Sprachen Griechisch und Latein, die sie bereits als junges Mädchen fließend beherrschte, in Mathematik und Naturwissenschaften, Malen, Geige und Cembalo. Da sie zudem eine außerordentliche Schönheit war, lenkte Suzanne ihr Augenmerk früh aus dem Jura-Dorf hinaus in die größere Welt, die in diesem Fall eben Lausanne war, das Nächstgelegene, aber doch eine Stadt mit gesellschaftlichen und kulturellen Anziehungspunkten. Die jungen Leute hatten sich hier zu geselligen Zirkeln zusammengefunden, die poetische Namen trugen, sich mit Dichtung, galantem Geplänkel und dem einen oder anderen gesellschaftsrelevanten Thema beschäftigten.

Schon früh war Suzanne für emotionale Konflikte empfänglich. Als kapriziös wird sie beschrieben, als faszinierend in Erscheinung und Auftreten, doch auch ihre zahlreichen Verehrer können den Zug von Steifheit und Künstlichkeit nicht verleugnen, der Suzanne anhaftete. Die calvinistische Strenge ihres Elternhauses und die sublimen Höhen der schöngeistigen Kreise, die auch die ein wenig frivole Galanterie des Hofes in bescheidenem Maße nachahmten, Widersprüche zwischen Anspruch und Wirklichkeit – »la belle Curchod«, wie sie genannt wurde, schaffte da keine gesunde Synthese. Auch Suzanne wurde, als Madame Necker, in späteren Jahren, von Duplessis porträtiert: reinstes Rokoko, in weiß-silberner Gaze, Rüschen und Puderperücke, sehr schlank, edle Züge, feingliedrig, zurückgenommen, in geradezu aristokratischer Haltung. Germaine de Staël, die nichts von der Schönheit und Eleganz ihrer Mutter geerbt hatte, dafür aber – gleichsam im Gegenentwurf – dieser strengen Form ein unbekümmertes Maß an Natürlichkeit und gesunder Vitalkraft entgegensetzte, ist gewissermaßen das rebellische Produkt dieser komplizierten und von Prätentionen versteiften Grande Dame auf zunächst deutlich zu kleinem Parkett.

Eine unglückliche Liebesgeschichte brachte Suzanne um das zwanzigste Jahr und lange darüber hinaus in eine nachhaltige Krise. Ihr Erwählter war der junge Engländer Edward Gibbon, der auf einer Continental Tour in Lausanne stecken geblieben war und Suzanne, der Kühlen und Schönen, erfolgreich den Hof machte. Der spätere Verfasser des voluminösen Werks AUFSTIEG UND FALL DES RÖMISCHEN REICHES war bemerkenswert geistreich und bemerkenswert hässlich – ein Umstand, von dem selbst geschönte Porträts einen hinreichenden Eindruck vermitteln. Er war wohl zu dieser Zeit noch nicht ganz so fett wie in späteren Jahren, als er nach einem Kniefall vor einer angebeteten Dame nicht mehr aufstehen konnte, worauf ihm ein Diener zu Hilfe kam. Doch die Grundproportionen – ein aufgeschwemmter, fülliger Leib auf kurzen, dünnen Beinen, ein viel zu großer Kopf, Hamsterbacken, das Gesicht ebenfalls aufgeschwemmt – waren bei dem jungen Mann, den Suzanne 1757 in Lausanne kennen lernte, bereits vorhanden. Als leicht verschrobener Engländer war er zudem geradezu ein Modephänomen der literarischen Gesellschaft des Kontinents, und so verkörperte er möglicherweise für die gebildete Suzanne mehr eine ästhetische Größe als irgendetwas anderes sonst. Ihre Umgebung konnte weder ihre Wahl nachvollziehen noch die Dimensionen des Dramas ermessen, das sich in den folgenden Jahren zwischen den beiden abspielte. Gibbon warb zwar um Suzanne, war aber unentschieden und ließ sich bereits nach dem ersten ablehnenden Veto seines Vaters in England, der gegen eine Heirat seines Sohnes mit einer Ausländerin, zudem einem mittellosen Schweizer Pfarrersmädchen war, unwiderruflich entmutigen. Lange ließ Gibbon Suzanne über alles im Unklaren, bis er schließlich in melodramatischen Worten die Szenen und Stimmungen schilderte, die ihn zum Schreiben des Briefes mit fraglichem Inhalt bewogen: »Ich nehme die Feder zur Hand, ich lege sie wieder hin, ich nehme sie wieder auf. Sie merken schon, was ich zu sagen im Begriff bin. Ersparen Sie mir den Rest.« Rückblickend heißt es dann: »Ich seufzte als Liebender, ich gehorchte als Sohn.« Suzanne war untröstlich. Der empfindliche Schlag eines so leicht zu entmutigenden Geliebten, der noch nicht einmal den Versuch machte, um sie zu kämpfen, vermischte sich mit sozialen Ressentiments, denn zum ersten

Mal wurde ihr wohl auch der Makel ihrer bescheidenen Herkunft bewusst, trotz ihrer herausragenden Anlagen, die darüber hinwegtäuschen konnten. Als schließlich ihr Vater starb und der Familie nichts hinterließ, zog sie mit ihrer Mutter nach Genf und verdingte sich als Privatlehrerin, um den Lebensunterhalt für sich und ihre Mutter zu verdienen. Gibbon war mittlerweile nach England zurückgekehrt, kam Jahre später aber wieder zurück, und das Desaster ging damit von vorne los. Suzanne, die durch ihr Liebesleid wohl den letzten Rest natürlicher Spontaneität einbüßte, stürzte sich in der Zeit mehr denn je ins gesellige Treiben der Gegend und spielte weiterhin mit Bravour, filigran und sehr keusch die Rolle der umworbenen Dame, was Gibbon ihr vorwarf und – nicht ganz zu Unrecht – für Verstellungskunst hielt, eine höchst abscheuliche jedoch, wie er meinte, die ihm, wie so vieles andere auch in seiner »absonderlichen Affäre«, die Augen über den Charakter der Frauen geöffnet habe. Die Sache war gründlich verkorkst, auch ohne den englischen Vater, der die Verbindung missbilligte. Suzannes Verhärtungen, die sie später so unnahbar machten, ihre übermäßige Betonung der äußeren Form und die beinahe calvinistische Zucht im Innern trotz weltlichen Flitters um sie herum, haben so einige Ursachen; die achtjährige Affäre Gibbon ist eine davon.

Suzannes Erziehungsleistungen bei wohlhabenden Familien hatten sich inzwischen herumgesprochen, und so verschaffte ihr ihr Freund Moultou, der Geistliche, der sie schon bei Rousseau und bei Voltaire in Fernay eingeführt hatte, eine interessante Beschäftigungsmöglichkeit, die sie aus ihren fatalen Genfer Verhältnissen herausriss und der Beginn eines neuen Lebensabschnitts war: Die schöne und reiche Witwe Germaine de Vermenoux aus Paris (Suzannes Tochter sollte von ihr ihren Namen erhalten) war vorübergehend in Genf, um einen berühmten Modearzt zu konsultieren. Die Dame suchte eine geeignete Erzieherin für ihren achtjährigen Sohn, war von Suzanne überaus angetan und nahm diese mit nach Paris. Ein beträchtlicher Szenenwechsel. Die arme Pfarrerstochter, die schon lange mit der Bildungselite ihres Umfeldes und in adeliger Gesellschaft verkehrte, kam ins mondäne Paris – allerdings, wie sie empfindlich zu spüren bekam, in untergeordneter Stellung. Spannungen mit der Hausherrin blieben nicht aus. Suzanne war im

Hause der Vermenoux eine Angestellte, bei all ihren offenkundigen Gaben. Auch wirtschaftlich blieb sie auf erniedrigende Weise abhängig. Bereits in den ersten zwei Wochen ihres Paris-Aufenthalts hatte sie mehr als die Hälfte ihres Jahreseinkommens für Garderobe und Galanteriewaren ausgegeben, um auch nur einigermaßen mit der Pariser Eleganz, der sie verpflichtet war, mithalten zu können.

Jacques Necker tauchte eines Tages im Hause der Vermenoux auf, da er die Witwe in Geldangelegenheiten beriet. Es fiel ihm ein, um die schöne Dame zu werben, da eine adäquate Heirat eigentlich das Einzige war, was ihm auf seinem Erfolgsweg noch fehlte. Madame zollte dem versierten Bankier allen Respekt, doch als Kavalier war er nicht unbedingt der Geeignete, um ihr Herz zu betören. Finanziell unabhängig war sie auch so, und die verwöhnte Frau sah sich kaum in der Notwendigkeit, eine Heirat um jeden Preis einzugehen. Sie fand Necker langweilig und ließ ihn das wohl auch spüren. Der aber fand sich immer öfter mit der Gesellschaftsdame und Erzieherin des Hauses, die ebenfalls seiner Genfer Heimat entstammte und ihrer Herrin in puncto Schönheit und Bildung nicht nachstand, in den Vorzimmern zu Madame de Vermenoux allein gelassen, und so entspannen sich zwischen ihnen die Bande.

Das gemeinsame Lebensprojekt, dem sich Suzanne Curchod und Jacques Necker auffällig schnell nach ihrer ersten Begegnung versprachen, kam einer raschen Eingebung gleich, die weder mit betörender Liebe noch mit dem Begriff einer Vernunftverbindung wirklich auf einen Nenner gebracht werden kann. Für die Ziele und Werte, die beide verfolgten, war die Verbindung das Optimum. Am 28. November 1764 wurde die Ehe geschlossen. Germaine de Vermenoux, die dann doch etwas verschnupft darüber war, auf einen Schlag einen Verehrer, einen Geldberater, eine Gesellschafterin und eine Gouvernante verloren zu haben, prophezeite den beiden, sie würden einander zu Tode langweilen, der farblose Bankier und die schöngeistige, unterkühlte Erzieherin. Man hatte Madame, um Komplikationen zu vermeiden, erst im Nachhinein von der Eheschließung unterrichtet. Sie war überraschend für alle möglichen Seiten.

Familie Necker, ein »Dreigestirn«

Germaines Kindheit und Jugend

Germaine Necker als Kind
»Man machte sich einen Spaß daraus, dieses kleine Stück blendenden Geistes herauszufordern, zu verwirren und anzuspornen. Die berühmtesten Geistesgrößen waren es besonders, die sie zum Sprechen bringen wollten.« Jeanne-Catherine Rilliet-Huber, Notes

Necker war Millionär. Die erfolgreichen Geschäfte, die er in den vergangenen Jahren getätigt hatte, versetzten ihn und seine Familie in den erfreulichen Zustand finanzieller Unabhängigkeit. Als Schweizer Bürger erwuchs ihm der Vorteil, dass dieses Vermögen auch während der Wirren der Französischen Revolution unangetastet blieb – seine bürgerlich schweizerische Herkunft würde ihm noch so manch anderen Vorteil gewähren.

Doch Necker war ehrgeizig. Obwohl er weiter als Bankier tätig blieb, verfolgte er insgeheim andere Ziele. Er wollte eine öffentliche Rolle spielen als Ökonom und politischer Ratgeber, er wollte Ruhm und dem Land dienen, in dem er lebte und wirkte – Frankreich im Ancien Régime. Doch dafür war ein gesellschaftliches Profil, vor allem seine Präsenz unerlässlich. Suzanne, seine Frau, half ihm dabei. Sie hatte alle erforderlichen Qualitäten dazu.

Mit großem Elan richtete sie sich als Dame eines Hauses ein, das sich der gelehrten Welt von Paris und manch anderem, der ihrem Gatten von Vorteil sein sollte, öffnete. Die verzweifelte Lähmung der letzten Jahre war endgültig vorbei – Jacques Necker schien ihr vom Himmel gesandt, ein »Engel«, so schrieb sie, und in selbigem Brief an eine Freundin versäumte sie es auch nicht, das Jahreseinkommen ihres Angetrauten, das 25 000 Livres betrug, zu erwähnen. Das Ehepaar bezog zunächst eine elegante Wohnung im Marais-Viertel, wo Suzanne etwa ein Jahr nach ihrer Hochzeit von ihrem Ex-Verlobten Edward Gibbon besucht wurde. Gibbon war sehr beeindruckt von dem Reichtum, der Suzanne Necker umgab, und empfand es als »impertinente Selbstsicherheit« des Hausherrn, dass dieser ihn jeden Abend zum Souper einlud, sich dann zurückzog und ihn mit seiner Frau allein ließ – was bedeute, so schrieb er in seinem Tagebuch, »einen ehemaligen Geliebten als ziemlich unbedeutend zu betrachten«. Suzanne triumphierte nach diesem Wiedersehen. Über Nacht hatte sich ihre Misere in ein Glückslos verwandelt. Ob sie die gleichen berückenden Gefühle für ihren Mann hegte wie dereinst, in Lausanne, für Edward Gibbon, ist fraglich. Doch diese Phase betrachtete sie rückblickend ohnehin nur als eine Verirrung der Jugend. Jacques Necker hatte indes sogar einige Ähnlichkeiten mit Gibbon: Auch er war ein Einzelgänger-Typ, etwas sonderlich, auch er neigte zur Korpulenz und trug (wie dieser) altmodische, aufgetürmte Frisuren, und bei all seinem stillen Wesen war er auch eitel, ja mehr als das, seine Gattin neckte ihn manchmal deswegen in durchaus schonungslos-eloquenter Manier.

Die Auftritte in Gesellschaften waren für Suzanne die eigentlichen Glanzpunkte ihres Daseins und zugleich eine Möglichkeit, die düsteren Gedanken, die in ihr schlummerten, zum Schweigen zu bringen. Am Abend vor ihrer Trauung hatte sie ihrem Bräutigam einen höchst merkwürdigen Brief geschrieben, in dem eigentlich mehr vom Tod die Rede war als vom Eheglück oder von einer gemeinsamen Zukunft. »Wenn ich meine Seligkeit betrachte«, schrieb sie, »fürchte ich, daß sie mir entschlüpfen wird, und ich kann an die Köstlichkeit des Lebens nicht denken, ohne den Augenblick des notwendigen Endes vorauszusehen.« Und an Necker gerichtet: »Es kann geschehen, daß die Angst meines Herzens und die düsteren Todesbilder, die es bedrängen, mich daran hindern werden, Dich zu befriedigen.« *Er* aber sei das Band, das sie mit der Welt verknüpfe, nur er. »Laß im Augenblick meines Todes Deine Liebe zu mir am stärksten sein, und mein Sterbetag wird zum schönsten Tag meines Lebens werden.« Sterbetag? Die Dame war 27, gesund und im Begriff, zu heiraten, genau genommen am folgenden Tag. Was hatte es auf sich mit Suzanne Neckers obskurer Gemütskrankheit und Todesverfallenheit? Ein Vertreter der Tiefenpsychologie spricht in Fällen wie diesem von »ekklesiogener Neurose« und meint den Zusammenhang von neurotischen Erkrankungen und einer hypertroph-religiösen Erziehung, die tendenziell lebensfeindlich und von einem ständigen, drückenden Sündenbewusstsein durchzogen ist. Die Welt hier und jetzt wird als Mangelwelt, als ein Ort der göttlichen Prüfung betrachtet, und je mehr man sich dieser Ursünde bewusst, zum Leiden, zur Duldung und zum Gehorsam bereit ist, umso mehr verdient man sich die Seligkeit dereinst im göttlichen Jenseits. Befremdlich wirken beispielsweise die Briefe, die Suzanne ihrer Mutter nach deren Tod schrieb, als Grabbeilage, wenn man so will; das Zusammenleben der beiden Frauen in Genf in der unmittelbaren Vergangenheit, ohne Mittel, in drückender Enge und in Schuldzuweisungen, wer nun in diesem Leben die größeren Opfer bringe, Suzanne über Jahre in einer quälenden Liebesbeziehung gefangengenommen, muss ein Desaster gewesen sein. In gebetsartigen Anrufen flehte Suzanne jedenfalls die tote Mutter um Vergebung an – Vergebung für was? Zu wenig Demut und klaglose Hinnahme von Entbehrungen? Mangelnde Kindesehrfurcht zu Lebzeiten über dem Hadern, wer am Unglück der jeweils anderen die größere Schuld habe? In Suzannes eigener Tochterbeziehung jedenfalls sollten sich das Schuldzuweisungsmuster und die niederdrückenden Rituale von Vergehen und Vergebung mit sündebehaftetem Unterton auf unheilvolle Weise wiederholen. Die Liebe der Eltern muss man sich verdienen wie die Liebe des herrlichen, aber unerreichbaren und offenbar ziemlich willkürlichen und auch zürnenden Gottvaters; das ist die herbe Botschaft an ein Kind innerhalb solcher Wertmuster. Eine derartige Atmosphäre kann nur Lebensangst schüren, da alle gesunden Kräfte erstickt werden. Nichts von unschuldiger, bedingungsloser und kraftspendender Liebe. Es war Germaines Mutter-Erbe.

Suzannes größte Angst war, lebendig begraben zu werden. Das Bild trieb sie um, sie war besessen davon, und aus diesem Grunde ordnete sie Jahrzehnte vor ihrem Tod in akribischen Einzelheiten ihre eigene Beerdigung an – wie lange man ihren toten Körper in Alkohol einlegen solle, bevor man ihn einbalsamiere und schließlich bestatte … Der Gedanke an den Tod beherrschte ihr Leben. Was diese Ängste noch einmal mächtig verstärkte, war das Erlebnis ihrer Schwangerschaft und die Geburt ihrer Tochter am 22. April 1766, sechzehn Monate nach der Eheschließung. Die gesamten neun Monate hindurch war Suzanne eigentlich davon überzeugt, die Geburt nicht zu überleben – was in ihrer Zeit an sich keine Seltenheit war. Je näher der Geburtstermin rückte, umso größer wurden die Ängste, die sie auf Schritt und Tritt, in tagebuchartigen Abhandlungen, ins Große und Weite ausufernd, niederschrieb.

Die Geburt ihres Kindes erlebte Suzanne als ein Trauma. Und

ganz konträr zu den Vorstellungen ihrer Zeit räumte sie kräftig auf mit den Mythen von Mutterschaft und von weiblichem Leben. Nach dieser traumatischen Geburt würde sie sich nie wieder »aufs Rad flechten lassen«, wie sie den Vorgang beschrieb, der ihr sowohl im elterlichen Pfarrhause als auch in ihren schöngeistigen Kreisen in seiner Realität völlig vorenthalten worden war. Um die sexuelle Aufklärung war es nicht gut bestellt in der bürgerlichen Blütezeit christlicher Leibfeindlichkeit, in der die Sexualneurosen wohl ihre Höchststände feierten. »Ich gestehe«, so schrieb sie, »daß meine angstvolle Einbildungskraft weit hinter der Wirklichkeit zurückblieb. Drei Tage und Nächte lang litt ich die Qualen der Verdammten, und der Tod stand neben meinem Bett, begleitet von seinen Trabanten in Gestalt einer Gattung von Männern, die entsetzlicher sind als die Furien und nur zu dem Zweck erfunden wurden, der Sittsamkeit ein Schrecknis und der Natur ein Ärgernis zu sein. [...] Die abstoßenden Einzelheiten einer Geburt waren so sorgfältig vor mir geheimgehalten worden, daß ich ebenso überrascht wie entsetzt darüber war, und meiner Meinung nach sind die Gelübde, zu denen die meisten Frauen gezwungen werden, wahrhaft tollkühn. Ich bezweifle, ob Frauen freiwillig zum Altar gehen und dort schwören würden, sich alle neun Monate aufs Rad flechten zu lassen.«

In zahlreichen Aufzeichnungen, moralisch-philosophischen Reflexionen, propagierte Madame Necker in den Folgejahren ein geistiges Glück, das auf Seelenfrieden und inneres Einvernehmen mit Gott zielen sollte – fast klösterliche Prinzipien und die Grundlage einer asketischen Lebensform. Sie misstraute den Sinnen, die, wie sie schrieb, den Schwung der Seele behinderten. Diese Auffassung brachte sie in die Erziehung ihrer Tochter mit ein, obwohl sie diese – was geradezu obskur anmutet – an den Lehren von Rousseaus EMILE orientieren wollte. Das Buch war 1762, vier Jahre vor der Geburt von Anne Louise Germaine Necker, erschienen und hatte für großes Aufsehen gesorgt. Ausgehend von der These, dass der Mensch von Natur aus gut sei und nur durch Zivilisation und Gesellschaft korrumpiert werde, plädiert Rousseau in seinem Roman für eine »natürliche Erziehung«, die sich an den natürlichen Instinkten des Kindes, seinen Eindrücken,

Gefühlen und spontanen Schlussfolgerungen orientiert. Bis zum fünften Lebensjahr solle die Entwicklung des Kindes nur auf Gesundheit und körperliches Wachstum ausgerichtet sein. Ein Leben auf dem Land, im Einklang mit der Natur könne dieses gewährleisten. So würden die Sinnesorgane geschärft, die Begeisterungsfähigkeit und Aufnahmebereitschaft der kindlichen Seele gefördert, denn alle Begriffe, so meinte Rousseau, werden uns durch die Sinne vermittelt. Mit den Erziehungsmethoden der Suzanne Necker hatten diese Vorstellungen wenig zu tun, dennoch zog Suzanne sie weitgehend mit Rousseaus EMILE und dem Katechismus in der Hand, nach dem, was sie darin für richtig hielt, auf. Eifrig und pflichtbewusst, wie sie war, sah Suzanne ihre Mutterschaft als große Aufgabe an. Doch die Erfüllung einer Aufgabe ersetzt nicht die Liebe. Germaines erste Biographin, ihre gleichaltrige angeheiratete Cousine Albertine Necker de Saussure, schreibt über Germaines Mutter: »Für die Anmut der Kindheit war Frau Necker nicht sonderlich empfänglich: sie hatte die Natur allzu sehr beherrscht, um die Regsamkeit angeborener Triebe zu bewahren. Was sie lieben sollte, mußte sie bewundern können; eine Zärtlichkeit, welche ganz im Vorgefühl und in der Einbildungskraft daheim ist, mußte ihr einigermaßen fremd bleiben.« Dass Mademoiselle Necker im Einklang mit der Natur ihre Kräfte entfaltete, kann man auch nicht gerade behaupten. Das Kind wuchs im Salon seiner Mutter auf, ausschließlich in geschlossenen Räumen und in der gelehrten Welt von Paris, überfüttert mit geistiger Nahrung und einem Unterrichtspensum, das manchem Hochschulstudenten zur Ehre gereicht hätte. Es war aber viel mechanisches Lernen darin, und wenn Rousseau in seinem EMILE schreibt, auf keinen Fall dürfe man dem heranwachsenden Kind gestatten, mit einem Wust mechanisch erlernter Fakten zu brillieren, dann wurde auch dieser Ansatz nicht von der pädagogisch ambitionierten Rezipientin beherzigt. Ihr Leben lang sollte Germaine eine Abneigung gegen die systematische Aneignung von Wissensstoff beibehalten, gegen lange und konzentrierte Versenkungen, die sie ermüdeten. Ihre geniale Auffassungsgabe erlaubte es ihr, die Dinge sehr virtuos und gleichsam wie nebenbei zu erhaschen, zwischen Ablenkungen unterschiedlichster Art, auch häufig in unmittelbarer kreativer

Verwertung, was ihre Umgebung, die sich alles viel mühsamer aneignen musste, verblüffte.

Der größte Gegensatz zwischen Jean-Jacques Rousseau und Suzanne Necker als Pädagogen bestand aber hinsichtlich der religiösen Erziehung. Rousseau plädierte dafür, dem jungen Menschen religiöse Ideen nur mit Maßen und erst ab dem 18. Lebensjahr nahezubringen, da ansonsten die Gefahr bestehe, dass sie für ihn bloße Abstraktionen blieben. Seine »natürliche Religion«, die Erkenntnis der Allgegenwart Gottes, die sich harmonisch in die Seele des Heranwachsenden senke, kommt ganz ohne Dogmen aus, vor allem ohne die selbstzerfleischende Gewissensethik, die Suzannes calvinistisches Erbe war. Germaines wacher Verstand wurde in dieser Erziehung aufs Äußerste kultiviert und gefördert, doch das Kind in ihr wurde erdrückt, die Kindheit gleichsam übersprungen. Germaine war frühreif, geistig enorm empfänglich und leistungsfähig, nach außen hin angepasst – ein Kinderporträt zeigt sie, der Zeit gemäß, als kleine Erwachsene mit rüschenbesetzter Robe und Puderperücke. Geziert war sie nicht, Charakter und Geist blieben immer natürlich – ihrer eigenen Aussage nach, rückblickend, verdankte sie diesen Umstand dem kritischen und geradlinigen Blick ihres Vaters.

Mittlerweile waren die Neckers von ihrer Wohnung im Marais-Viertel in ein prächtiges Privathaus in der Rue de Cléry umgezogen. Sie hatten außerdem ein Landhaus in Saint-Ouen, einem eleganten Vorort von Paris, in welchem sie sich in angesehener Nachbarschaft, teils adeliger Familien, befanden. Jacques Necker hatte seinen ersten diplomatischen Posten als Gesandter der Republik Genf am Hof von Versailles und wurde kurz darauf zum Direktor der Französisch-Indischen Handelsgesellschaft ernannt. Die Propagandazentrale in Suzannes Freitagssalon war also nicht ohne Wirkung geblieben.

Neben den Bemühungen um die Erziehung ihrer Tochter Germaine war Suzannes Ehrgeiz ganz auf den Aufbau ihres Salons ausgerichtet. Die »Bureaux d'Esprit«, wie die Salons damals genannt wurden, waren kleine Höfe und Machtzentren, in deren Mittelpunkt eine geistreiche und nach Möglichkeit schöne Frau stand – Freiräume des Denkens und Freiräume weiblicher Emanzipation.

»In Paris erreicht man nichts ohne die Frauen«, hatte man dem jungen Jean-Jacques Rousseau mitgeteilt, als dieser 1742 in die französische Hauptstadt gezogen war, und in der Tat erfüllten die Salonièren, Berühmtheiten ihrer Zeit, die Rolle von Kulturvermittlerinnen im Brennpunkt zeitgenössischen geistigen Austauschs. Die Rolle war Suzanne auf den Leib geschrieben – und so genussfeindlich auch ihre Lebenseinstellung war, so puritanisch sie dachte und ihre Tochter erzog: Im Salon war sie noch immer eine große Dame, schön und blond wie ehedem, verspielten Flirts keineswegs abgeneigt, auch wenn sich der Gatte und Hausherr, um dessen Fortkommen willen das alles veranstaltet wurde, daumenlutschenderweise im Hintergrund aufhielt. Berühmte Salondamen wie Madame de Rambouillet, Madame du Deffand oder Madame Geoffrin hatte Suzanne Necker, die bürgerliche Ausländerin, mit ihrem Entschluss, in Paris einen bedeutenden Salon zu eröffnen, zu unmittelbaren Konkurrentinnen. Mit Zähigkeit und Entschlusskraft warb sie um namhafte Gäste, denn an deren Qualität war die Anziehungskraft eines Salons abzulesen. Der Naturforscher Buffon, d'Alembert, Mathematiker und philosophischer Schriftsteller, der Publizist Suard, der Dichter Thomas, die Abbés Raynal, Galiani und Morellet, der Literat Marmontel und der deutsche Gelehrte Melchior Grimm gehörten bald zu den regelmäßigen Besuchern der Neckerschen Freitagsgesellschaft, schließlich sogar Diderot, dem Suzanne jahrelang regelrecht nachgestellt hatte, um ihn für ihren Salon zu gewinnen.

Auf die Philosophen legte Suzanne in ihrer Freitagsgesellschaft besonderen Wert – was keineswegs unprekär war, galten sie doch als Freigeister und tendenzielle Atheisten, und das nicht zu Unrecht. In der »Coterie rue Saint-Honoré« trafen sich zweimal wöchentlich sämtliche kühne Denker, angeführt von Denis Diderot, die auch bei den Neckers verkehrten und sich rühmen durften, einen beträchtlichen Teil überlieferter Denkgewohnheiten und moralischer Systeme erschüttert zu haben: Baron von Holbach, atheistischer Philosoph und Religionskritiker, dessen System der Natur ein Hauptwerk des französischen Materialismus wurde, der Philosoph und Psychologe Helvétius, der die Eigenliebe als Triebfeder menschlichen Handelns ansah, weshalb Morallehren völlig unsinnig seien, und der Sätze formulierte wie: »Der Mensch ist eine Maschine, die, durch sinnliche Empfindungen in Bewegung gesetzt, alles tun muß, was sie ausführt.« Marmontel, Suard, die Abbés und der scharfzüngige Diderot, das Haupt der Enzyklopädisten, Spötter, Freidenker und Libertin, wie er im Buche steht ... Dass eine derartige Freigeisterei kaum mit Suzannes religiösen Prinzipien zu vereinbaren war, erhellt die Tatsache, dass die Hausherrin mitunter (und sicher nicht zuletzt auch effektheischend) in Tränen ausbrach, wenn die Gespräche in ihrem Hause allzu religionskritische oder blasphemische Züge annahmen. Sie öffnete den Philosophen jedoch nach wie vor und ganz bewusst ihre Tür.

Bereits als kleines Kind war Germaine regelmäßig bei den Zusammenkünften zugegen. Sie wurde als Wunderkind präsentiert – auf einem Schemel sitzend neben ihrer Mutter, in kerzengerader Haltung, wie man es ihr beigebracht hatte. Die erlauchten Gäste pflegten die Kleine bald in die Konversation einzubeziehen und herausfordernd-geistreiche Antworten aus ihr hervorzulocken, die sie bereitwillig gab: spitz, schlagfertig, selbstbewusst. »Man machte sich einen Spaß daraus, dieses kleine Stück blendenden Geistes herauszufordern, zu verwirren und anzuspornen. Die berühmtesten Geistesgrößen waren es besonders, die sie zum Sprechen bringen wollten.« Germaine spielte die kleine Erwachsene, aber auf eigenwillige und provozierende Art. Sie steckte zwar noch im Korsett ihrer Mutter, die alles in ihrem Leben vorgab und kontrollierte: ihre Lektüre und ihre Unterrichtsstunden, ihren Tagesablauf und ihren Umgang, ja selbst die Wortwahl beim Briefeschreiben, da Suzanne nur in einem ihren Vorstellungen entsprechenden Spiegelbild das Kind sehen konnte, das sie anzunehmen bereit war. Aber in diesen kecken Geplänkeln und intellektuellen Repliken während der Freitagsgesellschaften zeigte Germaine in der frühesten Form ihr Genie, und sie gab sich weit freier, als sie wohl sollte, was man ihr wegen des Aufsehens, das sie erregte, verzieh – auch die Mutter, so scheint es, denn Germaine war ja eine zusätzliche Attraktion ihres Salons. Man sprach von der Freiheit der Liebe, vom Recht des Herzens und von den Leidenschaften im Kontext von Rousseaus Nouvelle Héloise oder den empfindsamen Romanen von Samuel Richardson, und die kleine Germaine beteiligte sich an den Gesprächen, als sei sie eingeweiht und als sei nichts dabei, dass eine Achtjährige die Leidenschaften des menschlichen Herzens erörterte. Die Gesellschaft, die in den Gegenständen zu Hause war, amüsierte sich über dieses erstaunliche Kind, das sich in seiner Rolle gefiel, Grenzen austestete und so auch die Kompensation für einen natürlicheren Entwicklungsgang fand.

Germaine war sehr lebhaft, doch ihre Mutter bremste unentwegt ihr Temperament, um ihr zu bedeuten, was sich alles nicht zieme: starke Affekte zum Beispiel, Spontaneität, Enthusiasmus und Liebesbeweise. Das alles mochte in der Literatur seinen Platz haben, doch nicht im Leben. Als Germaine ihrer Mutter einmal als knapp Zwölfjährige in einem Brief während einer Trennung überschwängliche Liebeserklärungen machte und die Leere des Hauses, die »Wüste« beschrieb, die sie umgebe, wie bang ihr ums Herz sei, wie traurig sie sei, antwortete Suzanne: »Dein Stil ist recht hochtrabend. Übersteigere dich nicht so sehr, um mich zu loben und mit mir zärtlich zu sein. Das beweist einen Mangel an Takt, der in Deinem Alter allerdings üblich ist. Wenn man länger gelebt hat, erkennt man, daß die richtige Art, Leuten zu gefallen und sie zu interessieren, darin liegt, die eigenen Gedanken genau wiederzugeben, ohne Gespreiztheit und ohne große Aufmachung ...« Ein Arzt übrigens – und zwar der berühmte Dr. Tronchin, der Madame Vermenoux damals nach Genf geführt hatte und der jetzt in Paris lebte – hatte die vorläufige Trennung von Mutter und Tochter empfohlen, da eine Veränderung dringend geboten schien. Germaine war matt, niedergeschlagen und gleichzeitig exaltiert, nervös bis zum Zusammenbruch, überreizt. Zu den Veränderungen gehörten Landluft, Bewegung im Freien und Körperertüchtigung sowie ein stark reduziertes Unterrichtspensum, vor allem aber eben die Aufgabe einer Mutter/Kind-Symbiose, an der das Kind Schaden nahm, wie der Arzt offenbar ganz richtig feststellte. Der Hunger nach Liebe, der Germaine ein Leben lang umtreiben sollte, mit panischen Anwandlungen und emotionalen Erpressungen ihrer Partner, Ohnmachtsanfällen und Selbstmorddrohungen hat seine Ursache in diesen Wechselbädern aus Überbeanspruchung und emotionaler Zurückweisung im Gefühlsleben des Kindes. Suzanne hatte selbst immerhin festgestellt, dass Germaine Hustenanfälle vortäuschte, um ihre Aufmerksamkeit zu erregen und mütterliche Liebe zu erhalten – Konsequenzen aus dieser Entdeckung jedoch zog sie nicht.

In den Kinderjahren jedenfalls warb Germaine noch um ihre Mutter – glühend, mit Leidenschaft und mit dem ständigen Eingeständnis von Schuld, dass sie in den Augen der Mutter nicht besser war, als sie war. Suzanne antwortete: »Beweise mir deine Liebe damit, daß du deine Gefühle und deine Vernunft dauernd perfektionierst und deinen Charakter zügelst, indem du deine Seele durch die Religion erhebst.« Solchen eiskalten Duschen stand die mondäne Welt der Gesellschaften gegenüber, in die man sie mitnahm, ihr galanter, mitunter auch schlüpfriger Tenor, denn die Salons imitierten nicht zuletzt auch die Höfe – schwer zu vereinbarende Gegensätze für eine Heranwachsende! Die Gelehrsamkeit, die sie umgab, war für das hochbegabte Kind allerdings eine einzigartige Schule. Sie hörte, nahm auf, setzte um, und sie übte sich in der Akrobatik der geistreichen Wechselrede, der direkten Erwiderung auf vorgetragene Thesen und Meinungen, mit allen Nuancen und Nebentönen, die die Konversationskunst erforderte, so dass sie später niemand darin übertreffen sollte. Im Grunde war dieses Übungsterrain, auf dem sie sich da erging, noch der einzige Freiraum, den sie erfuhr. Die größten Gelehrten des Landes kommunizierten mit ihr wie mit einer Erwachsenen. Sie selbst schrieb schon früh eigene Aufsätze. Als sie 15 war, kommentierte sie Montesquieus GEIST DER GESETZE. Der Abbé Raynal wollte sie damals dazu bewegen, für sein großes Werk über die Handelsniederlassungen der Europäer in Indien einen Abschnitt über die Aufhebung des Edikts von Nantes zu verfassen. Monsieur Necker übrigens war von den literarischen Aktivitäten Germaines anfangs gar nicht begeistert und teilte die Auffassung seiner Zeitgenossen, dass schreibende und publizierende Frauen ein Zeichen von Anmaßung seien.

Germaine war nicht hübsch, wenigstens nach den Kriterien ihrer Zeit, weder als Kind noch als Mädchen noch später als junge Frau. Vor allem war sie ganz anders als ihre Mutter: dunkelhaarig, mit ungebändigten Locken und schwarzfunkelnden Augen, einer bräunlichen Gesichtsfarbe und häufig geröteten Wangen, einem runden Gesicht und leicht wulstigen Lippen. Später wurde sie füllig. In der Glitterwelt, in der sie herumgeführt wurde, hat man ihr diesen Mangel an Schönheit sicherlich widergespiegelt. Auch darüber musste sie sich früh erheben. Es gelang ihr – sie war im Kern stark. Und Suzanne, die noch immer die ungekrönte Königin ihres Salons war, groß, schlank, sich »allzu gerade« haltend, mit einnehmenden blauen Augen, der die Männer zu Füßen lagen und gewagte Komplimente zuflüsterten, wird gar nicht ganz unglücklich darüber gewesen sein, dass Germaine ihr nicht ähnelte und hier wenigstens kein Vergleich anstand. Zur Konkurrentin wurde die Tochter ihr aber in anderer Hinsicht.

Der schweigsame Hausherr, der Vater, der Ehemann, der bei den Freitagsgesellschaften seiner Frau zwischen Moralphilosophie, Enzyklopädie, Debatten über Englisch-Amerika, empfindsamer Dichtung und Galanterie nur nachdenklich hin- und herlief (»Monsieur Necker denkt, das ist alles gut und schön, er nickt und geht.«), war zu Hause im Zusammensein mit seiner Tochter wie ausgewechselt. Schon mit dem kleinen Kind war er ausgelassen durchs Zimmer getollt – was die gestrenge Mutter missbilligte. Es entstand eine Form von Komplizenschaft zwischen Vater und Tochter, die immer mehr zunahm, je älter Germaine wurde. Die herzerfrischende Natürlichkeit seiner Tochter war auch für Necker eine Erholung und eine Flucht aus der freudlosen Welt seiner Frau, ihrer Strenge und ihren Missbilligungen, den ständigen Todesgedanken. Sobald sie das Zimmer verließ, hatten er und Germaine ihre eigene Sprache, ihre Verständigung mit Blicken, Gesten und Worten, ihre Albernheiten, ihr Spiel. Suzanne merkte das freilich und hörte mit Klagen darüber nicht auf. Der Gatte unterminiere ihre Erziehung, ließ sie verlautbaren. Und als sie dann merkte, dass Necker für Germaine eine Zärtlichkeit aufbrachte, wie er sie ihr gegenüber nie gezeigt hatte, flüchtete sich Suzanne immer mehr in die Krankheit. Mit Ende dreißig sprach sie von ihrem baldigen Ende. Sie erpresste Mann und Kind mit ihrer Gemütskrankheit, ihren Leiden. Doch das änderte nichts an der Konstellation, die sich langsam, aber sicher herausbildete.

An der Schwelle zur Pubertät war ihre Vaterbeziehung Germaines Ausweg aus einer destruktiven Symbiose, die sie bisher mit der

Mutter verband. Dr. Tronchin schickte sie zur Erholung nach Saint-Ouen auf den Neckerschen Landsitz, wo sie den ganzen Sommer 1779 verbrachte und häufig von ihrem Vater besucht wurde – »Minette« nannte der sie und Suzanne manchmal auch. Mutter Suzanne hatte »Minette« noch rechtzeitig vor ihrem Landaufenthalt in Paris eine Freundin besorgt. Es war die Tochter ihrer Jugendfreundin Madame Huber aus Genf, ein Jahr älter als Germaine und mit »aufrechten Grundsätzen« »im Schoße einer würdigen Familie« erzogen – so weit Suzanne Necker. Catherine verbrachte viel Zeit mit Germaine auf dem Landsitz. Auch das, der Kontakt mit einer Gleichaltrigen, gehörte zum Genesungsprogramm des behandelnden Arztes. Tronchin hatte bequeme Kleidung verordnet – kein Fischbein, nichts Enges. Germaine sollte sich viel im Freien bewegen. Die beiden Mädchen, 13 und 14 Jahre alt, übten Bogenschießen im Park und spielten Theaterszenen in improvisierter Form. Bereits seit ihrem elften Lebensjahr ging Germaine regelmäßig und leidenschaftlich gern ins Theater. Ihre Phantasie war hellwach, immer rege. Seit ihrer frühen Kindheit einem ständigen Gefühlskult ausgesetzt, der sich in einer direkten Beziehung nicht ausleben ließ, schloss sie sich nun mit Leidenschaft der Freundin an, die darüber etwas befremdet schien, irritiert, überfordert. Catherine Huber hat später ihre Erinnerungen an die gemeinsame Zeit niedergeschrieben. Die Schilderungen – etwa die einer harmlosen Spazierfahrt in den Bois de Boulogne – klingen, als habe man Germaine aus einem Gefängnis befreit und einen Gefühlspanzer um sie geöffnet. In Saint-Ouen erlebte Germaine wohl ihre erste dauerhaft glückliche Zeit. Suzanne war meist abwesend. Nur der Vater kam sie besuchen, und es entstand eine innige Bindung, die auch ihm wohl tat und einen Ausgleich zu seinen vielfältigen Pflichten darstellte. Catherine schreibt: »Seine Tochter zu besuchen, war seine einzige und liebste Erholung. Er kritisierte sie niemals, ließ sie nach Herzenslust plaudern, freute sich über ihren Witz, klatschte begeistert Beifall, liebkoste sie und verließ sie zufrieden und erfrischt.« Suzanne dagegen reagierte mit Desinteresse und Kälte gegenüber ihrem als gescheitert zu betrachtenden Projekt. Man hatte ihr gewissermaßen auf ärztlichen Rat hin die Erziehungsverantwortung für ihre Tochter entzogen, und das, was jetzt mit diesem Wirbelwind vor dem wohlwollend väterlichen Auge geschah, lag nicht mehr in ihrer Hand und war ihren Wertvorgaben teilweise diametral entgegengesetzt – wie Madame de Saussure sehr klug ausdrückte, nichts, was Suzanne für sich in Anspruch nehmen konnte, sondern ganz einfach »ein Werk der Natur«. Das seltsame Dreieck einer Kleinfamilie, wie sie zu dieser Zeit und in dieser Gesellschaftsschicht unüblich war – allein schon durch die enge Bindung einer Tochter zu Vater und Mutter –, trat mit einigen komplizierten und prekären Aspekten in eine neue Phase ein, als Germaine während der Pubertät einen radikalen inneren Bruch mit der Mutter vollzog. Ihr Vater, inzwischen zu einem der wichtigsten Männer des Landes aufgestiegen, wurde ihr von da an zum Helden und Seelenpartner, zum Alter ego und zum Idol. »Ich bin die Tochter Monsieur Necker«, würde sie später als Siebzehnjährige in ihr Tagebuch schreiben – übrigens im Kontext eines als unwürdig empfundenen Heiratskandidaten. Von diesem Helden Monsieur Necker, der als Finanzverwalter die Geschicke Frankreichs in den letzten Jahren des Ancien Régime leitete, hätte sie wohl niemals gedacht, dass er der Nachwelt zu einer historischen Marginalie verblassen würde.

Schon vor Jahren hatte Jacques Necker seine Bankierstätigkeit aufgegeben und seinen Anteil an der Bank seinem Bruder verkauft. Sein Vermögen belief sich auf sieben bis acht Millionen Livres. Seine Frau verwaltete es – gut, wie man weiß. Alles, was Suzanne in die Hand nahm, machte sie gut, gewissenhaft, gründlich. In dieser Hinsicht war sie ihrem aufstrebenden Gatten eine ideale Gefährtin. Sie war es auch für die Zur-Schau-Stellung eines bürgerlichen Familienidylls, das für die Neckers aus Genf, unverdorbene Bürger einer friedlichen und bodenständigen Republik, die zur hohen Politik Frankreichs und an den dekadenten Hof von Versailles strebten, wahrhaft Propagandacharakter hatte. Als Neckers Ruhm im Zenit stand, wurden aus seinem Hause Gemälde der Dreieinigkeit von Vater, Mutter und Tochter (Napoleon würde später vom »Dreigestirn« sprechen) sowie Schriften veröffentlicht, in denen die Gatten gegenseitig ihr Familienglück und sich selbst in schmeichelhafter Form porträtierten. Es war eine Werbekampagne, doch etwas von diesem Mythos trugen die Gatten tatsächlich in sich, als Idee und als Lebensform. Necker entsprach tatsächlich als Mann dem biederen Bild bürgerlich-hausväterlicher Rechtschaffenheit, und seine Frau war die perfekte Verkörperung gehobener bürgerlicher Repräsentation. Ihre Tochter brach aber aus dem Idyll aus, sobald sie der größten Abhängigkeit und den Kinderschuhen entwachsen war. Ihr ganzes Leben wurde ein ständiger Ausbruch. Sie würde so manchem Konstrukt die Fassade herunterreißen und dahinter den Wahrheitskern suchen. Und sie würde ihr Leben lang, von unüberwindbaren äußeren Bedrängnissen abgesehen, nur das tun, was sie wollte.

Als Suzanne spürte, wie Germaine ihr entglitt, kämpfte sie einen letzten verzweifelten Kampf, der Jahre später in dem aussichtslosen Experiment endete, dass sie der Tochter einen Ehemann nach ihren Vorstellungen aufzwingen wollte. Ihrem Mann aber, der Germaine einfach gewähren ließ, schrieb sie – in der Anfangszeit dieser Entwicklung –, sie habe nun einmal diese festen Prinzipien und Tugendgrundsätze und könne nicht anders. Die Zeit sei aber schließlich sowieso bald für sie abgelaufen, und da komme es ja nicht mehr darauf an (Suzannes Tod lag noch in sehr weiter Ferne). Bis zuletzt würden die Vorwürfe gegen die Tochter nicht aufhören, dass sie sie enttäuscht habe und damit die Schuld an ihrem Leiden trage, weil sie sich ihr widersetze und einfach nicht so geworden sei, wie sie es wollte. Madame de Saussure, die gerade in die Familie Necker eingeheiratet hatte, lobte einmal gegenüber Suzanne die einzigartige Begabung Germaines, über die alle sprachen. »Ach, das ist nichts«, antwortete diese, »gar nichts im Vergleich mit dem, was ich aus ihr machen wollte.« Suzanne hatte nichts zuzusetzen. Sie gehörte zu den emotional zutiefst unsicheren Müttern, die ihr Kind nur als modellartiges (und selbst modelliertes) Spiegelbild annehmen können und jede Abweichung davon als persönlichen Angriff empfinden. »Alles verstehen heißt, alles verzeihen« – dieses geniale Wort der späteren Madame de Staël – bezog es sich ursprünglich auf ihre Mutter?

Krisenzeiten

Von einer sterbenden Welt

Eric Magnus de Staël
»Er wird mich nicht unglücklich machen, aus dem einfachen Grund, weil er zu meinem Glück nichts beitragen kann, nicht aber, weil er es zu stören vermöchte … Monsieur de Staël ist die einzig angemessene Wahl für mich.« Germaine in ihrem Tagebuch

In Frankreich sah's düster aus. Zwar feierte man in Versailles noch immer rauschende Feste, und die Welt dieses prächtigen Hofes schwang sich unter Ludwig dem Sechzehnten und Marie-Antoinette zu einem letzten, glanzvollen Gipfelpunkt auf, doch das Land war so gut wie bankrott. Die Verschwendungssucht des Hofes war einer der Gründe dafür; der geringste jedoch, wenn man Zahlen heranzieht. Vielmehr waren der verlorengegangene Siebenjährige Krieg und schließlich das erfolgreiche Engagement im amerikanischen Unabhängigkeitskrieg den französischen Staat teuer zu stehen gekommen. Allein die Hälfte seiner jährlichen Ausgaben beliefen sich auf die Verzinsung der Schulden. Eine für weite Teile der Bevölkerung bald kaum noch tragbare Verteuerung der Lebensmittel war eine Folge davon. Frankreich war nach wie vor und zuallererst ein Agrarstaat. Der Boden war die wichtigste Wirtschaftskraft, und sämtliche ökonomischen Reformbestrebungen mussten auf diesen Faktor hauptsächlich ihr Augenmerk richten. Die Ernten waren immer gefährdet. Eine Missernte entschied in der ländlichen Bevölkerung häufig über Leben und Tod. Es gab »Hungerjahre« wie das Jahr 1741, in dem die Bevölkerung auf dem Land regelrecht dezimiert wurde. Der Ackerbau unterlag, beinahe ausnahmslos, dem Herrenrecht. Millionen von Bauern bewirtschafteten den Boden, indem sie sämtliche Risiken trugen und eine verwirrende Anzahl von Abgaben an ihren jeweiligen Lehnsherrn entrichteten. Zu dieser Abhängigkeit und Zahlungsverpflichtung gab es keinerlei Gegenleistung vonseiten der Grundherren, die sich noch das Recht herausnahmen, auf den Feldern der Bauern zu jagen, was ebenfalls manche Ernte zerstörte. Das Herrenrecht war ein Relikt aus der mittelalterlichen Ständeordnung, als der weltliche oder geistliche Lehnsherr seinen Leibeigenen Schutz und Schirm vor äußeren Angriffen bot. Es war überholt wie so manches im Land.

Der Dritte Stand, Bürger und Bauern zusammengenommen, machte etwa 98 Prozent der Bevölkerung aus. Das alte Feudalsystem aber räumte dem weltlichen und geistlichen Adel, den restlichen zwei Prozent, eine Vielzahl von Vorrechten ein, darunter Steuerfreiheit und den Anspruch auf die höchsten Ämter in Staat, Kirche und Armee.

Die Gesellschaft selbst befand sich jedoch schon seit langem im Umbruch und war in der üblichen ständischen Dreiteilung nicht mehr zu fassen. Zum Tiers Etat gehörten neben der Masse der Bauern und Kleinbürger auch das Handelsbürgertum und die große Geschäftsbourgeoisie. Diese aufstrebende Schicht, zu der auch die Neckers zählten, strebte nicht nur nach Besitz, sondern auch zunehmend nach Einfluss – gegen die Günstlingswirtschaft am Hof und gegen die aristokratischen Vorrechte. Vor diesem Hintergrund erscheint Neckers Erfolgsweg in Frankreich, der Aufstieg des Bürgers von Genf in dem von Niedergang gezeichneten Land, geradezu paradigmatisch.

Der junge König Ludwig der Sechzehnte war Reformen gegenüber durchaus nicht abgeneigt. Er war ein bescheidener Mensch, der Anzüge aus einfachsten Wollstoffen trug, am liebsten in seiner privaten Schlosserwerkstatt herumwerkelte und jeden noch so geringen Posten seiner persönlichen Ausgaben aufzeichnete: die Kosten für eine Uhrenreparatur, Bleistift und Zeichenpapier … Seine eigenen Grundsätze wollte er gern auf sein Land anwenden: weitreichende Kürzungen der staatlichen Ausgaben, Ausgleich des Staatshaushalts, eventuell eine Steuersenkung für die Armen – so plante und dachte er. Die ruinöse Mätressenwirtschaft seines Großvaters, die er noch miterlebt hatte, erfüllte ihn mit Dégoût, ebenso der Lebensstil und das Geschäftsgebaren seines chronisch verschuldeten Hofadels. Persönlichkeitsschwach, wie er war, konnte Ludwig allerdings weder die Missstände im Ganzen beheben noch die Verschwendungssucht seiner unmittelbaren Umgebung beeinflussen. Er suchte nach Ratgebern. In seinen eigenen Reihen, unter den Zivilbeamten, die reichlich wenig wussten über Zinssätze und Volksverschuldung, Inflation und Devisen, da fand er sie nicht.

Im Prunkschloss Versailles erging man sich im Tanz, im Glücksspiel und in prächtigen Maskeraden. Von dem schillernden Herzog von Talleyrand, Höfling und Kleriker, Bischof und Revolutionär, Weltmann und Diplomat vom Ancien Régime bis zur Restauration, einer der bemerkenswertesten Figuren seiner Zeit, stammt der Satz: »Nur wer vor 1789 gelebt hat, weiß, was die Süße des Lebens ist.« Schon morgens ging es mit den Hofbällen los, und eine Lustbarkeit löste die andere ab. Die Damenfriseure wurden als akademische Künstler betrachtet – seit 1763 gab es in Paris eine Akademie für Friseure – und oft besser bezahlt als Minister. In die turmartigen Haargebilde ihrer vornehmen Trägerinnen waren gigantische Motive wie Springbrunnen oder Kriegsschiffe eingearbeitet. Mit Drahtgestellen wurden die Kunstwerke gestützt und mit Blumen, Perlenketten, Federn und Bändern vervollständigt. Selten wurden diese voluminösen Haarbauten ausgekämmt oder gewaschen. Ein Heer von Schmarotzern nistete sich im feuchtwarmen Klima und in der Dunkelheit des Haargestrüpps ein, weshalb man langstielige Kratzer in die Frisuren schob, mit denen die Schönen, etwa bei Tisch, die lästigen Kopfläuse ein wenig beiseiteschieben konnten. Unter ihren ausladenden Reifröcken trugen die Damen Flohfallen, die aus mit Blut und Sirup durchtränkten Wattebäuschen in gelöcherten Behältnissen bestanden. Das Gesicht wurde maskenhaft bleich geschminkt, und zwar bei Männern und Frauen, Alten und Kindern. Haut und Haare wurden gepudert. Ungeheure Mengen von Weizen- und Reispuder wurden dafür verbraucht, während das Volk nach den Missernten hungerte. Die junge Königin Marie-Antoinette, die von ihrer Mutter Maria Theresia in Wien zur Sparsamkeit und zur Vernunft gemahnt wurde, spielte Schäferin in Petit Trianon und war der Meinung, damit voll und ganz der Rousseauschen Naturphilosophie zu entsprechen. Doch selbst der Glanz der prächtigen Bauten beschränkte sich nur auf die schöne Fassade. Ein Höfling schrieb: »Beim Geruch des Parks, der Gärten und des Schlosses wird einem übel. Die Wege, die Höfe, die Korridore sind voller Urin und Fäkalien. Die gemeinste Bevölkerungsschicht verrichtet dort ohne Scham und ungestraft ihr Geschäft vor den Augen der Spaziergänger.«

Ehrgeiz und Eitelkeit schufen unter den Höflingen ein undurchdringliches Intrigengespinst. Jacques Necker schrieb später darüber, dass der ständige Aufenthalt in Versailles mit seinen Versuchungen und Ränken den Einsatz und Eifer der Verwaltungsbeamten für große Aufgaben schwäche. Er ließ sich von dieser Sphäre nie einnehmen, doch er erlag zum Schluss ihrer Eigendynamik und konnte seinen calvinistischen Eifer dagegen nicht aufwerfen.

Unter Ludwig dem Vierzehnten hatte bereits Staatsminister Colbert mit merkantilistischen Bestrebungen die Finanzwirtschaft zu reformieren versucht. Hundert Jahre später berief Ludwig der Sechzehnte den Physiokraten Turgot zum Generalkontrolleur der Finanzen. Die Physiokraten wandten sich gegen die Reglementierung des Erwerbslebens durch den Merkantilismus und betrachteten den Boden als die natürliche und einzige Quelle allen Reichtums. Hier müssten Reformen ansetzen, so Turgot, ein radikaler Erneuerer, für dessen Ansätze die Zeit jedoch noch nicht reif zu sein schien. Turgot forderte Freiheit der landwirtschaftlichen und industriellen Produktion, freies Eigentum am Boden, die Abschaffung bäuerlicher Frondienste, freien Güterumlauf und freien Getreidehandel, ja freien Wettbewerb. Er begann, den zerrütteten Staatshaushalt auszugleichen, und schränkte die Privilegierten empfindlich in ihren Vorrechten ein, wollte sie langfristig auch zu den öffentlichen Lasten heranziehen. Die Philosophen des Landes waren von diesem mutigen Menschen begeistert. Voltaire sah »einen neuen Himmel und eine neue Erde« kommen, das Naturrecht verwirklicht, als im September 1774 anstelle der bisherigen amtlichen Regulierung des Getreidehandels von Provinz zu Provinz freier Umlauf des Getreides im ganzen Königreich und ungehinderte Einfuhr ausländischer Lebensmittel angeordnet wurden. Der freie Verkehr sollte die Produktion heben und die Versorgung der Bevölkerung sicherstellen.

Sämtliche Besucher der Neckerschen Freitagsgesellschaft beschäftigten sich mit solchen wirtschaftspolitischen Fragen, auch der große Diderot oder der Abbé Galiani, dessen DIALOGE ÜBER DEN GETREIDEHANDEL – laut Voltaire das amüsanteste Buch, das je über Hungersnöte geschrieben worden sei – einige Jahre zuvor veröffentlicht worden waren. Es gab Befürworter und Gegner der physiokratischen Laissez-faire-Lehre, die Turgot in Reinform vertrat. Die unterhaltsamen Getreide-Dialoge des charmanten Abbés gehörten zur Gegenseite, zu der sich auch Jacques Necker gesellte

– nicht weil er glaubte, dass Turgot grundsätzlich Unrecht hatte, sondern weil er wusste, dass er sich nicht würde durchsetzen können. Über den Aktivitäten Turgots stand tatsächlich kein glücklicher Stern. Die Maßnahmen zur Marktöffnung erfolgten zu übergangslos. Es gab Chaos, zu dem sich eine weitere Missernte samt deren Folgen gesellte, worauf man den Finanzkontrolleur für die Hungersnöte verantwortlich machte. Nicht nur am Hof, innerhalb der Reihen von Adel und Klerus, die die Einschneidungen maßregelten, sondern auch in den alten Organisationen der Stände, Magistraturen und Zünfte hatte sich Turgot zu viele Feinde gemacht, und so ließ der König ihn schließlich fallen – 1776, nach nur zwei Jahren. Es war die Chance Jacques Neckers, obwohl es noch ein kleines Intermezzo mit einem direkten Nachfolger gab.

Necker war ein kluger Stratege, von keinem Dogma getrieben und mit ausreichend Diplomatie ausgestattet. Überaus geschickt bewegte er sich zwischen den Fronten und ihren partikularen Interessen und vermied radikale Maßnahmen. Bereits vor Jahren hatte er dem französischen Staat einen Millionenkredit bereitgestellt und sich somit der Krone verbindlich gemacht. Noch vor der Amtszeit Turgots verfasste er anlässlich eines Preisausschreibens der französischen Akademie eine Schrift namens LOBREDE AUF COLBERT, mit der er den ersten Preis gewann und die ihm Gelegenheit gab, seine wirtschaftspolitischen Ideen allgemein zu verbreiten. Indem er sich wieder auf den Urvater des Merkantilismus bezog, seine Steuerreformen und Manufakturgründungen lobte, die den Staat gestärkt und sich auch sozialökonomisch günstig ausgewirkt hätten, begab er sich in Opposition zu den Physiokraten. Seine gemäßigte, mittlere Linie zwischen Colbertismus und Freihandel würde er auch in der Praxis anwenden.

Mitten in den Querelen um den stürzenden Minister Turgot begab sich Necker im April 1776 mit Frau und Tochter auf eine Reise nach England. Necker, der bereits durch seinen Vater Beziehungen zum Hof von Saint James hatte, suchte maßgebliche Kreise der englischen Politik und Finanzwelt auf, um sich zu informieren, sich einzuführen und sich verbindlich zu zeigen. England diente den Reformern des Kontinents in mehrfacher Hinsicht als Vorbild: Wirtschaftlich sehr weit fortgeschritten, da es die Anfänge der industriellen Revolution bereits hinter sich hatte, blickte das Land zugleich auf eine parlamentarische Tradition zurück, die den gemäßigten Kreisen Frankreichs auch während der Revolutionswirren der folgenden Jahre immer wieder als Anregung diente.

Germaine war zehn Jahre alt, als sie mit ihren Eltern nach England reiste. Es gibt nur wenige Dokumente darüber. Suzannes Reisejournal ist hauptsächlich darum bemüht, England als einen Tempel des Wohlstands, des Friedens und der wirtschaftlichen Blüte zu schildern – ein geschöntes Idyll, das nicht zuletzt der Anglophilie ihrer Jugendjahre verpflichtet sein dürfte. Auf der Überfahrt von Boulogne nach Dover plagten Suzanne furchtbare Seekrankheit und Todesangst, wieder einmal. Die schönen Gegenden, die sie dann sah, die Gärten und Landschaften, die rot und weiß gemauerten Backsteinhäuschen, alles gepflegt und von bescheidenem Wohlstand, konnten sie aber für die Mühsal entschädigen. Des Weiteren fand Suzanne, dass in England selbst der geringste Bauer ein gepflegtes Aussehen habe – nicht wie in Frankreich, wo der Rücken des Bauern vom Joch des Unglücks gebeugt sei …

Als die Familie nach Frankreich zurückkehrte, empfing man den Autor des Eloge de Colbert mit offenen Armen, bedürftig, wie das Land jetzt nach einem Helden war, der es aus seiner Krise herausführen würde. In den Augen der Öffentlichkeit war der Genfer Bankier dafür genau der richtige Mann – er selbst glaubte das auch und wollte es in der Folge beweisen. So strategisch er sein privates Vermögen auf dem freien Finanzmarkt erworben hatte, gedachte er jetzt auch im großen Stil die Staatsfinanzen zu sanieren. Frankreich sei reich, meinte er, reich an Gütern, Vermögen und Werten; es müsse nur umverteilt, Missbrauch verhindert, Vertrauen und internationale Kreditwürdigkeit müssten sodann wiederhergestellt werden. Im Oktober 1776 wurde Jacques Necker an die oberste Spitze der Finanzverwaltung berufen. Er trug fortan den Titel »Generalkontrolleur der Finanzen«, da ihm als bürgerlich-protestantischem Ausländer kein Ministerposten gewährt werden konnte. Auf diese Weise erwuchs ihm aber der Vorteil eines viel einflussreicheren Amtes, als es ein offizieller Sitz im Staatsrat sein konnte. Er wurde der persönliche Ratgeber des Königs, bei dem er ein und aus ging, ihm Edikte vorlegend und Ratschläge erteilend – und war sogar so frei, auf sein Amtssalär von 220000 Livres pro Jahr, das der König ihm anbot und das ihm auch zustand, plus Kutsche und Opernsitz, zu verzichten. Er brauchte es nicht. Er betrachtete seinen Status und seine Funktion als Ratgeber des Königs in Sachen Finanzen wie eine von Gottes Gnaden gewährte Gunst und nicht als Erwerbstätigkeit.

Im Frühjahr 1781, nach fünfjähriger Amtstätigkeit, veröffentlichte Necker seinen Staatshaushaltsbericht COMPTE RENDU AU ROI, der eine Auflage von 100000 erreichte. Aufsehenerregend und neuartig waren nicht die Ergebnisse, Ausblicke und Darlegungen, denn diese waren den Theorien des Autors geschmeidig gemacht. Es war vielmehr die Tatsache, dass überhaupt ein Rechenschaftsbericht der staatlichen Finanzen an die Öffentlichkeit gelangte, was neuartig war. Auch dies entsprach Neckers Vorgehen: Transparenz der Verhältnisse schuf Vertrauen, und Vertrauen war die Basis jeden Kreditwesens. Auf Anleihen schließlich baute er, Bankier, der er war – erfolgreich, trotz aller Skepsis von außen. Die Anleihezeichner, denen Necker ausgesprochen günstige Bedingungen und pünktliche Zinszahlung gewährte, hatten die Gesamtanleihen nach fünf Jahren auf 530 Millionen gebracht. Das Buch konnte gar nicht so schnell nachgedruckt werden, wie es begehrt wurde. Werbetechnisch geschickt hatte der Autor auch das erwähnte idyllische Bild seines Familienlebens in die finanzpolitischen Betrachtungen miteinfließen lassen. Ein Erfolgsbericht seiner fünfjährigen Finanzleitungstätigkeit sollte die Schrift sein, und so wurde sie aufgenommen. Neckers Ruf drang bis nach Russland zu Katharina der Großen, die sich begeistert über ihn äußerte. Dabei war er wohl vor allem der Mann, der vermeintlich zur richtigen Stunde erschien, ein Hoffnungsträger vor dem Hintergrund seines eigenen finanziellen Erfolges. Vielleicht war er auch derjenige, der die Illusion nähren konnte, mit maßvollen, geschickten Reformen werde sich noch alles zum Besseren wenden. Der Ruf nach dem Umsturz, der das Hintergrundgeräusch dieser Jahre ausmachte, konnte somit noch eine Weile ungehört bleiben.

Nach dem COMPTE RENDU war es Necker anscheinend tatsächlich gelungen, durch rapide Einsparungen im königlichen Haushalt, in der Verwaltung hauptsächlich, bei der Steuereintreibung und bei der Steuerpacht die ordentlichen Ausgaben durch die ordentlichen Einnahmen zu decken. Er war aber weit entfernt von der konsequenten Haltung Turgots, der das marode System als Ganzes aufbrechen wollte. Was die Besteuerung des Adels betraf, so hoffte Necker offenbar, dieser würde sich früher oder später freiwillig zu Abgaben bereiterklären – ein Trugschluss, wie man sich vorstellen kann. Sein Lavieren zwischen den Fronten und seine Mittelwege brachten ihm letztlich nur die Skepsis aller maßgeblich Beteiligten ein. Es war auch nicht unbedingt die Zeit für ruhige, kontinuierliche Aufbauarbeit. Die Stimmung war elektrisiert. Was heute oben war, konnte morgen ganz unten sein. Und so hielt sich auch Necker nicht lange auf dieser äußersten Höhe seines Zenits. Er forderte einen Sitz im Staatsrat, den ihm der König verweigerte. Am 19. Mai 1781, nur wenige Monate nach der Veröffentlichung seines COMPTE RENDU, wurde Jacques Necker als Finanzkontrolleur vom König entlassen. Die Reaktion der Öffentlichkeit auf diese Entlassung war schmeichelhafter, als sie es auf die Erfolge seiner Amtszeit je hätte sein können. Der Hof, allen voran die Königin, die sich gegen die übrigen verhärteten Fronten nicht durchsetzen konnte, gaben ihrem schmerzlichen Bedauern über den Sturz Neckers Ausdruck. Auf seinem Landsitz in Saint-Ouen erschienen Prinzen, Bischöfe und Kardinäle, die ihn verehrten, ihm huldigten, und aus allen Bevölkerungsschichten, vom einfachen Bauern über den Soldaten bis hin zum Fürsten flatterten anteilnehmende Briefe ins Haus. Man wollte ihn zurückhaben, aber der unmittelbare Einflussbereich König Ludwigs hatte entschieden. Sieben Jahre später, ein Jahr vor dem Ausbruch der Revolution, berief man ihn wieder; bis dahin blieb Necker gewissermaßen eine offizielle Instanz und so etwas wie ein Führer der Opposition.

Germaine Necker erlebte ihren häufig abwesenden Vater in diesen Jahren in einer permanenten Position der Erhöhung: weihrauchumwölkt im Salon seiner Frau, von der Nation verehrt, vom französischen Volk und von europäischen Monarchen als Retter gepriesen. Sie hatte da keine gesunde Distanz mehr und vermischte das heroische Bild von ihm mit einer Gefühlsbindung, die der inzestuösen Züge nicht mangelt. Die Konstellation war geradezu mustergültig freudianisch: Germaine verzieh ihrer Mutter nie, dass sie es war, die den geliebten Vater zum Gatten hatte. Sie steigerte sich in abstruse Imaginationen hinein, derart, wie es wohl hätte sein können, wenn sie früher gelebt und ihren Vater geheiratet hätte – und als sie das dachte, da war sie kein kleines Mädchen mehr. Untrennbar verbunden mit dieser verstörenden Liebe zu Necker war ihre Selbstdefinition als Persönlichkeit und als Frau. Sie war ja ein Halbgottsprössling, ein Wotanskind, in einer Art Selbstzeugung ausschließlich aus diesem Vater entstanden, ein Ausnahmewesen, das im Voraus die Sanktion hatte, alles zu sein und alles zu tun, über gewöhnliche Lebenswege und gesellschaftliche oder geschlechtliche Grenzen erhaben. Nur die Rivalin, die Mutter, musste bezwungen werden, dann war jeder Weg frei.

Als Germaine 17 war, wollte Suzanne ihre Tochter mit einem Engländer verheiraten. Das lag nahe, denn schließlich war sie selbst einmal mit einem Engländer verlobt gewesen oder so gut wie verlobt. Wie viele Eltern, die ihr Kind vor allem als Anspruch und Spiegelbild sehen, nähren nicht den beharrlichen Ehrgeiz, dieses Kind möge das ausleben, was ihnen selbst versagt war – als korrigierte Wiederholung des eigenen Lebens und nachträgliche Rechtfertigung?! Als Suzanne Necker sich also für den 23-jährigen englischen Ex-Schatzkanzler William Pitt, der als Parlamentarier in die Fußstapfen seines Vaters, William Pitt des Älteren, Earl of Chatham, trat, als Schwiegersohn entschied, erhoffte sie sich von dieser Ehe einen gesellschaftlichen Renommeegewinn und verstand es zugleich als nationale Geste, denn der englisch-französische Krieg war gerade vorbei, und man konnte die Verbindung als Friedensbesiegelung auffassen (Man merke: die Neckers als nationale Repräsentanten!). Germaine weigerte sich. Sie weigerte sich so kompromisslos und unmissverständlich, dass es zu einem tiefen Zerwürfnis mit ihrer Mutter kam, das nie wieder wirklich harmonisiert werden konnte. Die heftigsten Szenen fanden in dieser Zeit im Hause Necker statt, sodass Germaine dem grundsätzlichen Gedanken an eine Heirat, um der konfliktreichen Enge zu entkommen, durchaus nicht abgeneigt war. Was gegen Pitt sprach, war vor allem die Tatsache, dass sie dann hätte in England leben müssen – fern von ihrem vergötterten Vater und von Frankreich, Paris, ihrer Heimat, undenkbar! Der strittige Kandidat, um den es solche Auseinandersetzungen gab, ist übrigens vermutlich überhaupt nie gefragt worden. Madame Necker, ihrer Stellung in recht erstaunlichem Maße bewusst, ging ganz einfach davon aus, dass er zustimmen würde.

Germaine Necker war eine der reichsten Erbinnen Europas, so dass es an Heiratskandidaten nicht mangelte. Die Eltern wollten aber einen Aristokraten und einen Protestanten – der französische Adel schied damit in konfessioneller Hinsicht schon weitgehend aus. Seit Germaines zwölftem Lebensjahr bekundete der schwedische Baron Eric Magnus de Staël-Holstein mit großer Hartnäckigkeit und Geduld sein Heiratsinteresse. Den nahezu mittellosen Baron, der, vom schwedischen König gefördert, in Paris und Versailles herumschwadronierte, lockten Neckers Millionen und die Aufstiegsmöglichkeiten, die mit einer Heirat von Neckers Tochter einhergehen würden. Im Lauf der jahrelangen Verhandlungen, in die Germaines Eltern, König Gustav III. von Schweden, der schwedische Botschafter Graf Creutz, dessen Attaché Staël war, Madame de Boufflers, eine mit beiden Parteien befreundete Gräfin, die im Salon der Neckers verkehrte, sowie das Königspaar in Versailles einbezogen waren, kam es am Ende zu einer bemerkenswerten vertraglichen Einigung. Der Verlauf dieses Schachers war folgendermaßen: Da Baron von Staël kein nennenswertes Amt, keine Stellung hatte, musste man ihm, um ihn der Necker-Tochter würdig zu machen, eine solche verleihen, den Botschafterposten zum Beispiel. Ohne eine solche Erhebung war Madame Necker überhaupt nicht bereit, weiter zu diskutieren. Der schwedische König, der damit auch dem französischen Hof entgegenkam, besonders den Damen, die den charmanten blonden Schweden überaus reizvoll fanden und ihn in ihren Reihen halten wollten, war dazu bereit, jedoch nur unter der Bedingung, dass Frankreich die Antilleninsel Tobago an Schweden abtreten würde. Frankreich hatte dazu überhaupt keine Lust, sah auch nicht recht ein, wo da der Zusammenhang war, bot aber im Gegenzug die kleinere Insel Saint-Barthélémy an. Der Deal war perfekt. Um die Heirat von Neckers Tochter zustandezubringen, wurde zwischen zwei europäischen Königshäusern verhandelt, und Antilleninseln wurden auf der Landkarte hin- und hergeschoben. Germaine war sich der Tatsache sicher bewusst, dass sie ein hohes Pfand war, das hier zum Einsatz kam. Die Eheschließung, zu der sie bereit war, noch bevor sie ihren zukünftigen Gatten überhaupt kannte, betrachtete sie mit einer unglaublichen Illusionslosigkeit als das wechselseitige Geschäft, das es auch war. Sie wollte dem Einflussbereich ihrer Mutter entkommen, wahrscheinlich auch der verstörenden Gefühlsbindung an ihren Vater. Eine Heirat verhieß Freiheit; so sah es Germaine – auch damals wohl eine durchaus ungewöhnliche Einstellung. Als sie den 36-jährigen Eric Magnus de Staël im Juli 1785 zum ersten Mal sah, da wusste sie, dass er kein Hindernis sein würde, um ihre Vorstellungen zu verwirklichen. Er war angenehm, gutaussehend, charmant, was ja vollkommen ausreichend war. Mit einem Blick ermaß Germaine seinen duldsamen und widerstandslosen Charakter, der ihr die Chance gab, so zu leben, wie sie es wollte. Von korrektem Betragen sei er, aber hohl und träge, resümierte sie trocken in ihrem Tagebuch. Eine derartig nüchterne Sichtweise bei einer jungen Frau, die das Potenzial zur großen Liebenden hatte und seit ihren Kindertagen von den Debatten um die Leidenschaften des menschlichen Herzens umgeben war, ist wahrlich verblüffend, und man fragt sich, ob die Bedrängnisse in ihrem Elternhaus, Leichtsinn, der frühzeitige Blick in die Realitäten der Gesellschaftsverhältnisse, Skrupellosigkeit oder emotionale Unbedarftheit der Grund dafür waren. Tatsache ist, dass Germaine Necker die bevorstehende Ehe mit Monsieur de Staël als reine Übereinkunft betrachtete, was insofern gerechtfertigt scheint, dass sie für ihn, zumindest am Anfang, den gleichen Stellenwert hatte.

Die Liebe, das war ein anderes Thema … Zur Zeit war es noch immer der Vater, der in Germaine diese Saiten berührte, ausschließlich. Im selben Monat, als Germaine Eric Magnus de Staël vorgestellt wurde, schrieb sie Dinge in ihr Tagebuch, die an Eindeutigkeit kaum mehr zu überbieten sind. 19 Jahre alt war sie und seit kurzem verlobt. Wenn man das alles für bare Münze nimmt, dann war allerdings auch Jacques Necker nicht so ganz unschuldig an den ödipalen Gefühlsirritationen seiner Tochter. Unter dem 31. Juli 1785 heißt es im Tagebuch: »Ich war noch im Bett, als mein Vater mich besuchen kam, und ich widmete ihm eine Stunde, die sonst meinem Tagebuch gehört … Wir sprachen über nichts Besonderes, aber jeder Augenblick war erfüllt von Heiterkeit und zarten Empfindungen. Welche Anmut, welchen Charme er doch hat, wenn er will! … Ich werde eines Tages versuchen, ihn zu beschreiben, aber um ein gutes Porträt zu entwerfen, würde man alle die Eigenschaften benötigen, die man wiedergeben möchte – mit einem Wort, eine Art Universalität … Doch wie kommt es nur, daß wir nicht immer miteinander harmonieren, daß wir uns manchmal leidenschaftlich, manchmal kühl gegenüberstehen? Warum entdecke ich manchmal Fehler in seinem Charakter, die für unsere zarte, innige Vertrautheit schädlich sind? Sicher deshalb, weil er möchte, daß ich ihn wie einen Liebhaber liebe, während er wie ein Vater zu mir spricht; weil ich möchte, daß er eifersüchtig wie ein Liebhaber sei, während ich mich wie eine Tochter gebe. Sein Wunsch wäre, daß ich die meinem Alter entsprechenden Neigungen völlig unterdrücke, und der Kampf zwischen meiner Leidenschaft für ihn und diesen Neigungen macht mich so unglücklich. Er wieder wird ungeduldig, weil er sieht, wie gerade dieser Kampf sich in die Länge zieht. Wir lieben uns nicht bis zum Übermaß, aber wir sind diesem Punkt so nahe gekommen, daß mir alles unerträglich ist, was mich daran hindert, daß wir ihn noch nicht erreicht haben. Unter allen Männern der Welt ist er derjenige, den ich mir als Liebhaber gewünscht hätte.« Das sind unmissverständliche Aussagen, auch wenn man einbezieht, dass die Zeit zu Exaltationen neigte und dass das Wort »Liebhaber« mitunter einfach »Galan« meinte, »Kavalier«. Dennoch. Und selbst wenn es sich hierbei nur um Germaines Phantasiebilder handelte, dann sind auch diese für ihr gegenwärtiges und späteres Gefühlsleben bezeichnend genug. Einmal, bei einer Festivität, da tanzte Germaine in diesen Tagen mit ihrem Verlobten. Ihr Vater beobachtete sie, stand auf, ging auf das Tanzpaar zu und kritisierte Monsieur de Staël, dass er zu unbeteiligt und leidenschaftslos dabei sei. »Ich werde Ihnen zeigen, mein Herr, wie man mit einem Mädchen tanzt, in das man verliebt ist.« Er führte es vor, und Germaine war im Anschluss an diesen Tanz so erschüttert, dass sie den Saal verließ und sich ausweinte.

Der hochmütig biedere Necker aus Genf hatte es mit seinen beiden seelisch komplizierten Frauen zu Hause schließlich auch nicht ganz leicht. Seine wächserne Gattin, die ihm bereits vor 19 Jahren das Bett verweigert hatte, weil sie sich nicht mehr »aufs Rad flechten lassen«, also die Höllenqualen einer weiteren Entbindung erleben wollte, die hielt er in Treue und Ehren. Er betete sie an, so wie sie ihn, aber unsinnlich und mit der Hochachtung des respektvollen Hausvaters. Ob er in seiner verzückten Liebe zu seiner temperamentsprühenden Tochter irgendetwas Unredliches sah? Sicherlich kaum. Dass beide, Mutter und Tochter, diesen herrlichen Gatten und Vater, Finanzfachmann und Königsberater schließlich so überirdisch bewunderten, schloss am Ende auch wieder den Kreis dieses im Innern recht ungesund anmutenden, den bürgerlichen Familienidealen aber mustergültig entsprechenden Dreiecksverhältnisses.

Am 14. Januar 1786 wurde Anne Louise Germaine Necker in der Kapelle der schwedischen Botschaft von Paris mit Eric Magnus de Staël-Holstein getraut. Der Ehevertrag war am Vorabend von Königin Marie-Antoinette und Ludwig dem Sechzehnten sowie den königlichen Prinzen mitunterzeichnet worden. Unter anderem enthielt er die Regelung, dass die neue Madame de Staël von ihrem Gatten nie gezwungen werden dürfe, in Schweden zu leben. In einem unsäglichen »Abschiedsbrief« schrieb Suzanne Necker ihrer Tochter vor dem Auszug aus dem Elternhaus, was sie in der Zukunft alles tun könne, um ihr Gewissen wegen des Kummers zu bereinigen, den sie ihr, der armen Mutter, zeitlebens zugefügt habe. Nach ihrem Tode, der ja schließlich bald anstehe, könne sie diese Sühnehandlung noch viel besser bewerkstelligen als zu ihren Lebzeiten, da ihre mütterlichen Segnungen dann aus den höchsten Himmeln auf sie ausgegossen würden. Um ihren Vater solle sie sich sodann, nach ihrem Heimgang, vornehmlich kümmern und ihn zum Mittelpunkt ihres Daseins erheben – das musste man Germaine wohl kaum sagen. »Oh, mein Kind! Dein Charakter ist nicht gebildet. Dein Kopf führt dich oft irre. Nimm als Richtschnur und Gesinnung die Religion.« Nach der Meinung Suzannes strebte ihre Tochter ja im Hinblick auf ihr zu erwartendes physisches Leben als Ehefrau auf ein Martyrium zu. Auf diese Weise mütterlich gesegnet, trat Germaine in einen neuen Lebensabschnitt ein. Monsieur de Staël spielte darin nur eine untergeordnete Rolle.

Botschaftergattin von Schweden

Madame de Staël in ihrem Pariser Salon

Germaine de Staël

»Es steht fest, daß sie absolut keine Ahnung von gesellschaftlichem Benehmen und Brauch hat, und sie ist so verwöhnt durch die ständige Bewunderung ihres Geistes, daß es nicht leicht sein wird, sie zur Einsicht ihrer Unzulänglichkeiten zu bringen. Sie ist übertrieben herrschsüchtig und willensstark und hat eine Selbstsicherheit, die ich noch bei keinem Geschöpf ihres Alters, gleichgültig von welchem Rang, jemals angetroffen habe.«
Madame de Boufflers über die junge Botschaftergattin an den König von Schweden

Unmittelbar nach ihrer Hochzeit begann Germaine de Staël ein betriebsames Leben. Ihr Salon in der Rue du Bac, Sitz der schwedischen Botschaft, machte dem Salon ihrer Mutter Konkurrenz und löste diesen allmählich ab. Während ihr Gatte nach wie vor und auch manchmal für längere Zeit in Versailles weilte, stand Germaine ihrem gastlichen Hause vor. Sie hielt hier regelrecht Hof und empfing etwa – man denkt dabei an das königliche Lever – vormittägliche Besucher im Bett, während sie manikürt oder frisiert wurde. Die Gepflogenheiten und Sitten der Spätzeit suchten noch zahlreiche Anklänge an höfische Moden. Da nun die intellektuelle Elite von Paris in ihr Haus strömte, war die junge Madame de Staël völlig in ihrem Element. Derartig angeregt, begann sie auch selbst wieder zu schreiben: ein Theaterstück über Lady Jane Grey, die unglückliche Königin von neun Tagen in Englands Tudor-Zeit, eine Erzählung mit dem Titel DIE VERRÜCKTE AUS DEM WALD VON SÉNARD sowie ein weiteres Stück, in dem sie offenbar ihren Inzest-Konflikt aufzuarbeiten versuchte. In dem Drama namens SOPHIE ODER DIE HEIMLICHEN EMPFINDUNGEN geht es um ein junges Mädchen, das in seinen Adoptiv-Vater verliebt ist, welcher sie ebenfalls liebt und um dessentwillen sie einen Brautwerber ausschlägt. Noch immer also, selbst nach dem Vollzug ihrer Ehe, war diese Problematik gegenwärtig. Als Salondame in der Rue du Bac geizte Germaine nicht mit Reizen. Sie machte ihrem Ehemann, der sich sehr bald beschwerte, ein für alle Mal klar, was er sich eingehandelt hatte, als er sich entschloss, Neckers Millionen zu heiraten: eine friedliche Koexistenz, Repräsentanz und eine lebenslange materielle Absicherung, Freiheit im Übermaß für seinen Lebensstil, in gewissem Sinne auch eine treue Gefährtin für alle gemeinsamen Belange im Schatten der schwedischen Botschaft und der tagespolitischen Ereignisse, was alles auch mit der Stellung ihres Vaters zusammenhing, aber gewiss nicht die Unterwürfigkeit einer Ehefrau, die Treue der züchtigen Gattin oder eine Liebe, die sie für ihn nicht empfand (Letzteres sagte sie nicht so ganz deutlich, sondern umschrieb es; doch es war klar, ihm wohl auch). Im Herbst war Germaine schwanger. Alle Welt ging davon aus, dass Hedwig-Gustavine, das Mädchen, das am 31. Juli 1787 geboren wurde, tatsächlich Monsieur de Staël zum Vater hatte. Das hat aber nicht viel zu sagen, und es bliebe auch das einzige legitime Kind, das Germaine zur Welt brachte. In der Anfangszeit ihrer Ehe, die ihr die Euphorie eines selbstbestimmten Lebens gewährte, war sie ihrem Gatten wohl physisch noch treu. Ohne sich innerlich wirklich zu geben, nahm sie die Gattinnenrolle an; es war aber nur eine Frage der Zeit, bis jemand kam, mit dem sie das ausleben konnte, was die Salondebatten über die großen Passionen verhießen.

Doch schon lange bevor man Madame de Staël tatsächlich der Untreue und wirklicher Verstöße gegen Konventionen bezichtigen konnte, war sie für Lästereien ein dankbares Opfer. Ihre Art, sich zu geben, war so bedenkenlos frei, dass man gezwungen ist, sie Suzannes strenger Haltung und ihrer mit kapriziösen Akzenten durchsetzten perfekten Beherrschung der Form auf kontrastreichste Weise gegenüberzustellen. In einer Welt, in der auch die Frivolität ihre unmissverständlichen Regeln besaß, war diese unbefangene Freiheit ein purer Affront. Es ging Germaine aber gar nicht darum, irgendjemanden vor den Kopf zu stoßen. Sie war, wie sie war: spontan und authentisch, von überströmender Energie, ungebremst, überzeugt außerdem von ihrem Talent, und in dieser ungehinderten Konzentration ihrer Kräfte lag zugleich die Quelle ihrer Kreativität. Als Schülerin von Rousseau sah sie seine Naturlehre, seine Aufforderung zu einer natürlichen Umkehr nicht nur als eine Mode an, was sie für viele andere dieses Zeitalters war. Germaine rezipierte die Lehre, indem sie den Leidenschaften, den Impulsen des natürlichen Menschen den größtmöglichen Stellenwert einräumte und das Vernunftkalkül, gleichbedeutend mit interessebezogenem Denken und mit den Verbiegungen falscher Moral, Machtmissbrauch eigentlich, mit äußerster Skepsis betrachtete. Es war ihr Credo und blieb es; ein Grundmotiv ihres Lebens und Denkens. Ihre erste Publikation (1788 erschienen) war ein Aufsatz über Rousseau. Wie da einer aus der Hochkultur, die Frankreich über Rationalismus und philosophische Aufklärung, klassische Formen, die Mustergültigkeit seiner Literatur, Versmaße und geometrische Gartenbaukunst, Sprachartistik und Bel Esprit erreicht hatte, wieder zurück will in naive und unschuldige Bewusstseinszustände, frappierte und beeindruckte die junge Autorin. Es sei sehr bemerkenswert, schrieb sie, dass ein Mann, der so sensibel sei und über derart außergewöhnliche Geistes- und Seelenkräfte verfüge, den menschlichen Geist und das menschliche Herz auf einen Zustand reduzieren möchte, den man nahezu als Betäubung und Abstumpfung, als geisttötend ansehen müsse. Doch er habe eben wie kein anderer die Vorteile dieses Zustands erkannt. Lakonisch klingt das, fast zynisch. Mit unverbildeter Naivität hatte es die Pariser Intellektuelle nicht sehr. Auch konnte sie mit Natur und Landleben nichts anfangen, und an Rousseaus Erziehungsroman EMILE, dessen Prinzipien ihre Mutter auf so missverstandene Weise auf sie angewandt hatte, kritisierte sie später, dass man, das Buch richtig verstanden, kostbare Jahre der Auffassungsgabe des Kindes verliere, wenn man seinem Geist, wie es EMILE vorsieht, bis zum Alter von sechs Jahren jegliche Nahrung verweigere. Es war aber das Prinzip, das sie bei Jean-Jacques Rousseau verehrte, dem großen Wahrheitssuchenden, dem Vagabunden und Grenzgänger, Bürger von Genf wie ihr Vater, der nach seiner zweiten Inititialzündung über die Korrumpierung durch Zivilisation und Gesellschaft seine Uhr wegwarf (für einen Schweizer Uhrmachersohn eine rebellische Tat), Perücke und Degen ablegte und sich mit seiner Geliebten in einer Hütte im Park von Montmorency niederließ, um hier seine wichtigsten Bücher zu schreiben. In einem Atemzug nannte Germaine Rousseaus Anliegen, das, was für sie ohnehin immer zusammengehörte: »Leidenschaft und Vernunft«. Wenn man den wahren Impulsen des eigenen Herzens folge, so meinte sie, dann könnten diese niemals im Widerspruch zu einer allgemeinen Weltvernunft stehen. Und Rousseau glaubte ja auch an die Liebe. In der NOUVELLE HÉLOISE sprach er sich ausdrücklich für das Vorrecht des Gefühls und der Leidenschaft und für ein von den Lastern der Zivilisation freies, natürliches Leben aus. Das Vorrecht der Leidenschaft und eine dementsprechende Anhänglichkeit an die wahre

Moral, die Liebe zum Vaterland und der Enthusiasmus der Freiheit – in diesen drei Grundwerten, die sie Rousseaus Werken entnahm, drückt sich zugleich aus, was auch für Germaine de Staël zeitlebens den höchsten Stellenwert einnehmen sollte. Eine Stelle, in der sie die Folgen von Rousseaus Genie für sein Leben beurteilte, stimmt allerdings nachdenklich: »Es geht vielleicht auf Kosten des Glücks, solche außergewöhnlichen Erfolge zu haben, die von höheren Talenten herrühren. Die Natur, von ihren herrlichen Gaben erschöpft, verweigert den großen Menschen oftmals die Eigenschaften, die sie glücklich machen könnten.« Eine Antizipation ihres Lebens? Es würde zwar nicht gerade ausnehmend unglücklich werden; turbulent allerdings, mit sehr vielen Höhen und Tiefen.

Nein, es war wirklich nicht so, dass Germaines Umgebung ihr Selbstbewusstsein in Bezug auf ihre Talente ohne weiteres billigte. Es vertrug sich eben so gar nicht mit erwartungsgerechter weiblicher Bescheidenheit, mit Dezenz und der Bereitschaft, in den Hintergrund zu treten, um den Männern letztendlich doch die Bühne zu überlassen, worauf das intellektuelle Geschehen in der Gesellschaft gemeinhin hinauslief. Germaine ignorierte das. Sie ignorierte eigentlich alles, was sie in ihrer Freiheit einschränkte. Einmal würde sie von der Geschlechtslosigkeit des Genies sprechen; das war ihr Ausgangspunkt in Bezug auf sich selbst. Ihre Weiblichkeit betonte sie wörtlich nur im Kontext der Liebe, wenn sich wieder einmal so ein unzureichendes Exemplar Mann mit den weiblichen Gefühlsdimensionen, also ihren, nicht messen konnte, halbherzig, feige war oder die Flucht ergriff. Dann kokettierte sie sogar mit weiblicher Schwäche, denn derjenige, der unbedingt liebte, war angreifbar, schwach, der unterlegene Part; daran war nicht zu rütteln.

Ansonsten betonte Germaine ihre unübersehbare Weiblichkeit nur allzu sehr. Sie war ja etwas drall, körperlich, und wurde es mit der Zeit immer mehr. Ihre Dekolletees waren kaum zu überbieten und scharf an der Grenze des Schicklichen. Zu jeder Tageszeit trug sie weit ausgeschnittene Kleider, die auch Arme und Nacken reichlich zur Geltung brachten, um deren Wirkung sie wusste. Ihre Kleidung war eigenwillig und entsprach nicht immer dem eleganten Geschmack. Die unglaubliche Häme, der sich Germaine jedoch so häufig ausgesetzt sah und die meistens von Frauen ausging, hatte sicherlich auch den Hintergrund, dass man sie um ihren Freimut beneidete. Hässlich sei sie, wurde immer wieder gesagt. Freilich entsprach Germaine de Staël keinem ebenmäßigen oder liebreizenden Schönheitsideal. Ebensowenig verfügte sie über die wahre distinguierte Eleganz oder Finesse, doch sie versuchte auch gar nicht, solchen Vorstellungen zu entsprechen, sondern war und blieb die Charakterdarstellerin, die sie war: unkonventionell, konturiert, ein wenig exzentrisch, doch ohne jeglichen künstlichen Anstrich. Ihr sprühender Geist verlieh ihr ein unwiderstehliches Charisma, und mit ihrer unverkennbaren und zur Schau gestellten Körperlichkeit besaß sie auch eine starke erotische Anziehungskraft. Germaines Männergeschmack war recht exklusiv. Später würde sie die größten Herzensbrecher erobern und deutlich attraktivere Konkurrentinnen schlagen. Sie war, wie sie war – und das war mehr als genug. Am 31. Juli brachte Germaine eine Tochter zur Welt. Schon während dieser Schwangerschaft hatte ihr Gatte Anlass zur Eifersucht gehabt, und zwar wegen eines Grafen Guibert. Staël war überglücklich über die Geburt seines Kindes und tiefbetrübt, als das Mädchen nach 20 Monaten starb. Von Germaine gibt es kein Zeichen der Trauer über das verlorene Kind.

Monsieur Necker, zwar ohne Amt, doch im Vollbewusstsein seiner Kompetenzen und eigentlich wartend auf seine Wiederberufung, machte sich in der Zwischenzeit so seine Gedanken über die Zukunft des Landes. Er plädierte für eine Dezentralisierung der politischen Entscheidungsbefugnisse sowie für eine gerechtere Steuerpolitik. Den wirtschaftlichen Kräften aber, so Necker, müsse man ihren Lauf lassen: »Der Preis des Zinses muß frei sein, ebenso wie der Warenpreis, weil er der Verbindungspunkt der Geschäftsteilnehmer ist, der Geldgeber und der Geldnehmer.« Grundlage für all dies, er betonte es wieder, sei ein Vertrauen in die Autorität des Staates, in die Stabilität seiner Regierung, in die Währung und in die Kreditwürdigkeit. Dazu gab es indes immer weniger Anlass.

Calonne, Neckers Nachfolger, musste 1787 die Karten auf den Tisch legen, wie es um den maroden Staatshaushalt bestellt war. Auf 112 Millionen Livres belief sich das Defizit. Der Minister wollte aber die Verantwortung für die Misere nicht allein übernehmen und unterstellte daher seinem Vorgänger Necker, dieser habe in seinem COMPTE RENDU vor sechs Jahren die Staatsfinanzen geschönt, und zwar gehörig: Statt der angeblichen 10 Millionen Überschuss habe es damals ein Defizit von 50 bis 60 Millionen gegeben. Necker war außer sich und bat den König darum, sich vor den Notabeln rechtfertigen zu dürfen. Ludwig der Sechzehnte, dem in seinem der Beschaulichkeit zugewandten Leben nichts so unangenehm war wie ein Konflikt, lehnte das ab und befahl Ruhe, woraufhin Necker ungefragt und ohne Erlaubnis eine Verteidigungsschrift in Umlauf brachte, die seine Aufstellungen von damals erläuterte. Der Monarch, ob solcher Eigenmächtigkeit schwer empört, war nahe daran, Necker des Landes zu verweisen, beschränkte sich aber schließlich auf 20 Bannmeilen um Paris.

Zwischen den Fronten Necker/Calonne gab es noch einige schriftliche Schlachten, die man nur dahingehend resümieren kann, dass beide anscheinend unterschiedliche Definitionen ihrer Zahlenaufstellungen hatten. Entscheidend für den Staatshaushalt, so Necker, sei immer die Ertragsrechnung und nicht der Verschuldungsbetrag. Calonne sah das anders. Irgendwann machte der König dem Ganzen ein Ende, indem er beschied, er habe keine Lust, aus seinem Reich ein Redeforum dilettantischer Staatsmänner zu machen, wie dies vielleicht in der Republik Genf der Fall sei. Wie auch immer – auch Calonne stürzte; er hatte seine Chance verspielt. Unter seinem übernächsten Nachfolger Loménie de Brienne – ein fliegender Wechsel in wenigen Monaten – brach im August 1788 der öffentliche Kredit völlig zusammen. Brienne, Erzbischof von Toulouse, blieb nichts anderes mehr übrig, als die Landesversammlung der Stände, die außerordentliche Steuererhebungen zu bewilligen hatte, für den 1. Mai 1789 einzuberufen; zwischenzeitlich griff man auf eine Zwangsanleihe zu 5 Prozent Zinsen zurück. In dieser Not rief man wieder nach Necker, der mit seinen Anleihen im großen Stil immerhin etwas festen Boden in das kaputte System gebracht hatte und der in der breiten Bevölkerung geradezu beispiellos populär war. Am 25. August 1788 wurde er zum Generaldirektor der Finanzen und am übernächsten Tag zum Staatsminister, mit Sitz in allen Staatsräten, ernannt.

Wie aber aus dem Desaster herauskommen? Es war eigentlich ein hoffnungsloses Unterfangen, auch für den größten Magier auf

Erden. Einen gab es am Hof, der polemisierte heftig gegen Necker, den er genauso wenig für fähig hielt, das erforderliche Wunder zu wirken wie alle anderen, und dessen schweigsamer Dünkel ihm einfach ein Ärgernis war: Es war der Salonlöwe und charismatische Redner, der spätere Revolutionär Honoré de Mirabeau. Er stammte aus alter provenzalischer Adelsfamilie, hatte eine Menge moderner Ideen, die er am Vorbild des Staatsystems Friedrichs des Großen festmachte, doch was wirtschaftspolitische Fragen anging, so diskreditierte er sich schon dadurch, dass er, wie viele seiner Standesgenossen, in einem Schuldenberg steckte, den niemand mehr überblickte, am wenigsten wahrscheinlich er selbst. Er war dadurch auch de facto bestechlich. In Paris gab es zu jener Zeit über 4000 Spielsalons. Auch Versailles war eine Spielhölle, was ausländische Besucher befremdet feststellten. Ein Adeliger wie der Herzog von Choiseul-Ambroise war allein mit 14 Millionen Livres verschuldet – da relativiert sich dann auch ein staatliches Haushaltsbudget, bei dem es darum geht, ob zehn Millionen übrig oder 60 zu wenig da sind. Das Finanzdebakel des Ancien Régime war ja in Wahrheit die Krise einer Gesellschaftsordnung, die durch Reformen nicht mehr kaschiert werden konnte.

In der bedrohten Versorgungslage des Landes, durch Missernten und schlimme Kälteeinbrüche im Winter 1788/89 verursacht, konnte Necker das Schlimmste verhindern, indem er zwei Millionen Livres aus seinem Privatvermögen einsetzte, um Getreide zu kaufen. Dass er somit regelrecht das Volk vor dem Verhungern rettete, steigerte noch seine Popularität. Die Zeichen standen jedoch in weitreichender Hinsicht auf Sturm. Die Provinzen waren im Aufruhr. In Dijon, der Hauptstadt Burgunds, bildete sich eine erste Bürgerbewegung, deren Beispiel schnell Schule machte, um sich bald über das ganze Land zu verbreiten. Der Dritte Stand, der ja, wie Sieyès es dann ausdrückte, alles war, aber nichts galt, forderte endlich seine Repräsentation in der politischen Ordnung. Für die im Mai angesetzte Versammlung der Generalstände entschied der König – wahrscheinlich auf Neckers Betreiben –, dass die Anzahl der stimmberechtigten Vertreter des Bürgertums verdoppelt würde. Sonst aber wusste der Himmel, was mit diesem Land geschehen sollte. Jacques Necker wusste es ganz sicher auch nicht.

»A la Bastille!«

Stürmische Tage

Die Drei Stände Adel, Klerus und Bürgertum huldigen Ludwig dem Sechzehnten und seinem Finanzminister Necker *»Nachdem er den König verlassen hatte, wurde Monsieur Necker im Triumph von der Menge nach Hause getragen. Die glühende Begeisterung ist mir noch im Gedächtnis, und ich fühle auch wieder die große Erregung in diesen schönen Tagen der Jugend und der Hoffnung. All diese Stimmen, die immer wieder den Namen meines Vaters riefen, schienen einer großen Menge von Freunden anzugehören, die meine respektvolle Zärtlichkeit teilten. Das Volk hatte sich noch keines Verbrechens schuldig gemacht. Es liebte seinen König. Es glaubte ihn von anderer Seite betrogen und verehrte seinen Minister, den es als seinen Verteidiger ansah. Sein Enthusiasmus war gut, rein und wahr.«* Madame de Staël, Betrachtungen über die hauptsächlichen Ereignisse der Französischen Revolution

Am 4. Mai 1789 gehörte Germaine de Staël zu den Zuschauern, die in Versailles die feierliche Prozession der zwölfhundert Vertreter des französischen Volkes am Vorabend der Versammlung der Generalstände beobachteten. Sie stand, wie sie sich später erinnerte, an einem Fenster neben der Gattin des Außenministers, Madame de Montmorin, und gab ihrer hoffnungsvollen Begeisterung darüber Ausdruck, zum ersten Mal die Repräsentanten der ganzen Nation versammelt zu sehen. Ihre Nachbarin antwortete ihr jedoch in entschiedenem Ton: »Sie erliegen einem Irrtum, sich darüber zu freuen. Aus alldem wird großes Unheil entstehen, das über Frankreich und über uns hereinbrechen wird.« »Diese unglückliche Frau«, berichtete Germaine rückblickend, »endete mit einem ihrer Söhne auf dem Schafott, der andere Sohn hat sich ertränkt, ihr Mann wurde bei den Septembermorden massakriert, ihre älteste Tochter ist in einem Gefängnishospital ums Leben gekommen, und ihre jüngste Tochter, Madame de Beaumont, eine geistreiche und edle Person, ist noch vor ihrem dreißigsten Lebensjahr der Last all dieses Kummers erlegen.«

Der ratlose König hielt am Folgetag die Eröffnungsrede. Mit bedauernden Worten umschrieb er die Notlage, in die vor allem ein »kostspieliger, aber ehrenvoller Krieg« (der Kampf um die amerikanische Unabhängigkeit) das Land gebracht habe. Es bestehe aber kein Grund zur Aufregung, und vor »übertriebenem Verlangen nach Neuerungen« warne er sehr. Die darauf folgende dreistündige Darlegung der Finanzsituation durch Jacques Necker wirkte ermüdend auf die Deputierten, die Neckers heruntergeleierte Zahlen und Statistiken nicht unbedingt als Einleitung ihrer großen historischen Stunde empfanden. Minister Necker, der freilich auch weisungsgebunden war und nichts sagen durfte, was der König nicht absegnete, verschleierte bei allem Detailreichtum die tatsächliche

Lage: ein Defizit von 150 Millionen, ein Staat, der handlungsunfähig und nicht mehr kreditwürdig war.

Klerus, Adel und Dritter Stand hatten unabhängig voneinander ihre Vertreter gewählt, wobei auch einige Adelige und Geistliche, etwa Graf Mirabeau oder der Abbé Sieyès, den Dritten Stand mit Überzeugung vertraten. Im Zuge der Wahlen waren Beschwerdelisten von der Bevölkerung aufgesetzt worden, die im Wesentlichen auf eine gerechtere Verteilung der Steuerlast, Abschaffung der Feudalprivilegien und die Kontrolle der Monarchie durch eine Körperschaft zuliefen. Nirgends war damals die Rede davon, die Monarchie als Staatsform ganz abzuschaffen. Necker selbst (wie übrigens auch seine Tochter) war für ein Zweikammersystem nach englischem Vorbild. Beide würden zeitlebens bedauern, dass die Chance dazu letztlich verspielt wurde. Was die Beteiligten nun mit aller Lebhaftigkeit diskutierten, war eine Verfahrensfrage mit weitreichenden Folgen: Wie sollte in den Generalständen abgestimmt werden? Nach Ständen oder nach Köpfen? Da die Ständeversammlung aus 621 Bürgerlichen, 308 Geistlichen und 285 Adeligen bestand, war offensichtlich, wie sich die Abstimmungsweise auf die Einflussnahme der Stände auswirken würde. Weil es in dieser Grundfrage zu keiner Übereinstimmung kam, erklärten sich die Abgeordneten des Dritten Standes, in Anbetracht dessen, dass sie mindestens 96% der Bevölkerung repräsentierten, am 17. Juni mit großer Mehrheit zur Nationalversammlung (»Assemblée nationale«), in der nach Köpfen abgestimmt wurde, da sich nur so das bestehende Klassensystem aufbrechen ließ. Von den kirchlichen Deputierten waren fast zwei Drittel niedriger Herkunft, und so vereinigten sich die meisten von ihnen bald mit dem Dritten Stand. Nur der Adel protestierte gegen den für ihn nicht gerade vorteilhaften Beschluss. In den kommenden Tagen lief allerdings auch von diesem Stand eine steigende Anzahl von Repräsentanten zu der Vereinigung über.

Am Morgen des 20. Juni fanden die Deputierten – eine königliche Maßnahme, in der Hoffnung, damit den Spuk zu beenden – die Tür zu ihrem Versammlungssaal verschlossen, woraufhin sie ins nahe gelegene Ballhaus zogen, in dem normalerweise eine Art Tennis gespielt wurde. Hier, im »Jeu de Paume«, leistete die frischgegründete Nationalversammlung ihren berühmten »Ballhausschwur«: nicht mehr auseinanderzugehen, bis eine Verfassung errichtet sei. Gegen das Königtum und die privilegierten Stände war das Prinzip der Volkssouveränität damit erklärt.

Der Sitzung am 23. Juni, in der der König die Bildung der Nationalversammlung für unrechtmäßig erklärte und ihr befahl, auseinanderzugehen und in die alte Ordnung der Generalstände zurückzukehren, blieb Necker wohlweislich fern – wissend, dass er damit mehr als nur seine Stellung riskierte. Doch die Ereignisse überschlugen sich jetzt. Der König ging; er hatte sein Begehr ja verkündet. Der Oberzeremonienmeister wollte anschließend auf königlichen Befehl den Saal räumen lassen, aber da donnerte Mirabeau, der Held dieser Stunde: »Die versammelte Nation empfängt keine Befehle. Nur vor der Gewalt der Bajonette werden wir vom Platz weichen.« Als man dem König, der schon im Gehen war, dieses berichtete, rief er aus: »Ach, zum Teufel damit, sollen sie bleiben!« Seine Widerstandskräfte waren mehr als erschöpft, und alles, was in den kommenden Wochen und Monaten folgte, erlebte er gleichsam in Dauertrance, ungläubig, handlungsgelähmt. Necker hatte inzwischen seinen Rücktritt erklärt. Nachdem eine aufgebrachte Volksmenge zum Schloss vorgedrungen war und nach ihm verlangte, wurde er dann jedoch vom Königspaar wieder zum Bleiben bewogen. Er war wie ein Bindeglied zwischen Volk und Monarchie, der Vertrauensmann, auf den man noch setzte. Für Germaine de Staël waren diese Ereignisse auch Jahrzehnte danach noch lebendige Gegenwart. »Nachdem er den König verlassen hatte«, schilderte sie, »wurde Monsieur Necker im Triumph von der Menge nach Hause getragen. Die glühende Begeisterung ist mir noch im Gedächtnis, und ich fühle auch wieder die große Erregung in diesen schönen Tagen der Jugend und der Hoffnung.«

Auf Neckers Betreiben gab der König am 27. Juni der Assemblée ihre nun allerdings nicht mehr notwendige Sanktion, worauf sich diese am 9. Juli zur verfassunggebenden Nationalversammlung erklärte. Unter dem Einfluss der Königin, seiner beiden Brüder und anderer Royalisten ließ Ludwig aber zur gleichen Zeit sechs Regimenter, bestehend aus 20000 Mann im Raum Versailles-Paris aufmarschieren – angeblich nur, um die öffentliche Ordnung aufrechtzuerhalten. Die Bevölkerung ging davon aus, dass der König zum Gegenschlag ansetzte, und als am 11. Juli Necker, der Volksliebling, entlassen wurde, trat Gewalt auf den Plan. Paris kochte. Der Advokat Desmoulins kletterte auf einen Tisch in einem Pariser Café und kündigte eine »Bartholomäusnacht der Patrioten« an. Während der entlassene Minister mit seiner Familie Hals über Kopf Frankreich verließ, um außer Landes auf seinem Schweizer Landsitz Coppet am Genfer See Zuflucht zu suchen, griff das wütende Volk in Paris zu den Waffen. Es plünderte das Arsenal im Hôtel des Invalides und erbeutete die dort eingelagerte Munition, Geschütze, Gewehre, auch ein paar Kanonen. Am 14. Juli fiel die Bastille, das festungsähnliche Pariser Staatsgefängnis, düsteres Symbol der absoluten Monarchie. Die elend dahinvegetierenden Gefangenen – es waren nur sieben – wurden befreit, der Kopf des Kommandanten von der johlenden Menge auf einer Pike durch die Straßen getragen.

In Basel erreichte Necker ein Eilkurier mit den neuesten Nachrichten sowie mit einem regelrechten Hilferuf Ludwigs des Sechzehnten, er möge ihm angesichts der drangvollen Lage nun doch wieder zur Seite stehen. Necker schrieb an seinen Bruder, er habe das Gefühl, wenn er jetzt reise, in einen abgründigen Schlund zurückzukehren. Aber man müsse sich den Gesetzen der Notwendigkeit und den Verkettungen eines unverständlichen Schicksals wohl beugen. Die Rückreise von Basel nach Paris gestaltete sich einmal mehr zu einem wahren Triumphzug. Der Wagen ihres Vaters, berichtete Germaine, wurde von den Bürgern der Orte, durch die sie fuhren, gezogen, nachdem man die Pferde ausgespannt hatte. Die Frauen, die auf dem Feld arbeiteten, fielen angesichts des vorbeifahrenden Wagens auf die Knie. Als der Zug abends in Versailles eintraf, war das Schloss festlich beleuchtet, und der alte-neue Minister wurde mit Artilleriesaluten begrüßt. Neckers Ankunft in Paris war schließlich durch nichts mehr zu übertreffen. »Die Bevölkerung von Paris drängte sich in riesigen Mengen auf den Straßen. Männer und Frauen riefen aus Fenstern heraus und von Dächern herunter: ›Es lebe Monsieur Necker!‹ Als er unweit des Hôtel de Ville Halt machte, nahmen die Ovationen kein Ende. Auf dem Platz war eine ungeheure Menschenmenge von einer einzigen

Empfindung getragen und folgte der Spur eines einzigen Mannes – und dieser Mann war mein Vater!« Doch ob der Wundermann aus der Schweiz, der Finanzmagier, der nicht zuletzt wegen seiner bürgerlichen Herkunft und aufgrund seines eigenen finanziellen Erfolges eine derartige Popularität genoss, den Erwartungen wirklich gerecht werden konnte? Necker selbst – an den Worten an seinen Bruder wird es hinreichend deutlich – hatte längst aufgehört, in seiner wirtschaftspolitischen Rolle im späten Ancien Régime eine selbstgewählte und von eigenen Ambitionen erfüllte Aufgabe zu sehen, die sich durch strukturiertes Vorgehen bewältigen ließ. Er empfand sie als Schicksal, das man ihm auferlegt hatte, und Gottes Wege waren ja nun unergründlich. Sein protestantischer Gott war mit dem, der arbeitete und finanziellen Erfolg hatte; dort, wo er herkam, da waren diese Werte verbrieft. Neckers Bürgertugenden Fleiß, Ausdauer und Leistungsbereitschaft, seine Unbestechlichkeit und sein rechtschaffener Sinn brachten ihm dieses Wohlwollen der Menge, die davon ausgehen mochte, dass jetzt eine Zeit anbrach, in der der Stellenwert solcher Tugenden gewährleistet sein und in der ein anderer Stand der Gesellschaft als bisher die Wertskala anführen würde. Dass er rechtschaffen war, bewies Necker in jenen Tagen auf sicher unnachahmliche Weise: Seines Amtes enthoben, gleichsam unehrenhaft in die Wüste geschickt und bar jeder Dankbarkeit seines Königs, hatte er dem Bankhaus Hope & Cie. in Amsterdam die Garantie von zwei Millionen Livres bestätigt, die er während seiner letzten Amtszeit dem französischen Staat zur Verfügung gestellt hatte und mit denen dieser weiterhin arbeiten sollte – wohlgemerkt *vor* seiner Rückberufung in Basel. Der Kampf um die Rückgabe dieser Millionen, die 1793 konfisziert wurden, nachdem Jacques Necker auf die Liste der Emigranten gesetzt worden war, würde Madame de Staël noch ihr restliches Leben beschäftigen; erst zwei Jahre vor ihrem Tod bekam sie die Summe zurück.

Die ersten Aristokraten verließen im Juli das Land. Sie brachten auch einen großen Teil ihres Vermögens ins Ausland, was für die Staatsfinanzen nicht förderlich war; vor allem verschwand immer mehr Münzgeld aus der Zirkulation. Auch kam es nach dem 14. Juli überall zu Unruhen. Bewaffnete Bauern stürmten Schlösser und Klöster, steckten Abteien in Brand und vernichteten in großen

Freudenfeuern die Urkunden, in denen die »Herrenrechte« verzeichnet waren, die alten Dokumente ihrer Abhängigkeit.

Am Abend des 14. Juli, dem Tag des Sturms auf die Bastille, hatte der König sich, vom Jagen ermüdet, frühzeitig schlafen gelegt, und als ihn der Herzog von Liancourt weckte, um ihn daran zu gemahnen, wie ernst jetzt die Lage sei, murmelte der schlaftrunkene Monarch, der am Vortag nichts erjagt und daher »rien«, also »nichts« in sein Tagebuch geschrieben hatte: »Ach, so ist es wohl eine Revolte?« »Nein, Sire, das ist keine Revolte. Das ist eine Revolution.« Dem war wohl so. Niemand konnte das jetzt mehr bestreiten. In den Städten bildeten sich, wie in Paris, Komitees und Nationalgarden, welche die alte Ordnungsmacht ablösten. Die blau-weiß-rote Kokarde der Revolution, die sich auch der König, überreicht vom neuen Pariser Bürgermeister Bailly, brav an den Hut steckte, galt als das Abzeichen der Franzosen in einer neu angebrochenen Zeit. Im Winter trat mit dem Freiheitsbaum ein zweites Revolutionssymbol auf. Der König, so wurde berichtet, weinte viel und unterrichtete die auswärtigen Höfe gleichzeitig darüber, dass er alles, was er gegenwärtig unterschreibe oder vollziehe, nur unter Zwang tue und vorsorglich für null und nichtig erkläre.

Necker empfand sein Amt als eine Bürde von allzu schwerem Gewicht. Er warnte vor wachsender politischer Anarchie und vor weiterem Chaos. Die landesweiten Plünderungen und Aufstände, die Aufhebung von Zollschranken und die eingestellten Zahlungen durch die Steuerpflichtigen, die Auswanderungen reicher Familien, die manches Gewerbe zum Stillstand brachten, machten die Situation von Tag zu Tag schlimmer. Leider tat Necker, den langsam der Mut, vor allem aber auch der Instinkt verließ, in seiner dritten Amtszeit auch Dinge, die seiner Popularität abträglich waren. Um das Finanzchaos abzufedern, plädierte Necker für eine weitere Anleihe von 30 Millionen – Mirabeau fluchte. Die Gegnerschaft dieser beiden, deren Zusammenarbeit vielleicht fruchtbare Ergebnisse hätte zeitigen können, wurde immer stärker. Neckers Plan war, anstelle der bisherigen Diskontbank eine französische Nationalbank zu gründen. Mirabeau verhinderte dies.

Als am 5. Oktober 8000 Frauen und einige tausend vermummte Männer aus der Pariser Unterschicht Richtung Versailles marschierten, um Brot zu fordern und den König zur Rückkehr nach Paris zu bewegen, hatte die Revolution mit all ihren bürgerlich-administrativen Aspekten, Verfassungsfragen, Abstraktionen und Menschenrechtsdefinitionen wieder ihr proletarisches Lokalkolorit. Es waren solche Ereignisse, die durch »Druck von unten« die parlamentarischen Erfolge erst absicherten, sie teilweise sogar initiierten. Da standen sie, Marktfrauen, Fischweiber, einfaches Volk, zerlumpt zum Teil und vom Regen durchnässt, nach sechsstündigem Marsch, mit Sensen, Mistgabeln, Piken, Musketen und ein paar Dolchen bewaffnet, und forderten das, was ihnen ihr gottgnädiger König nicht gab: Nahrung zum Überleben.

Der König, der ja wirklich wollte, dass es seinem Volk gutging, empfing eine »Delegation« der Pariser Frauen im Salle de Conseil und tröstete sogar ein siebzehnjähriges Mädchen, die Blumenverkäuferin Louison Chabry, die man als Wortführerin in den Palast geschickt hatte und die nach ihrer Bekundung »Sire, wir wollen Brot« vor dem Monarchen in Ohnmacht gefallen war. Doch mit solchen pittoresken Szenen war der Volksauflauf mitnichten erschöpft. Der »Weiberzug« biwakierte in der Nacht vor den Toren des Schlosses. Morgens um 5:30 Uhr brachen bewaffnete Frauen in den Palast ein, ermordeten zwei Wachen, schnitten ihnen die Köpfe ab und drangen bis zu den Appartements der Königin vor. Germaine de Staël war an den Ereignissen wieder hautnah beteiligt. Als sie am Vortag von der Frauenkolonne gehört hatte, die sich von Paris aus Richtung Versailles in Bewegung setzte, war sie mit ihrer Kutsche einen weniger frequentierten Weg gefahren, um vor dem Zug in der Residenzstadt zu sein und ihren Eltern, die in Versailles waren, zur Seite zu stehen. Sie erlebte alle Szenen dort mit: den Auflauf vor dem Palast, die ungebetene Abordnung, vom König dennoch freundlich empfangen, den brodelnden Volkszorn und auch die Gewaltbereitschaft der Menge, von der sie später sagte: »Die untersten Klassen des Volkes waren noch mehr von der Trunkenheit berauscht als von der Wut.« Die Menge hatte einen Teil dieser Nacht in den umliegenden Schenken verbracht, und auch vor den Toren des Schlosses floss der Branntwein sicher in Mengen, um die durchnässten Menschen in der Oktobernacht flüchtig zu wärmen. Germaine hatte mit dieser untersten Volksklasse in der

Tat nichts gemein und versuchte auch keinerlei Identifizierung mit ihren Beweggründen, auch später nicht, da sie sich für die Revolution wirklich begeisterte.

General Lafayette behielt in all den Auswüchsen Ruhe und Zuversicht. Der Kommandant der Nationalgarde und Held des amerikanischen Unabhängigkeitskrieges war gegen Abend von Paris angerückt, um in Versailles für Ruhe und Ordnung zu sorgen. Doch als die bewaffneten Frauen im Morgengrauen in die Palastmauern eindrangen, da schlief der General seinen Schlaf des Gerechten. Zu spät traf er ein. Er konnte zwar der Plünderung des Schlosses durch die Zehntausend Einhalt gebieten, aber der König und seine Familie waren von den Rebellen gefangen. Germaine, die in einem Seitenflügel des Palastes untergebracht war, wurde frühmorgens von einer ihr völlig unbekannten Dame geweckt und in Kurzform über die Situation informiert. Marie-Antoinette war gerade noch rechtzeitig im Nachthemd und einem Überwurf vor den Angreifern in die Gemächer des Königs geflüchtet, wohin auch die Kinder des Königspaars von ihrer Gouvernante gebracht worden waren. Die bewaffneten Eindringlinge hatten das Bett der Königin mit Messern und Piken durchstochen, in der Annahme, sie sei unter den Decken versteckt. Necker war zu der Zeit schon beim König; Germaine und ihre Mutter eilten ihm durch den langen Korridor, der ihre Gemächer mit dem Palast verband, nach. Auf den Fluren waren noch frische Blutspuren von den gemeuchelten Leibgardisten zu sehen. Der Innenhof hallte von Gewehrschüssen wider. Bleich wie eine Wand, aber gefasst betrat die Königin in diesem Augenblick den großen Saal, in dem sich der aufgescheuchte Hof versammelt hatte. Die Menge unten auf dem Hof schrie, König und Königin sollten mit nach Paris kommen. Man wollte die Verantwortlichen ihres Elends in der Hauptstadt haben, mitten unter ihnen und ihrer Not. General Lafayette betrat den Balkon und sprach zu der Menge, die ihn hochleben ließ. Doch die Menschen wollten die Königin sehen. Unfrisiert und im Nachtgewand trat Marie-Antoinette mit ihren beiden Kindern an der Hand auf den Balkon. »Ohne Kinder!«, schrie die Menge. Dass die Königin sich gezeigt hatte, beruhigte sie etwas. Doch der Ruf hörte nicht auf: »Der König nach Paris!« Germaine erinnert sich, dass Marie-Antoinette sich in einem dieser Momente an Suzanne Necker gewandt und ihr mit Tränen in den Augen gesagt hatte: »Sie werden den König und mich zwingen, nach Paris zu gehen, und sie werden die Köpfe unserer Leibgarde auf ihren Piken vor uns hertragen.« Letzteres verhinderte General Lafayette, der den Schutz der königlichen Familie übernahm und die Gardisten auf vorläufige Treue einschwor. Aber Marie-Antoinette hatte recht. Die Sache des Königs war längst verloren. Weinend, so heißt es, hatte Ludwig der Sechzehnte am Vorabend um 22 Uhr die Deklaration der Menschenrechte unterzeichnet, für die Lafayette so heroisch gekämpft hatte. Die geisterhafte Eskorte, die das Monarchenpaar nun am 6. Oktober im Tempo eines Trauerzuges auf der vom Regen aufgeweichten Landstraße von Versailles nach Paris brachte, wurde von seiner Nationalgarde angeführt, die an der Spitze ritt und mit dem »Weiberzug« im besten Einvernehmen stand. In der Mitte des Zuges fuhr die königliche Karosse, und die Königsfamilie wurde streckenweise von den Fischweibern und Marktfrauen verhöhnt. Den Abschluss des Zuges bildeten mehrere Wagen mit Mehl, das man den königlichen Vorräten entnommen und mit auf den Weg gebracht hatte. In dem düsteren Gemäuer der Tuilerien, dem alten Königsschloss, das seit 1665 nicht mehr dauerhaft bewohnt worden war, richtete man der Königsfamilie ein notdürftiges Nachtlager her. Germaine de Staël, die drei Jahre später einen enthusiastischen Aufruf zur Rettung der Königin startete, erinnert sich an Marie-Antoinettes Worte, Tochter von Österreichs Kaiserin Maria Theresia, an diesem Tag: »Sie wissen, dass ich nicht darum gebeten habe, hierherzukommen.« (Meinte sie Frankreich oder das feucht-dunkle Stadtschloss?) Germaine fügt hinzu: »Ihr Gesichtsausdruck war schön und gereizt. Man kann ihn nicht mehr vergessen, nachdem man ihn einmal gesehen hat.«

Jacques Neckers Tage als französischer Finanzminister waren nun wirklich gezählt. Was ihn zu Fall brachte, war der Geldwertverfall im Zuge der Verwertung der Kirchengüter. Die »Assignaten«, ursprünglich verzinste Staatsobligationen auf die eingezogenen Güter, später ungedecktes Papiergeld mit Zwangskurs, wurden 1790 als Pfandverschreibungen auf das Nationaleigentum dekretiert, verloren als Zahlungskraft aber immer weiter an Wert.

Necker hatte von Anfang an vor der inflationären Entwicklung gewarnt. Doch er saß längst nicht mehr alleine am Ruder. Jakobiner von links und Royalisten von rechts, die immer selbstbewusster werdende Nationalversammlung und eine Handvoll persönlicher Feinde waren schon lange der Meinung, dass Necker seine Heldenrolle in Frankreich ausgespielt habe. Anfang September – Lafayette hatte ihn kurz zuvor gewarnt, dass sein Leben bedroht sei – emigrierte er nach seiner Amtsniederlegung mit seiner Frau in die Schweiz (1784 hatte Necker die Baronie und das Schloss von Coppet am Genfer See erworben). Dort blieb er auch, grübelnd über den Weltlauf und über den Undank der Mächtigen. In den dreizehn Jahren, die ihm noch blieben, arbeitete er schreibenderweise die Ereignisse auf. Für Germaine, die der Meinung war, weder außerhalb von Paris noch ohne die Nähe ihres Vaters leben zu können, war diese Wendung ein Unglück, an dessen Endgültigkeit sie lange nicht glauben wollte. Ihr eigenes Leben war allerdings zu dieser Zeit dermaßen aufgewühlt, dass das Exil ihrer Eltern nur ein Ereignis unter vielen anderen war. Wenige Tage vor der Demission ihres Vaters hatte sie einen Sohn zur Welt gebracht, der nicht von Staël war, obwohl dieser das glaubte. An ihn schrieb sie im Spätjahr aus Coppet: »Ich habe über die Erziehung eines Sohnes hochfliegende Vorstellungen, doch wenn Auguste sich einfallen ließe, in seinem Jahrhundert nur der zweite Mann von Genie zu sein, wäre ich recht enttäuscht.« Noch wahrte sie ihrem Gatten gegenüber in gewissem Sinne die Form. Der Grund war: Politisch brauchte sie ihn und seinen diplomatischen Status; mehr denn je in den Jahren, die kamen.

Die unglaublich aufgeladene Zeitstimmung wirkte damals auf Germaine wie eine Droge. »Ich spürte, daß ich die Grenzen des erreichbaren Glücks berührt hatte«, schrieb sie in Erinnerung an den Triumphzug ihres Vaters von Coppet nach Paris – zum Teil gewiss die bestechliche Wahrnehmung einer Tochter, die ihren verherrlichten Vater nun tatsächlich als Abgott erlebte. Rausch, Umbruch und Grenzüberschreitungen, das Auseinanderdriften jeglicher überkommener Ordnung, die Ausnahmesituation und die Selbstverwirklichung, die für Germaine de Staël eine heilige Lebenspflicht war, waren eine Befindlichkeit allgemeiner Natur in einer

Epoche, die alles zur Disposition stellte: Staat und Regierungsform, Rechtsgewalt, Eigentum, Sicherheit, Menschen- und Bürgerrechte, die Bedeutung der Gesellschaft und die Freiheit des Einzelnen. Für die revolutionären Frauen der Zeit, die Jakobinerinnen und Barrikadenkämpferinnen, die die Zeitstimmung nutzten, um augenblicksweise ihre weiblichen Grenzen zu sprengen, blieb es die Ausnahmezeit, die in den Gesellschaftsverhältnissen keinerlei Niederschlag fand. Germaine aber dienten die stürmischen Jahre als große Kulisse, die ihren inneren Stürmen einen passenden äußeren Anstrich verlieh. Ihr Lebensgefühl und ihre Begeisterung für die Ereignisse hatten allerdings wenig zu tun mit den Schlachten des Pariser Straßenmobs, die sie ablehnte als Gewaltszenarien und Vorboten auf Schlimmeres, Anarchie in ihrem hässlichsten Antlitz. Im August 1789 hatte sie König Gustav von Schweden gegenüber in den Pariser Vorgängen die Herrschaft der Gewalt einer alten Nation beklagt, »die eher in die Kindheit zurückgefallen, denn zur Jugend zurückgefunden hat, ein verderbtes Volk, das die Einrichtungen Amerikas übernehmen und die Freiheit erlangt haben will, bevor sich eine öffentliche Meinung gebildet hat.« Und sie fügte hinzu: »Konstantinopel wäre als Asyl sicherer als ein Land, das schrankenloser Freiheit preisgegeben ist, das heißt dem Despotismus aller.« Dann aber, als ihr Salon in der Rue du Bac sich zu einem liberalen Forum entwickelte und es darum ging, die Aufklärungsideale in den politischen Institutionen zu verwirklichen, war sie Feuer und Flamme und unmittelbar am Geschehen beteiligt. Den Übergang Frankreichs in eine konstitutionelle Monarchie mitzugestalten, war damals ihr ganzes politisches Sinnen und Trachten und blieb es auch über die Jahre hinweg, als diese erste Phase der Revolution lange abgelöst war und die Hoffnung zu einer derartigen Umsetzung immer geringer wurde. Zusammen mit Sieyès und Lafayette arbeitete sie an der Konstitution, die die Gewaltenteilung zur Grundlage hatte und weitgehend die Handschrift des besitzenden Bürgertums trug. Der 14. Juli 1790, Jahrestag des Sturms auf die Bastille, wurde zum Fest der Föderation und der ersten zivilen Verfassung. Anlässlich dieser Feiern auf dem Pariser Marsfeld tauchte auch erstmals die Parole »Freiheit, Gleichheit, Brüderlichkeit« auf. Von »Schwesterlichkeit« sprach da allerdings niemand …

Es war mehr als ein Mann, der zu dieser Zeit Germaines Sinne betörte. Die Aristokratie betrachtete in dieser bürgerlichen Revolution, selbstvergessen und zugleich vom unaufhaltsamen Zeitgeist nach vorne getrieben, ihren eigenen sinkenden Stern. Es war aber immer der aristokratische Männertyp, der Germaine faszinierte: die Weltläufigkeit und das Spiel, Laxheit im Umgang mit allen weltlichen Dingen, ein wenig frivol und ein wenig verschuldet, verführerisch in Erscheinung und Auftreten, von sinnlicher Lebensart und einem Geist, der sich mit bedachter Wirkung nach außen entfaltete. Bei ihrer Vaterbesetzung scheint das verwunderlich, da Necker doch das ganze Gegenteil dieses Typs war; vielleicht aber war es gerade deshalb der Fall.

Monsieur Charles-Maurice de Talleyrand-Périgord war wahrscheinlich der erste Anlass für Madame de Staël, den Sprung aus dem legitimen Ehebett in die Praxis der freien Liebe zu wagen. Der Mann ist ein Phänomen seiner Zeit. Er verkörperte das Ancien Régime wie kein anderer, war aber von Anfang an auf der Seite derer, die es zu Fall bringen wollten. Es ist schwer, über ihn ein moralisches Urteil zu fällen. Die »Sphinx« nannte man ihn – rätselhaft, schillernd, virtuos und dem Wandel gewogen, allen Parteien, Fraktionen und Ständen zugänglich, da er sich überall mit der gleichen Delikatesse bewegte und in dem Wechsel der Regime, wie ihn die kommenden Jahre und Jahrzehnte in Frankreich verzeichneten, stets obenauf schwamm. Ihn selbst brandmarkte man durch das, was er tat, als prinzipienlos und korrupt, aber dem Staatswesen kam es doch meistens zugute, da er sich gleichsam im Strom der Zeitläufte nach vorne bewegte und dadurch häufig geradezu unfreiwillig dem Fortschritt zu Diensten war.

Ein Lebemann reinsten Wassers war er, wie eine Romanfigur aus den GEFÄHRLICHEN LIEBSCHAFTEN seines Freundes Choderlos de Laclos. Sündige Kleriker waren in jener Zeit nichts Besonderes. Talleyrand selbst notierte, im Privattheater der äußerst gastfreundlichen Madame de Montesson habe es eine Loge für die liederliche Geistlichkeit gegeben – sicher kein Einzelbeispiel. Talleyrand setzte aber offenbar seinen Ehrgeiz daran, der anrüchigste Bischof der Geschichte zu werden. Auch das, Bischof, Kleriker, war er unfreiwillig; nichtsdestotrotz aber blieb er es und trug eine gesellschaftskonforme Maske über der falschen Soutane. Sein Onkel, Kardinal und Erzbischof von Reims, hatte den von seinen Eltern vernachlässigten Jungen, der durch einen Klumpfuß sein Erstgeburtsrecht einbüßen musste, in den geistlichen Stand geholt. Ganz frei von Skrupeln, in dieser Hinsicht, war Talleyrand nicht. Die Nacht vor seiner Priesterweihe verbrachte er unter Tränen, und als er zum Bischof geweiht wurde, erlitt er im Augenblick der Salbung einen Schwächeanfall. Er meisterte diese Skrupel schließlich auf seine Art: Niemand erwartete mehr von ihm, als dass er die Spielregeln einhielt. Seine Pfründe versorgten ihn gut. Er lebte als Grandseigneur, freigeistig im Innern und nach außen mit einer unbeteiligten Miene, die ihn zum Staatsmann prädestinierte. Sein Klumpfuß, seine Behinderung – Talleyrand hinkte stark – tat seiner Wirkung auf Frauen und als Gesellschaftsmann keinen Abbruch. Um sein Handicap zu kaschieren, stand er oft irgendwo angelehnt, das gesunde seidenbestrumpfte Bein ausgestreckt und mit wippendem Fuß. Er war blond und hatte ein hübsches Gesicht, blaue Augen zudem. Wenn er wusste, dass es auf Wirkung ankam, dann setzte er einen Gesichtsausdruck auf, als sei ihm gerade unmäßig langweilig und als verschwende er nur seine Zeit. Er verehrte Voltaire, und er sammelte wertvolle Bücher in seinem in erlesenem Luxus eingerichteten Haus – auch Erotica. Ganz Paris wusste, wo man die pornographischsten Bücher ausleihen konnte: in der Privatbibliothek des Abbé de Talleyrand. Doch diese ersetzten bei ihm gewiss nicht die Praxis, denn seine Nächte waren immer sehr ausgefüllt. In den letzten Jahren der Regierungszeit Ludwigs des Fünfzehnten hatte er in Versailles zum vertrauten Kreis der Madame Dubarry gehört, die sich am Morgen, während sie angekleidet wurde, gerne die Abenteuer erzählen ließ von der vorangegangenen Nacht in Paris. Einmal stand er bei diesen Geschichten nur schweigend daneben, und die Dubarry frozzelte, ob der schöne Abbé denn jetzt völlig keusch sei, da er nichts zu erzählen habe. »Ah, Madame«, antwortete er, »ich mache eine sehr betrübliche Feststellung.« »Welche denn?« »Paris ist eine Stadt, in der es leichter ist, Frauen zu erlangen als Abteien.« Er sollte beides bekommen, und zwar ziemlich reichlich. Als er Germaine de Staël traf, hatte er bereits seit Jahren eine Dauergeliebte, was ihn aber nicht daran hinderte, mit seinen Spießgesellen und zweifelhafter Gesellschaft in Spielhäusern zu verkehren oder im Lustschlößchen des Herzogs von Lauzun an der Barrière du Maine, wo ein Schwarm von Ballettmädchen zur Verfügung stand. Er hatte auf erotischem Gebiet hinreichend Erfahrung und war offen für jeden raffinierten Genuss – von daher kam Germaine, die ihren Gatten ja schließlich so langweilig fand, sicherlich auf ihre Kosten. Der Abbé verkehrte, wie alle wichtigen Leute, in ihrem Salon. Als einer der ersten war er vom Klerus zur Nationalversammlung des Dritten Standes übergetreten, und im Oktober 1789 hatte er, der Bischof von Autun, höchstpersönlich den Antrag auf Nationalisierung der Kirchengüter gestellt. Das scheint erstaunlich, lief es doch den Interessen seines Standes zuwider und nützte allein dem Wohl der Nation. Talleyrand ging aber auch hier nicht mit leeren Händen aus dem Handel hervor. Einige unterstellten ihm Bestechungsgelder, die in die Millionen gingen. Tatsache war, dass bei den Konfiskationen für die Vermittler so einiges abfiel; die Bauern waren es ganz sicher nicht, die davon profitierten. Talleyrand konnte jedenfalls auch weiterhin als Grandseigneur leben. Von seinen politischen Lehrmeistern Calonne und Choiseul, beides Hofmänner von Haltung und Lebensart, hatte er die Kunst erlernt, Staatsangelegenheiten mit einem Wink, mit einer Handbewegung in einer Kaminecke oder in einer Fensternische gleichsam wie nebenbei zu erledigen. Das Gespräch, wenn nötig auf Festen, ersetze Berichte und Akten, meinte Choiseul, und bürokratische Arbeit sei die Sache von Untergebenen. So wusste Talleyrand, wie man Minister wurde. Er würde sich's merken.

In Talleyrands Kreisen lernte Germaine noch einen anderen hinreißenden Mann kennen: Louis de Narbonne, von gleichem Schrot und Korn wie Talleyrand, aber weniger berechnend und skrupellos, dafür von einem inneren Feuer getragen, das Germaines ziemlich ähnlich war. Er war überschwänglich und hingebungsvoll, von berückendem Charme und zauberhaft eloquent, leichtfüßig in allem, ein müheloser Eroberer. Er war groß und stattlich gebaut, in der Gesamterscheinung wohl maskuliner als Talleyrand. Sein Blick, den Kopf leicht zurückgeworfen, durchmaß schnell einen Raum. In ihren Betrachtungen über die Französische Revolution nannte Germaine ihn »Grandseigneur«, »Homme d'esprit«, »Höfling« und

»Philosoph«, beherrscht von soldatischer Ehre und mit der »Bravour française« begabt. Seine Geburt umwehte ein schillerndes Geheimnis, denn er war möglicherweise ein natürlicher Sohn Ludwigs des Fünfzehnten. Germaine brachte ihn in der Politik ganz nach oben, den Grafen Narbonne, laut ihrer Aussage der Vater ihres am 31. August 1790 geborenen Sohnes Auguste. Narbonne war ihre große Passion. In keinem ihrer Verhältnisse hat sie solche Höhen und Tiefen erlebt, und keines hat am Schluss eine so große Wunde hinterlassen. Es ist kaum zu sagen, wer von beiden zuerst kam: der Liebhaber Talleyrand oder der Geliebte Narbonne, ob beide Verhältnisse nicht streckenweise sogar parallel liefen und ob es in diesen Jahren, 1788–92, eventuell noch einen Dritten gab. Mathieu de Montmorency, im Gegensatz zu den anderen beiden, die gut zehn Jahre älter waren, quasi gleichaltrig mit ihr, war der letzte Teil ihres Triumvirats der politischen Mitte, das sie in ihrem Salon, umgeben von sämtlichen Lagern von der äußersten Rechten bis zur äußersten Linken, heranzüchtete. Mathieu war von sehr altem Adel, ein feingliedriger Ritter mit fast romantischem Idealismus und echter liberaler Gesinnung. Auch in ihn war Germaine damals zeitweise verliebt, blieb mit ihm aber später – anders als bei Talleyrand und Narbonne – in lebenslanger loyaler Freundschaft verbunden.

Nachdem sie ihm in beredten Worten bezüglich ihres außerehelichen Liebeslebens Sand in die Augen gestreut hatte, schloss Germaine im Juli 1791 einen Brief an Monsieur de Staël mit folgenden Worten, die ihre Gattinnenrolle in ihrem Sinne charakterisierte: »Ich verlange Freundschaft und Freiheit. Diese beiden Güter sind mir gleich notwendig: mein Herz will das eine, mein Geist das andere. Ihre Natur fordert es, und was sie gebietet, ist ein Gesetz, das allein der Tod aufheben kann.« In ZULMA, einer Erzählung, die Germaine zwei Jahre später schrieb, heißt es: »Liebe steht über den Gesetzen, über dem Urteil der Menschen; sie ist die Wahrheit, die Flamme, das reine Element, die ursprüngliche Idee der moralischen Welt.« Für Germaine war die Liebe ein recht weiter Begriff. Mit Sicherheit aber war sie nicht eine Frage der Pflicht einem Mann gegenüber, dem man aus reichlich praktischen Erwägungen gesetzlich angetraut war.

»Vom Einfluss der Leidenschaften«

Liebe in Zeiten der Revolution

CHARLES-MAURICE DE TALLEYRAND-PERIGORD
»Nur wer vor 1789 gelebt hat, weiß, was die Süße des Lebens ist.« Talleyrand

Ihren neugeborenen Sohn ließ Germaine in Paris in Staëls Obhut zurück, als sie im September 1790 zu ihren Eltern nach Coppet reiste. Louis-Auguste trug Staëls Namen; das würde auch bei ihren kommenden außerehelichen Kindern so sein. Nur Germaines Sehnsucht nach ihrem Vater hatte sie veranlassen können, den Winter in der ereignislosen Gegend zu verbringen, die die Heimat ihrer Eltern und jetzt ihr Ruhesitz war. Über die Vaterschaft ihres Kindes sprachen diese wahrscheinlich nicht, aber sie ahnten sie wohl. Germaines Liaison mit Narbonne war in aller Munde – für die Neckers, besonders für Suzanne, ein Skandal. Die Turbulenzen der vergangenen Jahre hatten Suzannes Gesundheit extrem zugesetzt. Auch eine physisch und psychisch stabilere Frau würde durch das Auseinanderbrechen eines Staatswesens auf gewaltsamem Wege und einen ständigen Wechsel von kultischer Volksverehrung und Verbannung an der Seite ihres Mannes in ihren Grundfesten erschüttert. Für Suzanne Necker, die in der Übereinstimmung von innerer und äußerer Form ihren Lebenszweck sah, hatten solche Erschütterungen aber noch einmal eine ganz andere Tiefe. Die Libertinage ihrer Tochter verstörte sie doch aufs Äußerste. Was war aus den hehren Zielen geworden, seit sie mit Pflichteifer die Erziehung ihrer Tochter in die Hände genommen hatte, um ihre eigene Schöpfung daraus hervorgehen zu lassen? Konträrer zu ihren Bemühungen konnte das Ergebnis kaum sein. Germaine als Mutter, wie man an der Bemerkung über den kleinen Auguste sieht, hatte auch ihre Träume und Vorstellungen. Aber sie nahm letztlich ihre Kinder so, wie sie waren. Sie wuchsen wie Kameraden neben ihr auf, ein bisschen nebensächlich, aber in freier Entfaltung, denn die eruptiven Wendungen ihres eigenen Lebensgangs waren stets wichtiger als eine wie auch immer geartete Kontinuität. So bilden sich Muster und Gegenmuster.

Edward Gibbon war in diesem Herbst zu Besuch in der Schweiz und wohnte einige Zeit auf Coppet, was Germaine zum Anlass nahm, zu überlegen: »Wenn ich ihn sehe, frage ich mich, ob ich seiner Verbindung mit meiner Mutter entsprossen sein könnte; doch ich sage mir nein, und mein Vater allein hat genügt, damit ich zur Welt kam.« Welch abstruse Idee einer fast göttlichen Selbstzeugung!

Aber Necker stand nicht mehr so völlig auf der Seite seiner geliebten Minette. Was diese sich gegenwärtig und in den kommenden Jahren an skandalträchtigen Freiheiten leistete, war auch vom wohlwollendsten Göttervater nicht mehr nur augenzwinkernd zu sanktionieren. Durch Frankreichs Geschicke zur vorzeitigen Ruhe gezwungen, kümmerte er sich in erster Linie um seine leidende Frau, und was das Privatleben ihrer Tochter anging, so hielten die Eltern zusammen, grundsätzlich wohl auch zugunsten ihres vernachlässigten und betrogenen Schwiegersohns. Dieser hatte übrigens noch Probleme ganz anderer Art: Seinem König, Gustav dem Dritten von Schweden, war er in Neckers Gefolgschaft suspekt geworden, und Gustav wusste nicht, ob Staël noch loyal genug war, um in Paris seinen Botschafterposten in Vertretung seines Monarchen behalten zu können. In einem kritischen Moment, als die französische Monarchie in Gefahr war, hatte er seinen Posten verlassen, um mit seinen verbannten Schwiegereltern außer Landes zu gehen, und seine Gattin versammelte inzwischen die aufmüpfigsten politischen Kreise in ihrem Salon. Germaine nahm auch dies in die Hand und diktierte ihrem Ehemann die nach Stockholm gerichteten Briefe, die Gustav beschwichtigen sollten.

Mit Geld hatte Staël noch nie umgehen können – deswegen war ihm ja auch diese Heirat so wichtig gewesen. Jetzt floss es ihm umso mehr durch die Finger, und diese Leichtfertigkeit wurde durch weitere labile Tendenzen verstärkt. Er verliebte sich in eine fast 70-jährige Frau; vielleicht eine Doppelkompensation, da ihm so neben der ehelich entgangenen Zuwendung zugleich etwas Mutterliebe und Tröstung zukamen. Mademoiselle Clairon, eine frühere Schauspielerin, die Germaine im Salon ihrer Mutter in der dramatischen Kunst unterwiesen hatte, knöpfte ihrem Galan, dem sie zusäuselte, er gebe ihr ihre entschwundene Jugend zurück, eine beträchtliche Geldsumme ab, die er sich in einem Vertrag als lebenslange alljährliche Rente zu zahlen verpflichtete. Er konnte dann später zusehen, wie er aus diesem Vertrag wieder herauskam beziehungsweise von seinem Schwiegervater Finanzspritzen erhielt. Außerdem liebäugelte Staël mit den Swedenborgianern, einer Sekte in Anlehnung an die Naturphilosophie des Emanuel Swedenborg, die okkult-mystische Züge trug und behauptete, mit dem »Geisterreich« in Verbindung zu stehen. Mit entsprechend gesinnten Bekannten nahm er an spiritistischen Sitzungen teil, beschwor Geister und ließ Tote in Spiegeln erscheinen. Mit solchen Kapriolen aber entfernte sich Staël nur immer weiter von seiner Frau, die ihn nun allenfalls auch noch wunderlich fand. Die Swedenborgianer waren aber auch am Hof König Gustavs zugange, der für Übersinnliches überaus offen war und sich selbst persönliche Wahrsager hielt. Mit Gustav nahm es kurze Zeit später ein schlimmes Ende – einer seiner Hellseher soll dies vorausgesehen haben.

Im Januar 1791 kehrte Germaine endlich ins ersehnte Paris zurück. Sie veranstaltete »Koalitionsdiners« in ihrem Haus und eröffnete damit eine Tradition, die sie überall pflegte, wo sie auch war und damit ihren Wohnsitz zum gesellschaftlichen Treffpunkt machte: alle Parteien, Denkrichtungen oder Weltanschauungen zum Gespräch zu versammeln und damit der Kontroverse ein Forum zu bieten. Ihre eigene Einstellung war 1791 vollkommen klar: Die Monarchie musste erhalten bleiben, und zwar in ihrer noch zu optimierenden parlamentarischen Form. »Sie liegt in der Natur der Dinge, und nichts kann hindern, daß man darauf zurückkommt; doch wenn das politische Gleichgewicht Europas erst einmal gestört ist, wird es lange dauern, bis es wiederhergestellt ist. Überdies glaube ich, daß sich diese Revolution weit mehr gegen den Adel denn gegen das Königtum richtet. Im Kampf der Aristokratie gegen die Demokratie kann die Monarchie sehr leicht den Kopf aus der Schlinge ziehen, und wenn das geschieht, wird die Vernichtung der dazwischen stehenden Schichten der königlichen Macht dienen: in der Türkei gibt es nicht mehr Adel als in Frankreich.« In diesem Zusammenhang kritisierte Madame de Staël auch die gegenwärtige Form der französischen Verfassung, die in ihren Augen nichts als ein Rohentwurf war. »Sie stellt überhaupt kein

Gleichgewicht her. Wenn der König in der einzigen Kammer, die es gibt, die Mehrheit hat, vermag er alles; hat er sie nicht, vermag er nichts.« Aber das sei ja wieder einmal typisch für die Franzosen, die zu stolz seien, um Anleihen an der vorbildlichen englischen Verfassung zu nehmen und sich stattdessen einbildeten, eine eigene innovative Version entwerfen zu müssen, für die es Erfindungsgabe erfordere wie für ein episches Gedicht und nicht Pragmatismus.

Was war geschehen? Die königliche Familie hatte im Juni einen Fluchtversuch unternommen, und nachdem dieser gescheitert war, waren die Stimmen, die im Lande nach einer Republik riefen, lauter und lauter geworden. Im Hintergrund schwelte die Gefahr einer Gegenrevolution. Aus Furcht, die Revolution könne sich auf ihre eigenen Länder ausdehnen, rückten die rivalisierenden Großmächte Preußen und Österreich zusammen und wollten, unterstützt von den emigrierten Brüdern des Königs, in Frankreich einschreiten. Doch die konstitutionelle Bourgeoisie behielt vorerst die Oberhand und verpflichtete den König ein weiteres Mal auf die Verfassung, die am 3. September in Kraft trat. Im Grunde war es schon fast eine Farce, dass er wieder einmal seinen Eid darauf leistete und pro forma »Goodwill« zeigte.

Dank ihrer Netzwerke und besonders des Forums in ihrem Salon betrieb Germaine de Staël einen Lobbyismus, der seinesgleichen sucht. Sie errichtete geradezu ein Parallel-Parlament. Ihren Vater wieder in Amt und Würden zu bringen, dieses Vorhaben hatte sie, wenn schon nicht ganz aufgegeben, so zumindest beiseite gelegt. Die Zeit verlangte nach jüngeren Helden und nach ganz anderen Aktionsterrains als zu Jacques Neckers Zeiten. Im Dezember gelang Germaine nach mancherlei Unterhandlungen Narbonnes Ernennung zum Kriegsminister – sie hätte ihn gerne zum Außenminister gemacht, doch das klappte nicht –, und der Krieg, da er ja früher oder später doch nicht zu vermeiden war, der sollte nach Meinung der Girondisten, der gemäßigten Republikaner, geführt werden, um die Revolution zu konsolidieren und zugleich, so meinten die Konstitutionellen, um das Ansehen des Landes und seiner Monarchie wiederherzustellen. Zumindest sollten Truppen zur Verteidigung gegen die von Preußen und Österreich unterstützten Emigranten bereitstehen. Marie-Antoinette schrieb am 7.

Dezember an den Grafen von Fersen: »Seit gestern ist Graf Louis de Narbonne Kriegsminister. Welch ein Triumph für Madame de Staël und welch eine Freude, die ganze Armee zu ihrer Verfügung zu haben! Er könnte nützlich sein, wenn er entschlossen ist, denn er ist klug genug, um die Konstitutionellen zu vereinigen und was man sonst noch braucht, um zu den Truppen von heute zu sprechen.« War es nicht das, was Germaine meinte, wenn sie rückblickend schrieb, sie habe die Grenzen des erreichbaren Glücks berührt: die Vermengung von Einflussnahme in die epochemachenden Ereignisse, Macht, wenn auch ohne offizielle Funktion, jeden Tag, stündlich fast, und ihrer leidenschaftlichen Liebe zu dem Mann, den sie an die Spitze brachte, zum Ruhm führte? Germaine war romantisch genug für ein Hochgefühl dieser Art. Anlass gab es ja, um es zu haben. Doch sie war auch realistisch genug, um Narbonnes Chancen zu sehen. »Wenn er dieses Land rettet, ist das ein Wunder und kein Geniestreich«, schrieb sie an den Grafen von Gouvernet, den diplomatischen Vertreter Frankreichs in Den Haag. Sie berichtete dem Botschafter die letzten Neuigkeiten aus Paris und die letzten Beschlüsse. »*Wir* haben beschlossen …«, schrieb sie bezüglich der Frage, ob Gouvernets Posten anderweitig besetzt werde, und: »*Wir* werden mehr Ansehen haben, wenn wir Sie dort lassen.« Für Jacques Neckers Tochter stellte sich nicht die Frage nach den politischen Rechten der Frauen, offiziellen Funktionen gar, sie erübrigte sich.

Währenddessen bekam Germaine recht hautnah zu spüren, was die neu gewonnene Pressefreiheit bedeutete und was es für Nebenwirkungen hatte, eine Frau zu sein, die sich um die öffentliche Meinung nicht schert. Sie war eine Person, die die Gemüter erhitzte und die polarisierte. Traditionsgemäß wurden Frauen im Kontext der Politik nicht mit politischen Argumenten angegriffen, sondern moralisch vernichtet – wie aber erst bei einer Frau von diesem Format! Es waren die äußerste Rechte und die äußerste Linke, die Madame de Staël in Karikaturen, Pamphleten und Kampfschriften verhöhnten, und zwar immer mit sexuellen Bezügen. Dass sie als moderne Circe mit ihrem Geliebten Narbonne dargestellt wurde und ihr Ehemann als Hahnrei, gehörnter Narr, war noch ausnehmend harmlos (und auch nicht ganz unzutreffend) im Vergleich zu den pornographischen Entgleisungen anderer Urheber – auch bildhaft und so eindeutig wie die obszönen Karikaturen der Königin Marie-Antoinette in den Jahren vor und während der Revolution. Ein royalistischer Autor stellte die Staël als »Bacchantin der Revolution« dar, als lüsternes Mannweib, das im Namen des Umbruchs einem hemmungslosen Lebensstil fröne. Der gleiche Autor widmete sein KLEINES LEXIKON DER GROSSEN MÄNNER DER REVOLUTION von 1790 der Madame de Staël, und zwar mit den Worten: »Wir nehmen uns die Freiheit, Ihren Namen an die Spitze unserer Sammlung zu setzen, denn ein Lexikon der großen Männer des Tages herauszugeben, heißt nichts anderes als Ihnen die Liste Ihrer Liebhaber vorzulegen.« In einer späteren satirischen Schrift persiflierte man die Bemühungen der Madame de Staël, alle Parteien um sich zu gruppieren und zu einigen, mit dem bald geflügelten Wort: »Die Royalisten empfing sie am Morgen, die Girondisten zum Dinner, die Jakobiner zum Souper – und bei Nacht empfing sie jedermann.« Die Gehässigkeiten über ihre Person und ihren Lebenswandel steckte Germaine mühelos weg. Anders war es jedoch bei den Verunglimpfungen ihres Äußeren, denn die verletzten sie, wie man sich vorstellen kann. Ihr Schönheitsdefizit war letztlich immer der einzige Punkt, an dem man sie treffen und gegen den sie sich nicht zur Wehr setzen konnte. Einer schönen Frau hätte man manches verziehen. Aber Ansprüche dieser Art ans Leben zu stellen und nicht einmal schön zu sein, das ging offensichtlich zu weit. Die Revolutionszeit hat sich sehr gerne diverser weiblicher Mythen bedient, um ihre hohen Ziele in Bilder zu fassen, zugleich aber auch, um die gegnerische Seite oder die Auswüchse des Geschehens in die Niederungen der Persiflage zu ziehen. Von der Freiheitsgöttin bis zu den hässlichen Weibern des »Zugs der Zehntausend«, die, in entsprechenden Abbildungen, breitbeinig auf Kanonen sitzend, mit den Soldaten fraternisieren, reicht dieses Spektrum der Heiligen und der Hure als Amazone und kämpfende Jungfrau, erhabene Muse und Tugendinkarnation, Verführerin oder als Verkörperung niederer Sinnenlust, derbste Vertreterin des einfachen Volkes. Die Freiheitsgöttin war üblicherweise jung, schön und keusch, ein wenig fragil, aber heroisch, von innen gestärkt, in einsamer Höhe zudem: la Liberté. Delacroix hat sie später, nach der Julirevolution, als Anführerin im Kampf dargestellt, doch das löste fast einen Skandal aus, da ihre entrückte Idealität damit verraten schien – und was sollte man mit einer Freiheit, die handgreiflich wurde?!

Narbonnes Stern strahlte nicht lange am getrübten französischen Himmel. Der Minister zog eine Armee von 150000 Mann zusammen, die an den Grenzen bereitstehen sollte, um das Land zu verteidigen. Lafayette war einer der Oberbefehlshaber, Mathieu de Montmorency einer der Offiziere. Während Talleyrand mit der Aufgabe betraut wurde, in London über die Neutralität Englands zu verhandeln, reiste Staël nach Stockholm, um seinem König die herrlichen militärischen Qualitäten des Liebhabers seiner Frau zu unterbreiten und ihn gleichzeitig von seiner gesamt-royalen Loyalität zu überzeugen – was notwendig war, denn der König hatte, bedingt durch Interessenkonflikte, vorläufig die Pariser Botschaft geschlossen und Staël mit unklarem Ausgang beurlaubt. So hatte Germaine ihre sämtlichen Männer an sinnvollen Fronten untergebracht und mit ihnen gemäßen Tätigkeiten betraut.

Doch Narbonne hielt sich nicht, trotz seiner flammenden Reden an die Soldaten und in der Versammlung. Er stürzte noch vor der Kriegserklärung an Österreich am 20. April, die der Beginn der 23 Jahre dauernden Revolutionskriege war. Auch die Mission des schwedischen Botschafters erübrigte sich, denn als er im März Schweden erreichte, wurde Gustav der Dritte wenige Tage später bei einem Maskenball heimtückisch erschossen. Er hatte die Gegenrevolution unterstützt, ihre Anfänge sogar initiiert. Gustav war so etwas wie ein aufgeklärter Despot, der sein Land reformiert, aber den Adel entmachtet hatte, und Letzteres wurde ihm nun zum Verhängnis, da ihn ein aufsässiger Adeliger ins Jenseits beförderte.

»Könnten Sie in Holland nicht ermitteln, was Preußen plant?«, hatte Madame de Staël Gouvernet in Den Haag gefragt. Preußen trat an der Seite Österreichs in den Krieg ein, was für einige überraschend war. Frankreich war isoliert, ohne Bündnispartner, und während der König weiterhin mit dem Ausland paktierte und im Grunde auf eine militärische Niederlage des revolutionären Frankreichs hoffte, um seine Macht wieder zurückzugewinnen, löste sich seine Armee allmählich auf, da immer mehr Offiziere in die

Emigration gingen und aristokratisch gesonnene Befehlshaber vor Soldaten standen, die revolutionsfreundlich eingestellt waren. Die französischen Emigranten der ersten Stunde hatten in Koblenz ihr Hauptquartier bezogen und sagten der Revolution in schneidenden Worten den Kampf an. Das war Öl auf das Feuer der radikalen Republikaner, die jetzt in Paris verstärkt auf den Plan traten. »Louis Capet«, so nannte Jean Paul Marat, ein Vertreter der »Bergpartei«, den französischen König, dem die Freiheit und das Volkswohl nach seinem verräterischen Fluchtversuch, so Marat, keinesfalls mehr anvertraut werden dürften. Diese Meinung teilten so einige aus seinen Reihen, die die Geschicke des Landes in den kommenden Jahren bestimmten. Sie hießen Danton, Marat, Brissot, Robespierre, Desmoulins, Saint Just, Fouché, und sie wollten namentlich eines im Land: die Republik.

Eine wirkliche Umwälzung der Gesellschaft sollte das sein. Die aus außerparlamentarischen Klubs in den Städten hervorgegangenen »Sansculotten«, Kleinbürger, Arbeiter und Handwerker, die die Kniehosen der feinen Leute verachteten und die langen Männerhosen des Dritten Standes trugen, konnten das Bild einer erneuerten Gesellschaft kaum plastischer ausdrücken als einer ihrer Vertreter, Jean-Baptiste Vingternier, der erklärte, was man unter einem Sansculotten verstehe: »Das ist einer, der immer zu Fuß geht, der keine Millionen besitzt, wie ihr sie alle gern hättet, keine Schlösser, keine Lakeien zu seiner Bedienung, und der mit Frau und Kindern, wenn er welche hat, ganz schlicht im 4. oder 5. Stock wohnt. Er ist nützlich, denn er versteht zu pflügen, zu schmieden, zu sägen, zu feilen, ein Dach zu decken, Schuhe zu machen und bis zum letzten Tropfen sein Blut für das Wohl der Republik zu vergießen.« Er verschwende seine Zeit nicht in Cafés, Spielsalons und Theatern. Und: »Ein Sansculotte hat immer seinen Säbel blank, um allen Feinden der Revolution die Ohren abzuschneiden …« Letzteres sollte in den kommenden Jahren in abgewandelter Form ihre Hauptbeschäftigung sein: ob Ohren, ganze Köpfe oder auch andere Gliedmaßen. Die Sansculotten, die eigentlichen Vertreter der Volksherrschaft, waren etwas weniger radikal als die Jakobiner und hätten gerne ihr eigenes Süppchen gekocht; die Idee einer Erneuerung der Gesellschaft war aber gleich. Was den Lebensstil anging, so hätte sich »Louis Capet« bestimmt damit identifizieren können, wenn man ihn nur gelassen hätte. Talleyrand und Konsorten wohl weniger.

Was geschah nun mit der so sehr verherrlichten Freiheit? Für Maximilien Robespierre, den Advokaten aus Arras, Führer des Jakobinerklubs, hatte sie gewiss eine andere Bedeutung als für die längst verblichenen geistigen Wegbereiter der Revolution. Robespierre sagte: »Das Volk fällt keinen Urteilsspruch, es schleudert den Blitz«, als der Konvent einige Monate später die Frage debattierte, ob man den König vor ein Gericht stellen sollte. Doch da war Paris schon der Schauplatz eines Mordszenarios gewesen, das auch die letzten Illusionen beseitigte, was hier geschah, habe irgendetwas mit der Verwirklichung der Menschenrechte zu tun. Einer der Auslöser dieser Radikalisierung des Geschehens war die Weigerung zahlreicher Priester, ihren Eid auf die Zivilverfassung zu leisten und damit ihren Bruch mit Rom zu vollziehen. Die Nationalversammlung beschloss Sanktionen gegen den Eid verweigernden Klerus und schließlich deren Deportation, wogegen Ludwig sein suspensives Veto einlegte. Monsieur de Talleyrand hatte persönlich keine Probleme gehabt mit der Eidleistung und mit der drohenden Exkommunikation, im Gegenteil: Als ihm der Papst damit drohte, lud er seinen Freund, den Herzog von Lauzun, mit dem er so köstliche nächtliche Feste mit den Ballettmädchen gefeiert hatte, zum Souper ein und meinte delikat, da man ihm zukünftig Wasser und Feuer verweigere, würde es heute Abend nur kaltes Fleisch und geeisten Wein zum Mahl geben. Aber für seine klerikalen Kollegen und für alle anderen sprach er sich doch in einer öffentlichen Rede für eine Gewissensfreiheit aus, die nach seinem Empfinden ein Grundwert der Aufklärung war. Dieser aalglatte Mann, für dessen Gewissen sicherlich niemand seine Hand ins Feuer gelegt hätte, bezog mit solchen Worten Position gegen jegliche Formen von Despotie und dogmatischer Einseitigkeit, sei es von der katholischen Kirche, einem absoluten Monarchen oder den radikalen Vertretern der Revolution. Wie es aussieht, hat er die Abwege Frankreichs vorausgesehen: Robespierre und die Schreckensherrschaft, den »Wohlfahrtsausschuss«, die Diktatur. Aber er war nicht der Mann, um sie zu verhindern. Mirabeau hätte vielleicht gegensteuern können. Unglücklicherweise war er im April 1791 ganz plötzlich gestorben.

Ludwig der Sechzehnte aber, der hatte noch ein Gewissen, und er wollte weder alles aus seiner Zwangslage heraus absegnen, was die immer radikalere Versammlung beschloss, noch seine Priester ans Messer liefern, die ebenfalls ihrem Gewissen gehorchten, wie er in Übereinstimmung mit Talleyrand meinte. Innenminister Roland erklärte dem König, er würde damit den unerbittlichen Widerstand seines Volkes entfesseln, »das den König als Freund und Komplizen der Verräter betrachten müßte«. Der Widerstand wurde tatsächlich entfesselt, doch er war von langer Hand von den Anführern, den radikalen Republikanern, organisiert. Jetzt waren es Leute wie der Bierbrauer Santerre oder der Metzger Legendre, Führer der militanten Pariser, die auf die Bühne traten, um ihren Part zur Revolution beizutragen. Der Metzger Legendre war ein breitschultriger, kräftiger Mann mit einer Löwenstimme und kaum vorhandener Schulbildung, von der er stolzgeschwellt sagte: »Meine Bildung ist nicht Menschenwerk, sie ist natürlich. Von mir dürft ihr nur den Ausbruch des Gefühls erwarten.« Am 20. Juni strömte eine riesige Menschenmenge in die Tuilerien. Sie drängte in die oberen Stockwerke und brach die Tür des Vorraums, in dem sich der König befand, mit ihren Piken auf. Der Metzger Legendre mit seiner natürlichen Bildung brüllte den König an: »Monsieur, Sie sind ein Verräter«, und dann setzte man dem Monarchen, der erklärte, ein Freund der Nation zu sein, eine rote Jakobinermütze auf. Er trug sie noch, als die militante Versammlung, all das Straßenvolk, der Metzger, der Bierbrauer verschwunden waren und der König, ratlos wie immer, erschöpft auch nach diesem Spuk, auf einem Sessel saß und mit dem Leben eigentlich innerlich abschloss.

Germaine de Staël war im vierten Monat schwanger, als diese Dinge passierten. Es war ihr zweites Kind von Narbonne. Doch ähnlich wie bei Auguste hatte sie wenig Muße zur Innenschau. Zusammen mit ihrem Geliebten arbeitete sie im Juli einen Fluchtplan für die königliche Familie aus, den diese ablehnte, da sie es offenbar als unter ihrer Würde empfand, von Leuten der Revolution wie General Lafayette außer Landes gebracht und gerettet zu werden. Am 10. August erfuhr Germaine, dass im Hof der Tuilerien die

Schweizergarde gelyncht wurde, die die königliche Familie vor einem weiteren Volkssturm verteidigte, und sie machte sich, ungeachtet ihres Zustandes, sogleich auf den Weg, um zu sehen, ob befreundete Landsleute von dem Blutbad betroffen waren. Dem war zum Glück nicht so, doch was Germaine an diesem 10. August und in den Wochen danach an grauenhaften Szenen zu sehen bekam, entzog sich, wie sie selbst sagte, jeder Beschreibung. Der Monarch war inzwischen mit seiner Familie im Temple gefangengesetzt.

Germaine schrieb: »Nach dem 10. August 1792 blieben die wahren Republikaner keinen Tag mehr Herr der Lage. Sobald der Thron, den sie angegriffen hatten, gestürzt war, mußten sie sich selbst verteidigen.« Ihre Sorge galt vor allem Narbonne, der in großer Gefahr schwebte, da er, wie viele ihrer Freunde, den König zu schützen versucht hatte. Einige Tage lang versteckte sie ihn neben anderen in der schwedischen Botschaft, dann aber führten Kontrollkräfte der neuen Machthaber Hausdurchsuchungen durch. Gegen Narbonne war Haftbefehl erlassen; an jeder Straßenecke prangte sein Konterfei. Als die Kommissare die schwedische Botschaft belagerten und Einlass begehrten, gab Germaine eine großartige schauspielerische Darbietung ab. Sie würden, erklärte sie ihnen, mit der Durchsuchung einer Botschaft die Menschenrechte verletzen, und außerdem drohe ein unmittelbarer Angriff der »Staatsmacht Schweden«, die, wie sie ja sicher wüssten, an Frankreich grenze (Germaine vertraute darauf, dass die »subalternen« Kommissare in der Geographie nicht allzu beschlagen waren).

Doch Narbonne war in Todesgefahr. Irgendwie geriet Madame in den Turbulenzen dieser Tage an einen jungen Arzt aus Hannover namens Justus Erich Bollmann, der sich unter Einsatz des eigenen Lebens bereiterklärte, Narbonne zur Flucht nach England zu verhelfen. Germaine war dem mutigen Hannoveraner, der später auch Lafayette aus den österreichischen Gefängnissen befreite, in ewiger Dankbarkeit verbunden. Dr. Bollmann fand, wie er schrieb, »eine Frau in Tränen und einen Mann in Lebensnot« vor, als er in diesen Tagen bei Madame de Staël vorsprach. Das Bild des charismatischen Lebemanns Louis de Narbonne-Lara, jugendlich leichtsinnig trotz seiner inzwischen 37 Jahre, wird durch die Charakterisierung des Deutschen bestätigt. »Narbonne ist ein ziemlich hoher, etwas plump gebauter starker Mann, aber dessen Kopf etwas Auffallendes, Großes, Überlegenes hat. Er ist unerschöpflich an Witz, an Reichtum von Ideen. Er ist vollendet in allen gesellschaftlichen Tugenden. Er verbreitet Anmut über das Dürrste. Er reißt unwiderstehlich fort, und macht, wenn er will, einen Einzelnen wie eine ganze Gesellschaft trunken.« Germaine war ihm verfallen. Sie schrieb ihm kurz darauf ins Exil, man habe seinen Sekretär, Monsieur Bertrand, mit ihm verwechselt – dass er sich also noch in Paris versteckt halte –, und sie habe dies zurückgewiesen »mit der leidenschaftlichen Liebe zu den Gesichtszügen dessen, den man liebt«; »aber man hat so laut gerufen, man solle mir den Kopf abschlagen, daß mich das davon abgebracht hat, von der Schönheit des Ihren zu sprechen.« Auch als er weg war, der Gefahr entronnen, in Sicherheit, dachte sie keinen Moment daran, sich zu schonen. Sie hatte ihren Geliebten gerettet. Sie erwartete sein Kind. Eine ausreichende Dosis Gift trug sie in jener Zeit immer bei sich, falls alles aussichtslos würde und der Tod ohnedies nicht zu verhindern war. Nun galt es, noch ein paar Freunde zu retten, bevor sie selbst mit ihrem diplomatischen Pass in die Schweiz reiste. Monsieur de Jaucourt und Lally-Tollendal waren verhaftet neben unzähligen anderen: Todesurteile, wie Germaine wusste. Von der Mitgliederliste der Pariser Kommune, deren Namen sie nur »ihrem schrecklichen Ruf nach« kannte, entsann sie sich eines jungen Mannes, der einigermaßen feingeistig war und den man, so meinte sie, bei seiner Eitelkeit und auch etwas Ehrgefühl packen konnte. Sie suchte ihn auf und hielt ihm die Wechselfälle des Schicksals in der Volksgunst vor Augen. Das war ehrlich gemeint und nicht nur reine Taktik, denn sie kannte diesen Wandel der Volksgunst aus eigener Anschauung. Ihrem Vater, der früher von der Menge auf Händen getragen worden war, hatte dasselbe Volk zum Schluss Steine nachgeworfen, als er seine letzte Fahrt von Paris ins Exil antrat. »In sechs Monaten«, sagte sie also zum Procureur Général, »haben Sie vielleicht schon keine Macht mehr«, da solle er sich doch ein gutes und tröstliches Andenken erwirken und ihre Freunde retten, falls er selbst eines Tages auf die Proskriptionsliste komme. Das war ziemlich treffsicher prognostiziert. Nämlicher Stadtkämmerer wurde guillotiniert, weil er den König verteidigt hatte (vergeblich, denn der König kam zunächst selbst aufs Schafott) – ziemlich genau ein halbes Jahr später. Jedenfalls erklärte sich der »Feingeist« bereit, Germaines Freunde zu retten; kurz darauf half er noch einmal, als sie nämlich von der neuen Garde festgenommen wurde, da sie angezeigt sei, Verfolgten zur Flucht zu verhelfen. Sie wollte gerade ihre Reise antreten, in einer sechsspännigen Berline und mit der Dienerschaft in voller Livrée, da wurde Madame de Staël eine beredte Zeugin der berüchtigten Septembermassaker, von Danton inszenierter Massenabschlachtungen unter Beteiligung der angestachelten Bevölkerung, für die das Kriegsrecht galt und die Sturmglocke läutete. Nachrichten von preußischen Siegen waren dem Schlachten an jenem 2. September vorausgegangen. »Kaum hatte sich mein Wagen vier Schritt weit in Bewegung gesetzt, als sich, beim lärmigen Peitschenknallen der Kutscher, ein Haufen alter Weiber, wie ausgespien aus dem Höllenschlund, auf meine Pferde stürzte und schrie, man solle mich festhalten, ich entführte das Gold der Nation und was nicht alles, und tausend noch verrücktere Beschimpfungen.« Einige »wild aussehende Mannspersonen« »eskortierten« sie daraufhin in die Assemblée ihres Wohnbezirks und anschließend ins Stadthaus an der Place de Grève – eine Fahrt, für die sie drei Stunden benötigten, im Schritttempo durch eine Menge hindurch, die die Insassin mit wüsten Todesdrohungen anfiel. Der gefährlichste Augenblick kam an der Place de Grève, ihrem Zielort. »Ich stieg aus dem Wagen, wurde umgeben von einem bewaffneten Haufen und bewegte mich unter einem Spalier von Spießen voran. Als ich die Treppe hinaufklomm, die ebenso von Lanzen gespickt war, stieß ein Mann die Waffe in seiner Hand gegen mich; mein Gendarm parierte und schützte mich mit seinem Säbel. Wäre ich in diesem Augenblick gewankt und wäre hingefallen, mit meinem Leben wäre es aus gewesen.« Als sie den Saal der Kommune betrat, begab sich Madame de Staël sozusagen unter den Schutz Robespierres, der hier den Vorsitz führte – nicht unbedingt vertrauenerweckend –, nachdem sie der Volkswut entronnen war. Sie verteidigte sich in der Kommune mit dem Argument ihrer diplomatischen Immunität und wurde von Manuel zusammen mit ihrer Kammerfrau in sein Büro eingeschlossen, sechs Stunden lang, ungewiss und »halbtot vor

Hunger, Durst und Angst«. Ihr vollbepackter Reisewagen war mitten auf dem Platz stehengeblieben, und der Pöbel machte sich nun daran, ihn zu plündern. Tags darauf passierte sie glücklich die Stadtgrenze, und in den Bergen des Jura erinnerte, wie sie schrieb, »schon nichts mehr an die Schreckensaktion, deren Szenarium Paris war«. Ihren Eltern und ihrem fernen Geliebten in England hatte sie so einiges zu erzählen, als sie in Coppet eintraf, dem Tode entkommen, hochschwanger, erschöpft und entkräftet, aber euphorisiert in ihrem Lebensgefühl.

Germaine war jetzt nicht mehr bereit, Konzessionen zu machen: Sie liebte Narbonne, und sie wollte sich zu ihm bekennen. Wie ein Naturgesetz war das, unbezwinglich und durch nichts zu entkräften. Die eruptiven Ereignisse, die Todesnähe und die verstümmelten Leiber, Narbonnes Flucht und ihre eigene Rettung hatten den Vorgang auf eine andere Stufe geführt. Sie wollte den offenen Bruch mit ihrem Gatten und erklärte das auch ihren sprachlosen Eltern. Ihre Mutter verbat ihr indessen, den Namen Narbonnes in ihrem Hause auch nur zu erwähnen, und Necker hielt zu Suzanne, die nur noch Gott anrief in Anbetracht ihrer sündigen Tochter. Der Aufenthalt war ein Martyrium. Öfter als einmal zog Germaine in Erwägung, ihre Niederkunft in Coppet nicht mehr abzuwarten und sich trotz ihrer fortgeschrittenen Schwangerschaft auf die Reise nach England zu machen. Sie würde dazu wieder französisches Territorium durchreisen müssen, doch diese reellen Gefahren waren angesichts ihres verhehrenden psychischen Zustands überhaupt nicht von Belang. Alles war jetzt zum Extrem aufgepeitscht. Germaines dramatische Veranlagung erhielt in jenen Tagen tatsächlich den Stoff zur großen Tragödie. Hintergrund waren nicht nur die Todesgefahren, der Einsatz von Leib und Leben und die Setzung der Leidenschaft gegen die Konvention, sondern auch der verzweifelte Kampf um die Liebe selbst, denn Narbonne gab erste Anzeichen von Nachlässigkeit zu erkennen. Als sie am 19. September noch immer keinen Brief von ihm hatte, schrieb Germaine ihm, sie flehe ihn an, ihr zu schreiben, um ihr sein unbegreifliches Schweigen zu erklären. »Wenn Du meiner überdrüssig bist, dann warte wenigstens ab, bis ich entbunden habe. Ich bin allein hier, furchtbar verzweifelt, habe keinen, dem ich mich anvertrauen kann, weine Tag und Nacht.« Als sein Brief am selben Abend noch kam, erhellte sich das Dunkel ihres Gemüts, das gleichsam vom Tode zum Leben geführt wurde, »irrsinnige und grausame Krämpfe«, die sie beim Ausbleiben seiner Briefe befielen, in einen herrlichen Aufschwung der Seele verwandelte. »Meine Leidenschaft für Sie«, schrieb sie am 2. Oktober, »ist in geistiger Hinsicht ein Phänomen.« Sie sei erschrocken über ihre Macht, aber vollkommen wehrlos dagegen. Ebenso ungläubig und zugleich wehrlos konnte sie da auch nur die Tatsache feststellen, die Übereinstimmung mit ihrem so innig geliebten Vater verloren zu haben. »Mein Vater, der nicht einen einzigen Tag in seinem Leben von Leidenschaft ergriffen worden ist, betrachtet mich als ein Wesen jenseits oder vielleicht auch diesseits menschlicher Natur.« Vater und Mutter versuchten sie einstweilen noch zur Versöhnung mit Monsieur de Staël zu bewegen, dessen Amtszeit als Botschafter bis auf weiteres verlängert worden war und der einen äußerst zweckgerichteten und schmeichelhaften Brief an seine Schwiegereltern geschrieben und obendrein angekündigt hatte, demnächst in der Schweiz zu erscheinen. Diese Ankündigung aber veranlasste Germaine erst recht, ihre Entschlossenheit zu betonen und sogar ihre vorzeitige Abreise nach England zu planen. Auf keinen Fall, erklärte sie ihrem Vater, wollte sie Staël hier begegnen und »zu einem für ihn höchst ungewöhnlichen Zeitpunkt« in seiner Gegenwart niederkommen (sie hatte ihren Gatten gut zehn Monate vor dem voraussichtlichen Entbindungstermin zuletzt gesehen), und im Übrigen sei sie unwiderruflich entschlossen, sein Leben nicht mehr zu teilen. Sie sei binnen Jahresfrist nur zu zwei Reisen entschlossen: nach England oder auf den Grund des Genfer Sees. Necker sah wohl, dass er nichts ausrichten konnte, und bat seine Tochter mit all seinen Vernunftargumenten nur noch um eine dreimonatige Prüfzeit ihrer Gefühle – »lächerlich«, meinte Germaine, da ihre Liebe zu Narbonne nun schon vier Jahre Bestand habe, einschließlich der mehrfach bewiesenen Bereitschaft, ihr Leben dafür hinzugeben. Sie wollte die Scheidung von Staël, und sie bat ihren Geliebten, bei englischen Rechtsgelehrten juristische Einzelheiten über das Scheidungsrecht in Schweden in Erfahrung zu bringen. Gleichzeitig rebellierte sie innerlich nach allen nur denkbaren Seiten. Die Selbstmorddrohungen sprach sie nicht nur im Trotz ihrem Vater gegenüber aus, sondern auch – und immer wieder in den kommenden Monaten – gegenüber Narbonne. Er töte sie, wenn er nicht schreibe und wenn sie ihm gleichgültig sei, er sei der barbarischste aller Männer und grausamer als die Verantwortlichen der Pariser Septembermassaker, und wenn er sie verlasse, dann gehe sie sofort in den See. Das Leitmotiv würde sich in ihrem Leben noch oft wiederholen. Im Falle Narbonnes war es der Anfang vom Ende, denn Narbonne, dieser Spieler und Hasardeur, charismatische Magier des Augenblicks, war offensichtlich in seinem englischen Exil schon dabei, sich aus den Fängen seiner besitzergreifenden Geliebten zu lösen. Er war nicht der Typ für eine dermaßen absolute und langfristige Bindung, und schon gar nicht war er der Typ, sich dominieren und emotional erpressen zu lassen. Eine tief angelegte gefühlsmäßige Unsicherheit ließ Germaine de Staël bei den Männern, die sie liebte, immer wieder zu diesem verzweifelten Druckmittel greifen – panischen Aufschreien ihrer im Ursprung verwundeten Seele. Es trug aber, hier ganz gewiss, dazu bei, den Geliebten nur immer weiter von sich zu entfernen, da die Liebe unter Zwang und als Einforderung nun einmal ein Widerspruch in sich selbst ist.

Die Diskrepanz zwischen ihrer intellektuellen, auch psychologischen Klarsicht und andererseits der Verfangenheit in ihrer eigenen Gefühlswelt, von der sie geradezu beherrscht wurde, ist eklatant bei Germaine de Staël. In den kommenden Jahren, zwischen 26 und 30, verfasste sie eine Schrift mit dem Titel VOM EINFLUSS DER LEIDENSCHAFTEN AUF DAS GLÜCK DER INDIVIDUEN UND DER NATIONEN, ein bemerkenswert reifes Werk, in dem die Autorin die ganze Bandbreite ihrer privaten, gesellschaftlichen und politischen Lebenserfahrung in die Höhe philosophischer Reflexion führte. Mit Mitte Zwanzig hatte sie bereits einen Kosmos durchschritten, für den andere ein langes Leben brauchen, und ihre Fähigkeit zur Abstraktion ermöglichte ihr auch diese höhere Warte. Werk- und lebensgeschichtlich bedeutet die Schrift für Germaine de Staël eine große Zäsur: einen Abschied, wie sie selbst anführte, von den Blütenträumen und Illusionen der Jugend, da man noch glaubte, dass das Leben ein ständiges Wachstum sei. Wenige Jahre vor ihrem Tod, als sie noch einmal eine kontemplative Schrift über die menschlichen Leidenschaften, über Grenzsituationen und über den Selbstmord verfasste, blickte sie auf dieses Alter zurück, »da man aufhört, jung zu sein und den Berg auf der anderen Seite herabsteigt, dessen Gipfel von so brillanten Illusionen umschienen war«, und sie meinte damit das Alter um 25. In ihrer eigenen Biographie war es der Beginn der jakobinischen Schreckensherrschaft und der Beginn des Endes ihrer Liebe zu Narbonne. Das Glücksstreben des Menschen, so lautet eigentlich die Kernaussage ihres zu dieser Zeit begonnenen Werks, ist im Grunde ein Paradoxon unvereinbarer Gegensätze und daher zum Scheitern verurteilt. »Die Leidenschaften, diese impulsive Kraft, die den Menschen unabhängig von seinem Willen mit sich fortreißt, sind das eigentliche Hindernis allen individuellen und politischen Glücks«, denn ohne diese würden sich ja die Dinge im Gleichgewicht befinden wie bei den Hebeln und Gewichten einer Maschine, die Wünsche und die Bedürfnisbefriedigungen der Menschen wie auch der Staatswesen. Es sei aber immer das Unvereinbare, das die Leidenschaften heraufbeschwöre und aufwirbele. Wo schließlich gebe es das: Hoffnung ohne Angst, Liebe ohne inneren Wandel, Aktivität ohne Unruhe, Ruhm ohne Verleumdung?! Auch die leidenschaftliche Liebe führe uns niemals zum Glück, da ihre Erfüllung nicht zur Dauer bestimmt sei und den Rest der Existenz verdüstere, sobald die Erfüllung sich verflüchtige. Ruhm und Liebe, diese großen Erfahrungen der jungen Madame de Staël – Ersteren erlebte sie hauptsächlich über ihren Vater, doch in bescheidenerer Form auch anhand ihrer eigenen Erfolge in der Öffentlichkeit –, sind nur momenthafte Exaltationen. Dass beide kein dauerhaftes Glück gewährleisten können, weiß sie nach den ersten Schiffbrüchen ihres eigenen Lebens. In ihren späteren Romanen DELPHINE und CORINNE würde sie noch einmal gesondert auf das Spannungsverhältnis von Liebe und Freiheit eingehen, das sie an den Erfahrungen und Psychogrammen ihrer weiblichen Heldinnen abhandelte. Dass man die Liebe nicht mit einer Preisgabe der ganzen Person verwechseln darf und dass es notwendig ist, stets die gestaltende Kraft seines eigenen Schicksals zu sein, lautet etwa die hehre Lehre dieser Romane – wenigstens wenn man sie »modern« interpretiert –, in denen die Heldinnen durch Liebe im Untergang enden. Trotz dieser Lehren und frühen

Erkenntnisse schleuderte Germaine de Staël aber ihren Partnern zeitlebens die moralische Keule entgegen, erpresste sie emotional, drohte auf inflationäre Weise mit Selbstmord und nahm die ausschließlich fordernde Haltung eines Kindes ein, das einmal, in einer prägenden Phase, zu kurz gekommen war und ewig in dieser rückwirkenden kindlichen Forderung blieb.

Am 20. November brachte Germaine unter »wahnsinnigen Schmerzen« Narbonnes zweiten Sohn zur Welt. Doch auch mit diesem Kind der Liebe hielt sie sich nach der Geburt nicht lange auf. Um die Weihnachtszeit gab Germaine ihren Eltern die Nachricht, sie fahre für ein paar Tage nach Genf. Sie kam aber nicht zurück, sondern reiste nach England. Der nur wenige Wochen alte Albert blieb bei seinen Großeltern und bei seiner Amme zurück.

In Juniper Hall, einem reizenden Landsitz in Surrey, südöstlich von London, erlebte Germaine mit Louis de Narbonne, nach eigener Aussage, »vier Glücksmonate, die dem Schiffbruch des Lebens entkommen waren«. Sie hatte das Haus für Narbonne und seine Exilgefährten gemietet: Montmorency war zugegen, Jaucourt, Lally-Tollendal, der General d'Arblay, Dr. Bollmann; Talleyrand stieß gelegentlich aus London dazu. Zu den unmittelbaren Nachbarn gehörte die Romanschriftstellerin Fanny Burney, um die Germaine eifrig warb, die aber die gesellschaftlich wenig konforme Französin anfangs mied – wegen ihrer angeblichen Sympathien für die Republikaner und wegen ihrer freien Liebesbeziehung mit Louis Narbonne. Ludwig der Sechzehnte war am 21. Januar in Paris enthauptet worden – für den königstreuen Narbonne eine entsetzliche Nachricht. Das Idyll von Juniper Hall mit der kleinen Emigrantenkolonie und einer Handvoll Lokalgrößen währte so auch nicht ewig. Den Engländern war die Gesellschaft suspekt, zumal am 1. Februar zwischen Frankreich und England der Krieg ausbrach. Am 25. Mai begleitete Narbonne seine Geliebte nach Dover, und im Juni erreichte Germaine wieder die Schweiz. Ihr Vater war im Übrigen auch nicht bereit gewesen, ihr englisches Abenteuer langfristig zu finanzieren. Germaines eigentliche Leidenszeit wegen Narbonne begann jedoch gerade erst, da ihr bald klar wurde, dass Juniper Hall eine Art idyllischer Ausklang und Schlussakt gewesen war. Narbonne hatte versprochen, ihr baldmöglichst nachzukommen, doch wieder kamen keine Briefe von ihm, obwohl sie ihm jeden Tag schrieb, und als die Antworten ab Ende Juni sporadisch und zögerlich eintrudelten, waren sie stets voller Ausflüchte. Germaine vermutete eine neue Geliebte, auf jeden Fall Abwehr und zunehmend Gleichgültigkeit. Im Vorjahr, in den Wochen vor der Entbindung, hatte sie ihm die Worte entgegengeschleudert: »Ich schwöre Dir, daß ich Dich verantwortlich mache, vor den Menschen, vor Gott, meinem Vater, meinen Kindern, vor allem, was mich liebt. [...] Du bist mein Schutzgott – aber stoße mich vom Thron der Welt, und Du wärst mein Mörder ...« Jetzt schrieb sie: »Im übrigen beeile Dich, wenn Du mich noch sehen willst, denn ich sterbe. Gräßliche Zuckungen lassen mich körperliche Schmerzen leiden ähnlich denen der Seele, und ich bin sicher, daß Du mich meuchlings ermordet hast. Gott verzeihe Dir, aber wenn Du kein Ungeheuer bist, so komm!« Fanny Burney bewahrte jahrelang diese Briefe Germaines an den Geliebten nach Narbonnes Abreise in einem Metallkoffer auf, widerwillig und ob ihres Inhalts einigermaßen ohne Verständnis. Sie bezeichnete die grenzsprengenden Zeugnisse, denen so völlig die Contenance abging, als »brennende Briefe«, die am besten, so meinte sie naserümpfend, verbrannt werden sollten. Da sie diese Vernichtung nicht vornahm, verdankt die Nachwelt ihr den Erhalt der erdbebenartigen Schreiben. An Narbonnes Stelle hätte wohl niemand Juniper Hall vorzeitig verlassen, solange es nicht unbedingt sein musste. Er hatte übrigens gar keine neue Geliebte.

Untätig blieb Germaine de Staël indes nicht in der Schweiz, trotz ihrer Leiden. Sie veranstaltete zahlreiche Rettungsaktionen, um ihre aristokratischen Freunde in Paris vor dem Schafott zu bewahren. Nach ihrer Rückkehr aus England initiierte sie diese Maßnahmen im großen Stil: Jemand reiste bezahlt und mit zwei Schweizer Pässen nach Paris, und die ausreisewillige Person konnte so ungefährdet und bestenfalls mit dem geretteten Vermögen im Gepäck Frankreich verlassen. Vorläufig fanden zumindest die engeren Freunde dann unter falschem Namen Unterschlupf in einem von Germaine gemieteten Haus in der Nähe von Nyon am Genfer See.

Unter den vielen »falschen Schweden«, die Germaine beherbergte – Montmorency und Jaucourt waren als schwedische Kaufleute getarnt –, befand sich bald auch in ihrem Gefolge ein echter. Es war der schöne Graf Ribbing, der ebenfalls unter falschem Namen am Genfer See lebte, Republikaner von Sinn und Gemüt. Man nannte ihn den »schönen Königsmörder«, da er an dem Attentat auf Gustav den Dritten beteiligt gewesen war, es eventuell sogar ausgeführt hatte. Als Germaine ihn Narbonne gegenüber erstmals erwähnte, sprach sie vom »berühmt-berüchtigten Komplizen von Ankarström«. Den blonden Grafen umwehte genügend Geheimnis, Romantik, Abenteuer und große Welt, um ihn für sie interessant erscheinen zu lassen. »Er ist stattlich von Gestalt, für Frauen, die lieben, was man Schönheit nennt.« Seine republikanische Gesinnung beeinflusste sie in den kommenden Jahren. Das waren andere Ansätze, eine andere Heldenverkörperung, andere Zeiten … Als in Paris der Prozess gegen Marie-Antoinette in Gang gesetzt wurde, verfasste Madame de Staël einen glühenden Aufruf zu ihrer Verteidigung. Der Appell richtete sich an die Mitmenschlichkeit und nahm Partei für die Mutter, die Frau. Die Schrift wurde zwar anonym verbreitet, doch jedem war die Verfasserin klar. An die Frauen aller Länder und aller Stände richtete sie sich explizit; es war das einzige Mal, dass Germaine de Staël eine Solidaritätserklärung mit ihren Geschlechtsgenossinnen formulierte und die »Sache der Frauen« zu ihrer eigenen machte. Schicklichkeit, Ansehen und die sogenannten Vorzüge der Welt, schrieb Germaine in jener Zeit an Edward Gibbon, seien »nicht mehr als ein Haufen lächerlicher Trümmer«, wenn in so außergewöhnlichen Zeiten des Umbruchs die Seelen und Gedanken zweier Menschen miteinander verschmölzen. Sie schrie nach Narbonne, noch viele Monate, doch ihre Schreie verhallten. Zeitgleich zu ihrem Aufruf zur Rettung der Königin (Marie-Antoinette wurde am 16. Oktober enthauptet) und ihrer Arbeit an der großen Abhandlung über den Einfluss der Leidenschaften schrieb sie das Drama ZULMA, in welchem die Heldin den Mann, der sie verraten hat, tötet. Die »heiße Wut« gegen Narbonne, die sie innerlich aufzehrte, konnte Germaine auf diese Weise doch etwas kanalisieren. Vom Frühjahr des kommenden Jahres an schlief sie mit Ribbing.

»Die Republik verbannt mich, die Gegenrevolution hängt mich ...«

Madame de Staël zwischen den Fronten

BENJAMIN CONSTANT

»Mittlerweile ist M. Constant [..] so leidenschaftlich zu mir entbrannt, daß ich Ihnen davon keine Vorstellung geben kann; er verzehrt sich und erdrückt mich mit seinem Kummer, was ihn um seinen einzigen Reiz, einen sehr überlegenen Geist, bringt.«

Germaine in einem Brief an Adolf Ribbing

Ihre Schrift über den Einfluss der Leidenschaften bezeichnet im Leben der Madame de Staël ein erstes Innehalten mit beinahe stoischen Zügen – der Stoiker Epiktet wird ausdrücklich von ihr erwähnt. Es finden sich noch zahlreiche andere Anklänge an antike Seelenideale, die nur ein weiterer Beweis dafür sind, dass gerade die leidenschaftlichen, aber gefährdeten »Weltkinder« die betrachtende Lebensart mit der Gemütsruhe als Fernziel in ihrer Bedeutung wirklich ermessen können, da sie mehr Grenzerfahrungen machen und in ihrer Getriebenheit nach inneren Auswegen suchen. Den Rückzug, die Philosophie und das Studium, schöpferische Aktivität skizziert die Autorin zumindest den intellektuell Privilegierten als Auswege aus der zerstörerischen Verstrickung der Leidenschaften. Der Skeptizismus, der sich durch die gesamte Darlegung der Palette des menschlichen Gefühlslebens zieht, nimmt noch nicht einmal so vermeintlich zarte und ideale Empfindungen wie Elternliebe, Freundschaft oder Religiosität von seiner Grundhaltung aus. Überall finden sich egoistische Triebfedern. Auch in der Freundschaft liegen Ehrgeiz und Eitelkeit, auch im religiösen Gefühl Abhängigkeit und Fanatismus, viel Machtstreben und eine grundsätzliche Ungleichheit als Beziehungsvoraussetzung sind in der Elternliebe enthalten, die gleichsam ein »Empire absolu«, ein absolutes Herrschaftssystem mit usurpatorischen Zügen ist; als »sentiment usurpateur« beschreibt die Autorin die emotionale Macht der Eltern über das bedürftige Kind – harte Worte und eine, so scheint es, illusionslose Weltsicht. Von Usurpation ist in dem Text auffallend häufig die Rede, in einer Zeit, in der man sich fragen muss, was aus Frankreich werden soll nach den Wirren und Abwegen der Revolution (das Buch wurde 1796 gedruckt).

Da es letztlich um die Autonomie des Subjekts geht, darum, Fremdbestimmung zu meiden und zu den Ressourcen in sich selbst zu gelangen, ist der Duktus der Schrift absolut aufklärungskonform. Es finden sich aber auch andere Töne darin. Bei der Liebe, der »fatalsten aller Leidenschaften für das menschliche Glück«, so himmlisch, so göttlich sie sein mag, ist die Todesnähe emotional inklusive. Alles ist trügerisch, transitorisch und nichtig, dem Ende geweiht, und gerade in den glücklichsten Augenblicken der Liebe erfasst den Menschen ein geheimes inneres Wissen um die Vergänglichkeit, so dass er in diesen intensiven Momenten mehr des Todes gewahr wird als der Lebenserfüllung im gegenwärtigen Glück. Romantisches Denken ist das. Madame de Staël erwähnt in dem Zusammenhang Goethes WERTHER, Rousseaus NOUVELLE HÉLOISE, die düsteren Stimmungsbilder Ossians, darüber hinaus Racines PHÄDRA, Ovid. Die Erfahrungsdimensionen dieser Werke, auch die Düsternis und die Melancholie, die Todesnähe sogar, sind ihr völlig vertraut. Hier, im Kapitel über die Liebe, findet sich auch der berühmte Satz der Madame de Staël: »Die Liebe ist die Lebensgeschichte der Frauen, aber nur eine Episode im Leben der Männer.« Ihrer Meinung nach hat das weniger mit der Gesellschaft und mehr mit der Natur der Geschlechter zu tun. Als Frau wird sie da freilich bereits per definitionem zum Opfer ihrer Geschichte. Was Germaine de Staël den Männern zeitlebens vorwarf, war nicht Mangel an sexueller Treue – mit dieser nahm sie es schließlich selbst nicht so genau –, sondern Feigheit und Halbherzigkeit, die laue Unentschiedenheit ihres Gefühls. Nur die Frauen könnten die Liebe in dieser unbedingten und alles umfassenden Form erfahren, die eben auch den bodenlosen Schmerz darüber mit einschließe – »und währenddessen kommandieren die Männer Armeen, regieren Reiche und erinnern sich kaum an den Namen derer, deren Schicksal sie besiegelt haben«. Letztendlich wird immer Narbonne mit solchen Sätzen beschossen. Und wenn sich die Autorin ein paar Zeilen weiter darüber ergeht, wie denn ein Mann beschaffen sein müsse, der der Liebe einer Frau wirklich wert wäre, dann läuft bei diesem »homme fidèle« alles auf eine Art Tiger im Hausmantel hinaus, einen domestizierten Valmont, das verkörperte Abenteuer, doch mit ergebenen Zügen – ein janusköpfiges Phantasieprodukt, an dem sich Madame de Staël nicht als erste und nicht als letzte Frau bildhaft die Zähne ausbiss. Trotz allem aber ist die Liebe das

Höchste, »der Charme der Natur«, wie auch die Grundgedanken und Ideale der Revolution nicht durch die Monstrosität der Terreurs kontaminiert werden können. Germaine war keine Skeptikerin. Die warme Begeisterung und die positive Setzung von Inhalten bildeten bei ihr jede Initiation. Doch es war ihr auch wichtig, die Triebfedern menschlichen Handelns zu analysieren und sich nicht mit zu oberflächlichen, häufig pseudo-rationalen Begriffen zufriedenzugeben. Dass es mit der Affektbeherrschung und mit der moralischen Unabhängigkeit so eine Sache war, wusste Germaine nur zu genau, auch wenn sie erklärte, dass es für Individuen noch immer einfacher sei als für Nationen, da letztere sich schließlich aus einer Vielzahl passionierter Individuen zusammensetzten sowie einiger weniger, die damit repräsentativ das Gemeinwohl vertraten, mit all ihren Fehlern und all ihrer Selbstsucht. Der perfekte Staat: Das wäre eine wunderbare ausgereifte Konstitution à la Anglaise, vernünftige und weltkundige parlamentarische Vertreter, die weitgehend frei wären vom egoistisch motivierten Geist der Parteilichkeit (eine sehr frühe Demokratiekritik) sowie anderen schlimmen Affekten; innere Sicherheit und schließlich ein blühendes Staatswesen, in dem Künste und Wissenschaften gediehen und die dem Genie Raum zur Entfaltung gaben – ihr zum Beispiel, Anne Louise Germaine de Staël.

In der Menschenrechtsdeklaration waren die Gleichheit vor dem Gesetz, freie Äußerung der Gedanken und Meinungen, Freiheit der Presse und Rede, Gewaltenteilung und die Unverletzlichkeit des Privateigentums gewährleistet worden. Robespierres Schreckensherrschaft, die gegenwärtig in Frankreich tobte, gewährleistete immerhin die Gleichheit unter dem Fallbeil. Henri Sanson, seines Zeichens Henker von Paris, hatte die »Guillotine«, die Erfindung des Arztes Guillotin, eingeführt, um den Feinden der Revolution »rasch, sauber und menschlich« den Garaus zu machen. Das »Revolutionstribunal« war quasi ein Standgericht. Die Denunziation eines übelwollenden Nachbarn genügte, um jemanden standrechtlich zu liquidieren. Der Henker hatte gewaltig zu tun, so rollten in Paris die Köpfe unter dem »Symbol einer neuen Zeit« – der Guillotine. 50000 Opfer verzeichneten die »Terreurs« in knapp zwei Jahren. Robespierre, der Erfinder des politischen

Terrors, war ein asketischer, hagerer, ziemlich freudloser, irgendwie auch geschlechtsloser Mann (man nannte ihn den »Eunuchen«), der in einem karg eingerichteten Zimmer wohnte und Tag und Nacht ohne Unterlass arbeitete. Wenn er von »Tugend« sprach, dann nannte er in einem Atemzug den »Schrecken«, der die Waffe der Republik sei, so wie die Tugend ihre stärkende Kraft. Danton war seine letzte Opposition. Er klagte Robespierre des Hochverrats an, seine Blutbäder, die grausame Niederschlagung der Aufstände in den Provinzen, besonders in der Vendée, und seine Revolution in Permanenz, die Danton »Diktatur« nannte. Am 5. April bestieg Danton das Schafott. Robespierre blieben nur noch drei Monate, bis er selbst liquidiert wurde.

Bis zuletzt funktionierte die Rettungsagentur der Madame de Staël. Die Aktionen kosteten sie nicht wenig Geld, und sie hielten sie vor allem beschäftigt. Tatsache war nämlich, dass sie »einen herrlichen Abscheu vor der Schweiz« hatte und sogar erwog, noch während der Terreurs nach Paris zurückzukehren, weil es ihr erfüllender erschien, sich dort in Todesgefahr zu begeben als der Langeweile des Schweizer Lebens anheimgegeben zu sein. Wenn sie von der »Einsamkeit« dort sprach, dann bedeutete das lediglich, dass nicht mindestens 25 Personen ihren jeweiligen Wohnsitz bevölkerten. Erich Bollmann, der auch hier zu ihrem Kreis zählte, beschrieb ihren fieberhaften, getriebenen Lebenswandel, die Energie, die sie ausstrahlte, und seine Einschätzung stammt aus der Zeit des Idylls von Juniper Hall, als sie ja eigentlich sehr aufgeräumt war und glücklich in der Gegenwart von Narbonne, also an sich recht wenig getrieben. »Diese Staël ist ein Genie. Eine außerordentliche, exzentrische Frau in allem, was sie macht und tut. Sie schläft nur wenige Stunden und ist die ganze übrige Zeit hindurch in einer ununterbrochenen, fürchterlichen Tätigkeit … Während sie frisiert wird, während sie frühstückt, schreibt sie bereits; im ganzen genommen bringt sie ein Drittel von jedem Tag mit Schreiben zu. Sie hat nicht Ruhe genug, um das Geschriebene wieder vorzunehmen, um auszubessern, um zu vollenden.«

Germaine war in ihrem Zwischenexil unglaublich produktiv. Die erzwungene äußere Ruhe (sehr relativ, am Leben gewöhnlicher Menschen gemessen) und das erzwungene Innehalten kamen ihrem Werk äußerst zugute. Da war zum Beispiel der 1795 publizierte Essay VERSUCH ÜBER DIE DICHTUNGEN, den Goethe noch im selben Jahr in die Hände bekam und der ihn so beeindruckte, dass er ihn auszugsweise für die HOREN übersetzte. In erster Linie geht es hier um das Verhältnis von Dichtung und Wirklichkeit, bei dem die Autorin einen klaren poetologischen Standpunkt vertritt: Sie plädiert für Naturnähe; abgelehnt werden vordergründiges Räsonnieren und Moralisieren, abstrakte Formgebungen sowie aufdringliche philosophische Lehrmeinungen, die der eigentlichen Dichtung niemals ihr inneres Leben zu geben vermögen und dem Subjekt keine eigentlich neue Erkenntnis. Die Einbildungskraft sei das kostbarste menschliche Talent, so die Autorin, und es müsse dichterisch in den Dienst einer Erfassung von Wirklichkeit gestellt werden, die ein wahrheitsgetreues Porträt der Natur zeichne. Die Empfindungen des Menschen, seine Seele, seine Leiden sollten im Mittelpunkt stehen. Auch unschöne Dinge und natürliche Deformationen müsse die Darstellung einschließen, die Konsequenzen der zerstörerischen menschlichen Leidenschaften wie Ehrgeiz, Gier, Machttrieb und Eitelkeit. Madames Thesen sind anti-rationalistisch und polemisieren ein wenig gegen die Metaphysik, gegen Ideendichtung und gegen das Moralisieren. Das hat Goethe, dem Realisten, gefallen. Auch schätzte er, der gerade an seinem WILHELM MEISTER-Roman arbeitete und die LEHRJAHRE beinahe beendet hatte, sicherlich, dass sie eine Lanze brach für eine ästhetische Höherwertung des noch immer als niedere Gattung geltenden Romans. Das »leidende Herz« stand bei ihr im Vordergrund, daher bevorzugte sie den psychologischen Roman, der das Gefühl analysiere und die Geschichte des inneren Lebens erzähle. Wenn eine solche authentische Dichtung einem leidenden Menschen »eine Stimme in der Wüste des Lebens« sein und ihn mit Empathie auch nur einen Tag über sein Unglück hinwegtrösten könne, dann diene diese »dem Besten im Menschen.«

Anfang Mai 1794 bezog Germaine mit ihren Freunden das Schlösschen Mézery bei Lausanne. Ihre Mutter war schwer krank; bereits im März hatte sie ihrer Tochter letzte wohlmeinende Worte zum Abschied geschrieben: »Liebe Tochter, ich sterbe an den Schmerzen, die deine sündige und offen zur Schau getragene Neigung [zu Narbonne] bei mir ausgelöst hat. Durch die Abwendung deines gewählten Objekts bist du ja bereits hinreichend gestraft. Sie schafft ein natürliches Ende, was all meine Gebete nicht erreichen konnten. Nur durch die Sorge für deinen Vater wirst du meine Vergebung im Himmel erlangen können. Sag' nichts mehr. Verlasse mich jetzt. Ich habe im Augenblick keine Kraft mehr, um noch mehr zu sagen.« Die Wochen davor hatte sie Germaine gar nicht mehr sehen wollen. Während ihrer mehr oder weniger zwangsweisen Interims-Aufenthalte bei ihren Eltern vor und nach Juniper Hall hatte sich Suzanne geweigert, mit ihrer Tochter zu sprechen – »weil ich dessen nicht würdig bin«, wie Germaine dem fernen Geliebten berichtete. Am 14. Mai starb Suzanne Necker in Schloss Beaulieu bei Lausanne. Ungefähr die Hälfte ihres Lebens hatte sie damit zugebracht, sich auf ihren Tod vorzubereiten und gleichzeitig ihre Tochter mit Schuldgefühlen an diesem ihren vorzeitigen inneren Absterben zu malträtieren. Necker war untröstlich. Er war Tag und Nacht nicht mehr von Suzannes Seite gewichen und blieb auch jetzt wachend bei ihrer sterblichen Hülle. In schriftlicher und mündlicher Form hatte Madame Necker ihren Gatten wieder und wieder beschworen, ihre bereits vor knapp dreißig Jahren auferlegten Bestimmungen zur Behandlung ihres Leichnams sorgfältig zu beherzigen. Germaine schrieb an einen Freund der Familie: »Sie haben von dem Unglück gehört, das meinen Vater darniedergebeugt hat. Aber vielleicht wissen Sie nicht, daß meine Mutter besondere, höchst ungewöhnliche Anweisungen gegeben hat über die verschiedenen Arten, sie einzubalsamieren, zu konservieren und unter Glas in Spiritus zu legen, so daß, wie sie glaubte, ihre Gesichtszüge völlig erhalten blieben und mein unglücklicher Vater sie sein Leben lang betrachten könnte. Nicht so verstehe ich den sehnlichen Wunsch, nicht vergessen zu werden.«

Von pflichtverstandener Religiosität wie auch von tugendbesorgter Mutterliebe zeugt es, dass Madame Necker die Abwendung Narbonnes von ihrer Tochter im Grunde als triumphale Gottesstrafe empfand, die der göttliche Vater an ihrer statt über ihre verworfene Tochter verhängte. Ein Scherbenhaufen war diese große Passion; von Mézery aus schrieb Germaine im Mai an Narbonne: »Sie bezeichnen eine Person als ›verächtlichste aller Dirnen‹, deren

einziges Unrecht auf Erden es ist, Ihnen eine abgöttische Liebe, die hienieden nicht ihresgleichen hat, entgegengebracht zu haben […]. Sie haben vielleicht recht, denn Sie wären gar zu abscheulich, wenn ich nicht das verworfenste Weib wäre, und M. de Narbonne ist nie abscheulich gewesen. Anscheinend habe ich, was ich Ihnen zu bedeuten glaubte, geträumt, und wahr sind nur meine Briefe …«
Bezog sich der Vorwurf der »verächtlichen Dirne« auf Narbonnes Nachfolger Ribbing? Als Narbonne im August endlich aus England zurückkam, trafen er und Ribbing in Germaines derzeitigem Domizil und Verfolgten-Auffanglager Mézery zusammen, und nach einem heftigen Wortwechsel am Abend zuvor zogen die beiden Männer im Morgengrauen los, um sich, wie Germaine ganz sicher glaubte, zu duellieren. Sie war fürchterlich aufgewühlt und machte sich wohl auch so ihre Gedanken, welcher von ihren Galants, der derzeitige oder der noch immer schmerzlich geliebte Ex mit beleidigtem Stolz, lebend aus dem Gefecht hervorgehen würde. Zum Frühstück erschienen die beiden dann aber in bester Männereintracht und Kumpanei, zudem sehr gut gelaunt, denn das Anglerglück war ihnen in diesen frühen Morgenstunden am nahe gelegenen Fluss überaus hold gewesen, und stolz zeigten sie ihre prächtige Ausbeute gefangener Barsche. Szenen wie diese waren wahrscheinlich dazu angetan, selbst eine Germaine de Staël nur noch ungläubig verstummen zu lassen. Was hatte sie schon je über die Männer gewusst?! Staël tobte, als er von Ribbing erfuhr. Er war, so verbreitete seine Gattin zumindest, mittlerweile ja soweit gewesen, Narbonne »wie einen Bruder« zu dulden, aber nun gleich der nächste, das ging zu weit! Staël war immer verliebt in Germaine und immer zu Kooperationen bereit; ihre Einschätzung mit 18 Jahren, als sie ihren zukünftigen Gatten zum ersten Mal sah und meinte, er werde ihr keinerlei Widerstand leisten, war also ganz richtig gewesen. Doch für den Schweden war diese Ehe, auch wenn sie ihm finanziellen Gewinn brachte, ein Elend, das den Rest seines Lebens bestimmte – ein gescheitertes Leben im Grunde.

Den ganzen Monat August konnte Germaine in den Armen ihres anderen Schweden, des »schönen Königsmörders« Adolf Ribbing verbringen, dann aber ging Ribbing im September nach Dänemark, da die Schweiz seine Aufenthaltsgenehmigung nicht mehr verlängerte. Er mietete ein schönes Haus bei Kopenhagen, und Germaine schrieb ihm innige Briefe dorthin, die, sanfter zwar, aber doch die Grundzüge ihrer Briefe an Narbonne tragen: zärtliches Geplänkel und leidenschaftliche Bekenntnisse, Erinnerungen, Retrospektiven, Zukunftsfragen, Verlustängste, Mahnungen, Vorwürfe – zum Schluss nur noch Vorwürfe. Offenbar hatte ihr Ribbing die Ehe versprochen oder in Aussicht gestellt; Germaine jedenfalls stellt es so hin. Und nun saß er in Dänemark, ohne Not, auch ohne Pläne, wie es denn zwischen ihnen und überhaupt weitergehen solle. Er schrieb nicht, nicht oft genug und nicht so, wie sie es wollte, vielleicht auch im falschen Ton und nicht mit den Inhalten, die Germaine gerne hörte. Er beklagte sich, sie sei zu anspruchsvoll und zu fordernd – sie antwortete, sie brauche nur seine Liebe und einen Brief in der Woche. »Ich weiß nicht, was im Leben eines Menschen mehr wiegt als einem empfindsamen Wesen tiefes Leid zu ersparen.« Immerhin ging sie diesmal nicht so weit, ihren Selbstmord anzukündigen, sollte er sie verstoßen, denn »kann eine Frau wissen, ob sie den Mut dazu hat?« Dennoch aber entwarf sie Horrorszenarien von der Ödnis ihres zukünftigen Lebens ohne ihn: ein allmähliches Absterben, bei dem Kraft, Gesundheit und Jugend sie verließen und sie nur noch traurig dahinlebe, um ihre Kinder aufzuziehen und ihren armen Vater zu trösten, selbst Zuflucht suchend bei den Tröstungen der Religion. »Ich werde Sie nicht verfluchen, Sie wissen, daß ich mich Ihrer nie würdig gefühlt habe. Ich werde Ihnen nur vorwerfen, daß Sie mir etwas *versprachen*, was Sie nicht hielten. Wir beide sind mehr wert als diese gewöhnliche Geschichte aller Liaisons, und ich werde nach Frankreich gehen in dem Bewußtsein, daß mich Unvorsichtigkeit und Tatkraft zur Genüge kompromittieren werden, um ein Leben, über das Sie ein Urteil gesprochen haben, auf dem Schafott zu beenden.« So sehr unterscheidet sich das nicht von dem, was ihre Mutter ihr immer an Schuld- und Sühnemustern vermittelte – nur, dass Germaine es keinem schutzlosen Kind, sondern erwachsenen Männern entgegenwarf, die daran keinen bleibenden seelischen Schaden nahmen und sich dagegen verwahren konnten. Ihren Abschied nahmen sie aber unseligerweise schon vorher. In Kurzform wiederholte sich hier mit Ribbing, was mit Narbonne im großen Stil abgelaufen war und was Madame de Staël als geschlechtsspezifische Gesetzmäßigkeit konstatierte, zumindest im Hinblick auf den Spielertyp, den sie so liebte, bei dem das Verhalten dann aber auch nicht allzu verwunderlich war.

Nach Robespierres Sturz erging sich Paris völlig im Chaos, und Germaine de Staël bezeichnet die 15 Monate zwischen dem Ende der Jakobinerherrschaft und der Etablierung des »Direktoriums« als »eigentliche Epoche der Anarchie in Frankreich«. Terror von rechts und von links erschütterte das Land, das erneut unter dem Einfluss des besitzenden Bürgertums stand. Der Bourgeois hatte den Citoyen besiegt, und das Land erging sich in einer unsicheren Gratwanderung. Madame de Staël hatte einstweilen das Problem, eine neue Bleibe für ihre Exilanten zu finden, die Mezéry auf Anweisung der Berner Regierung verlassen mussten. So reiste sie im September unruhig in der Gegend herum und suchte ein sicheres Domizil für Mathieu, Narbonne und die anderen. Gelegentlich machte sie Station in Coppet, überließ aber ihren Vater nach kurzen Aufenthalten wieder seiner stillen Trauer. Sie selbst fand nicht die innere Ruhe, um seine Abgeschiedenheit auf die Dauer zu teilen. Als »elendes Zigeunerleben« bezeichnete Necker Germaines ruhelose Lebensweise in den kommenden Jahren. Er beargwöhnte auch ihre unverkennbare Lust, sich in Paris bei nächster Gelegenheit in die politischen Turbulenzen zu stürzen. Er hatte Angst um sie. Er wollte nicht auch noch seine Tochter verlieren. Ihr republikanisches Liebäugeln war ihm gleichfalls suspekt. Necker hatte nicht vor, seine weltweise Abgeschiedenheit und die Grabstätte seiner Frau noch einmal zu verlassen. Was in Paris vor sich ging, hatte mit seiner Wirkungszeit, so meinte er, nichts mehr zu tun.

Mitte September traf ein schlaksiger junger Mann zu Pferde auf Coppet ein und wünschte Madame de Staël zu sprechen. Es wurde ihm mitgeteilt, er habe sie soeben verpasst, sie sei unterwegs Richtung Lausanne. Der junge Mann ritt ihr nach und erreichte sie in Montchoisi nahe Lausanne, wo er es einrichtete, dass sie einander in Gesellschaft vorgestellt wurden. Benjamin Constant de Rebecque, so hieß der Herr, aus der Gegend gebürtig, war keine Augenweide, und deshalb war Germaines Reaktion auf ihn beim ersten Anblick gedämpft. An Ribbing schrieb sie über »M. Constant«, »Junker seiner Hoheit des Herzogs von Braunschweig, siebenundzwanzig Jahre alt, so rot wie das Haus Hannover selbst« und später lakonisch: »Er ist ein Verrückter mit viel Geist und ungemein häßlich.« Trotz seiner hochaufgeschossenen Figur, die der lange Gehrock nach der neuen Mode der Zeit noch ungünstig unterstrich, hatte er ein etwas aufgedunsenes Gesicht, außerdem rote Haare, eine blasse Haut und gerötete Augen. Er bewegte sich linkisch, wie ein Jugendlicher, der nicht weiß, wohin mit seinen zu schnell und schubweise gewachsenen Extremitäten. Hinter dieser wenig einnehmenden Erscheinung verbarg sich indes ein glänzender, ein messerscharfer und auch recht zynischer Intellekt, mit dem sich Germaine de Staël gleich in einen eifrigen Wortwechsel warf. Hier folgte Rede auf Gegenrede, wie im Schlagabtausch, unergründlich an Tiefsinn und Wortwitz. Mit seinen 27 Jahren hatte Constant bereits sämtliche Abgründe des Lebens gestreift: in der Anschauung, in Taten, im Geiste. Nervös war er und so überspannt wie sein weibliches Gegenüber. Seine enorme geistige Energie verband sich auf exzentrische Art mit einer lebensüberdrüssigen Trägheit, die alle Anzeichen von Dekadenz im nahenden Zeitalter der Romantik, des »Ennui« und des Weltschmerzes trug. Obwohl Germaine weit entfernt von einer ironischen Welthaltung war, wusste sie, dass sie hier auf ein intellektuelles Pendant traf, erstmals und einmalig in ihrem Leben. Als Liebespartner kam dieses optisch so wenig einnehmende Wesen, dieser Mensch ohne Wirbelsäule und ohne jenen lässigen, galant-männlichen Schmelz, den sie gewohnt war, nicht in Betracht. Das sagte Madame ihm auch deutlich, als er sie bald nach dem Kennenlernen heftigst bestürmte und ihr Dramen vorspielte, die selbst *sie* in ihrer hochdramatischen Veranlagung und Wesensverfassung das Fürchten lehrten. An den fernen Ribbing schrieb sie am 22. Oktober: »Mittlerweile ist M. Constant [..] so leidenschaftlich zu mir entbrannt, daß ich Ihnen davon keine Vorstellung geben kann; er verzehrt sich und erdrückt mich mit seinem Kummer, was ihn um seinen einzigen Reiz, einen sehr überlegenen Geist, bringt.« Sie hatte sein noch unveröffentlichtes Werk Vom Geist der Religionen gelesen und gefunden, es verrate die Begabung eines Montesquieu, worüber er ganz von Sinnen geworden sein soll, »völlig vergessend, daß seine Gestalt«, schrieb sie an Ribbing,

»selbst für ein Herz, das nicht dir gehörte, ein unüberwindliches Hindernis darstellt.« Im Frühjahr des folgenden Jahres las Ribbing aus der Feder seiner Geliebten: »Wenn ich ihn bitte, mein Zimmer zu verlassen, rennt er sich an meinem Kamin den Schädel ein.«

Constant hatte seit Herbst etliche Wochen bei Germaine in Mézery verbracht, wohin sie ihn eingeladen hatte, um den fruchtbaren Disput mit ihm fortzusetzen – Gespräche, so muss man sagen, mit Endlos-Charakter. Im Grunde war Benjamin Constant der einzige Mensch im Leben der Madame de Staël, der ihren Redeschwall und ihr Bedürfnis nach Kommunikation und gespanntester Aufmerksamkeit 24 Stunden am Tag aushielt, dem standhielt, selbst über Jahre – es war die Anforderung einer Total-Präsenz, da diese Frau ja kaum schlief und von ihrer unmittelbaren Umgebung dieselbe ruhelose, ungeregelte und oft übernächtigte Regsamkeit erwartete. Doch der neue Freund, in ihren Bannkreis gezogen und als außergewöhnlich belesener Gesprächspartner sowie politischer Mitstreiter in einen Rund-um-die-Uhr-Dienst gestellt, war keineswegs bereit, sich in die nur freundschaftlich platonische Rolle zu fügen, in die seine Gastgeberin ihn verwies. Eines Nachts inszenierte er in Mézery einen dramatischen Selbstmordversuch. Bedienstete und Gäste des Hauses stürmten ins Zimmer, aus dem Stöhnen, Schreie und Wehklagen drangen. Ein leeres Opiumfläschchen lag auf dem Boden, und Constant wand sich in vermeintlichen Schmerzen. Als die Hausherrin das Zimmer betrat, bedeckte er ihren Arm mit Küssen und stöhnte, es sei um ihretwillen, dass er zugrundegehe. Germaine rief einen Arzt, sprach dem Rasenden in seiner Bettstatt gut zu, so dass er zu leben versprach, sofern sie es befehle, und nachdem sie den liebeskranken Scheintoten verlassen hatte, wusch sie sich, wie sie sagte, ihren von Benjamins Küssen benetzten Arm mit Kölnisch Wasser ab. So war der Rahmen gesteckt für die Dramaturgie der folgenden Jahre, an der beide Partner ein gut Teil ihrer inneren Spannung entluden. Vonseiten Germaines aber blieb es dabei: keine Liebe, nur Freundschaft. Constant muckte auf, war dann aber wieder dermaßen in die Dynamik ihrer gemeinsamen Arbeit gezogen, dass er die Bestimmungen der Gebieterin hinnahm. Germaine de Staël plante nämlich ihre Rückkehr nach Paris und die Rolle, die sie dort in den neuen Verhältnissen zu spielen gedachte. Sie und Constant verfolgten sehr ähnliche politische Ziele und waren sich außerdem einig darin, als Schriftsteller und Intellektuelle einen gestaltenden Platz im zukünftigen Frankreich auf dem Weg in eine liberale Zukunft einnehmen zu wollen. Unter Benjamins Mitarbeit verfasste Germaine eine Flugschrift mit dem Titel BETRACHTUNGEN ÜBER DEN FRIEDEN, AN MR. PITT UND AN DIE FRANZOSEN GERICHTET. William Pitt, der Jüngere, den einst Germaines Mutter sich zum Schwiegersohn ausgesucht hatte, seines Zeichens englischer Ministerpräsident, wurde hier als Repräsentant der europäischen Koalition gegen das revolutionäre Frankreich aufgefordert, das Schicksal Frankreichs mitzubestimmen, indem er die moderaten Kräfte unterstützte, die Frankreich zu Freiheit und Ordnung verhalfen und indem er den Krieg beendete – Gleiches erwartete die Urheberin freilich auch von ihren Landsleuten. Man müsse zum »Geist von 1789« zurückkehren und die äußersten Lager, Royalisten und Jakobiner, in ihre Schranken verweisen. Erstmals bekannte sich Madame de Staël hier ausdrücklich zur Republik. Sie wusste, dass man das Rad der Geschichte nicht mehr zurückdrehen konnte und dass, wie sie zwei Jahre später schrieb, nicht eine gemäßigte Monarchie auf die Republik folgen würde, »sondern eine Monarchie, die despotischer ist als die von 1788, weil es in der Masse des Dritten Standes gegen sie keine Opposition mehr gibt.«

Der Friedensaufruf der Madame de Staël blieb in beiden Ländern nicht ungehört. Der englische »Whig«-Abgeordnete Charles James Fox bediente sich sogar einiger Ausdrücke ihrer Schrift, als er im März 1795 im englischen Parlament seine große Anti-Kriegs-Rede hielt. Madame wollte gern die Parteien versöhnen: Royalisten und Republikaner, Frankreich und die europäische Koalition; nichts Geringeres als das war ihr Anliegen. Necker befürchtete, seine Tochter könne zwischen den Fronten zerrieben werden, und als sie im Mai 1795 zur Rückkehr nach Paris aufbrach, da schrieb er ihr: »Mäßige Deinen Ehrgeiz, bis Du in einem Lande lebst, wo Du sagen und schreiben kannst, was Du willst.« Germaine wollte aber darauf nicht warten, sondern mit dazu beitragen, dass dieser Zustand erreicht wurde. Sie reiste mit Benjamin; er war ihr wichtigster Mitstreiter geworden, unentbehrlich bald und ihr »anderes Ich«.

Necker konnte nicht mehr tun, als ihrem neuen Gefährten ein Stück väterliche Verantwortung zuzuteilen, indem er schrieb: »Erlaube mir, M. Constant hier zu bitten, daß er Dich nicht ansporne und Dich immer wieder ermahne, vorsichtig zu sein …«

Die beiden fuhren durch ein erschöpftes und ausgeblutetes Land, und als sie Paris wiedersahen, war in der ehemals glänzenden Hauptstadt nach den Schreckensszenarien nichts mehr so, wie es war. Ganze Stadtbezirke wirkten wie ausgestorben. Im einst vornehmen Faubourg Saint-Germain wuchs das Gras auf den Straßen. Die geplünderten Häuser der Emigranten waren mit ihren zerbrochenen Fensterscheiben und schadhaften Dächern schutzlos Regen und Wind ausgesetzt. Auch der Abfall war nur sehr unzureichend entsorgt. Das Elend in den Armenvierteln war noch gestiegen, ein ungewöhnlich kalter Winter hatte den Versorgungsnotstand weiter verstärkt. Überdies war das Papiergeld der Assignaten mittlerweile so gut wie wertlos geworden. Die selbständigen Bauern nahmen dieses Geld gar nicht mehr an und verlangten nach der Aufhebung der Preisbindung für ihr Korn solche Summen, dass sie kaum jemand in den Städten bezahlen konnte. Man veräußerte sein Hab und Gut, um etwas Brot zu erhalten, und die Armut machte vor keinem Stand halt. An allen Straßenecken von Paris wurde Hausrat verhökert: Möbel, Wäsche, Gemälde, Altkleider, Kupferstiche. Manch einer machte auch auf offener Straße die Kirchenschätze der geplünderten Gotteshäuser zu Geld, »Nationaleigentum«, das es jetzt war. »Die Hauptstadt der Welt«, schrieb der Deutschschweizer Heinrich Meister, Royalist, Literat, ein Freund der Familie Necker, der etwa zur gleichen Zeit wie Madame de Staël und Constant nach Paris reiste, »wirkt wie ein einziger Trödelmarkt.«

Doch es gab Profiteure dieser maroden Verhältnisse, nicht nur die selbständigen Pächter und Bauern, die der konservative Meister als »neue Aristokratie« bezeichnete. Heereslieferanten, Devisenschieber und Aufkäufer von Nationalgütern, Kriegsgewinnler aller Art waren diejenigen, die an den chaotischen Zuständen reich wurden. Die Sprösslinge dieser Neureichen trugen unverhohlen ihren jungen Luxus zur Schau und feierten auf dem noch blutgetränkten Boden der Stadt rauschende Feste. Selbst der Terror wurde in diesen Kreisen zum makabren Accessoire, zum modischen Gag.

Man kleidete sich »à la Guillotine«, das heißt die Damen besprengten ihre Roben mit Kaninchenblut und zogen sich mit Schminke rote Striche um den Hals. Wenn die Herren zum Tanz aufforderten, machten sie eine so ruckartige Bewegung mit dem Kopf, als würde ihnen derselbe im Augenblick abgehackt. Ihre Krawatten sahen wie um den Hals gewickelte Bettlaken aus, die Frisuren der Damen waren halsfrei, »à la victime«. Auch auf Friedhöfen zelebrierte man gerne so manches Gelage. Es war ein Totentanz nach den Traumatisierungen. Meister berichtet, man habe noch nie so viele schwangere Frauen in Paris gesehen. Neue Mischungen gab es in diesem unüberschaubaren Wirbel von Oben und Unten.

Die politischen Kräfte bildeten im Paris dieser Tage ein buntes Sammelsurium. Da waren Royalisten, die sich das »Ancien Régime« zurückwünschten und die Bourbonen wieder einsetzen wollten, gemäßigte Konstitutionelle und Republikaner der ganzen Palette. Alle kamen im Salon der Madame de Staël zusammen, den diese in der Rue du Bac wieder eröffnet hatte und in dem auch die Männer des Tages erschienen, die am Ende das Direktorium bildeten: eine fünfköpfige Exekutivgewalt, gewählt aus dem »Rat der Fünfhundert« – allen voran ihr führendes Mitglied, der Vicomte de Barras. Die neue Regierung war schwach und korrupt. Auf die Dauer, so erwies es sich, konnte sie sich nur durch Staatsstreiche halten. Aber wo lagen die Alternativen?! Benjamin Constant räsonnierte über den Fortschritt, da man veranlasst war, einen Rückschritt zu fürchten. »Damit die staatlichen Einrichtungen eines Volkes von Dauer sind, müssen sie auf der Höhe seiner Ideen sein. Dann wird es keine Revolutionen geben, die diesen Namen verdienen«, heißt es in seiner Schrift Über politische Reaktion. Er setzte den konstitutionellen Vertragsgeist als Bollwerk gegen jede Form von Willkürherrschaft und partikulare Interessen und formulierte somit zugleich die Gefahren einer schwachen Regierung: Korrumpierbarkeit durch Schmeichelei und Einzelinteressen.

Necker hatte geahnt, dass seine aktionsbesessene Tochter in Schwierigkeiten geriet. Man warf ihr aus ihrer jüngsten Vergangenheit die Konspiration mit Emigranten vor und diffamierte sie in wilden Pressekampagnen, worauf sie sich lebhaft verteidigen und ihre republikanische Gesinnung unter Beweis stellen musste. Im

August wurde sie von Legendre, dem Metzger, der ihr früher zu ihren großen Gesellschaften das Fleisch geliefert hatte, beim Konvent denunziert. Da seine Vorwürfe sich auch auf die Gegenwart erstreckten – darin gipfelnd, Madame de Staël bereite mit Hilfe adeliger Emigranten den Aufstand vor gegen die Republik –, sah sich Germaine wirklich ernsthaft gefährdet. Ihrem Gatten legte man nahe, dass es besser sei, wenn seine Frau vorläufig die Hauptstadt verließe. So zog sie mit Benjamin auf Schloss Ormesson unweit von Paris, als Gast von Mathieu de Montmorency. Ihre Freundschaft mit Leuten wie Montmorency, Jaucourt oder dem jungen Chevalier François de Pange, der die Druckerpresse für ihren Aufsatz über den Frieden bedient hatte, machte sie dem Konvent eben auch als verkappte Royalistin verdächtig. Mathieu war katholisch geworden, las die Schriften des heiligen Augustinus und war der Welt darüber ein wenig abhanden gekommen. Er tat gewissermaßen auch Buße für seine liberal-republikanischen Sympathien, die er rückblickend als Fehltritt betrachtete. Der engelsgleiche Mathieu und der sanfte de Pange, der beinahe täglich auf Ormesson erschien, waren für Germaine inspirierend genug, um die Abwesenheit Adolf Ribbings erträglich zu finden. De Pange hatte die Schwindsucht – die Todkrankheit gab ihm etwas Ätherisches –, und er liebte zudem eine andere Frau, die er ein paar Monate später heiraten sollte. Für Germaine war er aber »die Vollkommenheit selbst«, wie sie ihm in einer eigenartigen Stimmung in mitternächtlicher Stunde bekannte. Sie hatte ein so entrücktes, fast überirdisches Bild von ihm, dass sie einmal sogar feststellte, de Pange sei der Mann, durch den sie begriffen habe, dass man lieben könne, ohne Gegenliebe erwarten zu müssen. Das war etwas Neues für sie. Der Chevalier berührte in ihr ganz unbekannte und sanftere Saiten. Als er bereits verheiratet war, schrieb er ihr: »Ihre Phantasie hat sich eine Welt geschaffen, die recht verschieden ist von jener, in der ich die meine zurückhalte …« Vor allem an den Glücksvorstellungen, ihren und seinen, sei dies erkennbar. »Sie sehen in ihm (dem Glück) eine große Leidenschaft, gemischt mit stürmischen Ereignissen, Aufregungen, Freuden und Opfern; […] alles das, was die Seele anzuziehen und zu erregen vermag. Ich wünschte der meinen nur Frieden …« Das blieb ein Leitmotiv für Germaine de

Staël. Aber keiner Errungenschaft blieb sie zeitlebens so fern wie dem inneren Frieden.

Der untreue Ribbing wurde noch immer von ihr gemaßregelt, wenn ihre Kämpfe um, für und gegen das Liebesobjekt auch gemäßigter wurden. »Ich habe ja gelebt«, sinnierte sie, »Du hast mich fast ein Jahr lang geliebt, und ich habe diesen ganzen August in Deinen Armen verbracht.« Das waren Abschiedsworte und die Erkenntnis von Unabänderlichkeit. Gut einen Monat vor ihrem dreißigsten Geburtstag erklärte sie Ribbing, der schließlich einmal geäußert hatte, er könne nicht ohne sie leben, sich daran aber jetzt nicht mehr erinnerte: »Es ist beschlossen, daß ich alleine lebe, daß ich ohne Beistand in ein neues Lebensalter gehe, und daß mein leidenschaftliches und tiefes Gefühl mein Herz verzehren wird.« Womit Ribbing und Narbonne gleichermaßen Probleme hatten, war Germaines bedingungslose emotionale Hingabe, die nach Meinung der Männer zu ihrer Persönlichkeitsstärke nicht passte und sie als Partner schlicht irritierte, ja auch überforderte. »Sklavin und Königin zugleich«, so fasste sie ihre weibliche Liebesrolle einmal Ribbing gegenüber zusammen, und die Formel tauchte auch aus dem Munde der weiblichen Protagonisten ihrer Romane wieder auf. Der durchschnittliche Mann konnte mit einem solchen Antagonismus nichts anfangen und war wahrscheinlich im Laufe der Zeit auch erschreckt und befremdet von so viel Hingabe, die er vielleicht nicht erwartete, wenn er eine Liaison begann mit Madame de Staël. Alles war überdimensioniert bei ihr: Gefühl, Intellekt, Gegenwärtigkeit, Anspruch. Und der Einzige, der es auf Dauer ertrug, war Constant. Ihn aber wollte sie nicht.

Die Zusammenarbeit dieser Partner war allerdings überaus fruchtbar. An ihren Publikationen erkennt man den wechselseitigen Einfluss, den ständigen Dialog, den sie führten. Constant folgte Germaine überallhin: auch zurück in die Schweiz, nach Coppet, am Neujahrstag 1796, nachdem beide in den Turbulenzen des Royalistenaufstandes des »Vendémiaire« gerade so dem Gefängnis entgangen waren. Die Konventsmitglieder waren sich sicher, dass Madame de Staël in diesem Aufstand eine maßgebliche Rolle gespielt hatte. Das Kuriosum war nun, dass das Direktorium sie als Feindin der Republik und royalistische Sympathisantin beschatten ließ, während die Berner Regierung dasselbe tat, da sie sie des Jakobinismus verdächtigte. Monsieur de Staël, der gerade wieder als Botschafter konsolidiert war, nachdem Schweden mit seinem neuen König als erstes Land die französische Republik anerkannt hatte, konnte zwar die Aufhebung ihres Haftbefehls in Paris erwirken, doch die Verbannung blieb – bis auf weiteres. In Paris kam in Umlauf, der Botschafter hänge mehr an seinem Posten als an seiner Frau und tue nur gerade das Notwendigste, um sie zu schützen. Ihre politischen Aktivitäten und der Ärger, den sie dadurch bekam, waren ihm in der Tat peinlicher als ihre Liebhaber, um die jeder wusste. Im Mai sprach Germaine ihrem Gatten gegenüber Klartext vom Schweizer Exil aus. Gerade hatte sie ein Dokument eingesehen, auf dem neben Dieben und anderem kriminellen Gesindel ihr Name geführt wurde – und in der Tat bewegte Staël nicht sehr viel, um ihr zu helfen. »Sollte meine Gegenwart Ihre Interessen gefährden«, schrieb sie ihm, »steht Ihnen die Hälfte meines Vermögens zu als Entschädigung für das Opfer, das Sie unserer Ehre bringen [..]. Ich hoffe, daß meine Fürsorge Ihnen das Leben in jeder Situation glücklich machen wird, doch sollten Sie zögern, würde ich Sie auf der Stelle ersuchen, Ihnen nicht länger dadurch Schaden zuzufügen, daß ich einen Namen trage, den Sie nicht in Schutz nehmen wollen.« Sie wurde wieder verhandlungsbereiter, als sie merkte, dass sie ohne die Hilfe des Botschafters nicht mehr zurück nach Paris kam, sprach dann sogar noch von ihren gemeinsamen Kindern, an deren Zukunft er denken solle. Mit hängenden Flügeln erschien Germaines glückloser Gatte Anfang September an ihrem Zufluchtsort. Man hatte ihn von seinem Posten entlassen, und finanziell war er wieder einmal völlig am Ende. Das Ehepaar einigte sich und lebte weiterhin in pragmatischer Koexistenz; er fuhr von Coppet weiter zur Kur nach Aix.

Das ganze Jahr 1796 verbrachte Germaine in der Schweiz. Alle drei ständigen Coppet-Bewohner arbeiteten viel – was sollte man auch sonst tun auf Coppet? Necker befasste sich unter anderem mit Gottesbeweisen und der Unsterblichkeit der Seele. Er warnte seine ermatteten Zeitgenossen davor – individuell und politisch –, nur für den schnellen Wandel der Gegenwart zu agieren und die Ewigkeit ganz aus der Sicht zu verlieren, das Bleibende, das doch den

Menschen bewegt, ihn antreibt, ihm Kraft gibt. Und seine Tochter schrieb in diesem ereignislosen und deprimierenden Jahr im Schweizer Exil die Endfassung ihrer Schrift über den Einfluss der Leidenschaften, was den so häufig monierten pessimistischen Grundton erklärt, in dem sogar an einer Stelle der Selbstmord legitimiert wird. Im September schickte sie Benjamin mit einem Schwung gedruckter Exemplare nach Paris, um den Traktat zu verbreiten, was mit einigem erfolgreichen Echo geschah. Germaine nutzte immer ihre Publikationen, um sich politisch zu rehabilitieren; sie versuchte es jedenfalls, und diesmal gelang es ihr auch. Als Benjamin Ende des Jahres zurückkam, konnte er ihr die freudige Mitteilung machen, die Regierung erlaube ihr, acht Bannmeilen von Paris Wohnung zu nehmen. Er selbst hatte schon Vorsorge getroffen. Die Gunst der Zeit nutzend, da »Nationaleigentum« günstig zu haben war, hatte er für einen Spottpreis die alte Abtei Hérivaux unweit von Paris gekauft. Necker hatte ihm Geld geliehen, was ihm ermöglichte, das Domizil luxuriös einzurichten. Germaine zog im Dezember mit ihm dorthin. Ihre Situation, in der Halb-Verbannung, den Winter mit Benjamin in einem Kloster verbringend, missverstanden, wie sie meinte, von allen Seiten, war ausnehmend unbefriedigend und gab Germaine wenig Anlass zur Hoffnung. Dass von den erzkonservativen Royalisten mehr zu befürchten war als von den Republikanern, war ihr schon lange bewusst, und auch darin war sie sich mit Constant völlig einig. Als bei den Wahlen im April die Royalisten die Mehrheit bildeten und der unbequemen Halb-Exilantin nun aus dem gegenteiligen Grund Probleme machten als ihre Vorgänger, bewahrheitete sich diese Befürchtung, denn man ahndete jetzt ihre Verbindung zu den Republikanern. An Meister, den royalistischen Deutschschweizer, schrieb sie lakonisch, es sei schon sonderbar, in einer demokratischen Republik zu leben, in der man riskiere, gesteinigt zu werden, wenn man kein Aristokrat sei. »Die Republik verbannt mich, die Gegenrevolution hängt mich. Ich brauche einen Mittelweg, der in Frankreich jedoch immer nur so kurze Zeit gangbar ist, daß er kaum noch als Übergang von einem Exzeß zum anderen dient.« Sie glaubte weiterhin an diesen Weg und wollte ihn mitgestalten, soweit man sie irgendwie ließ. In anderer Hinsicht aber hatte sie kapituliert.

Bonaparte

Die Anfänge

NAPOLEON BONAPARTE
»Eines Tages sah ich, wie er sich einer wegen ihrer Schönheit, ihres Geistes und ihrer Schlagfertigkeit berühmten Französin näherte. Er stellte sich steif wie ein deutscher General vor sie auf und sagte: ›Gnädige Frau, ich habe es nicht gern, wenn Frauen sich in Politik mischen.‹ – ›Da haben Sie recht, General‹, antwortete sie, ›in einem Lande jedoch, wo man ihnen die Köpfe abschneidet, möchten sie doch auch gern wissen, warum man das tut.‹« Germaine de Staël, Betrachtungen über die hauptsächlichen Ereignisse der Französischen Revolution

Germaines Kampf für die »wahre Freiheit« war angesichts der Verhältnisse ein reines Spießrutenlaufen. In einem Zeitungsartikel unter der Überschrift WORAN ERKENNT MAN DIE MEHRHEITLICHE MEINUNG EINER NATION? hatte sie 1791, da sie feststellte, Aristokraten und Jakobiner beriefen sich gleichermaßen auf Rousseaus »volonté générale«, den Gemeinwillen des Volkes, darauf verwiesen, jener beruhe lediglich auf zwei allgemeinen moralischen und physischen Kräften: dem Willen zur Freiheit und dem Willen zur Sicherheit. Doch wer von den selbsternannten Garanten der beiden Lager konnte den beiden Kräften gerecht werden? »In einer Revolution bedarf der Anhänger gemäßigter Meinungen mehr als jeder andere des persönlichen Mutes und der geistigen Größe. Er hat immer zwei Kämpfe zu bestehen, zwei Argumentationslinien zu widerlegen und zwei Klippen zu umgehen.« Madame de Staëls Prinzipien und Forderungen waren eigentlich einfach, und sie änderten sich auch nicht, als sie von der Anhängerin einer konstitutionellen Monarchie zu einer liberalen Republikanerin wurde: Gewaltenteilung, ein Zweikammersystem, bürgerliche Rechte und Freiheiten sowie ein unangetastetes Privateigentum. Ihr Vater hätte das wohl alles noch unterschrieben, obwohl er nach wie vor keine republikanischen Ansichten vertrat.

Drüben auf der Insel, wo ja der Gemeingeist so reif war, desgleichen die politischen Institutionen, da hatte ein Autor bereits ein Jahr nach dem Sturm auf die Bastille ein Buch veröffentlicht, in dem er die Französische Revolution als ein »zerstörendes Experiment radikaler Doktrinäre ohne politischen Instinkt« und Sinn für politische Realitäten erklärte. Staat und Gesellschaft seien als organisch wachsendes System zu begreifen, in dem jede abrupte Veränderung gefährlich sei und die »Freiheit«, wie man ja sehe, sich nur in sehr pervertierter Form Bahn brechen könne. Der Autor hieß

Edmund Burke, und er war englischer Staatsmann. Die Schrift, die der Gegenrevolution auf dem Kontinent in den kommenden beiden Jahrzehnten als theoretische Grundlage diente, entsprach sicherlich nicht der Auffassung der Madame de Staël. Obwohl sie die Aggression miterlebte und die Haltungen beider Lager nicht teilte, glaubte sie immer an die Idee eines erneuerten Frankreich und an die Grundgedanken der Revolution. Es sollte aber eine Elite sein, die die herrschende Schicht bildete, eine geistige Elite und letztlich zusammengesetzt aus Vertretern der besitzenden Klasse. Sie dachte nie an eine Umwälzung der Verhältnisse von unten nach oben oder an Massendemokratie.

Woran sie auch niemals dachte – wenigstens hat sie sich dazu nirgends geäußert –, ist eine Ausdehnung der bürgerlichen Rechte auf die Frauen, die der Revolutionsautor Condorcet als einziger Mann bereits anlässlich der Wahlen zu den Generalständen propagiert hatte und für die Olympe de Gouges, die Revolutionskämpferin, aufs Schafott ging. 1791 hatte de Gouges ihre ERKLÄRUNG DER RECHTE DER FRAU UND BÜRGERIN, die sich auf die Menschenrechtsdeklaration, DÉCLARATION DES DROITS DE L'HOMME, bezieht, in siebzehn Artikeln veröffentlicht. In allen Punkten, von der juristischen Gleichstellung und rechtlichen Unversehrtheit über das Eigentumsrecht bis zur freien Meinungsäußerung, Redefreiheit und Zulassung zu politischen Ämtern (also aktives und passives Wahlrecht) forderte sie die Einlösung der Menschenrechte auch für die weibliche Hälfte der Menschheit. »Die Frau hat das Recht, das Schafott zu besteigen«, schrieb sie, »Sie muß gleichermaßen das Recht haben, die Rednertribüne zu besteigen.« Das Schicksal der streitbaren Kämpferin war letztlich das Erstere. Unter Robespierre wurde de Gouges guillotiniert. Da Robespierre aber jeden guillotinierte, der sich seinem terroristischen Einheitsstaat widersetzte, und darin auch gleiches Recht für Männer und Frauen gelten ließ, ist ihre Hinrichtung zu dieser Zeit gar nicht so aussagekräftig. Aussagekräftiger ist der historische Umgang mit ihr – Olympe de Gouges wurde bis etwa 1980 in den Geschichtsbüchern fast nicht erwähnt – oder die Tatsache, dass eine Germaine de Staël ihre und gleichartige Forderungen nicht einmal kommentierte. Madame war sehr zufrieden mit ihrer weiblichen Sonderstellung als steinreiche und de facto ungebundene Intellektuelle, ihrem Einfluss, ihren Salonintrigen und Publikationsmöglichkeiten. Auf politischer Ebene setzte sie sich mit der Stellung der Frau schlichtweg nicht auseinander. Der Widerstand, dem sie sich damit hätte aussetzen müssen, hätte noch einmal ganz andere Dimensionen gehabt als der, den sie von der Verbreitung ihrer politischen Meinungen kannte. Sie war auch kaum daran interessiert, denn sie wäre mit solchen Debatten und Umsetzungen ihrer Ausnahmestellung verlustig gegangen, die bis dato eine indirekte Machtstellung war. Sie selbst betrat auch keine Rednertribüne – sie hätte sich dort sicher vortrefflich gemacht –, aber sie brachte ihre Liebhaber und andere Männer in politische Ämter, arbeitete an ihren Reden mit, publizierte und intrigierte, und die Fäden behielt sie, soweit eben möglich, auch so in der Hand. Literarisch findet man bei ihr eher einige Ansätze zur Auseinandersetzung mit der Rolle der Frau. In CORINNA, ihrem zweiten Roman, stellte sie fest, dass die Art und Weise, wie eine Gesellschaft mit den Frauen umgehe, die Höhe ihrer Zivilisation dokumentiere. Die Aussage steht allerdings im Zeichen Rousseauscher Zivilisations- und Aufklärungskritik, denn am Beispiel Englands macht die Protagonistin des Italien-Romans die Beobachtung fest, dass in den zivilisierten Ländern die Ordnungen gewahrt bleiben müssten, also auch das Patriarchat, während zum Beispiel im politisch rückständigeren, aber sinnlichen Süden, Italien etwa, die archaischen Gefühle mächtiger seien und Raum böten für weibliche Herrschaft auf bestimmten Gebieten. »Zurück zur Natur«? Progressiv kann man das nicht unbedingt nennen.

Nach den vier Monaten auf Benjamins Anwesen in der alten Abtei Hérivaux schrieb Germaine an Heinrich Meister, sie sei in dieser Zeit so »verfemt« und »einsam« gewesen, dass sie vor sich selbst in Grund und Boden versunken sei. Für jeden anderen, der der Natur nur ein wenig mehr abgewinnen kann, als es Madame de Staël offenbar konnte, wäre Hérivaux eine traumhafte Szenerie, um dort eine abgemessene Zeit zu verbringen. Das alte Kloster liegt von Gärten und Weinbergen, Wald und Feldern umschlossen, mitten in der idyllischsten Landschaft. Ein abgeschiedener Ort – das freilich ja. Aber Madame, die die Abgeschiedenheit nicht sehr liebte und zudem ob der unklaren Verhältnisse in der Politik von

Paris, bei der sie mitmischen wollte, ausnehmend unruhig war, hatte doch allen Grund, ein wenig die Ruhe des Rückzugs zu suchen, denn sie befand sich wieder in anderen Umständen. Als sie im Mai nach Paris zurückkam und wieder ihren Wohnsitz in der schwedischen Botschaft bezog, war es nur allzu offensichtlich – gut einen Monat vor der Entbindung. Mit Constant trat sie von nun an als Paar auf. In Hérivaux hatte sie ihm noch ein Treuegelöbnis auf Leben und Tod abgepresst, schriftlich festgehalten, um auch ganz sicher zu gehen. Es bleibt ein Rätsel, wie es geschah, dass Constant, den Germaine doch körperlich so abstoßend fand, am Ende doch noch ihr Liebhaber wurde. Ihr Gefährte war er schon lange, und so war diese Verbindung ganz offenbar fester gegründet als jene mit Constants berückenden, aber untreuen Vorgängern. Der Empfängniszeitraum war der September des vergangenen Jahres. Da hatte sie ihren Mann kurz gesehen, der auf der Durchreise nach Aix war und eventuell Ehefraupflichten einfordern konnte, wenn ihm die finanziellen Entschädigungen seiner Frau für all sein Ungemach mit ihr nicht genügten. Das Kind allerdings, ein Mädchen, das am 8. Juni 1797 in der Rue du Bac, Paris, zur Welt kam, ließ an der Vaterschaft Constants eigentlich keinerlei Zweifel. Germaines Tochter Albertine hatte flammrotes Haar und einen sehr weißen Teint; sie wurde später das verblüffend schöne und auch in anderer Hinsicht äußerst wohlgeratene, solide und frische Pendant zu Constants äußerer Typologie. Mathieu, dem alten Freund, vertraute Germaine an, ihr Gatte habe sich bei der Gelegenheit dieser erneuten Niederkunft sehr gut betragen, sogar mit Anteilnahme und Fürsorge. Was wollte sie mehr? Politischen Einfluss, das war's, was sie wollte! Kaum dem Wochenbett entkommen, stürzte sich diese robuste Person, die ihre Kinder so zwischendurch, zwischen Umstürzen, Massakern und Vertreibungen zur Welt brachte, in die Machenschaften, die auf den Staatsstreich des 18. Fructidor vonseiten der Republikaner hinausliefen.

Talleyrand war zurück. Von England aus war er über den Ozean in die Vereinigten Staaten gegangen; dort hatte man keine Probleme mit den mindestens halb-kriminellen Geldspekulationen des käuflichen Ex-Bischofs (wohl aber mit seinen vielen Mätressen, die ihm Frankreich verzieh). Er hatte sich in Amerika irgendwann furchtbar gelangweilt und seine Freundin Germaine de Staël gebeten, ihren Einfluss geltend zu machen, damit man ihn in Frankreich wieder wohlwollend aufnähme. Ganz untätig war er in der Neuen Welt nicht gewesen. Neben der Tatsache, dass es ihm auch hier gelungen war, seiner Begabung zum schönen Leben zu frönen – in Philadelphia hatte er eine Schwarze zur Geliebten gehabt, die er mit Goldschmuck behängte und unter den Blicken der brüskierten Quäker erhobenen Hauptes die Promenade entlangführte –, hatte er durchaus erfolgreich mit amerikanischem Grund und Boden gehandelt. Die Spekulationsgeschäfte brachten ihm wieder ein kleines Vermögen, doch was hieß das schon für einen Talleyrand-Périgord? Das Geld war im Allgemeinen so schnell wieder verflossen, wie es ihm zugeströmt war, wenigstens in Paris. In Amerika war der Geist ein ganz anderer, und Talleyrand hatte ihn wenigstens, sensitiv, wie er war, interessiert registriert. Dieses puritanische Land nämlich, urteilte er, mache sich nicht die geringste Mühe, den Nutzen verschleiern zu wollen, unter dem alles stehe. Es sei ein kalt kalkulierter, geschäftstüchtiger und leidenschaftsfreier Utilitarismus, in dem das Geld wahren Kultstatus habe – aber nicht, um dem schönen Leben zu frönen, sondern um es zu mehren, das Geld. Talleyrand fand das seltsam. Nun, gewiss, Leidenschaften waren nicht gut; man musste leicht bleiben, um in der Welt zu agieren. Aber die Szenerie auf dem anderen Kontinent war ihm zu freudlos. Es fehlten die Lebensart, die Salons, Eleganz. Die Menschen fanden sein amüsantes Geplauder frivol. Auch hatte ihn Präsident Washington nicht empfangen, was Talleyrand kränkte. So kam er zurück, zurück nach Paris. Die französische Republik hatte er noch nicht betreten, und er hatte sie bisher auch nicht unbedingt propagiert. Aber egal – »Ich dachte lange nach und verweilte dann bei dem Gedanken, Frankreich als Frankreich zu dienen, in welcher Situation es sich auch befinde«, schreibt der Grandseigneur in seinen Memoiren. Das bedeutete: Das Regime war ihm gleichgültig; er würde sich arrangieren, sofern man ihn obenauf schwimmen ließ. Germaine brauchte lange, um diese Grundsatzlosigkeit ihres Freundes im vollen Sinn zu begreifen. Seine unschlagbare Weltklugheit und Wendigkeit gaben ihm diese französische Größe, die sie berückte, aber von der sie auch mehr und mehr Abstand nahm, als ihr bewusst wurde, welchen Anteil sie an der Entwicklung der kommenden Jahre hatte, am Unheil, wie man es nennen konnte, einer grundsatzlosen Grandeur, die vor allem der Eitelkeit diente – der Eitelkeit eines Volkes. Germaine war fasziniert von Menschen, die nicht von Leidenschaften gebeutelt wurden wie sie. Talleyrand war ein Spieler, und sie bewegte sich auch mit ihm auf entsprechendem Boden. Politik, Freundschaft, Flirt, die Genüsse des Lebens, Verbindlichkeiten, Esprit und Brillanz, während man in gemeinsamem Interesse die Figuren auf dem großen Schachbrett verschob – mit wem konnte sie dieses Geflecht so glänzend leben wie mit Talleyrand? Nun war er wieder da, und man musste ihn einsetzen, denn gute Männer und ihr gewogene Freunde, die brauchte das Land. Eines Tages erschien er bei ihr in der Rue du Bac, geschniegelt und gepudert wie vormals, entleerte vor ihren Augen mit dramatischer Miene ein dürftig gefülltes Portemonnaie und bedeutete ihr, sie müsse nun dringend etwas für ihn tun, sollte er nicht in Armut und Schande zugrundegehen. Germaine mochte sich fragen, was aus den 25000 Pfund geworden war, die er sich erst kürzlich von ihr geliehen hatte, doch sie konnte es sich lebhaft vorstellen. Nun denn, es diente ja einem guten Zweck, Frankreichs Zukunft ... Sie machte Barras, den Chef des Direktoriums, mit ihm bekannt. Daraufhin sprach sie Barras noch einmal unter vier Augen und beschwor ihn, Talleyrand müsse aufgrund seiner hervorragenden Eigenschaften zum Minister gemacht werden. Talleyrand wurde Außenminister. Germaine bereute es später, und viel später, im Lebensrückblick, da bezeichnete sie ihre Mithilfe bei Talleyrands Aufstieg als »Verbrechen«, mit dem sie sich vor Göttern und Menschen schuldig gemacht habe.

Was viele dachten, das sprach auch Germaine aus: »Ohne die Armeen gäbe es keine Hoffnung mehr für die Republik.« Barras meinte das ebenfalls, und er dachte dabei sehr konkret an einen Feldherrn, der zur Zeit sehr von sich reden machte und einen militärischen Sieg nach dem anderen vorweisen konnte. Er stammte aus Korsika, das bis ein Jahr vor seiner Geburt zur Republik Genua gehört hatte, bevor Ludwig der Fünfzehnte die Insel kaufte und Frankreich anschloss. »Napoleone Buonaparte«, so lautet der italienische Geburtsname des zweiten Sohns einer kinderreichen Familie, der mit knapp elf Jahren als Stipendiat in die Militärschule eintrat und mit sechzehn den Offiziersrang erhielt. Frankreich war Zwangsheimat, aus dem Druck der Geschichte erwachsen. Der junge Bonaparte, wie er sich dann in Paris nannte, bewunderte Pasquale Paoli, den korsischen Freiheitskämpfer, der selbst schon Geschichte war. Die Franzosen und ihre Mentalität hat er immer von außen betrachtet. Das brachte ihm Vorteile – Abstand und einen analytischen Blick, teilweise Anverwandlung, doch nur um sein Fortkommen zu sichern, das anfangs eine reine Notwendigkeit war. Die Revolution hat den Sohn aus kleinen Verhältnissen nach oben gebracht, denn nachdem Robespierre die alten Eliten eliminiert hatte, zählten im Militärwesen Talent und Ehrgeiz, nicht hohe Geburt. Der neue Mann hatte beides in ungewöhnlichem Maße – und die Revolution setzte ihn äußerst gewinnbringend ein. Barras, ein Lebemann und korrupt, wie man sein konnte, trat dem Hoffnungsträger im Folgejahr seine Geliebte ab, die schöne Witwe Joséphine Beauharnais, und übergab ihm als Hochzeitsgeschenk den Oberbefehl der Armee in Italien. Die schwache Pariser Regierung bedurfte der außenpolitischen Siege; es war ihre einzige Chance. In Italien Fuß zu fassen, um das feindliche Österreich, mit dem einige italienische Staaten verbündet waren, zur Verhandlung zu zwingen, würde allen nachfolgenden Zielen die Grundlage geben. Der kleinwüchsige General, der in seinen beschäftigungslosen Zeiten in einer verschlissenen Uniform und mit ungepflegten langen Haaren, wartend auf große Chancen, in der Hauptstadt herumgelungert und nicht selten von der großen Welt belächelt worden war, wurde binnen eines halben Jahres zum militärischen Helden. Sieg an Sieg reihte sich in seinen italienischen Schlachten von April 1796 bis zum eigenmächtig geschlossenen Frieden von Campo Formio am 18. Oktober des folgenden Jahres, die er mit offenbar unschlagbaren Strategien und nicht zuletzt mit dem Mittel der psychologischen Kriegsführung anging. Er besaß eine natürliche Autorität und die Begabung, die anfänglich reichlich abgehalfterten und auch ausstattungsmäßig weit unterlegenen Truppen zum Kampf zu mobilisieren. Mit Doktrinen und idealistischen Hoffnungen auf zu erneuernde Staatswesen hatte er abgeschlossen – sofern er derartige Träume, außer von einem freien Korsika, jemals gehegt hatte. Später nannte er alle Menschen mit politischen Idealen theoretischer Art, die aus der Aufklärung herrührten, abschätzig »Ideologen«. Taten, die zählten jetzt. Zu einem Abgesandten des Direktoriums sagte er, als er in der Nähe von Mailand wie ein König auf einem Schloss residierte und alle möglichen weltlichen Ehren empfing, das hier sei erst der Anfang seiner Karriere und vergleichsweise nichts. »Glauben Sie, daß ich mir in Italien Siegeslorbeeren hole, um die Advokaten des Direktoriums, Carnot und Barras, großzumachen?« Der Abgesandte Miot folgerte aus der Begegnung, dem General seien republikanische Ideen und Institutionen vollkommen fremd. Er hatte das alles anscheinend nur formal adaptiert.

Madame de Staël urteilt im Rückblick: »Zweifellos meinte es der General Bonaparte mit der Liebe zu den republikanischen Ideen weniger ernst und aufrichtig als das Direktorium. Aber er besaß eine weit größere Klugheit in der Wertschätzung der Umstände. Er fühlte, daß man in Frankreich nach dem Frieden verlangen würde, denn die Leidenschaften ließen nach; man war der fortwährenden Opfer müde. Er unterzeichnete daher mit Österreich den Frieden von Campo Formio. Von diesem Friedensschlusse an, der eine nicht weniger willkürliche Handlung war als die Teilung Polens, kannte man in der Regierung Frankreichs keinerlei Achtung mehr vor einer politischen Lehre. *Die Herrschaft eines Mannes begann, als die Herrschaft der Grundsätze aufhörte.*« Sie hat das anfangs noch etwas anders gesehen, denn der Ruf nach dem starken Mann, der das schwache Direktorium ablösen würde und der weit über das Land hörbar war, kam auch aus ihrem Mund. Sie war fasziniert von den Taten des gefeierten Helden und malte sich in ihrer regen Phantasie sicher schon einen ruhmreichen Zusammenschluss mit ihm aus, den sie als ganz natürlich und selbstverständlich erachtete: den Zusammenschluss zweier Großer, zumindest in Form einer Kooperation. Doch da täuschte sie sich so wie nie mehr im Leben.

Die politischen Aktivitäten der Madame de Staël waren zu jener Zeit mehr als verwirrend, und man kann ihren Zeitgenossen nicht ganz verdenken, dass sie sie einfach suspekt fanden. Während sie mit Benjamin, der als Gegenbewegung zu dem einflussreichen royalistischen Club de Clichy den verfassungstreuen und republikanischen Club de Salm gegründet hatte, für die Republik kämpfte, half sie mehr denn je ihren royalistischen Freunden, von denen es eine deutlich größere Zahl gab als in den politischen Reihen ihres Lebensgefährten. Der Balanceakt, den sie vollführte, konnte nur *eine* Motivation haben: den Kräfteausgleich. Talleyrand hatte sie schließlich deshalb zum Minister gemacht, weil sie glaubte, er sei in der Lage, die gegenläufigen Kräfte zu bündeln. Eins konnte man ihr freilich nicht vorwerfen: politisches Handeln zum persönlichen Vorteil. Das Gegenteil war fast immer der Fall, und hier unterschied sie sich eklatant von der Typologie des Karrieristen, indem sie ihr Fähnchen, wie man sagen kann, immerfort nach dem Gegenwind richtete, sobald eine Seite ihrem Geschmack nach zu stark wurde. Die royalistische Presse, wohl wissend, dass Talleyrands Ministerposten und Benjamins Einfluss ihr Werk waren, attackierte Madame de Staël in bissigen Persiflagen: als Hexe, Hure und als »größte und elendeste Intrigantin Europas«, die beide Geschlechter entehre (will sagen: die beiden politischen Lager?). Ihre Rolle beim 18. Fructidor (4. September 1797), dem Staatsstreich gegen die royalistische Mehrheit, ist nicht ganz klar. Im Nachhinein will sie außer in Bezug auf Talleyrands Ernennung zum Außenminister nichts damit zu tun gehabt haben, weil die Folgen so schlimm waren. Die Republik sollte gerettet werden, aber es sollte kein neuer Terror entstehen. Talleyrand sagte dazu: »Der 18. Fructidor war Madame de Staëls Werk, der 19. nicht.« Der 19., also der Folgetag, das bedeutete: Verhaftungen und Deportationen, Repressalien im Innern, Wiederaufnahme der antiklerikalen Gesetze, Zensur; das Direktorium wurde von Royalisten gesäubert. Bonaparte war noch in Italien. Er hatte aber seinen General Augereau nach Paris geschickt, um an seiner statt den nicht für alle Seiten so populären Coup auszuführen. Mit Talleyrand führte der Korse eine detailreiche Korrespondenz. Es ging um Verfassungsfragen, um Volkssouveränität, ums Vaterland und um Frankreichs politische Zukunft. Da skizzierte der Bürger General Bonaparte seinen eigenen Herrschaftsentwurf. Er war straff organisiert, zentralisiert, autoritär; im Grunde schloss er jede parlamentarische Opposition von vornherein aus.

Bonapartes Popularität war längst grenzenlos. In Italien führte er das Leben eines Souveräns, und seine Truppen brachten ihm eine geradezu kultische Verehrung entgegen. Mit den von Österreich abgetrennten Gebieten gründete er die Cisalpinische Republik, einen Vasallenstaat Frankreichs. Das Direktorium ließ ihn gewähren und mischte sich von Paris aus in seine italienischen Unternehmungen fast nicht mehr ein. Er hatte in Frankreichs Namen ohne Vollmacht verhandelt? Nun, die schwankende Pariser Regierung brauchte Geld und Erfolg, und Bonaparte brachte ihr beides. Der Feldherr schickte erbeutete Fahnen und Karren voll Gold und herrlichen Kunstwerken. Paris war begeistert. Und das alles schmeckte nach mehr. Ob er nicht, legte man ihm bald nahe, England erobern wolle, die Invasionsarmee leiten? Bonaparte sah deutlich die Grenzen eines solchen Invasionsunternehmens und zog fernere Angriffsziele vor. Ägypten, der Orient, eine andere Front, um England zu treffen und ihm den Weg abzuschneiden, ein Traum von Tausendundeiner Nacht außerdem, war erfolgversprechender und viel spektakulärer. Das Direktorium hatte auch schon entsprechende Pläne und war sich darin mit dem Eroberer einig. Zunächst einmal aber musste man ihn zelebrieren, den Kriegshelden. Bonaparte kam in die Hauptstadt zurück. Alles war römisch jetzt. Man besann sich auf die Macht und Größe des römischen Weltreiches, imitierte seine Frisuren und Moden, den »Tituskopf« nach den Büsten des römischen Kaisers, ohne Scheitel, vom Wirbel nach vorne gekämmt, vergleichsweise einfache Zopfgeflechte bei den Damen, Gewänder, Schleier, Sandalen und Tuniken – »à la Diana«, »à la Minerva«, »à l'Omphale«. Die Amtstracht des zweiten Direktoriums war die römische Toga. Der Held selbst war der wiedergeborene Cäsar, auch wenn er sich noch in soldatischer Einfachheit gab, vermeintlich unprätentiös in all dem Glanz ihm zu Ehren.

Bei einem Empfang im Auswärtigen Amt, zu dem Talleyrand einlud, sah Madame de Staël Bonaparte zum ersten Mal. Sie soll ihm vorher schon Briefe geschrieben haben, in denen sie den Feldherrn mit Scipio und Tankred verglich, »die schlichten Tugenden des einen mit den glänzenden Taten des anderen vereinend«. Den Eroberer zu erobern, würde ein leichtes sein für Madame de Staël. Doch als sie ihn sah, fühlte sie eine seltsame Beklommenheit, ausgelöst durch eine offenbar unüberbrückbare Kluft. Sie verstummte

– ein wirklich einmaliges Phänomen –, und sie spürte wohl, dass ihre sämtlichen Gesellschaftskünste an diesem Objekt vergebliche Liebesmüh' waren. Was sie vor sich sah, war gebündelte Energie; nichts Überflüssiges; sparsame Gesten und sparsame Worte. Blass, schmächtig und klein von Gestalt war der Soldat, den die Femme du Monde um Haupteslänge überragte und der sie recht ungerührt ansah aus seinen blaugrauen Augen. Sie fand diese Augen kalt, den Mann »linkisch, ohne gerade schüchtern zu sein.« »Wenn er sich zusammennimmt, hat er etwas Verachtendes in seinem Wesen, und wenn er sich ungezwungen gibt, ist er gewöhnlich. Das Verachtende kleidet ihn besser, daher verfehlt er auch nicht, es immer zu zeigen.« Alles, was der Soldat über Madame de Staël wusste, war dazu angetan, seinen Widerstand zu erregen, bevor er sie kannte: ihr Selbstgefühl, ihr politischer Einfluss, ihre Intellektualität und die von ihr beanspruchte Stellung. Diese Dinge gehörten seiner Auffassung nach in die Entartungen des Ancien Régime, in dem die Frauen eine so große Rolle gespielt hatten. Diese Zeit war vorbei – unwiederbringlich. Der Soldat wollte auch in dieser Hinsicht die »Verhältnisse der Natur« wieder zurechtrücken. Er verachtete intellektuelle Frauen, und Madame de Staël war ihm durch das, was sie war, schon ein Affront; sie musste nichts sagen, nichts tun. Sie sagte und tat aber einiges, und das vertiefte die Kluft immer mehr. Zwischen seiner Rückkehr nach Paris Anfang Dezember 1797 und seinem Aufbruch nach Ägypten ein halbes Jahr später sah Madame den Soldaten mehrere Male in großer Gesellschaft. Sie ließ auch keine Gelegenheit aus, wollte den offensichtlichen Fehlschlag nicht einsehen und probierte noch mehrfach, den Helden auf irgendeiner Ebene für sich zu gewinnen – vergeblich. Bonaparte war sich wohl ihrer Bedeutung bewusst; er wies sie aber in jeglicher Hinsicht zurück. Ihm war unbehaglich in ihrer Gegenwart, und umgekehrt war es dasselbe. Manchmal übersah er sie ostentativ in Gesellschaft, und sobald sie ihn anschaute, prüfend am Ende noch, wurde sein Blick marmorkalt. Dialoge wie die folgenden sind nur von Bonaparte und seinen Anhängern überliefert, also wohl etwas unter Vorbehalt zu betrachten. Bezeichnend sind sie gewiss und wären es auch, sollten sie reine Erfindungen ihrer Urheber sein. Demnach fragte Madame de Staël den siegreichen Feldherrn, welche Frau er am meisten respektiere. Darauf er: »Die, die am besten ihren Haushalt versorgt.« Und welche Frau sei die größte in der Geschichte? »Die, die die meisten Kinder bekommt.« Knappe Antworten und so platten Inhalts, dass man sie, unvoreingenommen, als Persiflage auffassen könnte. Auf die Frage, welche Frau er am meisten liebe, war zu Beginn seine ebenfalls knappe Antwort gewesen: »Die meinige.« Das war wohl wahr. Es war aber zugleich auch ein sehr wunder Punkt. Die schöne mondäne Joséphine Beauharnais, sechs Jahre älter als er und vormals die Geliebte des Direktoriumsführers Barras, sah in dem aufstrebenden Korsen, den sie auf Barras' Anraten geheiratet hatte, vornehmlich eine Zukunftsinvestition und betrog ihn während seiner Abwesenheit mit anderen Männern. Die Briefe, die Bonaparte ihr von Italien aus schrieb, zeugen von den furchtbarsten Qualen der Eifersucht und von seiner letztendlich unerwiderten Liebe. Sein machistisches Frauenbild änderte er durch seine Liebe zu Joséphine keineswegs, eher im Gegenteil. Madame de Staël, auch wenn sie befangen war, witterte die unsichere Virilität ihres hölzernen Gegenübers, das sich auf weiblichem Terrain sowie auch in anderen Dingen, für die man Geschmeidigkeit brauchte, nicht souverän fühlte. »Er fürchtete die witzige Schlagfertigkeit, die besonders den Französinnen eigen ist.«

Er war aber auch ein Romantiker, dieser hölzerne Feldherr. Er sprach von Vergangenheit, Zukunft und Schicksal, vom Absoluten und von der Unendlichkeit, las Goethes WERTHER wieder und wieder und war von dem Gedanken durchdrungen, die Welt habe ihn für unsterbliche Taten bestellt. So gab er den Dingen von Anfang an eine metaphysische Größe: dem Ruhm, der Freiheit und was immer er in diesem Kontext für sich definierte, eine Größe mit Ewigkeitsnimbus und damit etwas, was in dem Machtgerangel, den Linienkämpfen und dem Opportunismus all dieser austauschbaren Figuren der Direktoriatsregierung, vom Chaos davor gar nicht zu sprechen, verlorengegangen war. Zurzeit betrieb er noch ein auffallendes Understatement, um sich nicht vorzeitig in den Augen der wachsamen Regierung verdächtig zu machen. Als man ihn mit gigantischem Aufwand im Hof des Palais de Luxembourg vor den Augen von fünfhundert geladenen Gästen vor glänzender Kulisse hochleben ließ, da trug er nur einen einfachen grauen soldatischen

Rock. Talleyrand, der Bonaparte in seiner Ansprache den »Befreier Italiens« und den »Friedensstifter des Kontinents« genannt hatte, versicherte den versammelten Zuhörern, der General verabscheue jeglichen Luxus sowie den verächtlichen Ehrgeiz der gewöhnlichen Sterblichen. Er liebe besonders die Gesänge Ossians, weil sie einen von der Erde entrückten. »Ich glaube«, fügt Germaine ihren Erinnerungen hinzu, »die Welt hätte nichts lieber gesehen, als daß er ihr entrückt worden wäre.« Betont beiläufig wandte sich Bonaparte dann an die im römischen Kostüm auf einer Tribüne sitzenden fünf Direktoren. Er erklärte, seit zwanzig Jahrhunderten habe der Royalismus und die Lehnsherrschaft die Welt regiert, aber der Frieden, den er soeben abgeschlossen habe, sei die Ära der republikanischen Regierung. Und er fügte hinzu, wenn das Glück der Franzosen endlich auf den besten organischen Gesetzen beruhe, würde auch ganz Europa frei sein.

Der General brauchte Geld, um sein ägyptisches Abenteuer, das in der Planung stand, zu bestreiten, und er dachte dabei an das Gold der Republik Bern. So schloss er sich mit dem Direktorium kurz, um das Waadtland besetzen zu lassen und die Schweiz, wenigstens einen Teil davon, zu »befreien«. Madame de Staël, die unter anderem um ihren Vater besorgt war, gelang es, mit Bonaparte ein einstündiges Gespräch über das Unterfangen zu führen. Sie appellierte an das Glück und die Ruhe Helvetiens, das seit Jahrhunderten ohne Fremdeinfluss sei und ohne jede Not existiere. Bonaparte behauptete, die Bewohner des Landes würden von den Berner Aristokraten unterjocht und hätten das Recht, an Frankreichs republikanischer Freiheit zu partizipieren. Man müsse aber doch die Freiheit aus eigener Kraft erringen, meinte Germaine, und nicht mit Hilfe einer Macht, die auf fremdem Gebiet herrsche. »Ja«, unterbrach Bonaparte sie, »ohne Zweifel, aber die Menschen brauchen politische Rechte; ja«, wiederholte er, als ob er es auswendig gelernt hätte, »politische Rechte.« Der Truppeneinfall war eine beschlossene Sache, und am 12. April 1798 wurde unter französischer Besatzung die Helvetische Republik ausgerufen – der vorläufige Untergang der alten Eidgenossenschaft. Genf kam zu Frankreich, und den Berner Staatsschatz überführte man gerade rechtzeitig vor dem Ägypten-Feldzug zur Finanzierung desselben in die französische Hauptstadt. Necker, der Exilant des Ancien Régime, wurde zum Glück von den Invasionstruppen sehr pfleglich, sogar respektvoll behandelt. Auch bezog er weiter seine Lehenseinkünfte aus der Baronie von Coppet. So furchteinflößend diese Entwicklungen waren – und konnten Vater und Tochter Necker tatsächlich glauben, dass das der Endpunkt war und nicht erst der Anfang? –, setzten beide noch große Erwartungen in Bonaparte. Da die Pariser Regierung sie nach wie vor kritisch beäugte, verbrachte Germaine das Jahr 1798 weitgehend auf Coppet. Mit ihrem Vater war sie wieder in vollkommenem Einvernehmen. Er zog ihre Kinder auf, die ihn »Vater« nannten, weil Germaine das so wollte. Necker mochte auch Benjamin, den neuen »Schwiegersohn«, war er doch auch ein kongenialer Gefährte seiner überaus besonderen Tochter.

Am 19. Mai schiffte sich Bonaparte mit einer 30000 Mann starken Armee und in Begleitung von 165 Gelehrten – Orientalisten, Naturforschern, Künstlern, Juristen, Verwaltungsbeamten – nach Alexandria ein. Er ließ sich später Madame de Staëls Werk ÜBER DEN EINFLUSS DER LEIDENSCHAFTEN ... ins Land der Pharaonen nachschicken – eine Tatsache, die Jacques Necker Germaine gegenüber mit den Worten kommentierte: »Nun also stehst Du am Nil in Ruhm. Alexander der Mazedonier ließ von allen Ecken der Welt Philosophen und Sophisten kommen, um sie anzuhören. Der korsische Alexander tritt, um Zeit zu sparen, in Verbindung nur mit dem Geist von Madame de Staël. Er versteht seine Sache [...].«

»Ein neuer Lichtkreis ...«

Erste Berührung mit Deutschland

WILHELM VON HUMBOLDT
»Ich habe mir fest vorgenommen, daß durch mich nie eine deutsche Zeile (es müßte denn bloße Gelehrsamkeit sein) hier bekannt werden soll. Die Franzosen sind noch zu weit von uns entfernt, als daß sie uns da, wo wir auch nur anfangen, eigentümlich zu werden, begreifen sollten.« Wilhelm von Humboldt, der sich Ende der 1790er Jahre in Paris aufhielt, in einem Brief an Goethe

Ein Jahrhundert ging langsam zu Ende – Zeit für Bestandsaufnahmen. Madame de Staël arbeitete an einer literatursoziologischen Schrift (Über die Literatur in ihren Beziehungen zu den gesellschaftlichen Institutionen), die einen mehrfachen Anspruch verfolgte: die Literaturen verschiedener Epochen und Kulturkreise in ihrer Wechselwirkung und Abhängigkeit von Staatsform, Sitten, Religion, Gesellschaft, Klima und Geographie darzustellen, eine Art Literaturtheorie mit zukunftsweisendem Charakter vor dem Hintergrund einer republikanischen Gesellschaft zu entwerfen sowie eine Geschichtsphilosophie, die dem Fortschritt verpflichtet ist. Germaines Fortschrittsglaube war ungebrochen. Es war der Glaube an die Vervollkommnungsfähigkeit des menschlichen Geistes, mit dem sie die Linie des »Lichtjahrhunderts« bewahrte und weiterspann. Condorcet hatte diesen Glauben zuletzt formuliert; die Revolution sollte den Vervollkommnungsprozess seiner Meinung nach in sein Endstadium führen.

Die Akzentsetzung ihrer Publikation Über den Einfluss der Leidenschaften, die von der Unmöglichkeit eines individuellen Glücks ausgeht, aber das Glück der Nationen als großes Ziel für den Fortschritt der Menschheit im Ganzen vorsieht, wird hier in der neuen Schrift aufgegriffen und in gewissem Sinne noch einmal verschärft. In republikanischen Zeiten, also auf einer neuen Stufe der Menschheitszivilisation, muss die neue Literatur, wie wir heute sagen würden, »engagiert« sein, mit den freiheitlich gesellschaftlichen Institutionen im Dialog stehen und den entsprechenden Geist vorantreiben. Das war weniger zwecklastig gemeint, als es klingt. Sobald die Literatur einer Zeit ihre geistigen Strömungen aufgriff und adäquat umsetzte, diente sie dieser wünschenswerten »perfectibilité« ja von selbst.

Die abendländische Literatur teilt die Autorin in zwei archetypische Hauptlinien ein: die des Südens und die des Nordens. Die Quelle der Ersteren liegt bei Homer, die der Zweiteren bei Ossian (dass der vermeintliche Barde »Ossian«, der das Schicksal der keltischen Helden der Vorzeit besingt, eine zeitgenössische Fälschung war, wusste man damals noch nicht; es spielt aber auch keine so große Rolle, weil mit den Nachdichtungen eine spätmittelalterliche Literaturform und ihre Szenerie reanimiert wurde und damit für sich stand). Zu den »südlichen« Literaturnationen gehören nach der Einteilung Madame de Staëls die Griechen, die Römer, die Italiener, die Spanier und die Franzosen des Jahrhunderts Ludwigs des Vierzehnten. Sie zeichnen sich aus durch Plastizität und Einbildungskraft, Schönheitssinn, Formbewusstsein, klassische Ausgewogenheit, heiteren Sinn und eine Kultur der Ästhetik – einen Gesellschaftsgeist, der sich öffentlich macht und auch Maßstäbe setzt. Die nördlichen Literaturen dagegen – die skandinavischen Heldenlieder, das isländische Epos, die Gesänge der schottischen Barden, die deutschen und englischen Werke – besitzen, unter wolkenverhangenem Himmel entstanden, eine starke Neigung zur Innenschau, Träumerei, Denktiefe und Melancholie. Diese Neigung hat etwas Anarchisches; sie entspringt einer Liebe zu Freiheit und Einsamkeit, die dem Individuum seinen unbeirrbaren Ausdruck verleiht. Geeignet, bis zum Grunde aller Fragen zu gelangen, ist sie vielleicht das Chaos der Kunst selbst: grenzsprengend, absolut, kaum durch Formen zu bändigen, wenig gesellschaftskonform. Die Autorin versprach sich von dieser »nördlichen« Kunst, die mehr und mehr in den Blickpunkt geriet, große Impulse. Ihr eigener Blick war ein suchender, und da sie zugleich die Literatur der Zukunft skizzieren wollte, ein Blick der Erweiterung.

Frankreichs Geistesleben war durch all die Umbrüche seines Staatswesens ausgedorrt. Germaines Kritik am französischen Geist beschränkte sich jedoch keineswegs auf die real existierende Gegenwart, in der für Schöngeistiges so wenig Raum blieb, sondern umfasste vor allem auch die höfische Zeit, in der bestimmte Stilarten und Umgangsformen entstanden waren, die immer noch nachwirkten. Sie kritisierte den französischen Spottgeist, die Neigung, alles, auch die tiefsten und letzten Fragen ins Lächerliche zu ziehen, den Konformismus einer Gesellschaftskultur, in der der

Schein mehr zählte als das Sein. »Das Lächerliche« (»Le ridicule«), schreibt Madame de Staël, »ist in vielerlei Hinsicht eine aristokratische Macht«, all diese unumstößlichen Konventionen des Rangs, des Geschmacks und die vorgefertigten Kategorien der öffentlichen Meinung – ein »Gesellschaftstheater«, in dem häufig ein Bonmot, zur rechten Zeit, am rechten Ort sowie mit Grazie und Eleganz vorgebracht, einen schnellen gesellschaftlichen Aufstieg ermöglichte und das zu einer völlig oberflächlichen Welthaltung führte, zu einer zynischen Philosophie und zu höfischem Epikurismus. So auch der »Esprit«, den man so schlecht übersetzen kann – er hat immer etwas mit dem Gemeingeist und mit der Bewährung im gesellschaftlichen Wettbewerb zu tun. Eher virtuos als tiefgründig, ist er weit mehr der gelungenen Darstellung als der Auffindung von Wahrheit verpflichtet. Madame de Staël, die ja selbst auf dem Parkett der Gesellschaft regierte und glänzte, sah trotzdem die fragwürdigen Seiten dieses »Theaters«. In den letzten Jahren des Ancien Régime hatte die Gesellschaftskunst in Paris ihre Höchstform erreicht. Die Sprachbesessenheit sprengte alle nur denkbaren Grenzen. Beißend war diese aufs Höchste gesteigerte Verbalität, manieristisch, durchtrieben, auf Vernichtung des Gegners aus; ästhetische Schattengefechte, über die Chamfort, der Gesellschaftskritiker am Vorabend der Revolution, der ja die Liebe als »Hirngespinst« bezeichnete, sagte: »Ein wahres Gefühl sieht man so selten, daß ich oft auf der Straße stehenbleibe, um einem Hund zuzuschauen, der einen Knochen abnagt.« Das Spöttertum hatte freilich auch viel mit dem materialistischen Denkklima zu tun, das in den Salons herrschte, auch bei Germaines huldvoller und gottesfürchtiger Mutter, die ja den Diderots, la Mettries, d'Alemberts, d'Holbachs, Helvétius' zu allseitiger Verwunderung die Tür öffnete. Für Diderot, der von den neuesten Erkenntnissen der Biologie und der Medizin beeinflusst war, war die Welt irgendwann nur noch eine Verbindung von Molekülen der Materie, die sich zusammenschließen, eine Weile existieren und dann wieder vergehen, »eine flüchtige Symmetrie, eine Ordnung des Augenblicks.« Was blieb da noch? Wenn man es konsequent nahm, ein perfider Zynismus wie bei Choderlos de Laclos.

Doch diese Zeit war nun endgültig dabei, und die republikanische Gegenwart (die noch endgültig institutionalisiert werden musste) bedurfte dringend eines geistigen Bodens, denn man musste sich doch auf irgendetwas im Innern beziehen. Da man in Frankreich von all den Revolutionskämpfen erschöpft war, musste man Anleihen nehmen, dem Geist eine neue Nährquelle geben.

Mit Deutschland und seinem Dichten und Denken kam Germaine peu à peu in Kontakt. Sie hatte als junges Mädchen Goethes WERTHER gelesen und schrieb seinem Urheber später, die Lektüre habe Epoche in ihrem Leben gemacht, einem persönlichen Erlebnis vergleichbar. Der Roman bilde zusammen mit Rousseaus NOUVELLE HÉLOISE die beiden bedeutendsten Werke der jüngeren Literatur – da wird der Roman zugleich als empfindsames Zeitphänomen in einen übernationalen Kontext gestellt. Vom deutschen Geistesleben wussten die Franzosen damals recht wenig. Wilhelm von Humboldt, der sich Ende der 1790er Jahre in Paris aufhielt, schrieb an Goethe, die Franzosen seien noch zu weit von den Deutschen entfernt, um das ihnen Eigentümliche zu begreifen; seine Ideen über den französischen Charakter im französisch-deutschen Kontrast waren dem Bild überaus ähnlich, das Germaine de Staël einige Jahre später in ihrem Deutschland-Buch entwarf: »Es scheint mir auffallend, daß in demselben mehr Verstand als Geist, mehr außer sich aufs Leben gerichtete, als eigentlich in sich gekehrte und künstlerisch gestimmte Einbildungskraft, mehr Heftigkeit und Leidenschaft als Empfindung herrscht. Es scheint mir ferner eine sehr wichtige Eigenschaft desselben, daß er schlechterdings nicht pathetisch ist, und daß dieser Mangel des Pathetischen durch eine entgegengesetzte Anlage, durch eine immer rege Beweglichkeit und Leichtigkeit des Temperaments bewirkt wird.« Das passte auch durchaus in das Staëlsche Nord-/Süd-Schema.

Deutschland um 1800, da die große Blüte der Weimarer Klassik sich dem Ende zuneigte und die romantische Bewegung sowie die Philosophie des Idealismus zu sprießen begannen, konnte mit reichen Erträgen aufwarten. Fast unmerklich war das geschehen. Man hätte es in Frankreich nur wenige Jahre zuvor kaum für nötig gehalten, sich überhaupt weitergehend mit deutscher Dichtung und Philosophie zu beschäftigen. Im Paris des späten Ancien Régime hatte zum Beispiel der gefeierte WERTHER-Roman, wie Melchior

Grimm in seiner Literarischen Korrespondenz, einer Berichterstattung aus dem Pariser Kulturleben an die europäischen Höfe, berichtete, noch überaus herbe Kritiken bekommen. »Man hat in ihm nur eine alltägliche und kunstlos dargestellte Handlung gefunden, wilde Sitten, eine bürgerliche Ausdrucksweise, und die Heldin erschien von durchaus plumper, provinzieller Einfalt.« Provinziell, einfältig, plump, dem Geschmacksanspruch ungenügend – das war ein Urteil aus normativer französischer Sicht. Aus dieser Sicht heraus fand man ja auch Ossian oder Shakespeare barbarisch, und das »finstere« Mittelalter als Kulturepoche überhaupt anzusetzen und Anleihen daraus zu ziehen, grenzte an Blasphemie. Doch die Zeiten sollten sich ändern, die ästhetischen Kriterien auch. Indem Madame de Staël 1800 den literarischen »Norden« gegen den »Süden« verteidigte und sein Potenzial als zukunftsträchtig, als inspirativ wegweisend andachte, trug sie auf französischer Seite nicht unbedeutend zu dem Paradigmenwechsel in der literarischen Landschaft Europas bei, der vornehmlich in die Romantik mündete.

Der Züricher Heinrich Meister hat wahrscheinlich als erster eine Publikation der Madame de Staël nach Deutschland vermittelt – ihre frühe Schrift über Rousseau wurde 1789 in deutscher Übersetzung bei Kummer in Leipzig gedruckt. In der Zeit des ersten Direktoriums lud Meister Germaine nach Zürich ein, um dort den auf der Durchreise befindlichen Christoph Martin Wieland zu treffen, doch ihre Absage des vorgeschlagenen Treffens sprach Bände: »Um eines deutschen Schriftstellers (wegen), wenn er auch noch so berühmt ist, nach Zürich reisen – das werden Sie nun nicht von mir erleben.« Und Madame fügte über die Deutschen hinzu: »Ich liebe ihr Talent, aber nicht ihren Geist, und in der Unterhaltung spielt nun einmal nur der Geist eine Rolle.« Über den schwedischen Diplomaten und Schriftsteller Baron von Brinkmann machte sie allerdings einige Zeit später in Paris die Bekanntschaft Wilhelm von Humboldts, und die Begegnung mit dem gewandten Gelehrten und späteren preußischen Staatsmann konnte ihr den »deutschen Geist« doch etwas näher bringen und manche Vorurteile relativieren. Humboldt machte Madame de Staël mit deutscher Dichtung vertraut und weckte ihr Interesse, mehr davon kennenzulernen, letztlich auch im Original zu lesen, und zu diesem Zweck gab er ihr eine Zeitlang auch Deutschunterricht. Die meisten Autoren und Werke, die sie in ihrem Buch ÜBER DIE LITERATUR … im Deutschlandkapitel erwähnt, wenn auch beinahe nur auflistend: Klopstocks MESSIAS, Schillers Dramen, DIE RÄUBER vor allem, Schillers historische und ästhetische Schriften, Kant, die Arbeiten des Historikers Johannes von Müller, Goethes GÖTZ, Wielands Erzählungen (diese sicher auch über Meister), August von Kotzebue und Salomon Gessler, wurden ihr wahrscheinlich von Humboldt vermittelt. Humboldt, der aufgeschlossene Weltbürger, der sich in seiner Pariser Zeit ebenfalls zwischen den Grenzen bewegte, war überaus angetan von Madame de Staëls offenem Geist, der sie der Dichtung seiner Heimat so zugänglich machte. Goethe gegenüber charakterisierte er sie folgendermaßen: »Wie Ihnen, ist es auch mir immer vorgekommen, als sei ihr der Kreis, in den Erziehung und Bildung unter Franzosen und durch französische Literatur sie gebannt hat, zu enge, als strebte sie sich davon los zu machen, ohne daß dies doch jemals gelingen kann.« Geheimrat Goethe in Weimar trug sich mit dem Gedanken, nach dem VERSUCH ÜBER DIE DICHTUNGEN nun auch ÜBER DEN EINFLUSS DER LEIDENSCHAFTEN … von Madame de Staël auszugsweise in die HOREN zu stellen und urteilte über das Werk: »Es ist im beständigen Anschauen einer sehr weiten und großen Welt geschrieben, in der sie gelebt hat, und voll geistreichen, zarten und kühnen Bemerkungen.« Die Gegensätzlichkeit zwischen der Frau von Welt und Pariser Salondame und den in stiller, beschaulicher Muße des Rückzugs lebenden deutschen Dichtern und Denkern zeichnete sich schon bei diesen Tuchfühlungen einer beginnenden Kulturrezeption plastisch ab. Als Madame ein paar Jahre später die verschlafene Kleinstadt an der Ilm unsicher machte und die bedächtigen Herren ihrer gewohnten Versenkung entriss, war's wie ein Lauffeuer, das durch den Musenhof zischte und Verwirrung, ja bares Erstaunen zurückließ. Jedenfalls war sie gut angekündigt und im Voraus schon bestens bekannt.

Was war das Bindeglied zwischen Germaines Suche nach einer neuen Inspirationsquelle, Deutschlands geistigem Leben und der Realität der französischen Gegenwart? Es war die *Begeisterung*, der zündende Funke des Enthusiasmus. »Alle großen Geister in

Deutschland«, schrieb sie in De la littérature … im Kontext des Werther-Romans, der Oden von Klopstock und Schillers dramatischen Werken, »haben die Anlage zum Enthusiasmus.« Während in Frankreich Esprit, Konventionen und die Angst vor der Lächerlichkeit die Lebhaftigkeit der Eindrücke schwächten, da man ja immer so sehr auf die eigene Wirkung nach außen bedacht sei und dabei die Wahrhaftigkeit seiner seelischen Regungen einbüße, werde man zum Beispiel bei der Lektüre einer deutschen Tragödie wie mit dem inneren Kern seiner selbst konfrontiert; die Deutschen malten gleichsam nach der Natur. Etwas anderes noch fiel Madame auf, wenn sie die deutschen Dichtungen von höherer Warte betrachtete: Obwohl die deutschen Staaten in ihrer feudal-mittelalterlichen Bündnisstruktur nicht im Genuss einer politischen Autonomie seien, trage ihre Literatur doch vollkommen den Charakter eines freien Volkes. Die Erklärung sei einfach: Die Gebildeten lebten in Deutschland wie in einer intellektuellen Republik, fern von der Gesellschaft und den öffentlichen Angelegenheiten, ungestört und frei schaltend und waltend. Das, was Madame de Staël später im Umkehrschluss als politischen und kulturellen Nachteil bezeichnete – das Nicht-Vorhandensein einer Hauptstadt, in der sich Geschmack, Normen und Wettbewerb bildeten –, besaß auf der anderen Seite, wie sie es auch später herausstellte, den Vorteil eines unabhängigen geistigen Lebens. Es war faszinierend und anders als das, was sie kannte, letztlich auch gegenläufig zu ihrer These im Werk, dass die gesellschaftlichen Verhältnisse sich in der Geisteshaltung eines Volkes (wie auch umgekehrt) abbildeten.

Die Hauptgedanken ihrer späteren Publikation Über Deutschland waren im Grunde auf wenigen Seiten des Deutschland-Kapitels in Über die Literatur … schon skizziert. Eine letzte und zugleich die wichtigste Vermittlungsinstanz ihrer Beschäftigung bildete der Exil-Franzose Charles de Villers, der die Philosophie Immanuel Kants rezipierte und mit dem Germaine über den Düsseldorfer Philosophen Friedrich Heinrich Jacobi in Briefkontakt trat. Der in Deutschland lebende Villers stand in Verbindung mit Klopstock, Schelling, Goethe, Jean Paul, Jacob Grimm, Görres und Voß, und er gab in Hamburg eine Zeitschrift für Emigranten heraus, die die französischen Exilanten mit deutscher Philosophie und Dichtung bekannt machen sollte. »Ich glaube, ich habe Ihnen bereits gesagt«, schrieb Villers, »daß in die Welt der Alten niemand so weit eingedrungen ist wie unsere germanischen Gebildeten.« Und: »Ich möchte, daß Sie nach Deutschland kommen. [...] In Paris brilliert man, wird man bewundert, hat man Altäre und einen Kult. In Deutschland meditiert man, lebt man zurückgezogen, versenkt man sich in den stillen Kult des Wahren.« In ÜBER DEUTSCHLAND schrieb Germaine später: »Als ich das Studium des Deutschen begann, hatte ich die Empfindung, in einen neuen Lichtkreis zu treten, in dem helles Licht auf alle Gebiete fiel, die ich früher nur geahnt hatte.«

Constant hatte ebenfalls seine Erfahrungen mit Deutschland gemacht. Sie waren durchaus auch intellektueller Natur, und hier ließ er tatsächlich Gerechtigkeit walten, schrieb er doch im Juni 1794, also kurz bevor er Germaine kennenlernte, an eine Freundin: »Die deutsche Literatur wird nicht länger eine Zielscheibe unseres Spottes sein. [...] Über die Dichtung mögen Sie selbst urteilen; mir sagt Dichtung in keiner Sprache etwas. In der Philosophie und in der Geschichtswissenschaft aber finde ich heute die Deutschen den Franzosen und Engländern unendlich überlegen. Sie sind gebildeter, unparteiischer, exakter, vielleicht ein wenig weitschweifig, aber fast ausnahmslos gerecht, mutig und maßvoll.« Sein Urteil in übriger Hinsicht war aber ausgesprochen ambivalent, und der Spott, der ihm so leicht von den Lippen ging, der erstreckte sich in Anbetracht seines sechsjährigen Aufenthaltes als Kammerjunker am Hof des Braunschweiger Herzogs auch auf die schwerfälligen und langweiligen Deutschen. Er wusste es, denn er war ein paar Jahre lang mit einer verheiratet gewesen: Sie hieß Wilhelmine, war neun Jahre älter als er, träge, unansehnlich und stets schlecht gelaunt. Die Ehe war ein Desaster gewesen, und Benjamin war froh, als er das Ganze mit Anstand zu Ende brachte, Land, Hof und Ehe in einem. Doch Constant zog die Bizarrerien ja überall an sich. »Bizarr« war sein Lieblingswort; es taucht überall auf: in seinen Briefen und in seinem Tagebuch, in seinen Romanen und in seiner exzentrischen Autobiographie, die allerdings nur die ersten zwanzig Jahre seines Lebens umfasst. Die aber hatten's schon in sich. »Ich bin am 25. Oktober 1767 zu Lausanne in der Schweiz geboren«, so fängt es an, »als Sohn der Henriette de Chandieu, die einer alten, aus religiösen Gründen ins Waadtland geflüchteten französischen Familie entstammte, und des Juste Constant de Rebecque, Obersten in einem Schweizer Regiment in holländischen Diensten. Meine Mutter starb im Wochenbett acht Tage nach meiner Geburt.« Schlechte Anfänge und der Beginn einer Kindheit, der jede Geborgenheit abging, die dafür aber von recht frühen und drastischen Einblicken zeugt. In Begleitung seines dem Militär verpflichteten Vaters in Europa herumziehend, wurde Benjamin in der Folge von Mentor zu Mentor gereicht, und was er da angeblich an menschlichen Abnormitäten erlebte, klingt wie die Auflistung in einem grotesken Roman. Der erste Hofmeister war ein sadistischer Deutscher, der den fünfjährigen Benjamin erst prügelte, um ihn dann mit Zärtlichkeiten zu überhäufen, damit er ihn nicht bei seinem Vater verriet. Immerhin lernte der frühreife Junge bei ihm dank einer trickreichen Methode die Grundlagen der griechischen Sprache, sodass der Unterricht bei dem Sadisten, der schließlich weggejagt wurde, nicht völlig umsonst war. In Brüssel geriet Benjamin in die Hände eines verkommenen Stabsarztes, der sich mit dem Siebenjährigen in einem Bordell einquartierte, um ungestört seiner Lust frönen zu können. Wütend brachte der aus seiner Garnison herbeigeeilte Oberst Constant daraufhin sein Söhnchen bei einem Musiklehrer unter, der ihn völlig sich selbst überließ, worauf Benjamin acht bis zehn Stunden am Tag in einem öffentlichen Lesekabinett zubrachte und nicht unbedingt kindgerechte Werke verschlang: La Mettrie, Crébillon, irreligiöse Schriften, Romane, die die Libertinage des Hofadels schilderten, Sittengemälde voll Laster und Immoralismus, Erotica, pornographische Texte. Da war Benjamin neun, und als es zur nächsten Station ging, wusste er aus Büchern eigentlich schon genug über moralische und sonstige Abgründe des Lebens. Es folgte noch eine ganze Reihe verkrachter Existenzen, die Benjamin als Lehrer vorgesetzt wurden, unter anderem ein seinem Kloster entlaufener Mönch, »von schwachem Charakter, doch gutmütig und nicht ohne Geist«. Der allerdings verliebte sich als Hofmeister eines jungen Grafen in dessen leichtfertige Schwester, die sich wiederum von einem Perückenmacher den Hof machen ließ, der weniger alt und weniger hässlich war als der Ex-Mönch. Dieser schoss sich deshalb eine Kugel in den Kopf – das traurige Ende von Benjamins viertem Privatlehrer. Constants Lebensgeschichte geht in Stil und Inhalt gerade so weiter. Beim Studium in Edinburgh war der Sohn eines Tabakhändlers namens John Wilde einer seiner begabtesten Kommilitonen. Er wurde Professor und machte eine wissenschaftliche Blitzkarriere, verfiel aber dann aus nicht weiter ausgeführten Gründen in Tobsucht, »und wenn er nicht gestorben ist, so liegt er noch jetzt gefesselt in einer Zelle aus Stroh. Armes elendes Menschengeschlecht!« Die meisten Menschen, denen Constant im Laufe seiner ungewöhnlichen Jugend begegnete, schienen ihm zu beweisen, dass das Leben eine Aneinanderreihung von Absurditäten war. Exzesse in Freudenhäusern und Spielhöllen, in Begleitung fragwürdiger Kumpane, wie man sich vorstellen kann – in Paris, London, Brüssel, wo immer –, gingen bei Benjamin mit konzentriertester intellektueller Vertiefung einher. Schon der 18-Jährige, der in Paris im erlauchten Kreise des Publizisten Jean Baptiste Suard verkehrte, gab sich weltverachtend, blasiert, so als wisse und kenne er alles und schaue schlicht hinter jede Fassade. Er spielte Komödien, Tragödien und schaute sich selbst dabei zu: Weltverachtung, Liebesraserei, Selbstmord, Eifersucht – wo war schon die Grenzlinie zwischen Wirklichkeit und Inszenierung?! Dabei war er psychisch labil und wurde von starken depressiven Anfällen heimgesucht, die er des Öfteren im Bordell zu betäuben versuchte. Geistige Höhenflüge wechselten sich mit Ermattung ab, Überdruss, Lebensekel. Mit Hilfe von Opium versetzte er sich in einen zeitweiligen Rausch. Germaine nahm es auch, seit sie ihn kannte; er hatte es ihr nahegebracht, um ihre Schlaflosigkeit zu behandeln, ihre stets überreizten Nerven zu glätten – der Beginn einer allmählichen Abhängigkeit.

Die Beziehung der beiden war hochexplosiv, abgründig, beiderseits mit pathologischen Zügen. Beide mussten ihre Psychodramen inszenieren, und da sie beide ein derart reiches Potenzial besaßen, inszenierten sie ihre Dramen gemeinsam. Die Tendenz wurde stärker im Laufe der Jahre: die heftigen Szenen, der Kampf. Von Anfang an klar war die Rollenverteilung: Germaine war die Fordernde, fast die Gebieterin, Benjamin zeitweise in einer Rolle von sklavischer Unterwürfigkeit. Schon nach den ersten gemeinsamen

Wochen in Hérivaux hatten sich Fluchtgedanken bei ihm bemerkbar gemacht. Der Total-Anspruch seiner Geliebten wurde ihm zur Bedrohung, obwohl es doch offensichtlich das war, was er wollte und brauchte. Ein paar Jahre später notierte er: »Welche bizarre Manie nach Unabhängigkeit und Einsamkeit hat doch mein Leben dominiert, und durch welche noch bizarrere Schwäche bin ich der abhängigste Mensch auf der Welt!« Das Paar hatte auch nicht die gleiche Einstellung, was die Lebensform anging: Germaines Sucht nach Gesellschaft und ihre Hyperaktivität vertrugen sich schlecht mit Benjamins wenigstens temporärem Bedürfnis nach Ruhe und Rückzug, dem er auch auf seinem Sitz Hérivaux nachkommen wollte. Was Germaine abstieß, war Benjamins exzessive Sexualität. Benjamin schrieb in sein Tagebuch, Germaine sei nicht sinnlich, sie dagegen deutete nach sieben Jahren Beziehung in einem Brief an ihre Cousine an, Benjamin habe sie zur Sinnlichkeit völlig unfähig gemacht. Sie wusste wahrscheinlich von seinen Bordell-Besuchen, und sie hatte wohl auch nichts dagegen. In diesem Bereich passte es nicht, und außerdem fehlte Constant eben letztlich die Männerschönheit, die Germaine brauchte, um sexuell angesprochen zu sein. Doch in jeglicher anderer energetischer Hinsicht war er der Mensch, der ihrer Spannkraft das Lot halten konnte. Er blieb es – und Germaine hatte die kommenden Jahre Geist und Seele frei für die anderen Schauplätze.

Der Weg nach innen als Maßnahme für ein »durch jede Erfahrung, durch jede Leidenschaft selbst bereichertes Ich«, wie Wilhelm von Humboldt in seiner Rezension von Germaines Buch ÜBER DEN EINFLUSS DER LEIDENSCHAFTEN ... formulierte? Als Humboldt wieder in Deutschland war, schrieb er an Madame de Staël: »Manches Mal habe ich gedacht, daß ich Sie glücklicher finden würde, wenn Sie durch die Dinge, die Sie umgeben, weniger abgelenkt wären, und ich verheimliche nicht, daß ich Sie oft lieber auf Ihren einsamen Spaziergängen in Coppet begleitet hätte als auf den Gesellschaften, an denen Sie in Paris teilnahmen.« Keine der Geistesgrößen auf der anderen Rheinseite hätte wahrscheinlich gedacht, dass eine derart oszillierende »Weltdame« zu solchen seelischen und geistigen Tiefen und Untiefen fähig ist.

Zerreißprobe

Schwert gegen Geist

Delphine

»Die Liebe ist die Lebensgeschichte der Frauen, aber nur eine Episode im Leben der Männer.« Germaine de Staël, Vom Einfluss der Leidenschaften auf das Glück der Individuen und der Nationen

Napoleons Ägyptenfeldzug war militärisch ein recht verlustreiches Abenteuer und diente mehr der Legendenbildung vom romantischen Feldherrn. Die Schlachten zwischen Türken, Arabern und Franzosen waren dagegen beiderseits von besonderer Grausamkeit, und Frankreich kämpfte schließlich mit dem Rücken zur Wand. In der Bucht von Abukir vernichtete General Nelson die französische Flotte – England war und blieb Herrscher der Meere. Als auch zu Hause durch die Vorstöße der europäischen Koalitionsmächte wieder die Zeichen auf Sturm standen, überließ Bonaparte Kléber das Kommando und kehrte nach Frankreich zurück.

Wissenschaftlich und kulturell war die Expedition sehr ertragreich. Die alte Pharaonenkultur wurde den Europäern nahegebracht, und Ägypten kam in Paris sehr in Mode. Germaine mit ihrer Neigung zu modischen Extravaganzen nahm gerne Anleihen an dieser Mode. Für den Rest ihres Lebens trat sie in Gesellschaft bevorzugt mit Turban auf, mit Federbüschen und knallbunten, wallenden Schals. Bonaparte selbst unterzog sich nun auch einem allmählichen Imagewandel. Sein wirres Langhaar wurde nach und nach abgelöst von einer scheitellosen Cäsarenfrisur mit der charakteristischen Strähne, die in die Stirn gekämmt war. Wenn er irgendwo stand, blickte er finster, die Arme verschränkt. Seine Gesten waren noch etwas sparsamer, teilweise eingeübt, mit Bedacht ausgewählt, herrisch, herablassend. Er wollte das Direktorium stürzen, zu diesem Zwecke war er zurückgekehrt. Und das Direktorium, schwach, uneinig und unpopulärer denn je, war in seiner Spitze nur allzu bereit, sich stürzen zu lassen. Napoleons Machtübernahme begann de facto am 9. November 1799, dem Putsch des 18. Brumaire. Die Aktion selbst verlief reichlich kläglich. Als Bonaparte vor dem »Rat der Alten« eine Rede hielt, geriet er bei den ersten protestierenden Zurufen ins Stottern, und der Fortgang seines Auftretens im »Rat der Fünfhundert« führte zu Handgreiflichkeiten gegen den General vonseiten einiger entschlossener Jakobiner, die in der Nähe des Rednerpults standen. Bonaparte, dem körperliche Nähe immer zuwider war und der den Andrang der Massen mehr fürchtete als den schlimmsten Granatenhagel, befiel eine Art Ohnmacht, und er musste von seinen Grenadieren aus dem Saal getragen werden. Der Fortgang des Staatsstreichs war nahezu komödiantisch: Napoleons Bruder Lucien ließ den Saal stürmen, woraufhin die Deputierten über die Gänge flüchteten und aus den Fenstern kletterten. Relativ willkürlich griff sich Lucien einige von ihnen heraus und verpflichtete sie auf die neue Regierung: das Konsulat, gebildet von Bonaparte, Sieyès und Roger Ducos. Das Volk allerdings hörte nur einen Namen, der auch in der Folge immer als erster genannt wurde. Bonaparte war Erster Konsul und verfügte über alle exekutive Gewalt. Der Abbé von Sieyès, der vor zehn Jahren seine aufrüttelnde Flugschrift über den Dritten Stand unter die Leute gebracht hatte und seitdem einen bislang nicht umgesetzten Verfassungsentwurf in der Schublade hielt, ließ diesen dermaßen im Sinne des durchzusetzenden Ganzen verbiegen, dass man auf eine Verfassung im Grunde auch hätte verzichten können, denn die nunmehr ratifizierte war so antidemokratisch, wie sie nur sein konnte. Es war eine äußerst kuriose Verfassung, um nicht zu sagen: absurd. Ein »Tribunat« debattierte über die von der Regierung vorgeschlagenen Gesetze, durfte aber darüber nicht abstimmen. Das tat eine legislative Versammlung, die jedoch nicht das Recht hatte, über die Gesetze zu debattieren. Ein konservativer Senat schützte die Verfassung in der Funktion eines obersten Gerichtshofs. Der Erste Konsul ernannte Beamte, Minister und Offiziere nach freiem Belieben, und das Prinzip des freien Wählens erschöpfte sich in einer Volksabstimmung, die den gewählten Konsul bestätigen sollte. Das Volk bestätigte Bonaparte mit überwältigender Mehrheit und freute sich auf eine Zukunft in Frieden und Wohlstand. Den Ruhm, glaubte Napoleon, liebten die Franzosen ohnedies mehr als die Freiheit, und als er wenige Jahre später mit Österreich und mit England Frieden schloss – die italienischen Eroberungen wurden damit bestätigt, das linke Rheinufer an Frankreich abgetreten, außerdem Holland und Belgien –, hatte er Frankreich schon so groß gemacht wie kein Herrscher zuvor. Am ersten Weihnachtstag wurde er Konsul auf zehn Jahre; die beiden anderen waren Cambacérès und Lebrun. Die Konsuln erklärten, die Revolution sei zu ihren Grundsätzen zurückgekehrt und hiermit beendet – das konnte man realiter mehrdeutig auffassen. Immerhin war das Wort Republik ja erhalten geblieben sowie viele äußere Charakteristika der Revolution. Bonaparte nannte sich »Bürger Konsul«, und in einer Proklamation an das Volk, die die Ablösung des Direktoriums und die Errichtung der Konsulatsregierung bekanntgab, hieß es, die unsterblichen Tage des 18. und 19. Brumaire hätten die Republik gerettet und vor der unvermeidlichen Auflösung bewahrt.

Es scheint verwunderlich, dass Madame de Staël, die am Vorabend des 18. Brumaire nach Paris zurückkam, dieser kaum verhüllten Ein-Mann-Herrschaft noch irgendwelche Chancen der Kooperation und Beeinflussung ihrerseits und ihresgleichen einräumte. Ebenso verwunderlich scheint es, dass Bonaparte sie zurück nach Paris kommen ließ, da er doch wusste, dass sie Unruhe stiftete und weiterhin die Gesprächsforen in ihrem Salon und damit eine latente Opposition züchtete. Problematisch war für ihn auch, dass Leute aus seinen eigenen Reihen bei Germaine ein und aus gingen: sein Bruder Joseph, mit dem sie befreundet war, Generäle, Beamte und Minister aus seiner Regierung, was viel gefährlicher für den Machthaber war als eine offene Opposition. Über Joseph gelang es Germaine, Benjamin ins Tribunat zu befördern, und dieser erhob gleich zu Beginn seines Amts seine Stimme gegen Bonapartes Rechtspraxis und gegen die antidemokratischen Züge dieser absurden Konstitution. Am 5. Januar 1800 hielt er im Tribunat eine Rede, die ihm und Germaine das Genick brach. Dabei kritisierte er vor allem das Verfahren, welches vorsah, das Tribunat solle die ihm von der Regierung vorgelegten Gesetzesentwürfe an einem einzigen Tag debattieren und dann schnell zur Umsetzung geben. Ein solches Vorgehen, so Constant auf der Rednertribüne, würde jede echte Debatte im Keim ersticken. Die Regierung würde ihre Vorschläge im Fluge vor den Tribunen ausbreiten, in der Hoffnung, dass sie nicht in der Lage sein würden, sie zu erhaschen. Der Widerhall einer solchen Praxis wäre nur Knechtschaft und Schweigen – »ein Schweigen, das in ganz Europa zu hören wäre.« Der Erste Konsul schwieg keineswegs, als er von dieser Rede erfuhr. Von den Tuilerien aus, wo er residierte, donnerte er, er werde die nebulösen Metaphysiker, die im Tribunat säßen, hinauswerfen, wenn sie nicht aufhörten mit ihren Sarkasmen und aberwitzigen Unterstellungen. Im Übrigen war er der Meinung, Constant sei nur aufgehetzt von Madame de Staël. Das dachten alle, die schon zu Bonapartes Hofstaat gehörten und Benjamins kritische Stimme monierten, und so wurde daraufhin nicht der Redner, der Tribun Constant attackiert, sondern weit mehr die »Intrigantin« Madame de Staël. Sonderbarerweise war es ein jakobinisches Blatt, das JOURNAL DES HOMMES LIBRES, das über die vermeintliche Übeltäterin schrieb: »Es ist nicht Ihre Schuld, daß Sie häßlich sind, aber es ist Ihre Schuld, daß Sie eine Intrigantin sind. [...] Sie kennen den Weg in die Schweiz. [...] Nehmen Sie Ihren Benjamin mit, und lassen Sie ihn seine Gaben im Schweizer Senat erproben.« Hinter allem steckte nur sie – merkwürdig, wenn man dabei einen Mann mit dem Intellekt von Constant ins Feld führt, dem man nicht zutraute, dass er seine Stellungnahmen und Reden selbst formulierte und darin eine eigene Meinung vertrat. Germaines Reputation war also, was die Bedeutsamkeit angeht, beachtlich. Benjamins Tribunatsrede war indes der Beginn ihrer offenen Feindschaft mit Bonaparte. »Metaphysiker« und »Ideologen« – darunter zählte der Erste Konsul alle kritisch denkenden und liberal gesinnten Menschen, die aus gewissen theoretischen Ansprüchen heraus die Errungenschaften der Revolution verteidigen und nicht nur als reine Erfüllungsgehilfen der Konsulatsregierung fungieren wollten. »Gelehrte und Intellektuelle sind für mich wie kokette Damen«, meinte der Konsul: »Man sollte sie besuchen, mit ihnen schwatzen, aber sie weder heiraten noch zu Ministern machen.« Nun war er gerade zufällig mit einer koketten Dame verheiratet, und diese unselige Ehe hatte ihn endgültig zum Misanthropen gemacht – der Vergleich lag also nahe. Im Leben des knapp dreißigjährigen Napoleon Bonaparte war kein Raum mehr für Ideale und höhere Triebfedern. Seinem Bruder Joseph hatte er von Ägypten aus geschrieben: »Ich brauche Einsamkeit und Abgeschiedenheit,

Größe langweilt mich, meine Gefühle sind abgestorben, der Ruhm ist schal, mit neunundzwanzig Jahren habe ich das Leben ausgeschöpft.« Was blieb einem da noch, als die Welt zu erobern?

Madame de Staël war nach den Reaktionen auf Benjamins Tribunatsrede in einer ähnlich desillusionierten Verfassung. Sie war gesellschaftlich geradezu geächtet, und die Angriffe nahmen kein Ende. Was sie nicht fassen konnte, war die Treulosigkeit ihrer früheren Mitstreiter, die Raserei und die Intoleranz wie in den »schrecklichsten Zeiten der Revolution«. Vergeblich versuchte sie eine Unterredung mit dem Ersten Konsul zu erwirken. Bonaparte weigerte sich. Als er im Mai gen Italien zog und Genf passierte, empfing er Necker, der versuchte, für seine Tochter zu intervenieren. Immerhin war daraufhin im Anschluss an ihren Sommeraufenthalt in Coppet die Rückkehr nach Paris wieder sichergestellt. »Ich habe mit dieser widerwärtigen Politik Schluß gemacht«, schrieb Germaine im Juni aus Coppet. »Ich schreibe einen Roman und sammle Stoff für eine Tragödie, kurz, ich schaffe mir eine literarische Karriere, die umgekehrt verläuft wie die üblichen. Ich habe mit allgemeinen Ideen begonnen, jetzt mache ich mich an Werke der Phantasie. Danach werden wir sehen, was aus mir wird.« Sie nahm ihre Deutschstunden wieder auf, bei dem Hauslehrer ihrer Kinder. Dass es ein Deutscher sein sollte, dafür hatte sie schon ihre Gründe. Sie wünschte eine fundierte humanistische Bildung für ihre drei sehr unterschiedlich gearteten Kinder (Albertine, die Jüngste, war erst drei Jahre alt), Grundkenntnisse der deutschen Sprache und einen guten Musikunterricht. Sie war ja gewissermaßen eine Gelegenheitsmutter, die immer dann, wenn sie kam, die Fortschritte sehen wollte, deren Verlauf sie nicht mitbekommen hatte. Gelegentlich unterrichtete sie ihre Kinder auch selbst – den strebsamen, ruhigen Auguste und den temperamentvollen Albert, der nicht still sitzen konnte und es an Lernbegierde auch etwas fehlen ließ. Doch Germaine hatte gewöhnlich selbst gar nicht die innere Ruhe für eine solche kontinuierliche Arbeit.

Ihr Sommer auf Coppet 1800 war geradezu beschaulich und weltabgewandt. Sie setzte sich ans Spinett und machte Musik, um zum Schreiben in die richtige Stimmung zu kommen. »Diese Welt der Empfindsamkeit und Phantasie ist bisweilen recht wohltuend.

Mag sein, daß uns solch träumerische Impressionen auf ein anderes Leben vorbereiten.« Der Roman, den sie schrieb, war allerdings eine Abrechnung mit der Pariser Gesellschaft, mit den verratenen Idealen der Revolution, mit falschen Freunden, mit dem veruntreuten Leben der Frauen und mit den treulosen Männern – mit allem, was ihr in den vergangenen Jahren widerfahren war. DELPHINE ist ein Schlüsselroman und so autobiographisch wie nichts sonst, was Germaine schrieb. Die prominentesten Vorbilder für darin enthaltene Romanfiguren sind Talleyrand und Narbonne. An den befreundeten Philosophen Gérando schrieb Germaine diesen Herbst, die Männer, die sie seit ihrem neunzehnten oder zwanzigsten Lebensjahr am meisten geliebt habe, seien Narbonne, Talleyrand und Mathieu de Montmorency. »Der erste ist eine Gestalt voller Anmut, der zweite besitzt nicht einmal mehr Gestalt, und der dritte ist in all seinem Charme verdorben, wiewohl seine bewundernswerten Eigenschaften ihm bleiben.« Der Verrat Talleyrands – und er hatte sie tatsächlich verraten – war eine der bitteren Erfahrungen Germaines in jener Zeit. Vom Außenminister des Direktoriums war der geschmeidige Abbé selbstverständlich auch unter Napoleon in diesen Posten geglitten, und als die Antipathie Bonapartes gegen Madame de Staël offenkundig war, ließ er sie fallen, die treue Freundin. Talleyrand mochte keine Verlierer. Ein Vermögen hatte er längst schon wieder gemacht und längst wieder verspielt – es ergaben sich stets neue ertragreiche Quellen. »Schmutz in Seidenstrümpfen« nannte ihn Bonaparte, ohne indes auf Talleyrands Dienste verzichten zu wollen. Sein Urteil über ihn war: »Er hat vieles, was für Verhandlungen notwendig ist, weltmännische Art, Kenntnis der europäischen Höfe, Klugheit, um nicht mehr zu sagen, einen Gleichmut in seiner Miene, der durch nichts zu erschüttern ist, und schließlich einen großen Namen.« Talleyrand war die Verkörperung aller Verkommenheiten des Ancien Régime, das Bonaparte doch vehement ablehnte. Er bediente sich aber seines Repräsentanten, der einmal geäußert haben soll, Verrat sei eine Frage des richtigen Zeitpunkts, um später mit seiner Hilfe den schönen Schein dieser verkommenen Welt fulminant nachahmen zu können: Glanz, Etikette und monarchischen Pomp.

Germaine de Staël wollte derzeit damit nichts mehr zu tun haben. Sie beschäftigte sich mit ihrem ersten Roman. DELPHINE, erklärte Germaine, als sie noch daran schrieb, sei »eine Geschichte vom Schicksal der Frauen«. Kaum verhüllt ist das Selbstporträt der Autorin in der Romanheldin, die ein bißchen zu wunderbar, außerordentlich, glänzend in jeder Hinsicht und auch noch moralisch vollkommen ist, um als ehrliche Auseinandersetzung mit sich selbst und den eigenen Veranlagungen gelten zu können. Umso stärker fällt die Auseinandersetzung mit der gesellschaftlichen Situation der Frauen allgemein ins Gewicht: Frauen, die mit ungeliebten Männern verheiratet werden, Frauen, denen kein eigenständiges Leben vergönnt ist, Frauen, die eine unglückliche Liebe ins Grab bringt, da ihnen ja im Leben nichts anderes bleibt, Frauen, die untergehen, sobald sie die Komplementärrolle, die ihnen zugedacht ist, überschreiten, Frauen, deren unabhängige Denkungsart von der Gesellschaft und von den Liebespartnern moniert wird. Die Geschichte ist schon so etwas wie eine Fundamentalkritik an der untergeordneten weiblichen Rolle. Ihr Anfang ist vielversprechend, was die Protagonistin angeht: Delphine ist eine junge Witwe, 21 Jahre, finanziell unabhängig, gesellschaftlich angesehen, ausgestattet mit Schönheit und herausragenden Gaben des Geistes. Nichts scheint dieses Schicksal zu trüben, und die junge Frau, die als Mädchen mit einem wesentlich älteren Mann verheiratet worden ist, der ihr aber ein guter Freund war und ihr bei seinem Tod ein beträchtliches Vermögen hinterlassen hat, blickt auch voller Zuversicht in ihre Zukunft. Sie ist von entwaffnender Offenheit und wahrem, tiefem Gefühl, ein wenig freigeistig auch. Auf die öffentliche Meinung, in der sie oft so viele Vorurteile und Falschheit erblickt, legt sie auffallend wenig Wert – Eigenschaften, so legt man ihr nahe, die nicht nur von Vorteil sind. Entgegen ihrer Umgebung ist sie auch nicht der Meinung, nun unbedingt wieder heiraten zu müssen. Mit ihren wunderbaren Gaben und Möglichkeiten steht sie ja gut für sich selbst, liebenswürdig, wie sie ist, überall gerne gesehen. Großzügig geht sie mit ihren Gaben, mit ihrer Liebenswürdigkeit, auch mit ihrem Vermögen um: Ihrer Cousine Mathilde schenkt sie einen Teil ihres Erbes, damit diese eine vorteilhafte Heirat mit dem herrlichen Léonce de Mondoville eingehen kann. Bevor dies geschieht, verliebt sie sich allerdings selbst in Léonce, und hier beginnt das Verhängnis. Léonce hat die tugendhafte, aber völlig durchschnittliche und angepasste Mathilde nie gesehen und ist entzückt von Delphine, die alle denkbaren Gaben vereinigt, aber auch in verschiedener Hinsicht als Frau die gesellschaftlichen Rahmenvorgaben sprengt. Zwei Frauentypen sind hier einander gegenübergestellt: Mathilde, angepasst, sittenstreng, dem Mann unterwürfig, ein schönes Schmuckstück im Schatten des angebeteten Gatten, und Delphine, geistig unabhängig und dem Mann ebenbürtig, über den Sitten stehend und dennoch ganz rein, herzensrein, nach »natürlichen« Gesichtspunkten tadellos, dem erwartungsgerechten Bild der Gesellschaft aber suspekt, fast monströs. Unschuldig gerät Delphine ins Gerede. Die Gesellschaft und ihre perfide Macht, die Reputationen zerstört, Existenzen vernichtet, Liebende auseinanderbringt und den Unbescholtensten in böses Gerede, werden schonungslos dargestellt. Sie deformiert, korrumpiert, die Gesellschaft, so sagte ja schon Rousseau, und vom Schäferidyll unschuldiger schöner Gemeinschaft ist die Pariser Welt dieser Zeit recht weit entfernt. Ihre Repräsentantin ist Madame de Vernon, Mathildes Mutter, also die Tante Delphines – ein Porträt Talleyrands in weiblicher Gestalt, dessen sich der Porträtierte bei Erscheinen des Buches vollkommen bewusst war. Madame de Vernon ist die Liebenswürdigkeit in Person, geschmeidig und anmutig, aber voll kalter Berechnung und einer Grundsatzlosigkeit, zu der sie sich in ihrer Todesstunde offen bekennt. Sie verkörpert »die Welt«, Mathilde die leere Tugend, Léonce eine etwas schwächliche Ritterlichkeit, die zum Schluss dennoch heroische Züge bekommt, Delphine nichts Geringeres als das Schöne, Wahre und Gute, Geist und Gefühl, das aber untergeht, weil es gleichsam zu gut ist für diese Welt. Ein tragischer Ablauf über drei Bände und auf fast 1000 Seiten: Léonce möchte sich mit Delphine gerne verbinden, doch ein Freundschaftsdienst an eine »gefallene« Freundin bringt Delphine in Misskredit, an dem auch Madame de Vernon, die vermeintliche Vertraute Delphines, ihren Anteil hat, und so heiratet Léonce überstürzt die ihm ohnehin versprochene brave Mathilde. Bei aller Liebe und Faszination: Delphine ist ihm nicht ganz geheuer. Sie denkt so frei über alles und achtet die öffentliche Meinung nicht, die ihm, dem Ehrenmann, doch über alles geht. Später wird deutlich, dass das Liebespaar auch politisch nicht übereinstimmt: Léonce ist Aristokrat und verteidigt in diesen Jahren der Revolution (die Geschichte spielt zwischen 1790 und 1792) die Aristokratenehre, während Delphine sich für die freiheitlichen Ideen begeistert. Er ist Katholik, sie Protestantin, und sie verteidigt den neueren protestantischen Glauben, der ganz ohne Schrecken und Zwang auskomme und direkt in die Herzen gehe. Bezeichnende Unterschiede – das Problem dieser Königskinder, die sich immer wieder finden und wieder verlieren, nie wirklich zusammenkommen und am Ende gemeinsam sterben, liegt aber vor allem in Delphines vorurteilsfreiem, natürlichem Wesen, das mit der Gesellschaft nicht kohärent ist und ein Leben in dieser eigentlich unmöglich macht. Léonce ist leicht beeinflussbar, und er kann ohne die Sanktionen und den Schutz der Gesellschaft nicht leben. Dass er sich von Delphine lossagt, als Gerüchte gegen sie aufkommen, ohne dem Gerede auch nur nachzugehen, zeigt seine unsichere Disposition. Nach dem Tode der Madame de Vernon klären sich die Verleumdungen auf. Léonce ist reumütig, denkt an Scheidung von Mathilde, doch da ist es Delphine, die moralische Skrupel hat, da sie Mathildes Glück nicht zerstören will – Léonces Entschlussunfähigkeit erhält durch die moralische Klarheit seiner Geliebten im Grunde nur eine Bestätigung, alles so zu lassen, wie es ist und keine unbequemen Entscheidungen treffen zu müssen. Später tritt Delphine in ein Kloster ein. Die junge Mathilde stirbt kurz darauf nach einer Niederkunft, und den Liebenden bietet sich eine letzte Chance zu einem gemeinsamen Leben, da die Gelübde nach den Gesetzen der Republik widerrufen werden können. Aber wieder gibt es Gerede über das Paar, über Delphine und über diesen ungewöhnlichen Schritt. Delphine möchte Léonce nicht kompromittieren; der Druck von außen ist einfach zu stark. Gegen alle Warnungen seiner Geliebten schließt sich Léonce der Emigrantenarmee an. Doch noch bevor er dort ankommt, wird er verhaftet und als Verräter erschossen. Delphine, die ihm gefolgt ist, nimmt Gift. Die beiden Liebenden sterben als Märtyrer der Revolution, die die Freiheit, also auch die des Herzens, nicht durchzusetzen vermochte. »Betrachte, in welcher Zeit wir berufen wurden, zu leben«, hat Delphine zu ihrem Geliebten in der gemeinsamen Todesstunde gesagt, »während einer blutigen Revolution, welche für eine lange Zeit Tugend, Freiheit und Vaterland mit Schmach bedeckt!« Kein Platz für die Liebe, kein Platz für die Tugend, für die Freiheit, kein Platz für eine persönlichkeitsstarke Frau in einer von Männern dominierten Welt, die, wie Léonce, in den menschlichen Angelegenheiten unentschieden und halbherzig, gesellschaftsabhängig und von formalen Ehrenkodexen bestimmt werden, nicht von der natürlichen Stimme des Gefühls – das ist DELPHINE. Es ist auch die Geschichte von Germaine und Narbonne, der hier als Held einen Opfertod stirbt, nicht, wie in der prosaischen Wirklichkeit, an seiner anstrengenden Geliebten, die ihm, selbst Heldin, das Leben rettete, irgendwann kein Interesse mehr hat. Die Halbheit und Lauheit der Männer, die sich allenfalls im Krieg und in der Todesgefahr heldenhaft austoben können, sie steht gegen die Hochherzigkeit der Frauen in den menschlichen Dingen. Doch auch die geistig und weltlich unabhängigste Frau trägt laut Germaines Darstellung das Stigma in sich, in der Liebe beinahe gesetzmäßig die Scheiternde und Unterlegene zu sein, für die der Ausgang eine Frage von Leben und Tod ist, während die Männer sich nach einer gescheiterten Liebe vom Wirbel der Welt wieder forttragen lassen. Die Frauen, so lautet die gesellschaftskritische Anklage, sind so leicht moralisch vernichtet, und so muss sie, für die die Liebe grundsätzlich unbedingt ist, ein solches Scheitern geradezu innerlich aushöhlen. Sehr unglaubwürdig keusch geht es in DELPHINE zwischen den Liebenden zu – in zwei Jahren und wochenlangem Alleinsein in Schlössern, auf Reisen und in badischen Kurorten passiert sexuell absolut nichts – ein Zugeständnis der Autorin an die öffentliche Moral. Den Giftselbstmord der Heldin hat sie später in einer Zweitfassung variiert. Da stirbt Delphine an gebrochenem Herzen, was letztlich aufs Gleiche hinausläuft.

Als der Roman Ende 1802 in Paris publiziert wurde, war der Erste Konsul des Landes nicht sehr begeistert. Germaine hatte versprochen, dass kein Wort von Politik darin enthalten sein würde, doch sie hielt sich freilich nur oberflächlich daran, und Bonaparte war nicht leicht zu blenden. Allein die Gesellschaftskritik und die fast feministischen Töne waren ihm, der sich daran machte, der

Gesellschaft ein erzkonservatives Gepräge zu geben, beinahe ein Zeichen von Ungeist. Er monierte vor allem, der Roman enthalte keine positive Moral, er sei lasterhaft und antisozial. In DELPHINE wird die Revolution als gescheitert betrachtet, die liberalen Ideen gleichsam auf dem Scheiterhaufen der Macht preisgegeben – welchem Machthaber, der schließlich der Meinung war, sein Regime sei die Vollendung der Revolution, würde so etwas zusagen? Die Propagierung des Protestantismus, als Bonaparte gerade sein Konkordat mit dem Papst besiegelte und sich im Gegenzug zum Konsul auf Lebenszeit ernennen ließ, war nur ein weiterer Affront für den Machthaber, dem Madame de Staël zunehmend unbequem wurde. Er setzte Spitzel auf sie an, die herausfinden sollten, was Madame de Staël über ihn sagte. In Anlehnung an seinen Hass auf die Ideologen sollte aus ihrem Munde einmal das Wort vom »Ideophoben« gefallen sein. Lachend nannte also Madame de Staël ihn, den Ersten Konsul, in ihren intriganten Salonkreisen einen »Ideophoben«? Napoleon saß gerade in der Badewanne, als man ihm dies berichtete. Seine Brüder Joseph und Lucien waren zugegen, die zunächst einmal verdonnert wurden, da sie die Intrigantin verteidigten. »Ah!, das ist reizend!«, soll er ausgerufen haben, »Sie will also Krieg. Ideophobe! Das ist allerliebst. Warum nicht gleich Hydrophobe? Man kann mit diesen Leuten nicht regieren!« – worauf er mit der Faust ins Badewasser hieb und seinen der Wanne am nächsten stehenden Bruder Joseph vollkommen nass spritzte. »Sagen Sie dieser Frau«, fuhr er aufgebracht fort, während ein Diener Joseph abtrocknete, »daß ich weder ein Ludwig der Sechzehnte [...] noch ein Barras bin. Raten Sie ihr, sich mir ja nicht in den Weg zu stellen [...], den zu gehen mir beliebt, andernfalls werde ich sie zerbrechen, zerschmettern werde ich sie.« – und als er das aussprach, da machte er eine weitere bedrohliche Bewegung mit seiner Faust, gleichsam, als würde er eine Fliege zermalmen. Als Germaine davon hörte, äußerte sie: »Es liegt eine Art körperliches Vergnügen darin, einer ungerechten Gewalt Widerstand zu leisten.« Krieg! Nun war das Wort ausgesprochen. Bonaparte und Madame de Staël führten Krieg.

Dass ihre Persönlichkeit, ihre Intentionen und ihre Denkungsart, ganz zu schweigen von ihren Aktivitäten, nicht zu der Regierung passten, die Bonaparte im Sinn hatte, ist vollkommen klar. Verwunderlich aber scheint sein Verfolgungswahn, was sie betraf, denn er witterte überall nur den Einfluss und die bösen Machenschaften der Madame de Staël, als ob sie in seinem Lande die einzige Gegenkraft war. Jacques Necker veröffentlichte 1802 seine LETZTE(N) BETRACHTUNGEN ÜBER POLITIK UND FINANZEN, worin er auch die neue Verfassung kritisierte und davor warnte, die Macht völlig in die Hände des Militärs zu legen. Auch die Errichtung einer Monarchie unter einer neuen Dynastie, deren Vorhaben Necker anscheinend ahnte, erklärte der Genfer in seinen Darlegungen für nicht realisierbar. Der Erste Konsul schäumte vor Wut und tat so, als habe der alte Weise von Coppet dieses Buch gar nicht selbst geschrieben, sondern es sich gleichsam von seiner aufmüpfigen Tochter diktieren lassen. »Niemals«, schrie Bonaparte, »darf Neckers Tochter nach Paris zurückkehren.« Es war der Beginn ihrer Verbannung.

Spöttisch schrieb Germaine in dieser Zeit über Bonaparte, und zwar gegenüber einem alten Freund der Familie, der, aus Amerika kommend, noch immer recht schwärmerisch dachte von Bonapartes Genie: »Nein, mein lieber Dupont, alle Ihre schönen Ideen werden keineswegs verwirklicht. *Wir* haben kein direkteres Ziel. Wir wollen mit einer vierten Dynastie beginnen, Karl den Großen imitieren, etc., und muß man nicht, um ihn besser zu imitieren, die Geister in die Zeit zurückführen, in der er gelebt hat?« Sie machte sich langsam sehr ernsthafte Gedanken über ihre Existenzmöglichkeiten in Frankreich, über die Zukunft ihrer Kinder, über das Leben in Paris, das sie ja brauchte wie die Luft zum Atmen und ohne das sie sich dauerhaft eigentlich keine Lebensform vorstellen konnte. Zu all den dunklen Zukunftsgedanken kam jüngst das Erlebnis der Sterbebegleitung ihres todkranken Gatten unter äußerst düsteren Umständen. Staël war finanziell und moralisch ruiniert und nach einem Schlaganfall pflegebedürftig. Germaine, die offensichtlich das Gefühl hatte, ihrem armen Ehemann etwas schuldig zu sein, entschied sich im Mai 1802, ihn nach Coppet zu bringen, um ihn dort versorgen zu lassen. Doch auf der Reise starb Eric de Staël in einem Gebirgsgasthof an der französisch-schweizerischen Grenze, von wo aus man seine sterbliche Hülle dann nach Coppet bringen ließ. Für Germaine war es ein grausiges Erlebnis – einen Tag und eine Nacht allein in einem einsamen Gasthof mit der Leiche ihres Mannes, »allein mit seinen traurigen Überresten.« »Nie hatte ich den Tod von so nahem erlebt, und ich habe während vierundzwanzig Stunden die schmerzlichsten und zugleich gespenstischsten Vorstellungen gehabt.« – Vorahnungen eines anderen Todes … Nachdem es Germaine und ihrem Vater nicht gelungen war, den unglücklichen Gatten und Schwiegersohn nach all seinem Scheitern mit einer finanziellen Abfindung nach Schweden zurückzuschicken, fühlte sie sich gewissermaßen für sein Elend verantwortlich, als er, krank und verarmt, in einem Pariser Zimmer hauste und nur noch der Pflege bedurfte. In Betreff seines Todes schrieb sie: »Ich habe wirklich mehr Schmerz empfunden, als es unter anderen Begleitumständen der Fall gewesen wäre. Es machte mir wahre Freude, ihm an Pflege zu entgelten, was ich ihm an Gefühl nicht hatte geben können.« Dass ihre Männer alle nicht mit Geld umgehen konnten, während Vater Necker noch immer eine schier unerschöpfliche Menge davon besaß, um fast alle Angelegenheiten damit zu regeln, zog sich ja bei Germaine durchs erwachsene Leben. Staël also war nicht mehr, und Madame de Staël war seine Witwe geworden.

Die Zehn-Meilen-Bannzone von Paris, die man ihr auferlegt hatte, durchbrach Madame de Staël mehrfach im Sommer und Herbst 1803, woraufhin sie – zunächst mündlich überlieferte – Warnungen erhielt, sie werde von Gendarmen in die Schweiz zurückeskortiert, falls sie sich nicht an die Regelung halte. In Frankreich war kein Platz für Napoleon Bonaparte und für Madame de Staël. Er selbst hat einmal gesagt: »Es gibt nur zwei Mächte in der Welt – das Schwert und den Geist … Auf lange Sicht wird das Schwert immer vom Geist besiegt«, ein Wort, mit dem er à la longue sein eigenes Endspiel prognostizierte. Villers riet ihr, nach Deutschland zu kommen; es sei eine gute Gelegenheit, und die Reise werde für sie eine geistige Bereicherung sein. Germaine, die sich mit ihrer heimischen Lage nicht abfinden wollte und sich immer wieder in Form stolzer Bittschriften an Bonaparte wandte, ohne Antworten zu erhalten, schrieb Villers, sie spreche kein Deutsch und könne sich zu diesem Schritt nicht entschließen –

was darin mitschwingt, ist die Auffassung, Frankreich sei noch nicht so verloren, wie es scheinen mochte, es gebe noch immer das »bessere Frankreich«, das sie nicht preisgeben könne. Doch im Oktober, als klar wurde, dass Paris ihr verschlossen blieb und die Zehn-Meilen-Bannzone sogar noch auf vierzig Meilen erweitert worden war, nahm der Entschluss einer Deutschlandreise langsam Konturen an. Sie bitte um einen Pass, schrieb sie an Joseph Bonaparte, um ihren Sohn auf eine gute Universität in Deutschland schicken zu können. Villers, der selbst auf dem Weg nach Paris war, hatte ihr vorgeschlagen, in Metz mit ihr zusammenzutreffen, um sie auf Deutschland vorzubereiten.

An ihren Vater, die Liebe ihres Lebens, schrieb Germaine einen herzzerreißenden Abschiedsbrief, obgleich ihr Entschluss, nach Deutschland zu reisen, noch keineswegs feststand und immer wieder umgeworfen wurde, sobald sich noch irgendwo ein Hoffnungsschimmer zeigte, durch den ihr die Rückkehr nach Paris doch wieder möglich erschien. »Du siehst mein Gemüt von Stürmen geschüttelt«, schrieb sie an Necker. »Ich weiß nicht, ob die Vorsehung mir Deinetwegen gewähren wird, einen Halt zu finden, der mich, wenn ich Dich verliere, daran hindert, mich zu töten. Ich weiß nicht, ob sie, tausendmal gnädiger, Dir ein so langes Leben gewähren wird, das mir erlaubt, meine Kinder zu Deinen Lebzeiten auf eigene Füße zu stellen und dann mit Dir zu entschlafen. Ich weiß, daß ich in diesem Augenblick, sollte ich Dich verlieren, in Krämpfen der Verzweiflung sterben würde. Achte also auf Dich, ich bitte Dich inständig, und nicht nur, um mir das Leben zu erhalten, sondern auch, um mir diesen Schmerzenstod zu ersparen, der alle meine Sinne erschaudern läßt.« Sie ließ Albert beim Großvater zurück. Auguste und Albertine nahm Germaine mit, ebenso Benjamin, den Gefährten, noch immer. Benjamin sprach schließlich auch deutsch. Nach zwölf Tagen in Metz, mit Villers galant duellierend über Frankreichs geschmacksbildende Reifröcke und über die teutonische Muse im schlichten ätherischen Kleid, fuhr sie am 8. November gen Frankfurt.

Ostwärts nach Ilm-Athen

Von deutscher Treuherzigkeit und von deutscher Betrachtung

Germaine de Staël mit ihrer Tochter Albertine
»Die aufgeklärten Köpfe in Deutschland streiten lebhaft miteinander um die Herrschaft im Gebiet der Spekulation. Hier leiden sie keinen Widerspruch, überlassen übrigens gern den Mächtigen der Erde alles Reale im Leben.« Madame de Staël: Über Deutschland

Neuland war's, Terra incognita. Und wenn Germaine auch schon des Öfteren erwogen hatte, nach Deutschland zu fahren, so war doch jetzt die vor ihr liegende Reise mit Unbehagen verbunden. Ihre Verbindung dorthin war eigentlich nur literarischer Art, ein rein intellektuelles Interesse. Nichts sprach ihre Seele an. Sie erwartete nicht, sich in Deutschland irgendwie assimilieren zu können.

Villers war ihre letzte Verbindung nach Frankreich und eine Vermittlungsinstanz – vor dem völligen Eintauchen ins Unbekannte ein beruhigender Brückenschlag. Deswegen wohl blieb sie länger in Metz, als geplant war. Auf langen Reisewegen nach ihrem Empfinden auf sich allein gestellt, hatte sie Angst vor der Öde, die ein Abbild ihrer Seele sein könnte. Germaine hatte schlaflose Nächte und »eine schreckliche Angst vor dem Leben«, Todesgedanken und düstere Vorahnungen, die nicht nur mit den Ängsten und Unwägsamkeiten der Flucht zu erklären sind. Die Konfrontation mit der existentiellen Einsamkeit war es wohl mehr, was sie fürchtete. Germaine hatte mit der Natur nichts im Sinn. Sie kannte noch nicht einmal die Landschaften und die Natur ihrer eigenen Heimat. Ihre bisherigen Reisen hatten dem Fortkommen von Ort zu Ort gedient. Einsame Gegenden hatte sie immer gemieden. Ihre Sucht nach Gesellschaft, ihr stets volles Haus, wo sie sich auch befand, und die ständige Abwechslung, ohne welche ihr Leben nicht vorstellbar war, war auch ein Ausdruck von Angst vor der Leere. Und hier nun? Keine Stadt weit und breit. Schon die schrillen Töne des Posthorns auf der anderen Rheinseite schienen der Reisenden einen traurigen Aufenthalt anzukündigen. Aus kleinen Häusern schauten die Köpfe einiger Einwohner hervor, als das Gerassel der Kutsche sie ihren eintönigen Verrichtungen entzog. Ein Zugwerk bewegte auf der Landstraße den Balken der Barriere, wodurch der Einnehmer des Chaussee-Geldes der Mühe enthoben wurde, aus seinem Hause zu treten. »Alles ist aufs Unbewegliche berechnet, und der Denker wie derjenige, dessen Existenz ganz materiell ist, verabscheuen gleich sehr die Zerstreuung der Außenwelt.« In nur wenigen Tagen und ohne sich aufzuhalten, fuhr sie von Metz aus den Rhein entlang Richtung Frankfurt.

Dabei war die Rheingegend gerade erst zum touristischen Glanzpunkt mutiert. In der Mischung aus Wildheit und Lieblichkeit sah man ein Abbild der englischen Landschaftsästhetik. Germaine nahm sie nicht wahr. Ihrem Bildungsreservoir entnahm sie lediglich die assoziative Verbindung, dass der Strom im Vorüberfließen die Großtaten vergangener Zeiten erzähle und dass Herrmanns Schatten noch über den steilen Ufern umherzuirren scheine. Was die Romantiker faszinierte, war für sie einfach nur Wildnis. »Deutschland trägt noch hier und da Spuren einer unbewohnten Natur. Von den Alpen bis zum Meere, zwischen dem Rhein und der Donau, findet man ein mit Eichen und Fichten bewachsenes Land, von majestätisch-schönen Flüssen durchschnitten, von Bergen malerischer Art durchkreuzt. Aber unabsehbare Heiden, Sandschollen, oft vernachlässigte Wege, ein rauhes Klima erfüllen im ersten Augenblicke die Seele mit Traurigkeit; nur allmählich entdeckt man, und späterhin, was an diesem Aufenthalt fesseln kann.«

Albertine hatte bereits seit Metz Keuchhusten, und Germaine machte sich Sorgen, das »Klima des Nordens« könne ihrem Kinde nicht zuträglich sein. Überhaupt beklagte sie sich auf der Reise über mancherlei mangelnden Komfort und mangelnde Kultiviertheit der Deutschen. »Betten, Kost, Öfen, alle Eindrücke sind unfreundlich, und wer bei den Deutschen nicht distinguiert ist, gehört, gemessen an unseren Gewohnheiten und Neigungen, nicht ganz zur menschlichen Rasse.«

Madame de Staël wollte nach Weimar, »Deutschlands literarische(r) Hauptstadt«, wie sie an Joseph Bonaparte schrieb. Weimar war für sie im Grunde der einzige Anziehungspunkt, für den sie all diese Unbilden auf sich nahm. Doch der Weg dorthin führte – an Frankfurt vorbei, wo sie Station machte – über Fulda und Eisenach, durch dunkle Wälder, an Dörfern und kleinen Städten vorüber, die wie angeklebt an den Berghängen und in den Tälern lagen, vereinzelt mit einer Schneeschicht bedeckt.

Wenn sie vom »Norden« sprach, immer wieder, dann war das auch eine ästhetische Metapher. Sie stand für das Nicht-Klassische und tendenziell eben doch auch Barbarische. Nun ist Deutschland ja nicht gerade Skandinavien oder die russische Tundra; das Klima am Oberrhein ist nicht so wesentlich anders als in Paris, zeitweise wohl sogar wärmer. Folglich fragt man sich manchmal, ob Germaine de Staël nicht die Hexenszene in MACBETH, die Nebel des schottischen Hochlandes, Island im Heldenepos oder Bilder der englischen Schauerromantik im Hinterkopf hatte, als sie Deutschland beschrieb. Die Beschreibungen, gerade die dürftigen und summarischen von Natur und Landschaft, sind schließlich bei ihr keineswegs Selbstzweck. Sie dienen ausschließlich dazu, den Nationalcharakter der Deutschen herauszuarbeiten und vor diesem Hintergrund ihr Dichten und Denken zu charakterisieren. »Die Trümmer alter Schlösser auf Berggipfeln, die Lehmhütten, die kleinen engen Fenster, der Schnee, der im Winter die unabsehbaren Ebenen bedeckt, machen einen peinlichen Eindruck. Eine Art von Schweigen in der Natur und in den Menschen preßt das Herz des Reisenden zusammen. Es kommt ihm vor, als verfließe die Zeit hier langsamer als an andern Orten, als übereile sich das Wachstum der Pflanzen ebensowenig wie die Bildung der Gedanken in den Köpfen, als zögen sich die geraden regelmäßigen Furchen des Landsmanns auf schwerfälligem Boden dahin.«

Schwerfällig und langsam sei alles in Deutschland, so Madame de Staël – sämtliche Alltagsverrichtungen und der Weg vom Gedanken zur Tat, die Dienstfertigkeit Untergebener und die Lebenseinstellung der Menschen, ja sogar die Musik- und Theaterstücke und ihre Dramaturgie, die umständlich sei und erst nach mancherlei ermüdenden Irrwegen zur Auflösung führe. Sie habe in Frankfurt ein Stück von Kotzebue gesehen, berichtete sie ihrem Vater – es waren DIE KREUZFAHRER –, in das eine ganze Philosophie über den Katholizismus hineingepackt worden sei, doch alles werde so gesagt und angehört, dass die Wirkung nicht schneller eintreten könne als die eines Wassertropfens, der den Stein nur mit Hilfe von Jahrhunderten aushöhle.

Der Kontrast zum Pariser Leben und zu den Ereignissen der vergangenen Jahre konnte wohl größer kaum sein. Möglicherweise war es Germaine de Staël nach diesem abrupten Szenenwechsel auch schlichtweg nicht vorstellbar, wie hier seit Jahrhunderten alles so gleich bleiben konnte, während sich in Frankreich in einem guten Jahrzehnt die Regierungsformen und politischen Extreme in allen nur denkbaren Variationen abgewechselt und – wie auf einer offenen Bühne – Schauspiele geliefert hatten. Die schwerfällige Trägheit der Deutschen im Kontext dieses öden Provinzlebens war für sie jedenfalls ein echter Kulturschock.

Madame war auch ungehalten, denn das Ganze war in keiner Hinsicht nach ihrem Geschmack. Es fehlte alles zu einem in ihrem Sinne genießbaren Leben – wenn sie schon im Exil war und vorläufig bleiben musste und wenn das Reisen nun notgedrungen ihren Status Quo bildete. Dabei genügt es wohl, zu erwähnen, dass diese bedeutende Repräsentantin des intellektuellen Frankreich seit Jahren Deutschstunden nahm, zum Beispiel, um Goethe im Original lesen zu können, auf ihrer monatelangen Deutschlandreise aber offenbar keine einzige Gelegenheit – namentlich in Gesellschaft – ergriff, um in der Sprache des Landes zu kommunizieren. Ein besseres Beispiel für Kultur-Chauvinismus gibt es wohl kaum.

In Frankfurt angekommen, wurde Albertine ernsthaft krank. Sie hatte eine Woche lang Fieber, und Germaine ließ einen Arzt in den Gasthof kommen, außer sich vor Sorge und Ratlosigkeit, denn auch der Arzt sprach wenig Französisch, und im Übrigen empfand sie ihn als Ausgeburt »deutscher Brutalität«, nachdem er bei dem Mädchen Scharlach diagnostiziert und auf Germaines Frage hin, ob das gefährlich sei, relativ ungerührt festgestellt hatte, im Nachbarhaus sei gerade ein Kind daran gestorben. Der angebliche Scharlach entpuppte sich als eine verschleppte Erkältung, und die Sechsjährige wurde wieder gesund.

Die erste Stadt auf deutschem Boden entlockte Germaine, die sich unter einer Stadt etwas anderes vorstellte und die breiten Boulevards, die Pracht und Eleganz von Paris für jeden Vergleich heranzog, auch keine Begeisterungsstürme. Die alte Reichsstadt Frankfurt am Main hatte noch ein weitgehend mittelalterliches Stadtbild mit winkligen Gassen, Fachwerk und Spitzgiebeln – faustische Szenen, wenn man so will. In engen Reihen standen die Häuser, auch die repräsentativen Bürgerhäuser, die der reichen bürgerlichen Oberschicht gehörten. Das gesellschaftliche Leben in Frankfurt war weitgehend von dieser wackeren Bürgerschicht geprägt, Kaufleuten, Rechtsgelehrten, Bankiers, Mitgliedern des Stadtrates. Sie waren stolze Bürger der Stadt in kommunaler Selbstverwaltung, nur dem Kaiser untertan, wie man gerne betonte. Da sich die illustre Besucherin aber intellektuelle Gesprächszirkel erhofft hatte, in denen sie brillieren und die Beschwernisse ihrer Reise vergessen konnte, war sie merklich enttäuscht, dass die Frankfurter Kaufleute, die andere Sorgen hatten, gar keine Lust äußerten, sich mit ihr über Kant zu unterhalten. Man war wohl auch etwas vorsichtig, mit der Napoleon-Gegnerin Umgang zu pflegen, um sich nicht öffentlich zu kompromittieren. Die relativ überschaubare Welt in der Reichsstadt, in der noch eine alte Ständeordnung herrschte und Zunftzwang, konnte die Ansprüche einer Madame de Staël nach Geselligkeit jedenfalls nicht befriedigen. Sie war nicht gerade sehr anpassungsfähig, mitunter auch nicht immer ganz taktvoll. Am Großen Hirschgraben lebte in Frankfurt noch immer Goethes Mutter, die Germaine als eine Berühmtheit aufsuchen wollte, ganz einfach, weil sie den großen Dichterfürsten hervorgebracht hatte. Diese beherzte und unverbildete Frau fühlte sich von der Besucherin aber belästigt, ja heimgesucht. Sie sollte im Anschluss an den Besuch ihren Sohn in Weimar vor der Staël warnen, und zwar mit den Worten: »Mich hat sie bedrückt, als wenn ich einen Mühlstein am Halse hängen hätte. Ich ging ihr aber überall aus dem Wege, schlug alle Einladungen aus, wo sie war, und atmete freier, da sie fort war. Was will die Frau von mir? Ich habe in meinem Leben kein ABC-Buch geschrieben …« Die Erfahrung, dass sie die Leute überrumpelte und überforderte, machte Madame de Staël häufig in Deutschland. Es waren Temperamentsunterschiede, Germaines kulturelle Repräsentanz, ihr fulminantes Auftreten und der gewaltige Ruf, der ihr vorausging, was die Deutschen in ihrer mehr oder weniger ausgeprägten provinziellen Ruhe erschreckte und einschüchterte. Da sich Germaine aber keinerlei Mühe gab, solche kulturellen Unterschiede als Gast zu überbrücken, gab es mitunter viel Konfusion.

Madame war auch hier mit ihrem Urteil schnell bei der Hand. Es seien die alten Rittertugenden, eine Treuherzigkeit und Geradlinigkeit des Herzens, die die Deutschen so unbiegsam mache, aber rechtschaffen und ohne Arg. Die Deutschen seien in dieser Rechtschaffenheit vollkommen unfähig zum Betrug, und wenn, dann nur, um die Ausländer nachzuahmen und zu zeigen, dass sie ihnen an Raffinesse nicht nachstünden und sich nicht übervorteilen ließen. Die alten Ehrbegriffe seien noch genauso in ihnen verankert wie eine steife feudale Förmlichkeit, Artigkeitsformeln, die die Besucherin zugleich als ungelenk und ermüdend empfand – wenn etwa, so schilderte sie, bei einem Mittagsmahl auch der magerste Titel eines honorigen Gastes, umständlich genug in der Aussprache, zwanzigmal wiederholt und vom Wein und von allen Gerichten unentwegt nötigend angeboten werde. Man solle aber den guten Willen der Deutschen hervorheben und sie nicht belächeln, die Guten, wenn sie mit ihren ehrerbietigen Verneigungen und ihrer förmlichen Höflichkeit den Gast ehren und damit an Treuherzigkeit ausgleichen wollten, was ihnen an Grazie abgehe. Das sei schon alles ganz drollig und gut gemeint … Geschmack gestand Germaine de Staël den Deutschen in keinem Lebensbereich zu. Ob es sich nun um städtische Architektur handelte, Kunst oder Kleidung, alles empfand sie als »gutgemeint«, aber plump. In den kleineren und mittelgroßen Städten, so schrieb sie, verzierten die Eigentümer ihre Häuser »mit biederer Sorgfalt«, »nicht eben vom besten Geschmack, wodurch aber die Einförmigkeit der Wohnungen unterbrochen und der Wunsch angedeutet wird, seinen Mitbürgern und Fremden zu gefallen.« Ohne jeden Geschmack geradezu. Auch der Sonntagsstaat der Landbevölkerung war nach dem Empfinden Madames lächerlich. An Sonn- und Feiertagen trügen einige eine Mütze aus Goldstoff, ziemlich geschmacklos, die gegen den übrigen schlichten Anzug sonderbar absteche. Doch sie erinnere eben an die alten Sitten, und der feierliche Staat, mit dem die Frauen aus der niedrigen Volksklasse den Sonntag ehrten, habe etwas Ernstes und spreche für sie. Was künstlerische und architektonische Sehenswürdigkeiten betraf, war die Staël sowieso ignorant. Auf der Reise von Weimar nach Leipzig kam sie später nach Naumburg, doch sie machte sich noch nicht einmal die Mühe, den Dom anzusehen. Auch für Leipzig genügten zwei Tage. Germaine de Staël war dermaßen auf das geschriebene und gesprochene Wort fixiert, dass es mitunter schon anmaßend wirkt, wenn sie allgemeine kulturelle Betrachtungen anstellte, die ja alles in einem Land mit beinhalten sollten, Bildende Kunst, Architektur, Musik oder die Beziehung eines Volkes zur Landschaft.

Ihre Deutschlandreise gab Madame immerhin Gelegenheit, die unterschiedlichsten Bevölkerungsschichten des Landes relativ unmittelbar zu erleben, und zwar bedingt durch die mangelnde touristische Infrastruktur, wodurch auch privilegierte Reisende wie Germaine de Staël damals genötigt waren, in einfachen Gasthöfen und Herbergen abzusteigen. Und da sie auch in ihren eigenen Gefilden noch keine nennenswerte Berührung mit der einfachen Bevölkerung gehabt hatte, sind solche wenig wohlwollenden Urteile mit mokierendem Unterton wie über die lächerlichen Goldmützen des Landvolkes auch ein Zeichen von Klassen-Überheblichkeit. Sie empfand die Räume in Deutschland als grundsätzlich überheizt, worauf sie auch den heftigen Krankheitsausbruch ihrer Tochter zurückführte. Außerdem hatten die Öfen anscheinend keinen funktionierenden Abzug, und so staute sich die abgestandene Luft. Ofen- und Tabaksrauch vermischten sich zu einem benebelnden Dunst, zu dem das dunkle Bier passte, das vielerorts in Deutschland getrunken wurde und das ihrer Meinung nach den Kopf genauso benebelte wie der weitverbreitete Pfeifenrauch. Da musste man ja in dumpfer Betrachtung versinken, in tatenloser stiller Versenkung. »Die Öfen, das Bier, der Tabaksrauch umgeben den einfachen Mann in Deutschland mit einer Art schwerer heißer Atmosphäre, aus welcher er nicht gern hervorgeht. Dieser Dunstkreis ist einer Tätigkeit nachteilig, die dem Kriege mindestens ebenso notwendig ist wie dem Mut. Entschlüsse reifen dabei nur langsam. Mutlosigkeit tritt ein, weil eine für die meisten ziemlich dürftige Existenz eben nicht geeignet ist, Zutrauen zum Glück einzuflößen. Die Gewohnheit einer ruhigen, friedlichen Lebensart ist nicht die beste Vorbereitung auf die mannigfaltigen Zufälligkeiten des Lebens, so dass man sich lieber dem sicheren Tod unterwirft als den Schicksalen eines abenteuerlichen Lebens.«

Das Wort »unmöglich« höre man in Deutschland hundertmal

häufiger aussprechen als in Frankreich. Müsse gehandelt werden, so wisse der Deutsche nicht, was es heiße, mit Schwierigkeiten zu kämpfen, was freilich auch mit seiner Achtung vor der Macht zu tun habe, die in seinen Augen dem Schicksale gleiche. Hier wiederum arbeitet Germaine de Staël mit genialer Assoziationsgabe, aus Beobachtungen von Lebensart, Atmosphäre und Einstellungen, im Kontrast zu ihrer eigenen nationalen Erfahrung und im Zusammenhang mit den damaligen politischen Verhältnissen Deutschlands einen Wesenszug der Deutschen heraus, den ihr wahrscheinlich als Grobmuster dieser Zeit niemand ausreden würde: Obrigkeitsdenken und ein unterentwickeltes Freiheitsgefühl. Sie machte da gar keinen so wesentlichen Unterschied zwischen dem einfachen Mann in seiner niedrigen Lehmhütte und den privilegierten und geistig führenden Schichten. Auch nachdem sie in Weimar gewesen war, in Berlin und in Wien, blieb sie dabei. Die politische Rückständigkeit in den deutschen Kleinstaaten, ihre verschlafene Ruhe, nicht zuletzt durch die Trägheit des Volkes, schien geradezu eine Bedingung zu sein für die besondere geistige Konzentration, wie sie in Deutschland im Brennpunkt der Weimarer Klassik erfolgte. *Da* war Freiheit, Brillanz und »friedliche Anarchie«, doch es war eine Art geistige Nische im falschen politischen Ganzen. Zwischen Madame de Staëls erster Deutschlandreise, der zweiten, der Druckfassung ihres Deutschlandbuches und dem Jahr 1815 würde sich die politische und geographische Situation in Deutschland noch mehrfach verändern: vom Heiligen Römischen Reich deutscher Nation zum losen Staatenbund mit einer ersten Verfassung, dazwischen Napoleons europäisches Abenteuer, Befreiungskriege und die Neugliederung nach dem Wiener Kongress. Doch was blieb, war der fehlende Zug einer freiheitlich-nationalen Bewegung aus eigener Kraft. Für die Französin war Nationalstaatlichkeit mit zentralen Strukturen damals die einzig vorstellbare staatliche Form. Alles andere – der Föderalismusgedanke mit regionaler Autonomie, wie er in Deutschland eben nahelag – war Verzettelung, und ein Volk brauchte zweifellos eine Hauptstadt, um kulturelle Normen zu bilden und einen Austausch auf höchstem Niveau zu besitzen. Brauchte es das?

»Deutschland war ein aristokratischer Bundesstaat. Dem Reiche fehlte es an einem gemeinschaftlichen Mittelpunkt der Aufklärung und des Gemeingeistes. Es bildete keine zusammenhängende Nation, dem Bündel fehlte das Band. So nachteilig diese Verschiedenheit Deutschlands seiner politischen Kraft war, so vorteilhaft war sie den Versuchen aller Gattung, denen sich Genie und Einbildungskraft überlassen mochten. Im Fach literarischer und metaphysischer Meinungen herrschte eine Art friedlicher Anarchie darin, seine individuelle Ansicht der Dinge ganz nach Gefallen zu entwickeln.« Hinzu komme, so Germaine de Staël, das deutsche Gemüt und eine Form von Seelenpoesie (poésie de l'âme), die man beinahe in jeder Bevölkerungsschicht finde und welche die leider vulgären Formen der Deutschen von innen verschönere. Die Nation sei von Natur literarisch und philosophisch. Doch das beste Beispiel für Seelenpoesie sei die Musik. Fast alle verstünden sich in Deutschland darauf, und man improvisiere, wie sie es sich nur in Italien vorgestellt habe; ganze Familien musizierten in vom Tabaksrauch geschwärzten Hütten. Schon während der ersten Reisetage hatte sie Villers in einem Brief eine derartige Szene beschrieben: »So kommt mir hier alles vor: Musik in einer Stube voll Rauch. Überall tiefes, poetisches Gefühl, aber keine Grazie in der äußeren Form …« Da sie, als sie das schrieb, kaum Zeit auf deutschem Boden zugebracht hatte, ist die Vorstellung wohl auch eher ein fertiges Bild. Der Tabaksrauch und die Öfen bilden geradezu ein Leitmotiv in den Reisebeschreibungen der Madame de Staël. Demnach war um 1800 ganz Deutschland in seinen niedrigen Lehmhütten eingeräuchert. Wie die Autorin hier immer die Überleitung zur idealistischen Philosophie findet, ist absolut sensationell. Sie war ihr suspekt. Auch mochte sie die Metaphysik nicht. Sie erweckte in ihr das Unbehagen, das eine Vertreterin der Aufklärung vor den Mächten der Finsternis hat. Gleichzeitig wusste sie, dass ihr der wahre Zugang zu all dem nicht von Frankreich aus, sondern nur vor Ort, im Dunstkreis (wohl wörtlich) seines Entstehens gewährt werden konnte.

Mit Adlerschwingen schwangen sie sich auf in ideale und unendliche Welten, die Deutschen, und zwar hauptsächlich, so die Staël, weil ihre irdische Welt so prosaisch war, das Klima rauh und die Landschaften öde, das gesellschaftliche Leben abwechslungsarm. Und da die Natur der Regierungen ihnen eben keine großen und schönen Veranlassungen darbiete, Ruhm zu erwerben und dem Vaterland zu dienen, »so halten sie sich in jeglicher Art an die Kontemplation und suchen im Himmel die Bahn, die ihr eingeschränktes Los auf Erden ihnen versagte.« In diesen Regionen seien sie allerdings die unabhängigsten Menschen der Welt, Gebieter über ein Universum, das vor ihren Augen schwanke, alle Gegenstände durch die Ungewissheit ihrer Blicke vervielfältigend. »Die Deutschen, unabhängiger in allem, weil sie minder frei sind, malen Gefühle wie Ideen hinter Wolken.« Über die Feststellung von der Relativität aller Erkenntnis bei Kant führte der Weg über Fichtes Ich-Philosophie und Schellings Naturmetaphysik bis hin zu Hegels monumentalem Gebäude einer Phänomenologie des Geistes, das im absoluten Geist enden würde.

Man hatte hier gerade ein Jahrhundert verabschiedet, das die junge literarische Generation, die Romantiker, als das Säkulum der Kritik belächelten und mit einiger Häme endgültig begruben. In Novalis' Roman HEINRICH VON OFTERDINGEN erzählt Klingsohr ein Märchen, in dem ein unaufhörlich schreibender Schreiber die Aufklärung verkörpert. Eine göttergleiche Frau taucht alles, was er geschrieben hat, in eine dunkle Schale mit klarem Wasser, wobei das Geschriebene meistens wieder ausgelöscht wird. Trifft ein Tropfen dieses Wassers den Schreiber selbst, so fallen »eine Menge Zahlen und geometrische Figuren nieder, die er mit vieler Ämsigkeit auf einen Faden zog und sich zum Zierat um den mageren Hals hing.« Es ist ein schönes Bild für den magischen Idealismus, den diese Dichtergeneration gegen die einseitige Verstandeskultur der Aufklärung beschwor. Die Poesie ist es, die alles flüssig macht, die die schlafenden Lieder in den Dingen berührt und zum Leben erweckt, die die Grenzen aufhebt und das Feste, Starre, Erforene, auch den Logos aus seinem abgegrenzten Zustand erlöst. Der Weg führt nach innen, da alle Erfahrbarkeit der Welt jenseits des Ich in diesem Ich selbst enthalten ist. In den im Folgejahr 1804 erscheinenden NACHTWACHEN des BONAVENTURA ruft bezeichnenderweise der Nachtwächter das neue Säkulum aus. Die NACHTWACHEN-Welt ist ein Tollhaus, an kalter Vernünftigkeit erkrankt, voller Vexierbilder und Larven, und im Gebeinhaus hallt es am Ende nur »nichts«.

Das Lichtzeitalter der Vernunft steht gegen die formauflösende und verschmelzende Nacht, die es ablöst. Solchen Fortschrittspessimismus konnte Germaine de Staël wohl kaum teilen. Die Vernunft war eine französische Erfindung, sie würde alle Bewährungsproben, Irrwege und Krisen zum Schluss überstehen. Und die Nachtseiten der menschlichen Existenz sollten ihrer Meinung nach gefälligst in den Gebeinhäusern bleiben.

Die Einbildungskraft der Deutschen, so die Staël, verweile gerne in alten Schlössern und Burgtürmen, bei Hexen und Gespenstern, da schließlich die Natur des »Nordens« die Menschen zu solchen Schrecknissen wie dem Glauben an böse Geister einstimme. Freilich gab es diese alte Sagen- und Märchenwelt, und sie erlebte gerade eine romantische Wiedergeburt. So typisch deutsch war sie nun aber auch nicht gerade. Alte Schlösser, Ruinen, Mond, Sturm, Gewitter und blitzzerspaltene Bäume, Friedhöfe, unterirdische Gänge und schwarze, undurchdringliche Wälder waren Requisiten der englischen Schauerromantik, die bereits 1764 mit Horace Walpoles CASTLE OF OTRANTO begonnen hatte und dann auch auf dem Kontinent Wurzeln schlug. Da Germaine aber auf ihrer Reiseroute rheinaufwärts und dann über Nordhessen und Thüringen so etliche Schloss- und Burgruinen sah, lagen solche Assoziationen wohl nahe. Das alles war eher befremdlich für sie. Beispielsweise fand sie es schlichtweg abstrus, dass im FAUST der Teufel persönlich auftritt – was in Deutschland, so bemerkte sie, bei weitem nicht so lächerlich sei, wie es in Frankreich wohl wäre.

In Fulda trennte sie sich vorläufig von Benjamin, schweren Herzens, mit einem großen Druck auf der Seele. Ihre anfangs verzweifelt-sehnsüchtigen Äußerungen in den Briefen, die sie aus Deutschland schrieb, baldmöglichst nach Frankreich zurückkehren zu wollen, wurden zusehends weniger, da es zusehends weniger Anlass gab, daran zu glauben. Ihrem Vater schrieb sie: »Freude, das ist Liebe, Paris oder Macht; man muß eins dieser drei Dinge haben, um das Herz, den Geist und das Tun zu erfüllen.«

In Gotha erlebte Germaine im Kreise Melchior Grimms wieder etwas Geselligkeit. Sie war aber kaum mehr nach ihrem Geschmack als die Kreise der Frankfurter Stadtbürger. Die Zusammenkünfte fand sie meistens ermüdend, die Gesprächsformen schleppend und schwerfällig, die Themen kaum ansprechend. Was sie als völlig unangemessen empfand, war die Tatsache, dass die Deutschen bei geselligen Anlässen so viel über die Widrigkeiten und Beschwernisse des Lebens redeten, was man in Frankreich doch, aus der Befürchtung, seinen Gesprächspartner zu langweilen, vermied, um mit Leichtigkeit darüber hinwegzugehen. Am schlimmsten aber empfand Germaine de Staël den deutschen Humor. Er sei plump, anbiedernd und ebenso unbeholfen wie die sonstigen Umgangsformen. Wieder einmal erwiesen sich die Deutschen in den Augen Madames als ungeschliffene Tölpel, die zwar in ihrer biederen Aufrichtigkeit gewiss niemandem etwas taten, aber wenig geeignet waren, ihr den Umgang erfreulich zu machen. »Sie tun nichts anderes als essen und sprechen über nichts anderes als Mahlzeiten.« Sie beobachtete allerdings auch, dass die Frauen in Deutschland bei weitem gebildeter waren als im Allgemeinen die Männer – wozu aber offenbar auch nicht viel gehörte. »Es gibt nichts Plumperes, Rauchgeschwängerteres im moralischen wie im physischen Sinn als die deutschen Männer [...] Ich begreife immer noch nicht, wie diese Frauen es fertig bringen, ihre Gefühle nicht nur einem rein idealen Gegenstand zuzuwenden, denn es gibt keine trostlosere Realität als die deutschen Männer, die sie heiraten müssen, weil sie keine andere Wahl haben.«

Was Germaine in Deutschland bemerkte, war eine kontrastreiche Trennlinie innerhalb der Gesellschaft. Wer mit Geschäften befasst sei und die Welt repräsentiere, könne nicht denken, während die Denker in Deutschland von den Geschäften keinerlei Kenntnisse hätten. Adel und Bürgertum seien noch völlig getrennt, und so auch Geist und Welt – worauf Madame de Staël die mangelnde Geschmeidigkeit und Weltläufigkeit der Deutschen, auch ihrer Gelehrten zurückführte. Für sie als Französin war der Geist eine natürliche Mischung aus der Kenntnis der Dinge und der Menschen, die sich in der Gesellschaft bewährte, und es irritierte sie hier im Verlauf ihrer Reise, »daß die Gelehrten keine Konversation pflegen und die Männer von Welt absolut nicht denken können.«

Weimar, Ilm-Athen, der Höhepunkt ihrer Reise lag noch vor ihr. Aber nach ihrem Empfinden musste Germaine mehr als billige Mühsal ertragen, um dieses Gelobte Land zu erreichen.

Aufruhr im Musentempel

Madame in der Dichter-Eremitage

Johann Wolfgang Goethe
»Die großen Vorzüge dieser hoch denkenden und empfindenden Schriftstellerin liegen jedermann vor Augen, und die Resultate ihrer Reise durch Deutschland zeigen genugsam, wie wohl sie ihre Zeit angewendet.« Goethe über Germaine de Staël, Tag- und Jahreshefte

Germaine stieg zunächst in einem der gehobenen Gasthöfe ab, zog später aber ins Haus der Familie von Werthern in der Nähe des Wittumspalais, in dem sie die kommenden zweieinhalb Monate blieb. Weimar war tiefste deutsche Provinz; »ein Mittelding zwischen Hofstadt und Dorf« nannte es Herder. Fernab der bedeutenden Handelsstraßen, hatte das Städtchen mit seinen etwa 6000 Einwohnern einen ländlichen Charakter. Die Häuser waren mit Stroh oder Schindeln gedeckt, es gab keine Straßenpflasterung in den engen Gassen, und wenn man nach Einbruch der Dunkelheit aus dem Haus wollte – nur mit Überschuhen, da man ansonsten im Morast stecken blieb –, musste man eine Fackel oder Laterne mitnehmen. Es roch wahrscheinlich auch nicht sehr gut, da es keinerlei Abfallbeseitigung gab und die Nachttöpfe, wie damals üblich, geradehin aus dem Fenster gekippt wurden. Übelriechende Kanäle und Bäche durchquerten die Stadt. Der Schauspieler Eduard Genast schilderte das Entsetzen seines Vaters, der Ende der 1790er Jahre nach Weimar kam und auch gleich wieder abreisen wollte, »denn großes Entsetzen flößte ihm die kleine Stadt ein, wo Rinder-, Schaf- und Schweineherden ungehindert durch die Straßen lustwandelten.« Wenn Goethe dem jungen Eckermann gegenüber, den er zum Bleiben bewegen wollte, da er ihn dringend brauchte als Sekretär und Archivar, über Weimar äußerte: »Es gehen von dort die Tore und Straßen nach allen Enden der Welt«, dann war dies wohl mehr eine metaphorische Darstellung.

Das Herzogtum Sachsen-Weimar-Eisenach war ein Zwergstaat, wie es so viele im deutschen Reich gab, politisch bedeutungslos, doch kulturell höchst bemerkenswert. Die rührige Herzoginmutter Anna Amalia hatte hier vor einigen Jahrzehnten die Grundlage zum Weimarer Musenhof geschaffen, als sie nach dem frühen Tod ihres Gatten für ihren unmündigen Sohn die Regentschaft übernahm und in einem sehr aufgeklärten Sinn in der Residenzstadt zu wirken begann. Christoph Martin Wieland, den Anna Amalia als Prinzenerzieher nach Weimar verpflichtete, bildete den Anfang der illustren Dichtergesellschaft, die sich später hier niederließ. 1775 zog es den jungen Goethe, der gerade mit seinem WERTHER Furore gemacht hatte und nach einer kurzen langweiligen Anwaltstätigkeit in der Frankfurter Kanzlei seines Vaters nach neuen Wirkungsfeldern in einem höfischen Umfeld suchte, an den damals schon berühmten Musenhof – zunächst hauptsächlich als Stürmer und Dränger und als Gefährte des 18-jährigen Herzogs, mit dem er die Gegend unsicher machte, bald aber mit sechs Ministerposten versehen und schließlich als gediegener Repräsentant deutscher Kultur, der in seinem Haus am Frauenplan ganz ähnlich residierte und repräsentierte wie der Herzog im Schloss. Goethe hatte Herder nach Weimar geholt, bereits ganz zu Beginn. Nach langen Irrwegen, viel Not und Bedrängnis fand schließlich auch Schiller kurz vor der Jahrhundertwende seinen endgültigen Wohnsitz in Weimar. Es war nicht die junge Poetengeneration, die hier vertreten war – diese war, nur wenige Kilometer entfernt, im benachbarten Jena ansässig gewesen, hatte sich aber jüngst aufgelöst. Ein ambivalentes Verhältnis hatte zwischen den »jungen Wilden« und den dem Hof zugeordneten Weimarer Klassikern geherrscht. Es war mehr ein Generationenproblem und die Frage der Stellung zu den Vertretern der weltlichen Macht, was sie trennte, denn die Programmatiken der klassischen und romantischen Literatur, so unterschiedlich sie waren, befruchteten sich gegenseitig und konnten ganz gut nebeneinander bestehen. Friedrich Schlegel, der große Theoretiker, betonte damals ausdrücklich, er beabsichtige keine Entgegensetzung von Weimarer Klassik und Jenaer Romantik, und Goethe, der große Synthetiker, vollzog die Synthese ohnehin in seinem Werk. Er wurde ganz einfach auch alt genug, um so einiges synthetisieren zu können.

»Bei uns in Weimar gibt es dergleichen wie weite Wege nicht; unsere Größe beruht im Geistigen«, beschreibt der Kellner Mager des Gasthofs ›Zum Elephanten‹ in Thomas Manns Roman LOTTE IN WEIMAR den besonderen GENIUS LOCI dieses Orts. Im Voraus positiv eingenommen, mag Germaine so einiges wohlwollend übersehen und nicht weiter veranschlagt haben – jedenfalls gibt es keine einzige Beschwerde über den trostlosen Anblick des Städtchens, mangelnden Komfort oder Provinzialität, so sehr ihre Briefe auf der bisherigen Reise von solchen Misshelligkeiten auch strotzten. Weimar war etwas anderes und über die Komfortbedürfnisse des zivilisatorischen Alltags erhaben. »Ein großes Schloß« und wenig drumherum, so empfand die Besucherin Weimar, denn das herzogliche Schloss dominierte das Städtchen in einem für sie etwas unproportionierten Maße. Sie verlor immerhin ein, zwei Worte über den Ilmpark, der für die Weimarer Bürger frei zugänglich war und sich vom Schloss nach allen Seiten in Feld und Wald verlor.

Schon kurz nach nach ihrer Ankunft schrieb die Baronin von Staël-Holstein geb. Necker ein Billet an den Frauenplan, worin sie Goethe in Kenntnis setzte, dass sie nun da sei und ihn baldmöglichst sehen wolle. Es kam keine Antwort, konnte auch nicht, da der Geheimrat nicht anwesend war. Er hatte sich vorsorglich nach Jena zurückgezogen, wohin es ihn immer trieb, wenn er in Ruhe arbeiten und mit den Angelegenheiten des Hofes nicht weiter behelligt werden wollte. Den zu erwartenden Rummel rund um den Besuch der französischen Schriftstellerin wollte er sich vorerst ersparen. Germaine war verblüfft: Was, er war einfach nicht da? Selbigen Tags schrieb sie nach Jena und bekundete nochmals, ein wenig nachdrücklicher diesmal, ihr Anliegen. In äußerst galantem Französisch schrieb Goethe zurück, machte ihr seine Honneurs, doch übermittelte im Kern nur die Aussage, er sei beschäftigt und leider erkältet und könne derzeit nicht aus Jena weg. Gut also, meinte Germaine, dann komme sie eben nach Jena. Sie sei auch nicht anspruchsvoll; zwei Zimmer genügten ihr, wenn er ihr die irgendwo anmieten könne. Goethe antwortete, sie solle sich doch nicht den beschwerlichen Weg über die verschneite Landstraße zumuten. Er war etwas unmutig, konnte sich aber am Ende nicht drücken, denn zu seinen Pflichten als Hofangestellter und renommiertester deutscher Schriftsteller gehörte eben auch eine gewisse Repräsentanz. Der Herzog wünschte ebenfalls Goethes Anwesenheit, nachdem er die Baronin bereits am Tag nach ihrer Ankunft bei Hofe empfangen und ein großangelegtes Programm für sie vorbereitet hatte. Doch dazu brauchte er natürlich seine Poeten.

Schiller war sehr daran interessiert, von seinem Dichter-Kollegen Unterstützung und Beistand zu erfahren. Er sprach ein recht mangelhaftes Französisch und fühlte sich schon vorab überfordert, hier eine Weltrolle vor dieser Pariser Salondame spielen zu müssen, deren Ruf geradezu exorbitant war und mit seinem biederen, andererseits ätherisch-idealischen Frauenbild wenig zu tun hatte. Anlässlich einer Hofveranstaltung zu Ehren des französischen Gastes, zu der er notgedrungen erschien, hatte er sich in eine Galauniform geworfen und stand so steif in der Gegend herum, dass ihn Germaine für einen General hielt und erst im Laufe des Abends darüber aufgeklärt wurde, dass es sich um Friedrich Schiller handelte. Er kam aus kleinbürgerlichen schwäbischen Verhältnissen. Die Militärschule hatte ihn geprägt und gebeugt, auch so manche Entbehrung, und seinen Sinn fürs Idealische ins Unermessliche gesteigert. »Er ist ein großer hagerer Mann«, schrieb Germaine, »bleich und rothaarig, doch kann man bei ihm Physiognomie entdecken, was in Deutschland sehr selten ist. Er spricht sehr schlecht Französisch, doch seine Gedanken, und er hat welche, verschaffen sich immer Gehör. Sein Selbstgefühl besteht nicht, wie das der Franzosen, in Reizbarkeit oder Eitelkeit, sondern es steckt ganz in seinen Ansichten und streckt nicht grundlos den Kopf aus dem Fenster.«

Dass die Weimarer Geistesheroen sich übermäßig aus dem Fenster beugten, als die Staël auf dem Parkett erschien, kann man nun nicht gerade behaupten. Dabei hatten Zeitungsbulletins die bisherigen Stationen ihrer Deutschland-Reise in beinahe täglichen Meldungen begleitet – nicht immer ganz wohlwollend, sie galt ja als »Sansculotte«, als Republikanerin. Ihr Ruf als Literatin indes war in Deutschland wohlbegründet, nicht nur bei den Gelehrten, sondern auch in der breiten Bevölkerung, die mit Begeisterung ihre DELPHINE gelesen hatte, von der es zum Zeitpunkt von Germaines Ankunft in Weimar bereits die dritte deutsche Ausgabe gab. Germaine überraschte das, und es freute sie auch. Eine Woge der Begeisterung und der Sympathie schlug ihr in Deutschland nicht zuletzt von den Frauen entgegen, die sie selbst ja so bemerkenswert kultiviert fand. Auch ihre Eroberung des Weimarer Hofes war regelrecht furios. Die zurückgenommene und freudlose Herzogin Luise war von Germaine absolut angetan, und alle Befürchtungen, sie sei ein pedantischer Blaustrumpf mit dominantem Gehabe und schlechten Manieren, lösten sich allseits in Luft auf. Man fand sie natürlich bei all ihrem Geistesreichtum und ihrem beeindruckenden Auftreten, erfrischend, belebend und angenehm. Und die Dichter? Sie tauchten nach wie vor nur vereinzelt auf, und auch eigentlich nur, wenn sie mussten. Herder konnte nicht; er lag, als Germaine eintraf, auf dem Sterbebett und starb vier Tage später, am 18. Dezember. Goethe, das größte Objekt ihrer intellektuellen Begierde, hielt sie noch immer von Jena aus hin. Schiller mit seiner Angst, des Französischen nicht hinreichend mächtig zu sein, um der Besucherin seine ästhetischen Ideen erklären zu können, empfand es auch als überaus lästig, durch den anspruchsvollen Gast bei seiner Arbeit am Wilhelm Tell unterbrochen zu werden. Das völlig auf schriftstellerische Produktivität ausgerichtete Leben der Weimarer Dichter und Denker duldete solche gesellschaftlichen Unterbrechungen nicht. »Kauzig«, das war wohl das Wort, das Germaine einfallen musste, wenn sie ein solches Verhalten beurteilen wollte, das weder galant war noch im mindesten höflich. »Sie kommen zu einem Eremiten«, schrieb Goethe mit Selbstironie und in dem Bewusstsein, dass er es schon zu verhindern wisse, dass sie ihn aufsuchte. »Einsam zu leben, macht nicht liebenswürdig, aber im Denken stößt man weiter vor«, äußerte Germaine in einem Brief an den Journalisten Hochet. »In Jena, hier in der Nähe, leben sie wie Mönche der Philosophie, alle in ihren Klausen eingeschlossen, und studieren die antiken Schriftsteller Tag und Nacht. Der Gebildetste von uns ist hier ein Ignorant, und sie sind mit solchem Ernst bei der Metaphysik, daß es ihnen geht wie Archimedes, der nicht im Traum daran dachte, man könnte Syrakus einnehmen, während er ein Problem löste. [...] Voller Glauben an die Vervollkommnungsfähigkeit des Menschengeschlechts, kümmern sie sich nicht um die Gegenwart. Sie sagen, daß der Menschengeist in einer Spirallinie fortschreite, daß wir im Augenblick rückwärts gingen, doch daß das den Fortschritt nicht hindern werde, und mit dieser Idee völlig zufrieden, machen sie sich wieder ans Werk. Es sind so friedfertige und abstrakt denkende Philosophen, daß sie, bis auf wenige Ausnahmen, fast mit jeder Regierung auskommen könnten.«

Nun, Madame de Staël ließ sich nicht abschrecken und machte

sich frohen Mutes daran, die Dichter und Philosophen aus der Reserve, sprich: aus ihren Klausen zu locken. Da war noch der 70-jährige Wieland, der sich als überraschend liebenswürdig erwies, ein Kavalier der alten Schule und ehemals eleganter Rokoko-Schriftsteller, der antike mythologische Stoffe in galant-schlüpfrigem Ton behandelt hatte. Er sei eine feine Erscheinung, schrieb sie an Necker, und besitze einen an Voltaire geschulten Geist. Als sie schon abgereist war, schrieb er ihr nach Berlin, er sei für sie offenbar 30 oder 40 Jahre zu früh auf die Welt gekommen, was sehr bedauerlich sei, aber in einem auf Erinnerungen angewiesenen Alter könne er immerhin noch das Glück der Gegenwart einer Dame genießen, die den sublimsten und bezauberndsten Geist mit dem Herzen einer Schäferin Geßners vereinige. Solche gefälligen Worte hörte sie sonst nirgends in Weimar, aber selbst Schiller musste mittlerweile zugeben, dass die Vorurteile, die man gegen die Staël hatte, nicht gerechtfertigt waren. Er schrieb Goethe nach Jena, es sei kein falscher und pathologischer Zug an ihr; ihr schöner Verstand erhebe sich zu einem genialischen Vermögen. Trotzdem waren die Zusammenkünfte für ihn mit Bedrängnis verbunden, und er hätte wohl lieber darauf verzichtet, um stattdessen seinen WILHELM TELL fertigzustellen. Gesundheitlich nie voll auf der Höhe – er hatte sich in jungen Jahren ein Brustleiden zugezogen, von dem er nie richtig genesen war –, musste Schiller seine Produktionskräfte bündeln und die Arbeitsphasen nutzen, die ihm zu Gebote standen. Er arbeitete fieberhaft, schubweise, in unglaublicher Intensität, und er wusste im Stillen, er hatte nicht mehr viel Zeit (er starb gut zwei Jahre später, mit lediglich 45 Jahren). Seinem Freund Körner in Dresden berichtete er: »Mein Stück nimmt mir den ganzen Kopf, und nun führt mir der Dämon noch die französische Philosophin hierher, die unter allen lebendigen Wesen, die mir noch vorgekommen, das beweglichste, streitfertigste und redseligste ist. Sie ist aber auch das gebildetste und geistreichste weibliche Wesen, und wenn sie nicht wirklich interessant wäre, so sollte sie mir auch ganz ruhig hier sitzen. Du kannst dir aber denken, wie eine solche ganz entgegengesetzte, auf dem Gipfel französischer Kultur stehende, aus einer ganz anderen Welt hergeschleuderte Erscheinung mit unserem deutschen und vollends mit meinem Wesen kontrastieren muß. Die Poesie leitet sie mir beinahe ganz ab, und ich wundere mich, wie ich jetzt nun noch etwas machen kann. Ich sehe sie oft, und da ich mich noch dazu nicht mit Leichtigkeit im Französischen ausdrücke, so habe ich wirklich harte Stunden.« Eine Frau wie Germaine de Staël war dem Dichter aber auch in seinem Leben bisher noch nicht untergekommen. Im Gedicht bleiben bei ihm ja die Frauen, die himmlische Rosen ins irdische Leben weben, mit schamhafter Sitte in der bescheidenen Hütte, am Herd sitzend, »treue Töchter der frommen Natur«, während des Mannes wilde Kraft in der Welt herumschweift. Sofern dieses Frauenbild eine Konstante in seinem Denken und Fühlen bildete, waren die »harten Stunden«, die Schiller in Gegenwart der Staël erfuhr, nicht nur auf mangelnde Fertigkeit in der Fremdsprache gegründet.

Es ging Germaine in den literaturästhetischen Gesprächen aber nicht um den Streit und ums Rechthaben. Sie wollte die deutschen Konzepte verstehen, etwa die neueren Dramentheorien im Gegensatz zur Tragédie Classique rationalistischer Prägung, die ihr vertraut war. Von da aus führte der Weg nahtlos und stets in die neuere deutsche Philosophie, Schillers Kant-Rezeption, die im Zeichen des Strebens nach einer höheren Freiheit steht, in der Pflicht und Leidenschaft, Vernunft und Natur, Geist und Materie sich zu einer harmonischen Einheit verbinden. Doch Germaine de Staël schien sich auf diese letzten Seinsgründe mit transzendenten Verweisen nicht so recht einlassen zu wollen. Schiller berichtete: »In allem, was wir Philosophie nennen, folglich in allen letzten und höchsten Instanzen, ist man mit ihr im Streit und bleibt es trotz allen Redens. [...] Sie will alles erklären, einsehen, ausmessen, sie statuiert nichts Dunkles, Unzulängliches, und wohin sie nicht mit ihrer Fackel leuchten kann, da ist für sie nichts vorhanden. Darum hat sie eine horrible Scheu vor der Idealphilosophie, welche nach ihrer Meinung zur Mystik und zum Aberglauben führt, und das ist die Stickluft, wo sie umkommt. Für das, was wir Poesie nennen, ist kein Sinn in ihr; sie kann sich von solchen Werken nur das Allgemeine, Rednerische und Leidenschaftliche zueignen.« Ihm reichte es auch langsam, die einzige Angriffsfläche für ihre Dispute zu sein. Man müsse sich in ihrer Gegenwart, meinte er, ganz in ein Gehörorgan verwandeln, um ihr standhalten zu können. Seine Frau Charlotte bekannte: »Ich habe noch niemand so sprechen hören, so schnell, so ohne aufhören«, und all das stimmte Goethe nicht unbedingt positiv auf die Gesprächspartnerin ein. Viel mehr noch als Schiller verteidigte er das nicht Messbare und Bestimmbare in der Literatur, um die er selbst gerne einen alchemistischen Schleier hüllte, den er vor niemandem wegzog, selbst nicht vor Schiller, dem kongenialen Gefährten, mit dem er sich seit Jahren in einer Art Arbeitsgemeinschaft und in ständigem Austausch befand. Das Alchemistische im dichterischen Produktionsvorgang erlaubte seiner Meinung nach keine ausführlichen Vorab-Konzeptionen, so wenig wie rein systematische Bestimmungen im Nachhinein, und das Inkommensurable, nicht Messbare statuierte er schließlich auch für das Leben, in dem, so wusste er, die Rechnung nie aufging. Germaine de Staël, die in der Tat gehofft hatte, ein wenig Licht in das bringen zu können, was ihr von den Ansätzen dunkel schien, war merklich enttäuscht und notierte, den Deutschen gehe es gar nicht darum, Dinge zu klären und zu veräußern, sondern sie gefielen sich in ihren Dunkelheiten, die sie um sich herum wie Rauchwolken bildeten (ein offenbar überall passendes Bild). Ein wenig entlarvte sie das Ganze aber auch als Marotte. Als Französin konnte sie es sich gar nicht anders vorstellen, als dass Gespräche, auch über die höchsten Gegenstände, der Klarheit dienten, der Bewährung von Standpunkten, des gegenseitigen Ansporns im intellektuellen Wettbewerb oder eben der Kunst der Gesprächsführung als Selbstzweck verbaler Virtuosität. Hier aber war von alldem nichts vorhanden, da die Denker, wie sie schnell gewahr wurde, ganz individuell vor sich hin brüteten, sich selten austauschten und schon gar nicht die offene Bühne einer Salon-Geselligkeit kannten, wie sie in Frankreich jeden Schriftsteller in Konkurrenzdruck und ins Licht einer gnadenlosen Öffentlichkeit stellte. Das Publikum hier war dagegen geduldig und fügsam, die Konkurrenz kaum vorhanden, da jeder sein eigenes Süppchen kochte, »in friedlicher Anarchie«, und die Dichter und Denker, so schien es der Besucherin, waren letztendlich überhaupt nicht daran interessiert, wirklich verstanden zu werden, weil man ihnen damit ja ihre Individualität nehmen würde. Während es – Spitzen gegen die Kultur ihrer eigenen Heimat gab es in ihren Schriften genug – nach der Darstellung Germaine de Staëls in Frankreich vor allem darauf ankomme, dass man als Leser eines Werks keine Mühe nötig habe und bei der Morgenlektüre aufhasche, womit man abends in der Gesellschaft glänzen könne, sei es in Deutschland genau umgekehrt. »Die Deutschen, gerade auf die entgegengesetzte Weise fehlend, gefallen sich in Dunkelheiten: oft hüllen sie, was klar am Tage lag, in Nacht, bloß um den geraden Weg zu meiden. Sie haben einen solchen Widerwillen gegen gewöhnliche Gedanken, daß, wenn sie sich genötigt sehen, sie niederzuschreiben, sie sie mit einer abstrakten Metaphysik umgeben, die sie neu scheinen läßt, bis man sie erkennt. Die deutschen Schriftsteller genieren sich nicht mit ihren Lesern. Da ihre Werke wie Orakelsprüche aufgenommen und ausgelegt werden, so können sie sie in so viel Wolken hüllen, als ihnen gefällt. Die Geduld, dies Gewölk zu zerstreuen, fehlt niemals, aber am Ende muß sich dahinter doch eine Gottheit zeigen, denn, was die Deutschen am wenigsten dulden, ist getäuschte Erwartung.«

So fuhr Madame also fort, mit den Deutschen über das Unaussprechliche ambitionierte Gespräche zu führen. Sie engagierte sich einen jungen Engländer, der in Jena Philosophie studierte, um sie mit der idealistischen Philosophie etwas vertrauter zu machen – einem am »Common Sense« geschulten Briten traute sie die Aufgabe, Licht in das Dunkel zu bringen, anscheinend eher zu als den im Nebel wandelnden Quellen des Ursprungs. Henry Crabb Robinson erschien daraufhin regelmäßig am Wittumspalais und sprach mit ihr über Schelling, der Welt und Leben aus einem Absoluten deutete, in dem alle Gegensätze eins sind und aus dem sich die Natur zur Vielfalt auseinanderlegt. Subjekt und Objekt, Ideales und Reales lösen sich in diesem Absoluten, das in der Kunst ebenso erfassbar sei wie in der intellektuellen Anschauung, auf. Für Benjamin Constant sollten die Darlegungen zur Entwicklung einer eigenen Kunsttheorie führen, die in der berühmten und von den französischen Spätromantikern aufgegriffenen Formel »L'art pour l'art« (»die Kunst für die Kunst«) gipfelte.

Neben solchen Herausforderungen des Denkens boten die Galavorstellungen am Weimarer Theater, extra für den französischen Gast dargebracht, sowie die Hofgeselligkeiten Germaine de Staël hinreichende Ablenkung, um ihre heimischen Sorgen vorläufig einmal zu vergessen. Die Herzoginmutter lud sie und Benjamin fast jeden Abend zum Souper und anschließendem Kartenspiel ein. Die Damen des Hofes, neben der Herzogin und der Herzoginmutter auch die scharfzüngige Hofdame Luise von Göchhausen, Henriette Knebel oder Charlotte von Stein, Goethes ehemalige Geliebte, mit der er in eine höfliche Altersfreundschaft zurückgekehrt war, waren fasziniert von Germaine, die so viel Leben und Anmut in ihren kleinen Kreis brachte und die dabei so frei war, wie es für Frauen eigentlich keinerlei Vorbilder gab. Germaine richtete sich für einige Wochen in Weimar ein. Sie gab Auguste, der ja eventuell in Deutschland studieren sollte, in ein Weimarer Pensionat, damit er mit der deutschen Sprache vertraut wurde.

Endlich kam Goethe. Pünktlich zum Weihnachtsfest kehrte er nach Weimar zurück, allerdings nicht sehr gut gelaunt. Er war mit seiner Arbeit, einer Extrabeilage zur neuen JENAISCHEN ALLGEMEINEN LITERATURZEITUNG sowie einem Aufsatz über einen attischen Maler aus dem 5. Jahrhundert vor Christus, nicht fertig geworden, und außerdem machten ihm die dunkle Jahreszeit und das Wetter zu schaffen. Er sei »vom bösesten Humor«, schrieb er Charlotte Schiller, die die Geselligkeit um Germaine de Staël mit vorbereiten helfen sollte – er machte aber keinen Hehl daraus, dass ihm das jetzt gar nicht zupass kam. »Gerade zu einer Zeit, die mir die verdrießlichste im Jahre ist; wo ich recht gut begreife, wie Heinrich III. den Herzog von Guise erschießen ließ, bloß weil fatales Wetter war, und wo ich Herdern beneide, wenn ich höre, daß er begraben wird«, lamentierte er. Das italienische Klima, das er zwei Jahre lang in seinen mittleren Jahren genossen hatte, erfüllte ihn zeitlebens mit Sehnsucht. Es war wohl auch die Sehnsucht nach einem anderen Leben, die dabei mitschwang, denn das Leben, das er führte, war ein Leben voller Kompromisse. Die Zweiteilung seines großen Hauses am Frauenplan, heute noch zu besichtigen, macht es sehr deutlich: die hohen repräsentativen Räume, die fluchtartig ineinander übergehen, zur Straße hin, für den Besucherempfang, kühle Eleganz, Kunst und Geschmack ausstrahlend und seine beiden kleinen, fast dürftigen Zimmer zum Garten hinaus, in denen er arbeitete, dichtete, Botanik, Mineralogie und sonstiges trieb, dachte, experimentierte, sinnierte und schlief. Es gab wenig Verbindung zwischen der Geheimratsexistenz und dem Dichter, wenigstens nicht für relativ fremde Besucher, die von Goethes frostiger und formeller Erscheinung bei solchen Besuchen regelrecht abgeschreckt wurden. Seit fünfzehn Jahren lebte er mit einer sehr einfachen Frau zusammen, Christiane Vulpius, die nur einen recht isolierten und kreatürlichen Aspekt seines Liebesideals ausfüllen konnte, wie er es in seiner Dichtung beschwor. Wenn Gäste kamen, blieb Christiane in einem der Hinterzimmer, und gesellschaftsfähigere Damen wie Schillers Frau oder Charlotte von Stein übernahmen die Rolle der Gastgeberin. Das alltägliche Zusammenleben mit Christiane, die er später noch heiratete, die Enge einer Beziehung konnte er langfristig nur mit Hilfe quasi zweier getrennter Haushalte ertragen – auch diesem Zweck diente die Zuflucht in Jena, nebst einiger anderer Ausflüchte. Goethe wusste sehr gut, dass es nicht gerade die Lebensfreude war, zu der die Deutschen besonders begabt waren, und er wusste wohl auch, dass die Existenzform, für die er sich in dieser thüringischen Kleinstadt entschieden hatte, ihn auch beschränkte und sicher nicht allen Aspekten seines Wesens gerecht wurde. Die Dichter-Sternstunden und das Schweifen des Genius waren das eine; die unmäßige Fleißarbeit und sein Hang zur Verzettelung, all die von ihm betriebenen Wissenschaften, das Katalogisieren und Aufarbeiten, die Ministerämter, die auf ein umfangreiches Kulturamt zusammengeschmolzen waren, die Hofpflichten waren das andere – ein Verdienstleben eben, sehr protestantisch. »Wer immer strebend sich bemüht ...«, heißt es im FAUST. Zu Eckermann soll Goethe später gesagt haben, sein Leben sei immer nur Mühe und Arbeit gewesen, »das ewige Wälzen eines Steins, der immer von neuem gehoben sein wollte.«

Madame de Staël und Constant verbrachten den Weihnachtsabend bei Goethe. Das so lange erharrte und fiebrig erwartete Treffen wurde für Germaine jedoch ebenso zur Enttäuschung wie für zahllose andere Besucher vor ihr und nach ihr, die Jahr für Jahr an den Frauenplan pilgerten, um den berühmten WERTHER-Goethe, mit dem man ihn immer noch identifizierte, zu sehen. Goethe war 54, korpulent, gesetzt, geheimrätlich steif und in dieser Phase seines Lebens etwas desillusioniert. Die Pilger, die ihn heimsuchten und ihn als eine Art nationale Berühmtheit betrachteten, die man einmal im Leben gesehen haben musste, gingen ihm auf die Nerven, und wenn er sie sich schon nicht ganz vom Leib halten konnte, spielte er vor ihnen beinahe vorsätzlich die Rolle des steifen Geheimrats, dem nichts als Floskeln über die Lippen kamen, um sie abzuschrecken und möglichst schnell wieder loszuwerden. Sein Inneres zu bewahren, war ihm wertvoller und dringlicher denn je. Germaine schrieb am Tag nach der Zusammenkunft an ihren Vater: »Goethe verleidet mir das Ideal Werther. Er ist ein untersetzter Mann ohne Physiognomie, der sich wie ein Mann von Welt benehmen möchte, ohne daß es ihm ganz gelingt, und der nichts Sensibles besitzt, weder im Blick, noch in der Geisteshaltung, noch im Umgang.« Im Deutschland-Buch hieß es dann: »Im ersten Augenblicke erstaunt man, in dem Dichter des Werther Kälte, ja selbst eine Art von Steifheit zu finden; aber kann man ihn dazu bringen, daß er es sich bequem mache, so verscheucht die Beweglichkeit seiner Einbildungskraft bald gänzlich den früher empfundenen Zwang.« Germaine sorgte dafür, dass Goethe »es sich bequem machte«. Es dauerte zwar eine Weile, aber sie hatte Geduld und vor allem auch Hartnäckigkeit. »Il vous faut de la séduction« (»Sie brauchen die Verführung«), sagte sie ihm später verschmitzt, und sie bezog diese Aussage auf die Quelle seiner Inspiration, die im Kern erotisch war, in einem sehr weiten Sinn. Sie begriff viel von ihm, sie war wild entschlossen, soweit es nur eben möglich war, zu seinem Kern vorzustoßen, und sie ließ sich durch seine frostige Art, die nicht zuletzt auch eine Form von Selbstschutz war, keineswegs abschrecken. Goethe sträubte sich, er zierte sich; die Zusammenkünfte waren ihm eine lästige Pflicht. Wohl wissend, dass er es hier mit einer äußerst potenten Gesprächsgegnerin zu tun hatte, war er weder gewillt, sich in Bedrängnis und in eine Verteidigungshaltung bringen, noch sich ausnehmen zu lassen. Als er das Notizbuch sah, das Germaine auf ihrer Deutschlandreise stets mit sich führte, um Bemerkenswertes darin festzuhalten, versteinerte er. Gerade hatte er ein Buch über Rousseau gelesen, das aus Gesprächen hervorgegangen war, gegen deren Verarbeitung und Veröffentlichung das Gesprächsobjekt sich nicht hatte wehren können, und so etwas wollte er in seinem Fall gerne vermeiden. Es bedurfte Germaines ganzer Geschicklichkeit, um Goethe überhaupt zum Sprechen zu bringen. Drei Tage hatte sie dazu Zeit, bis sich ihr begehrtes Objekt vorerst wieder entzog. Sternstunden waren darunter, die sie so schnell nicht vergaß. Es gab ja doch eine Geistesverwandtschaft trotz aller Temperaments-, Mentalitäts- und Kulturunterschiede und trotz der Tatsache, dass Goethe ein recht traditioneller Mann war, der weibliche Genialität, ja allein weibliche Autonomie bei all seinen literarischen Iphigenias und Helenas im Leben nicht so gern gelten ließ und entsprechende Konfrontationen, die sich zum Glück selten ergaben, auch lieber vermied.

Mit erstaunlicher Intuition und Prägnanz erfasste Germaine de Staël Goethes Indifferentismus, der seine Gesprächspartner so häufig verstörte, das Mephistophelische und den Geist der Verneinung, eine Art Perspektivismus, der von keinerlei festen Grundsätzen ausging. »Er ist ein Mann von universellem Geiste; denn in seiner Unparteilichkeit liegt keine Gleichgültigkeit. Es ist vielmehr ein doppeltes Dasein, eine Doppelkraft, ein Doppellicht, welche bei allen Gegenständen zu gleicher Zeit beide Seiten einer Frage beleuchten. Sein Denken hält nichts in seinem Laufe auf, nicht sein Jahrhundert, nicht seine Gewohnheiten, nicht seine Verhältnisse.« Solche Einsichten und ihre tiefe Bewunderung hielten Madame de Staël aber keineswegs davon ab, sich dem Dichterfürsten auf Augenhöhe zu nähern. Sie hatte mit d'Alembert, Buffon und Diderot als Achtjährige im Salon ihrer Mutter Dispute geführt, und sie hatte auch jetzt keine Hemmungen, Goethe gegenüber ihre Ansichten über dramaturgische Mängel in seinen Stücken zu äußern – gerade war im Weimarer Nationaltheater die NATÜRLICHE TOCHTER gespielt worden. In ihrem Deutschland-Buch sollte sie später lakonisch feststellen, die zahlreichen »Fehler wider den guten Geschmack«, wie sie etwa im FAUST vorkämen, seien von Goethe gewissermaßen vorsätzlich hineingearbeitet, und zwar aus reinem Nonkonformismus und als bewusstes Stilmittel. Die Tragik des Geschehens und die Ungereimtheiten des Lebens blieben so in dem Stück ungeschönt stehen. Dennoch blieben es für die Französin stilistische und formale Ungereimtheiten. »Goethe hält es für unter seiner Würde, die dramatischen Situationen so zu handhaben, daß er sie zu theatralischen mache. Wenn sie nur schön sind, so genügt ihm dies, und er kümmert sich nicht weiter um das andere.« Beim Götz von Berlichingen habe er sich zum Beispiel noch nicht einmal die Mühe gemacht, das Stück in Verse zu setzen. Mit Genialität allein waren ihrer Meinung nach solche Stilbrüche und Ungereimtheiten nicht zu rechtfertigen, und im Übrigen sei das deutsche Publikum eben viel zu duldsam und unkritisch, sonst hätte es Goethe ja schon längst einmal auf dergleichen hingewiesen. Möglicherweise merke man das alles aber auch deshalb nicht, weil die Stücke in Deutschland in Ermangelung ausreichend guter Bühnen und eines hauptstädtischen Kulturlebens mehr gelesen als aufgeführt würden und sich deshalb in ihrer Dramaturgie zu selten bewähren müssten. Auch an Goethes Prosa hatte Madame das eine oder andere auszusetzen. In den Wahlverwandtschaften – sie erschienen erst 1809 – nehme die Beschreibung des Gartens der Landedelleute mehr als ein Drittel des Buches ein, »und danach hat man Mühe, von der tragischen Katastrophe bewegt zu werden.« Über den Wilhelm Meister und seinen Autor bemerkte sie: »Der Held seines Romans ist ein lästiger Dritter, den er, man weiß nicht warum, zwischen seinen Leser und sich gestellt hat.«

Also auch Goethe hatte, man kann es sich vorstellen, recht »harte Stunden« in Gegenwart dieser Besucherin, deren kritische Sicht sich gewiss auch in den Gesprächen so ähnlich kundgetan hat. Er konnte sich in der französischen Sprache sehr gewandt ausdrücken, doch Jacobi hatte Germaine schon gewarnt, der französisch parlierende Goethe sei ein ganz anderer als der deutsch sprechende, und er werde sich wohl so lange als möglich in gewandten Allgemeinheiten bewegen. Dass es dabei nicht blieb, beweisen Germaines sensible Urteile, die nicht nur auf die Lektüre von Goethes Werken gegründet sein können. In ihrer Dimension sind sie teilweise von kostbarer Seltenheit. Auch hatte sie ja einen Abstand zu ihm und war daher viel offener. »Goethe liebt es«, so schrieb sie, »in seinen Schriften wie seinen Gesprächen Fäden zu zerreißen, die er selbst gewebt hat, mit Rührungen zu spielen, die er selbst erregt, Statuen umzustürzen, die er zur Bewunderung aufgestellt. Kaum hat er in seinen Dichtungen Interesse für einen Charakter erzeugt, so zeigt er in ihm Inkonsequenzen, die wieder von ihm abziehen. Er schaltet mit der poetischen wie ein Eroberer mit der realen Welt und fühlt sich stark genug, wie die Natur Zerstörung in sein eignes Werk zu bringen. Wäre er nicht ein achtungswerter Mann, man müßte vor dieser Art Superiorität Furcht bekommen, die über alles sich erhebt, die niederdrückt und aufrichtet, erweicht und darüber spottet, wechselweise in einem Glauben befestigt und wieder daran zweifeln macht, und alles immer mit gleichem Glück.«

Was Goethe an den Ambitionen der Staël nicht behagte, war das Summarische, Abschließende, das sie ihm und seinen Kollegen, den Vertretern der klassischen deutschen Literatur, abforderte. »Sie wollte zu einer gewissen Tätigkeit aufregen, deren Mangel sie uns vorwarf«, schrieb er rückblickend in den ANNALEN, und da war er sich nun mit Schiller ganz einig, dies in mehrfacher Hinsicht als penetrant zu empfinden. Er war an keiner Außendarstellung seines komplexen Lebenswerks interessiert, die den Charakter eines leicht verdaulichen Kurzabrisses für die französische Öffentlichkeit hatte, ebensowenig wie an einer Veräußerung innerer Vorgänge, die seiner Meinung nach »nur zwischen Gott und dem Einzelnen zur Sprache kommen sollten«, sich aber bestimmt nicht als Thema für eine gesellige Plauderei eigneten. Hier lag der Zündstoff für Streit, und er verursachte leider auch Flammen. Germaine de Staël nahm keinerlei Rücksicht auf solche individualistischen Kaprizen ihrer Gesprächspartner. Alles, was von Bedeutung sei, meinte sie, müsse sich auch im Gespräch darstellen lassen, und wenn man das nicht könne, dann habe es auch nichts damit auf sich. Es war ein sehr einfacher Standpunkt. Auf ihren gewaltigen Redefluss, der die Damen des Hofes, die schließlich nicht in die Pflicht genommen waren, Rede und Antwort zu stehen, unterhielt und erbaute, reagierte Goethe häufig mit längerem Schweigen, was sie wiederum zur Weißglut brachte, da er ihr nicht auf die wünschenswerte Weise prompt und schnell antwortete. Einmal, bei einer Hofgeselligkeit mit allgemeinerer Unterhaltung schwenkte sie vom Thema der Festnahme des Generals Moreau durch Bonapartes Konsulatspolizei zu irgendeinem beliebigen anderen Konversationsthema, was Goethe nicht mitmachen wollte, da ihn die Nachricht betroffen stimmte. Da bemerkte sie, er sei wieder dunklen Sinns wie gewöhnlich, und man könne überhaupt nicht mit ihm plaudern. Goethe war daraufhin höchst empört und soll geäußert haben: »Sie sind unfähig zu jeder wirklichen Anteilnahme. So von einem Thema zum anderen zu schweifen, und zwar von einem, das mich berührt, zu einem, das mich überhaupt nicht interessiert, ist wie die Tür zu meinem Haus einzuschlagen.«

Germaine de Staël verehrte Goethe, je tiefer sie in sein Werk einstieg, umso mehr. Alle Hauptzüge des »deutschen Genius« – Ideentiefe, Anmut und Einbildungskraft sowie eine ans Phantastische streifende Empfindungsfähigkeit – vereinigten sich in einem, so meinte sie, ausgezeichneten Grade in ihm. Sie wusste auch, dass Goethe die Grenzen der Gattungen, der Moden und der Epochen wie auch der Nationalität sprengte und überragte. Vor der FAUST-Dichtung mit ihrer Menschheitsrepräsentanz stockte ihr förmlich der Atem – obgleich solche Bewunderung sie nicht davon abhielt, in der Titelfigur nicht minder belustigt den typischen Deutschen zu sehen: einen Stubengelehrten ohne Weltläufigkeit mit tragischem Potenzial. Ebenso sei es beim TASSO: Ein solcher Konflikt zwischen poetischem und geselligem Leben konnte, meinte sie amüsiert, nur in Deutschland entstehen, wo die in der Einsamkeit wirkenden Dichter die rauhe Außenluft schlecht vertrügen. Ihre Verehrung war für Germaine de Staël einfach nicht losgelöst von ihrer Kritikfähigkeit und von ihrer offenen und natürlichen Art, eine Begegnung zur fruchtbaren Wechselbeziehung gestalten zu wollen. Mit ihrem Auftreten in Weimar und mit ihrer unbefangenen, für die Gewohnheiten der Umgebung provokanten Gesprächsführung betrieb sie auch etwas Olympierentthronung, was sie nur tun konnte, weil sie von draußen hereingeschneit kam und weil sie den Standards dieses heroischen Ortes ein hinreichendes Bewusstsein ihrer selbst entgegenzusetzen hatte. Ihrem Vater schrieb Germaine Anfang Februar: »Der bedeutendste Mann hier ist ohne jeden Zweifel Werther Goethe, aber er hat ein Selbstgefühl, das ebenso bizarr ist wie seine Phantasie. Er glaubt, auf übernatürliche Weise inspiriert zu sein. Er ist Spinozist und steht an der Spitze einer neuen Philosophie, deren Anschauung dies ist; er glaubt nämlich, daß die ideale und die reale Welt nur ein Gedanke ist, der Gott ist, und er meint, diesem Gedanken näher zu sein als irgendeiner sonst, so daß man im Gespräch nie weiß, ob man nicht, ohne es zu wollen, seine Ich-Frömmigkeit verletzt.« Zeugen dieser für den Dichterfürsten so unbequemen Streitgespräche berichten, die Diskurse hätten mit einer gegenseitigen Verneigung geendet. Ein wenig Vertrauen muss an irgendeinem Punkt dieser Begegnungen schließlich auch von Goethes Seite entstanden sein, denn er machte Germaine de Staël das intime Geständnis, er habe sich in Deutschland sein Lebtag nicht amüsiert. Vielleicht hätte Germaine unter normalen Umständen versucht, ihn nach Paris mitzunehmen, in ihr aufgewirbeltes Leben, doch zu ihrer lieben Heimat hatte sie ja leider selbst derzeit keinen Zugang.

Fast schockiert, auf jeden Fall mit barem Unverständnis nahm die Staël folgenden Tatbestand über Wieland, Goethe und Schiller zur Kenntnis: »Diese drei Männer, zumal die beiden letzteren, lesen nicht eine einzige Zeitung.« So war sie nun also, die Weimarer »Gelehrtenrepublik«: ein einzigartiges Sammelbecken von tiefen und neuen Ideen, ein Laboratorium, belebt vom Genius der Begeisterung, fern von der wirklichen Welt, doch unter der väterlichen Regierung eines aufgeklärten und gebildeten Fürsten, der alle Freiheit seinen Untertanen gebe, so Germaine, »außer Würde, Charakter und Interesse an politischen Dingen«. Auch Benjamin fühlte sich wohl hier, hatte sich in Weimar gebildet, viel aufgenommen und bedauerte es etwas, als die Abreise anstand. Germaine schrieb an Wieland: »Die Weimarer Welt bewegt sich ganz und gar im Sinne der Schellingschen Philosophie: es ist die Ruhe oder vielmehr der Schlaf des Idealen im Realen.«

Glanz und Gloria

Berlin und eine dramatische Abreise

August Wilhelm Schlegel
»Wer mich in diesem ganzen Berlin interessiert hat? Der berühmte Prinz Louis? Nein. Einer von den hiesigen Granden …? Nein. Ein Professor, ein deutscher Professor! Was sagen Sie dazu, liebe Freundin? Finden Sie nicht, daß ich in Deutschland schon etwas heruntergekommen bin, und werden Sie mich jetzt nicht aufziehen, als wäre ich keine Pariserin mehr? Wenn Sie auf ein Interesse aus Koketterie hinaus wollen, davon kann keine Rede sein, und ein einziger Blick auf seine Gestalt wird Sie davon überzeugen.« – »Er ist sechsunddreißig, klein und ziemlich häßlich, wenn er auch sehr ausdrucksvolle Augen hat.« Germaine in Briefen an ihre Cousine und ihren Vater

Der Kontrast konnte größer kaum sein: Aus dem idyllischen Weimar kam Germaine de Staël Anfang März in die preußische Hauptstadt. Hier gab es alles, was eine Stadt ausmachte: breite Boulevards und die Prachtstraße Unter den Linden, moderne Gebäude, eine großzügige Architektur, einen glänzenden Königshof und das Leben einer Metropole, doch Germaine sehnte sich von Anfang an nach Weimar zurück. Den besonderen Ort, der ihr in Form einer »literarischen Provinz« erstmals die Vorteile kleinstädtischen Lebens bekannt gemacht hatte, würde sie immer in schöner Erinnerung behalten. Als Germaine in Berlin eintraf, plante sie für die Rückreise im Juni einen weiteren dreiwöchigen Aufenthalt in Weimar. Doch es kam anders.

Benjamin hatte sich in Leipzig von ihr getrennt und war Richtung Lausanne abgereist. Die Tage vor seiner Abreise waren für beide angsterfüllt und emotional aufgeladen gewesen. Ihre Beziehung war von psychischen Abhängigkeiten geprägt. Benjamin kämpfte um seine innere Freiheit. Er fühlte sich nach all den Jahren erdrückt, in ein ihm nicht gemäßes Leben gezogen, vereinnahmt. Die Möglichkeiten dieser komplizierten und ballastreichen Verbindung waren weitgehend erschöpft. In Leipzig ließ Constant sich von Germaine noch einmal Schwüre ewiger Liebe abringen. Er schwöre, so hieß es da in einer schriftlich fixierten Erklärung, nie eine andere Frau zu heiraten und Madame de Staël nie zu verlassen. Beide klammerten sich mit Erklärungen dieser Art, abgefasst in der Fremde, auf Reisen, zwischen Schneestürmen, aufgeweichten Landstraßen und kargen Wirtshauszimmern, in einem für Germaine noch immer unabsehbaren Exil, an einen Strohhalm, um sich die unvermeidliche Trennung nicht vor Augen halten zu müssen. Freiwillig und kampflos ließ Germaine de Staël allerdings keinen Mann gehen.

In Berlin wurde Germaine auf die rasanteste Art und Weise zerstreut. Es war ein Triumphzug unvergleichlicher Art, den sie hier antrat, ein Feuerwerk der Ereignisse, Geselligkeiten, Empfänge und Begegnungen, ein Gesellschaftserfolg, der ihrer Eitelkeit wohltat, sie aber auch nachdenklich stimmte. So sollte sie, schrieb sie an ihre Cousine Madame Necker de Saussure, eigentlich in ihrem Vaterland empfangen werden – alles, was sie in Deutschland erlebte, auch das Positive, war Salz auf der Wunde ihres Heimatverlusts. »Es gibt ein deutsches Wort«, hatte sie noch aus Weimar geschrieben, »*Heimweh,* das das schmerzliche Verlangen ausdrückt, heimzukehren, die Krankheit der Schweizer; sie hat mich befallen.« Man solle aber, schrieb sie stets in ihren Briefen, ihre Erfolge im Ausland ausführlich nach Frankreich tragen und vor allem Bonaparte zukommen lassen.

Kaum in Berlin angekommen, wurde Germaine in die höfischen Festivitäten gezogen, die mit dem Geburtstagsball für die junge Königin Luise ihren absoluten saisonalen Höhepunkt erreichten. Germaine beschrieb diesen Ball ganz genau: das Festprogramm, die geschmückten Säle, die eleganten Toiletten der Damen, den prächtigen Schmuck. Germaine de Staël war der Ehrengast dieses Abends. »Ich hoffe, Madame«, sagte die Königin zu Germaine, »Sie werden merken, daß wir genügend guten Geschmack haben, um durch Ihre Anwesenheit in Berlin geschmeichelt zu sein.« Auch der König machte ihr Komplimente. Die Berliner Zeitungen hatten die Ankunft der Madame de Staël als großes Gesellschaftsereignis angekündigt, und dieses fügte sich in die ausgleitende Festsaison des preußischen Hofes. Nur wenige Tage nach dem Geburtstagsball gab es ein Maskenfest, zu dem sich zweitausend Menschen im Theatersaal versammelten. »Während des Soupers am Tisch der Königin ist, glaube ich, halb Berlin an mir vorbeigezogen, um mich zu sehen, und wenn Berühmtheit ein Vergnügen ist, so habe ich es jetzt reichlich gekostet«, schrieb Germaine ihrem Vater. Mit den Vergnügungen ging es dann vier Wochen lang ununterbrochen weiter. Eine Festivität folgte der anderen, täglich, fast stündlich. Am 7. April protokollierte Germaine einen typischen Wochenablauf: »Heute diniere ich bei einem Bruder des Herzogs von Braunschweig, und am Abend soupiere ich bei der Prinzessin Luise; morgen dinieren bei mir: Prinz Belmonte, der Gesandte Rußlands, Müller und Brinkmann; am Abend soupiere ich bei dem Gesandten von Bayern; Montag diniere ich bei dem Gesandten Rußlands und soupiere bei dem Gesandten Spaniens, etc.« Sie hatte aber nach diesen vier Wochen auch schon gänzlich genug von all dem Glimmer und von dem Treiben der großen Gesellschaft. Es besaß einen schalen Nachgeschmack und war ein fragwürdiges französisches Imitat, ohne ans Original heranreichen zu können. Erst in Berlin nahm Germaine de Staël eigentlich auch die große Kluft zwischen Geist und Gesellschaft zur Kenntnis, die sie als symptomatisch für Deutschland empfand. »Die Denker sind dem Irdischen entrückt, auf Erden findet man nur Grenadiere.« Es gebe am preußischen Hof keine Männer, meinte Germaine lakonisch, sondern nur Generäle, deren Auftreten am Hof sich von dem in der Kaserne lediglich dadurch unterscheide, dass sie in Gesellschaft nicht rauchten. An Goethe schrieb sie: »Das hier ist ein Land, das die Phantasie nicht in Bewegung setzt, die Gesellschaft ist auf preußische Weise aufgereiht.« Dass Friedrich der Große seine Regierung auf militärische Macht *und* auf bürgerliche Gerechtigkeit gegründet habe, stellte die Staël in ihrem Deutschland-Buch als unüberbrückbaren Widerspruch dar. Der militärische Geist habe in Preußen alle Begeisterungsfähigkeit der Bevölkerung und jede von innen empfundene Vaterlandsliebe getilgt, regelrecht ausgetrocknet. Friedrichs hochgepriesene Toleranz sei in Wahrheit nur ein kalter Zynismus gewesen, der weder patriotische Gefühle bei den Menschen hervorbringen konnte noch im mindesten dem deutschen Charakter entsprach. Treuherzigkeit, Ehrlichkeit, Rittergeist und Zynismus – das passte nun wirklich nicht. Und schließlich prangerte Germaine de Staël Friedrichs Franzosennachahmung an. Er habe seine Untertanen als Ausländer betrachtet, die Sprache des Landes verschmäht und die deutsche Dichtkunst darüber ganz schmählich vernachlässigt – wenn er auch, räumte sie ein, zu seiner Zeit noch nicht ahnen konnte, zu welchen parnassischen Höhen sich die teutonischen Dichter einmal aufschwingen würden. Ein deutscher Fürst solle jedoch alles Deutsche fördern und nicht die Blüten und Auswüchse einer fremden Kulturnation nachahmen. »Friedrich hatte zur Absicht, Berlin Paris ähnlich zu machen« – und das klang in der preußischen Hauptstadt immer noch nach. Die Besucherin empfand es als Selbstverleugnung des Landes und stellenweise als peinlichen Zerrspiegel. »Frivolität ohne französische Grazie ist etwas ganz Unerträgliches, und da die Deutschen ihrer Natur nach nicht frivol sind, wirkt ihre Heiterkeit so trist, daß man fortwährend versucht ist zu fragen: ›Aber warum tun Sie denn so?‹« Da musste dann mitunter der Alkohol den Mangel an Heiterkeit und an natürlicher Grazie ersetzen, wohl auch dabei helfen, die Lücken der Langeweile in der nüchternen Atmosphäre zu schließen. Der berühmte und verführerische Prinz Louis Ferdinand von Preußen – Germaine gab es mit einigem Befremden zum Besten – war jeden Abend betrunken, was seiner verführerischen Erscheinung ihrer Meinung nach einigen Abbruch tat. Nach dem reichhaltigen Souper, »zu dem die Männer so viel trinken, wie ihnen ihr Mahl erlaubt«, spreche er immer mit schwerer Zunge, so dass sie es vorziehe, ihm morgens ein Rendezvous zu gewähren – »und das ist der deutsche Lovelace!«

Dann gab's noch ein Missgeschick, das der Französin beinahe die Gunst des Hofes entzogen hätte. Die sechsjährige Albertine, vom Temperament ihrer Mutter sehr ähnlich und ebenfalls wenig von übertriebener Ehrfurcht gebeugt, hatte auf einem Kinderball den preußischen Kronprinzen geohrfeigt und ihn einen Rotzbalg genannt. Germaine war entsetzt, entschuldigte sich hochoffiziell und setzte ihr Töchterchen vorläufig unter Zimmerarrest. Das Königspaar kommentierte, das komme eben von einer republikanischen Erziehung, war wohl etwas verschnupft, nahm den Vorfall aber nicht weiter ernst. Friedrich Wilhelm III. persönlich ließ das Kind dieser bemerkenswerten »Republikanerin« schließlich aus seiner »Haftung« befreien.

Als Französin repräsentierte Germaine de Staël selbstverständlich ihr Land, war aber als Gegnerin Bonapartes bekannt, mit dem der preußische Staat vor Jahren einen Separatfrieden ausgehandelt hatte, was nicht bedeutete, dass Preußen nicht (so wie andere deutsche Staaten auch) die Macht des Korsen fürchtete und ihr auch grollte. Sie war eine der Vorkämpferinnen des Liberalismus, die in Paris auf die Barrikaden gegangen war, und nun ließ sie sich am preußischen Königshof feiern, zwischen Königen, Prinzen, Diplomaten und einer Handvoll kleiner deutscher Duodezfürsten, deren Reiche Napoleon wie Planeten um die eigene imperatorische Sonne gruppieren und realiter ausschalten wollte. Germaine war der Meinung, Napoleons Despotismus sei zumindest durch die mitverschuldet, die sich nicht gegen ihn auflehnten – also auch die europäischen Mächte, in diesem Fall Preußen mit seiner 1795 durch den Sonderfrieden von Basel erlangten Neutralität. Sie ging mit dieser Meinung nicht gerade hausieren, doch sie vertrat sie – und die sie Umgebenden wussten das auch. Die Neutralität Preußens und anderer kleinerer Staaten, die sich angeschlossen hatten, bis zur Niederlage 1806 durch die Schlacht bei Jena und Auerstädt brachte unter anderem die eigentlich »klassischen« Jahre in Weimar hervor, das »klassische Friedensjahrzehnt«, die Zusammenarbeit zwischen Goethe und Schiller, ein beruhigtes Zurücklehnen, Sinnieren und Denken in den Staaten Mittel- und Norddeutschlands, während das linke Rheinufer an Frankreich abgetreten war und anderswo die Koalitionskriege wüteten.

Im Dezember 1804, ein gutes halbes Jahr nach dem Triumphzug der Madame de Staël in der preußischen Hauptstadt, krönte sich Napoleon Bonaparte in der Kathedrale Notre Dame in Paris zum Kaiser der Franzosen. Auf Verlangen Napoleons legte Kaiser Franz II. von Habsburg daraufhin die deutsche Kaiserkrone nieder. Zwei Jahre später zerfiel Deutschland in drei größere politische Einheiten: Österreich, Preußen und den »Rheinbund«, der an Napoleons Empire geknüpft war. Johann Wolfgang Goethe kommentierte rückblickend in den ANNALEN recht trocken: »Indessen war der Deutsche Rheinbund geschlossen und seine Folgen leicht zu übersehen; auch fanden wir bei unserer Rückreise in den Zeitungen die Nachricht: das Deutsche Reich sei aufgelöst.« Im Tagebuch hatte er am 6. und 7. August 1806 unmittelbar vermerkt: »Abends um 7 Uhr in Hof. Nachricht von der Erklärung des Rheinischen Bundes und dem Protektorat. Reflexionen und Diskussionen. Gutes Abendessen … Zwiespalt des Bedienten und Kutschers auf dem Bocke, welcher uns mehr in Leidenschaft versetzte als die Spaltung des Römischen Reiches.« Dass dieses Reich zerfiel, war aber in der Tat gar nicht so wesentlich – es war ohnehin nur noch ein Konstrukt.

Der Separatfrieden und damit der Schlaf dauerten jedoch noch an, als Germaine in Berlin war. Was die Politik im Großen und Ganzen angehe, berichtete sie, so herrsche hier überall nur ein einziges Stillschweigen – abgesehen von Nachrichten wie der von der Ermordung des Herzogs von Enghien, die, schrieb sie ihrem Vater, bei den Hiesigen einen Anflug von Scham auslösen mussten (sie führte das Stillschweigen teilweise darauf zurück). Der Vorteil war immerhin, stellte sie fest, dass sie sich in Gesellschaft wenig in Acht nehmen musste, um sich nicht zu gefährden. Die Gesprächsthemen waren derart neutral und die Art des Umgangs so unkapriziös, dass sie gewissermaßen ihr gesamtes Arsenal einer lebenslangen geselligen Bühnenpräsenz in den Zentren der Macht und der Meinung ablegen und sich einfach von einer Zerstreuung und Einladung zur nächsten treiben lassen konnte – gleichsam ein passiver Akt. Germaine langweilte sich. Sie hatte hier keine Herausforderung. Jeden Tag: Ankleiden, Essen, Trinken und Kartenspielen. Unter zweihundert Personen, meinte sie, sei mitunter kein einziger, der einem etwas zu sagen habe, und sie ähnelten im Übrigen einander derart, dass man ihr den einen oder anderen wohl zehnmal vorgestellt hatte und sie ihn doch nicht wiedererkannte. Die Gelehrten, die Ausländer und die Mitglieder des diplomatischen Corps nahm sie von dieser Einschätzung aus. »Lebte ich in Deutschland«, so schrieb sie an Goethe (der Berlin auch nicht mochte), »würde ich mich sicher nicht in einer Großstadt niederlassen. Die Deutschen verstehen es nicht, aus einer Großstadt Vorteil zu ziehen. Man sucht sich seine Gesellschaft hier nicht aus, man vergrößert sie. Man weiß hier kaum mehr von politischen Nachrichten, dagegen tausendmal mehr von Klatsch und Tratsch.« Und: »Die Frauen hier müssen über die Tatsache, daß sie altern, ganz erstaunt sein, denn sie sagen und tun sechzig Jahre lang immer dasselbe. Die Zeit sollte nicht fortschreiten, wenn die Gedanken, die Gefühle und die Umstände stecken bleiben.« Die geheimnisvolle Atmosphäre der Zeitlosigkeit, die sie in Weimar erlebt hatte, war eben nur in der geistigen Sphäre dieses besonderen Ortes berechtigt. Sobald die Zeitlosigkeit in prosaischen Gefilden stattfand, war sie nur Stagnation.

Die Zeit ihrer Ankunft war in dieser Hinsicht etwas ungünstig gewählt. Der frühromantische Kreis, der sich in Jena gerade aufgelöst hatte, war vorläufig noch in alle Winde zerstreut oder stand kurz davor, sich in Berlin neu zu formieren. Hegel war in Jena geblieben. Schelling lehrte in Würzburg. Schleiermacher hatte einen Lehrstuhl in Halle. Novalis, noch keine 30, war tot. Die Zeit Brentanos, Arnims und E.T.A. Hoffmanns war noch nicht gekommen, und Kleist lebte unbekannt in Berlin. Friedrich, der jüngere Schlegel-Bruder, beendete im April einen längeren Paris-Aufenthalt, und Ludwig Tieck befand sich zur Zeit in Italien. Einen aber traf Germaine, einen Poeten und Philologen; er wurde zu ihrer bedeutendsten deutschen Eroberung, und so nahm sie ihn im Anschluss an ihre Reise, als Souvenir sozusagen, gleich mit nach Coppet: August Wilhelm Schlegel. Seine Gelehrsamkeit in literarischer Hinsicht beeindruckte Germaine ganz ungemein. Er war Literaturkritiker, Sprachforscher, Vermittler der europäischen Literaturen und hatte zu dem Zeitpunkt, als Germaine de Staël ihn in Berlin kennenlernte, bereits sein Meisterwerk, seine geniale Shakespeare-Übersetzung, auf die wir heute noch zurückgreifen, vollendet. Er war ein Sprachgenie; er übersetzte Dante, den Portugiesen Camoes, Cervantes und Caldéron. Schlegel sprach ausgezeichnet Französisch, und er stand der Baronin mit seinem Wissen zu Diensten, das heißt, er zierte sich nicht wie die anderen deutschen Gelehrten. Er war ein Fundus, ein wandelndes Lexikon. Der deutsche Professor und die französische Schriftstellerin waren fast gleichaltrig, und August Wilhelm hatte ein Faible für abenteuerlustige, zugleich sinnliche und geistreiche Frauen, die in einer Beziehung die Führung übernahmen. Er hatte eine gescheiterte Ehe hinter sich; vonseiten der Frau war diese Ehe nur auf Freundschaft gegründet gewesen, und sie hatte ihn wegen eines anderen verlassen – die Frau war Caroline Böhmer, geborene Michaelis, sein Nachfolger war der Philosoph Schelling. Als August Wilhelm Schlegel sich in wenigen Tagen, ja innerhalb weniger Stunden entschloss, in Berlin alle Brücken abzubrechen, sogar eine universitäre Lehrverpflichtung und ein nicht abgeschlossenes Liebesverhältnis mit Tiecks Schwester Sophie Bernhardi, um mit Madame de Staël in etwas unklarer Stellung als Gesellschafter, Privatgelehrter und Erzieher ihrer Kinder – gut bezahlt allerdings – die nächsten 13 Jahre durch Europa zu ziehen, spielte er unter anderem auch die undankbare Rolle des verschmähten Liebhabers. Germaine wusste das. Sie war weltklug genug, um sich der Tatsache bewusst zu sein, dass Schlegel mit ihr kam, weil er sich unter anderem mehr von der Verbindung erhoffte. Sie war ja nun auch nicht gerade als prüde bekannt, und die Beziehung mit Benjamin, was die Umgebung auch spürte, war wie so oft schon in Auflösung begriffen. Aber Schlegel – nein, als Liebhaber zog sie ihn gewiss nicht in Erwägung. Er war in ihren Augen ein typischer deutscher Professor: etwas pedantisch, empfindlich, aber bieder und treu, eine rechtschaffene Seele mit einer mehr als billigen und ihm selbst nicht unbedingt förderlichen Neigung zu selbstloser Anhänglichkeit; kein Mann, der sie reizen konnte. Germaine brauchte Schlegel für etwas anderes, denn sie plante ein Buch über Deutschland. In Weimar hatte sie es dem klatschsüchtigen Gymnasialdirektor Böttiger als Skizze unterbreitet, und diese sah nach der Wiedergabe des Chronisten folgende Dreiteilung vor:

1. Sitten und was den Deutschen daran noch mangelt (Zerstörung des Adelsmonopols für Hofleben, Plaisanterie, wahrer Umgang mit Frauen)
2. Literatur (schwächste Seite: das Theater). Die Deutschen herrschen in der Kritik. Großes Lob der deutschen Gelehrten, die hoch über die aller andern Völker emporragen.
3. Philosophie; voraus ein Glaubensbekenntnis über das, was ihr dahin zu gehören scheint. Hohes Lob der kantischen Moral, die den Eudämonismus und Eigennutz stürzt.

Derselbe Böttiger, den Goethe übrigens wegen seiner Hansdampf-in-allen-Gassen-Mentalität »Magister Ubique« nannte, hatte sieben Jahre zuvor einen Schwung Pariser Zeitschriften an August Wilhelm Schlegel nach Jena geschickt, der mancherlei karikaturistische Zerrbilder vom wilden Liebesleben und von der politischen Rolle Germaine de Staëls während der Umbruchsjahre in der französischen Hauptstadt enthielt. Anlass zu dieser Briefsendung war der Austausch des Staëlschen Buches Über den Einfluss der Leidenschaften gewesen. »Bey der Frau v. Staël, deren Buch ich richtig zurückbekommen habe«, schrieb Böttiger, »fallen mir die giftsprudelnden Pariser Royalisten und ihre Ausfälle gegen die schwangere Ambassadrice ein. Vielleicht macht es Ihnen Spaß, das Rüsthaus dieser Satanspfeile, die Quotidienne, selbst zu lesen. Ich lege Ihnen daher die neuesten Blätter bey, und kann sie Ihnen oder Ihrer Frau Gemahlin auch in der Folge allezeit schicken, wenn Sie Behagen daran finden.« Na, wenn das nicht Männerphantasien beflügelte und eine hinreichende imaginäre Vorbereitung für den braven Professor Schlegel war, um neugierig auf die Dame zu sein! Schlegels Dichterkollege, der ewig von sexueller Not gepeinigte Zacharias Werner, der schließlich sogar in seiner Verzweiflung zum Katholizismus übertrat, was aber auch nicht half, schrieb einmal über Germaine de Staël: »Ihr Körper, ohne nymphenhaft schlank zu sein, ist wollüstig schön ... zumal Brust und Nacken. Man vergißt alles zu Rügende über ihren herrlichen Augen, in denen eine große göttliche Seele nicht nur strahlt, sondern feuerflammt.« Doch bei allen Feuerflammen: August Wilhelm Schlegel war keine zur Tragik neigende Natur. Er blieb der, der er war, ein deutscher Professor; und als er nach dem Tode der Madame de Staël wieder nach Deutschland zurückkam, hielt er hier wieder Collegia wie vor diesen dreizehn unruhigen und ereignisreichen Jahren, gleichsam, als sei nichts geschehen.

Wider Willen geriet Germaine de Staël bei ihren Interaktionen und Bemühungen um Kontakte mit deutschen Gelehrten auch zwischen die Fronten des akademischen Kleinkriegs. Schon der Jenaer Kreis war durch solche Querelen auseinandergebrochen. Die Auseinandersetzungen zwischen Schiller und Friedrich Schlegel samt Schillers persönlich kolorierten Tiefschlägen gegen Caroline Böhmer-Schlegel, die zwischen den Schlegel-Brüdern stand und die Schiller nur die »Dame Luzifer« nannte, haben stellenweise Seifenoper-Niveau. Doch der ältere Schlegel und Wieland waren auch nicht gut aufeinander zu sprechen, desgleichen August Wilhelm und der Erfolgsautor Kotzebue, bei dem Germaine in Berlin lange vergeblich antichambrierte. Auch in den Höhen der Philosophie waren die Empfindlichkeiten groß und überaus folgenreich: Fichte und Kant hatten seit 1799, als Kant sich gegen Fichte erklärt hatte, völlig miteinander gebrochen, woraus der Bruch Fichtes auch mit

Reinhold, Schelling und Jacobi erfolgt war. Germaine de Staël korrespondierte nach wie vor mit Jacobi, der ihr von Hamburg aus eigene Werkauszüge schickte und bemerkte, im Anschluss an seine Version werde es ihr sicher sehr leichtfallen, die Lehren Fichtes, Schellings und Kants zu beurteilen – sie solle das aber um Himmels willen für sich behalten. Germaine quittierte all diese Empfindlichkeiten mit verständnisloser Verwunderung. In Paris wären solche Dinge die Pikanterie eines einzigen Abends und am nächsten Morgen vergessen gewesen, hier hatten sie einen jahrelangen verbissenen Kleinkrieg zur Folge. An Wieland schrieb sie: »Ich habe, wie es sich für eine Ausländerin, die interne Querelen nicht kennt, geziemt, Schlegel und Kotzebue in dasselbe Zimmer gesteckt, und zu Schlegel, für den ich ein Faible habe, sagte ich, daß er nicht Ihnen, sondern sich selber Unrecht täte, wenn er die in Europa bekannteste deutsche literarische Persönlichkeit angriffe.« Wieland antwortete, einigermaßen entsetzt, Madame de Staël möge in Zukunft bitte nicht mehr zu seinen Gunsten bei Schlegel sprechen. »Eitel und dünkelhaft, wie er ist, wird er sich einbilden, ich hätte um Ihre Unterstützung und Ihre Fürsprache bei ihm ersucht.« Sie möge die Angelegenheit möglichst nie wieder erwähnen, weder Schlegel noch ihm gegenüber. Madame schrieb ihm: »Ich trauere der Zeit nach, da Deutschlands Gelehrte und Literaten nur miteinander wetteiferten. Wie gesagt, man muß Franzose sein, um sich Beleidigungen an den Kopf zu werfen; man muß aus dem Lande stammen, wo alles schnell vergessen ist.« Sie selbst war da anders, sie vergaß schnell, sie war überhaupt nicht empfindlich. Bedenkenlos trat sie zum Angriff an, verfolgte mit großer Hartnäckigkeit ihre Ziele und scherte sich wenig darum, wenn man sie zurückwies. Da kannte sie selbst eine dünnere Luft, in der sie bislang bestehen musste. »Sie hat hier eine Menge Derbheiten ausgeteilt und empfangen«, urteilte ein Zeitgenosse dieser Berliner Tage. Diejenigen, die bereit waren, sich der Neugier der Besucherin hinzugeben, seien entweder gutmütig genug oder von eigener Neugier getrieben gewesen, oder aber sie versprachen sich von den Zusammenkünften bei der prominenten Dame eine Auffrischung ihres sinkenden Rufes – solche drängten sich, so hieß es, fast täglich zu ihr. Man mokierte sich allerdings ein wenig darüber, wie oberflächlich sie offenbar an die ehrwürdigen Gedankengebäude der Philosophen heranging, Systeme, die das teils mehrfach modifizierte Resultat von Jahrzehnten intensiver Denkarbeit waren. Henriette Herz, die sich während des Berlin-Aufenthaltes der Frau von Staël gerade in Trauer um ihren Gatten befand und ihren berühmten Salon aus diesem Grunde geschlossen hatte, berichtete in ihren Lebenserinnerungen: »Ihr (Madame de Staëls) unersättlicher Durst nach Vermehrung ihrer Kenntnisse ließ ihr keine Ruhe, aber ihre Sucht, den subtilsten Geist, welcher aus den Tiefen der Wissenschaft aufsteigt, im Fluge von der Oberfläche wegzuhaschen, war schon bei ihrer Anwesenheit in Berlin Gegenstand leichten Spotts, und dieser blieb ihr nicht immer verborgen. Prinz August fragte sie einmal in meiner Gegenwart. Ob sie denn nun schon glücklich in den Besitz der ganzen Fichte'schen Philosophie gelangt sei? ›Oh, j'y parviendrai!‹ (›Oh ja, es wird mir gelingen!‹) antwortete sie mit großer Entschiedenheit, zugleich aber auch mit einer Schärfe des Tons, welche bewies, daß sie die Meinung des Fragenden wohl verstanden hatte. Mit dieser Fichte'schen Philosophie hat sie manche gute Leute nicht wenig gequält. – Ich begegnete eines Tages dem Professor Spalding, dem Philologen. ›Ach‹, rief er mir schon in der Entfernung einiger Schritte entgegen, ›morgen steht mir ein saueres Diner bevor. – Im Laufe desselben soll ich ein Werk, das ich nicht ganz verstehe, in eine Sprache übertragen, die mir nicht geläufig ist.‹ – Und es ergab sich, daß er zu Frau von Staël eingeladen war, um ihr beim Diner so nebenher ein philosophisches Werk Fichtes in französischer Sprache beizubringen.«

Die unmittelbare Begegnung Germaine de Staëls mit Fichte brachte schließlich eine zeitlose Anekdote hervor. Der Philosoph, der im Ganzen sechzehn verschiedene Fassungen seiner Wissenschaftslehre entwarf, hatte gerade seinen ersten Vorlesungszyklus an der Berliner Universität beendet, in welchem er seine Ich-Philosophie weiteren Fragestellungen unterzog. Das empirische Ich ist – so heißt es in den GRUNDLAGEN von 1794 – wie die erscheinende Welt nur Vorstellung eines beide konstituierenden Bewusstseins; sie sind Geistzustände eines zugrundeliegenden Geistes, des »absoluten Ich«, welches, um sich zu realisieren, das heißt seine Möglichkeiten zur realen Anschauung zu bringen, sich im Bewusstsein in Welt – Nicht-Ich und Individualbewusstsein-Ich spaltet, beides aber als Bewusstsein umfasst und beinhaltet und damit alle Realität ist: absolutes Sein. Im zweiten Vortrag des gerade beendeten Zyklus hieß es unter anderem, es sei also ganz evident, »daß einer solchen Philosophie der Unterschied zwischen Sein und Denken, als an sich gültig, durchaus verschwindet« sowie »daß kein Sein ohne Denken sei.« Wieland hatte sich bereits vor diesem Zusammentreffen besorgt erkundigt: »Darf ich Sie fragen, Madame, ob Fichte das Französische mühelos genug spricht, um sich mit Ihnen über Dinge der Spekulation unterhalten zu können?« Das war eindeutig nicht der Fall; der arme Fichte war vor diesem Treffen genauso gedrückt wie vorher Spalding in seiner Vermittlungsfunktion. Doch es kam noch ärger, da die temperamentvolle Französin den Philosophen nur gebieterisch und ohne jedwede Rücksicht in das ungeheuerliche Tempo ihrer Muttersprache hineinzog. Sie verlangte außerdem, er möge ihr bitte recht kurz, knapp und verständlich, »in einer Viertelstunde zum Beispiel«, eine Art Idee oder Aperçu seines Systems geben, so dass er ihr sein »Ich« erkläre, worüber sie leider völlig im Dunkeln sei. Die Begegnung fand im Hause des schwedischen Gesandten, Baron Brinckmann, statt, und die Gäste erinnerten sich lange und ausgiebig an diese Szene, die zunächst ein peinliches Schweigen begleitete. Fichte schluckte und begann seine Darlegungen. Er gab sein Bestes, stockend in der französischen Sprache, doch Madame de Staël schöpfte die Viertelstunde, die sie dem Philosophen gegeben hatte, noch nicht einmal aus, sondern unterbrach ihn bereits nach zehn Minuten mit den Worten: »Ah! Das reicht, ich verstehe, ich verstehe Sie sehr gut, Monsieur Fischt.« Sein sich selbst setzendes Ich könne ja wohl hervorragend mit einem der Kunststücke des Barons von Münchhausen illustriert werden: als dieser nämlich in einen Sumpf gefallen war, sich selbst am eigenen Schopfe herauszog und sich somit ans andere Ufer warf. So verblüffend diese Pointe auch sein mochte – und selbst Fichte konnte nicht sagen, dass sie so grundsätzlich falsch war –, bei ihm und den Umstehenden blieb dennoch vor allem der Eindruck zurück, dass diese Frau die Deutschen einfach nicht ernstnahm.

Etwas pauschal fasste Germaine de Staël die neuere deutsche

Geistesströmung unter dem Begriff »Spinozismus« zusammen. Der Begriff war in aller Munde. Spinozas Gott-Natur, sein Deus sive natura erfuhr dabei eine Akzentverschiebung von einer ursprünglich rationalistischen zu einer mehr emotional-voluntaristischen Ausrichtung. Was dabei rezipiert wurde, war vor allem der Pantheismus-Gedanke: dass Gott in den Dingen ist. Von Gott sprach Germaine de Staël eher selten. Unter dem Begriff »Spinozismus«, in diversen Kurzfassungen und Abrissen durch unterschiedliche Leute vermittelt, dürfte sie schließlich auch etwas anderes verstanden haben als Goethe, Jacobi, Schleiermacher, Fichte, Schelling oder Lichtenberg, der damals voraussagte, die Universalreligion der Zukunft werde geläuterter Spinozismus sein. Für Germaine de Staël war es vermutlich vor allem ein Synonym für eine Zwei-Welten-Theorie, die Annahme eines idealen Bereichs, einer Vorstellungswelt neben der Sinnenwelt, die aus ihrer Sicht ein Faszinosum mit obskuren Tendenzen sein musste. Constant sah es nicht anders. Einen Monat später, im Mai, vermerkte er in seinem Tagebuch: »Die französische Philosophie, die sich ausschließlich durch die Erfahrung begreift und die neue deutsche Philosophie, die nur das *a priori* ergründet, können sich einander einfach nicht erklären.« Bei beiden, Constant und Germaine de Staël, blieb Ratlosigkeit zurück, so sehr sie sich auch von den schillernden Denkwelten angezogen fühlten und von dem Bewusstsein durchdrungen waren, dass es sich hierbei um wirkliche geistige Originalität handelte. An Hochet schrieb Germaine, man müsse sowohl die Poesie als auch die Ästhetik, die Philosophie der Deutschen studieren, um in der Literatur neue Ideen zu bekommen – »die unsrigen sind verbraucht«, meinte sie.

Am 18. April erhielt Germaine im Hause der Prinzessin Radziwill die Nachricht, ihr Vater sei schwer erkrankt. In Wahrheit war er bereits seit acht Tagen tot, doch die Kurierpost brauchte über eine Woche von Coppet nach Berlin. Germaine verlor auf die Nachricht hin völlig die Fassung. Die düsteren Vorahnungen am Beginn ihrer Reise hatten auch mit den Sorgen um ihren Vater zu tun. Das einzige, was sie während der vergangenen Monate beruhigen konnte, waren Briefe von ihm, die ihre Sorgen über seine Gesundheit zerstreuten. In Weimar hatte sie diese schlimmste Befürchtung, sie würde Necker nicht wiedersehen, ganz und gar überwältigt, sodass sie ihrer Cousine kurz darauf schrieb: »Ich habe mein Herz in jenen drei Tagen gründlich geprüft und deutlich gespürt, daß mein ganzes Leben von ihm abhängt und daß es für mich keine Erinnerung ohne ihn gibt, keinen Gedanken, der nicht mit ihm in Verbindung stünde. [...] Das zu denken ist traurig, denn die Natur will nicht, daß man jemand, der so viele Jahre älter ist, so sehr liebt.« Keine ihrer Männerbeziehungen reichte auch nur im Entferntesten an die Bindung zu ihrem Vater heran. Am 7. April hatte sie ihm geschrieben: »Lieber Freund, ich habe Kraft für alles und gegen alles, solange du mir sagen kannst, daß Du Dich gesund fühlst.« Necker erhielt diesen Brief nicht mehr. Als man Germaine in Berlin, inmitten von Einladungen, Tanz und Soupers, die Nachricht von seiner Erkrankung überbrachte, ahnte sie von Anfang an, was sie tatsächlich bedeutete. »Er ist tot!«, schrie sie, wohl wissend, wie wenig aktuell die brieflichen Nachrichten waren. Nachdem man sie oberflächlich beruhigt hatte, da doch niemand Genaueres sagen konnte, brach sie zur Rückreise auf. Schlegel begleitete sie. Ein spontaner Entschluss, Mitleid auch mit der entsetzlichen Verfassung der Freundin, entschied über die nächsten dreizehn Jahre seines Lebens. In Weimar machte der traurige Reisezug wieder Station. Constant war schon angekommen. Er war am Sterbebett Neckers zugegen gewesen und war gleich zurückgereist, atemlos, halsbrecherisch; in nur knapp einer Woche hatte er Weimar erreicht, wo er auf Germaine wartete. Doch es fehlte ihm am Ende der Mut, um ihr die furchtbare Wahrheit zu sagen.

»Mein Vaterland und mein Vermögen ...«

Aufbruch ins Dauer-Exil

Germaine mit der Büste ihres Vaters

»Ich habe meinen Beschützer und Freund verloren, den Menschen, den ich am meisten geliebt habe und der für mich das schönste Gefühl hegte. Das väterliche Haus existiert für mich nicht mehr, und mein Vaterland ist mir verschlossen. Ich war nahe daran, meinem Leben ein Ende zu machen, und ich weiß noch nicht, ob ich das Dasein werde ertragen können. Wenn Sie mir nicht die Möglichkeit geben, meine Freunde wiederzusehen, glaube ich nicht, daß ich die Kraft habe, gegen mein Leid anzukämpfen. [...] Ich lebe hier in einer Gruft, die, wenn meine Verbannung kein Ende nimmt, wirklich bald die meine sein wird.«

Germaine in einem Brief an Joseph Bonaparte

In Weimar erfuhr Germaine de Staël die schlimmste Nachricht ihres Lebens, den Tod ihres Vaters, überbracht von der Hofdame Luise von Göchhausen, die man zu dieser traurigen Aufgabe bestimmt hatte. Luise war eine geistreiche und verständige Frau. Aufgrund ihrer körperlichen Missbildung waren ihr galante Tändeleien, Liebe und Ehe versagt, und sie hatte am Weimarer Hof die Rolle der wortwitzigen Unterhaltungskünstlerin und Hofnärrin übernommen, die ihre Umgebung erbaute. Sie wusste, was Entsagung war und die Maske des Heiteren, Spöttischen über dem inneren Abgrund. So fand sie gewiss taktvolle Worte, um Germaine die unvermeidliche Wahrheit zu sagen. Schlegel beschrieb die schreckliche Szene, bei der er zugegen war, Germaines bodenlose Verzweiflung: »Sie fiel mit einem zerreißenden Schrei zu Boden … Man mußte ihr die Arme halten, um allzu gewaltsame Bewegungen zu verhüten. So schrie sie fast besinnungslos fort. Man konnte ihr kaum etwas von den stillenden Mitteln beibringen, da sie alles von sich stieß … Mit großer Mühe vermochte man sie endlich, sich ins Bett bringen zu lassen … Um halb fünf etwa waren wir angekommen, erst gegen neun wurde sie etwas ruhiger … denn zuvor hatte sie sich unaufhörlich die bittersten Vorwürfe über ihre Reise und Entfernung gemacht. – Gegen Nacht trat eine große Erschöpfung ein; Constant, von seiner Reise ermüdet, ließ sich überreden, zu Bett zu gehen, und ich wachte. Sie konnte die Augen nicht auf wenige Sekunden schließen, ohne mit Zuckungen wieder aufzufahren; erst gegen Morgen hatte sie eine Viertelstunde Schlaf.«

Mit Constant teilte sich Schlegel in diesem akuten Zustand Germaines die Beschützerrolle. Es kam aber schon im Verlauf der kommenden Tage zu Eifersüchteleien zwischen den beiden Rittern, die andauern sollten. Über Germaines intime Beziehung zu Constant war Schlegel nicht voll im Bilde – er hätte sich sonst wohl kaum ernsthafte Hoffnungen gemacht –, und Constant witterte umgekehrt in dem Deutschen die Konkurrenz, die in erotischer Hinsicht völlig unbegründet war. Schlegel wusste das nicht; er hoffte eben. August Wilhelm half gerne Frauen in der Not. Dies war geradezu sein Verhängnis, denn seine Hilfe wurde auch hier nicht mit Liebe belohnt. »Sie waren unglücklich«, schrieb er Germaine später im Rückblick auf diese Krisenzeit, die seinen Entschluss, ihr zu folgen, begünstigte, »und alles war in einem Augenblick entschieden.«

Am Tag nach dieser furchtbaren Nacht war Germaines Zimmer voll von Besuchern, die ihr Beileid bekundeten. Die Bekundungen waren konventionell; die wenigsten konnten Germaines abgrundtiefen Schmerz wirklich verstehen. Doch die Geselligkeit, die ja ihr Lebenselixier war, selbst in dieser Form, gab ihr Kraft und die Möglichkeit zur Entäußerung. Necker sei nicht nur ihr Vater gewesen, rief sie Henry Crabb Robinson zu, sondern *ihr Bruder, ihr Kind, ihr Gatte, ihr alles …* So mancher Deutsche konnte mit solchen heftigen Szenen Germaines nicht viel anfangen und hielt sie für theatralisch, für posenhaft. Selbst August Wilhelm Schlegel war davon einigermaßen frappiert und wusste nicht recht damit umzugehen. Constant hielt Schlegels Zurückhaltung für mangelnde Sensibilität – weit gefehlt. Er selbst, Benjamin, hatte am Sterbebett Neckers gesessen und überbrachte der Trauernden jetzt alle Einzelheiten der letzten Tage und Stunden: wie Necker seine Ärzte gebeten hatte, sein Leben noch um sechs Tage zu verlängern, damit er seine Tochter noch einmal wiedersehen konnte, dass seine letzten Worte ihr galten und dass er sie – auch andere bezeugten das – für ihre Abwesenheit sanktionierte, da er selbst ja diese Reise gebilligt und sie in Briefen immer wieder ermuntert hatte, sie zu genießen und Vorteile daraus zu ziehen. Nach dem Ende hatte Constant in Coppet in sein Tagebuch geschrieben: »Monsieur Necker ist tot. Was wird jetzt aus seiner Tochter? Welche Verzweiflung für die Gegenwart! Welche Verlassenheit für die Zukunft! […] Arme Unglückliche! Wenn ich mich an ihren Schmerz und ihre Unruhe vor zwei Monaten erinnere und mir dann ihre helle Freude vorstelle, die nur von so kurzer Dauer sein sollte! Es wäre besser, zu sterben, als solches Leid zu ertragen. Und der gute

Necker, wie sehr bedaure ich ihn! Er war so vornehm, so liebevoll und so rein! Er hatte mich gern. Wer wird jetzt für seine Tochter sorgen?« Es liegt eine verstörende Dynamik in dieser eigenartigen Vater-Tochter-Beziehung, aus der Germaine de Staël so viel kreative Kraft zog, dass ihr langjähriger Lebensgefährte sich fragen konnte, wie die fast Vierzigjährige nach dem Tod ihres Vaters weiter bestehen sollte.

Mit zwei Wagen, einem Pferdekurier, sieben Pferden und elf Personen inklusive Dienern begann die Gesellschaft am 1. Mai ihre Rückreise in kleinen Etappen. An die Weimarer Herzogin schrieb Germaine: »Madame, ich gehe, ich verlasse Weimar, wo mein Glück zu Ende ging.« Ohne Vater und Vaterland brach sie auf zu einem dauerhaften Exil. Im Gegensatz zu den atemlosen Anfahrten nach Weimar ließ man sich jetzt für die Reise sehr viel Zeit. Man schonte die Trauernde und versuchte sie zu zerstreuen. Im Wagen wurde gesprochen, gelesen, aus dem Deutschen ins Französische übersetzt, diskutiert. Für Augenblicke erlangte Germaine ihre frühere Teilnahme wieder, wenn ihre beiden Beschützer in ihrem wechselseitigen Bemühen, sie abzulenken, erfolgreich waren und sie ins Gespräch ziehen konnten. Doch der Schmerz legte sich jedes Mal wieder wie eine düstere Wolke auf ihre Seele und ihre Miene; die Zerstreuungen hielten nie lange an.

Über Meiningen führte die Reiseroute nach Würzburg, wo die Gesellschaft Station machte. Hier lebte inzwischen Schlegels Ex-Frau Caroline mit Schelling. Während Germaine für sich blieb und niemanden sehen wollte, stattete Schlegel zusammen mit Benjamin dem Ehepaar einen Besuch ab. Über Caroline schrieb Schlegel: »Sie schien geneigt, alle Bitterkeit der Erinnerung auslöschen zu wollen und war bei meinem Abschiede gerührt.« Dabei hatte August Wilhelm eigentlich sehr viel mehr Grund zur Bitterkeit. Das Drama und Beziehungsgeflecht der Jenaer Romantiker in ihren verwirrenden Paarkonstellationen hatte damals halb Deutschland beschäftigt, und sogar Goethe war in die Angelegenheiten eingebunden worden; er hatte sich am Ende dafür eingesetzt, dass Caroline sich von Schlegel scheiden lassen und Schelling heiraten konnte. »Frau Luzifer«, wie Schiller sie abschätzig nannte, hatte ein bewegtes Leben hinter sich, und wenn Germaine zu diesem Zeitpunkt nicht in einer so verheerenden Verfassung gewesen wäre, hätte sie diese Frau durchaus interessieren können. Die Tochter des Göttinger Altertumswissenschaftlers Michaelis hatte sich 1793 in die Turbulenzen der »Mainzer Republik«, der ersten Republik auf deutschem Boden, gestürzt, mit fast tödlichem Ausgang und unter Einbuße ihres moralischen Rufes. Georg Forster, der deutsche Jakobiner, Kosmopolit, Wissenschaftler und Weltumsegler, war mit Carolines Jugendfreundin Therese Heyne verheiratet und begeisterte Caroline für die revolutionären Ideen. Als Mainz nach nur drei Wochen in die Hände des Absolutismus zurückfiel, wurde Caroline gefangengenommen. Sie war außerdem schwanger – von einem jungen französischen Offizier. »Meine Existenz in Deutschland ist hin«, bekannte Caroline nach ihrer Haftbefreiung, als man sie zur Straßendirne und Revolutionsnärrin herabwürdigte. August Wilhelm Schlegel, der alte Freund aus Göttinger Zeiten, rettete sie aus dieser Not. Zusammen mit den Schlegel-Brüdern ging Caroline nach Jena, heiratete August Wilhelm und wurde später zum weiblichen Mittelpunkt des romantischen Kreises. Auch in ihrer Verbindung mit dem zwölf Jahre jüngeren Schelling übernahm Caroline, die Lebenssichere und Instinkthafte, eine mütterliche und führende Rolle – eine häufige Konstellation in den Lebensexperimenten der frühen Romantiker.

Benjamin Constant, der Schelling in Würzburg zum ersten Mal sah, notierte: »Niemals hat ein Mensch einen so unangenehmen Eindruck auf mich gemacht. Ein kleiner Mann mit einer Stupsnase, mit starrem, scharfem und unruhigem Blick, mit geringschätzigem Lächeln und einer harten Stimme. [...] Der Gesamteindruck ist der eines schlechten Charakters; sein Geist scheint eine Mischung aus französischer Geckenhaftigkeit und deutscher Metaphysik zu sein.« Constants harte Urteile dieser Art erstreckten sich auch auf andere deutsche Gelehrte, die in den kommenden Jahren Coppet bevölkerten; die Urteile waren ein wenig stereotyp. Auf der Weiterfahrt ab Würzburg nahm er sich dennoch die Schellingsche Schrift PHILOSOPHIE UND RELIGION vor und gab schließlich zu: »Er (Schelling) ist sicher ein kühner und bedeutender Gelehrter, trotz seiner Fehler, die ich auch jetzt nicht übersehe.« Die Gespräche im Wagen, die schließlich auch dazu dienten, die Atmosphäre der

Trauer und der Verzweiflung zu bannen, endeten mehrere Male in einem handfesten Streit. Constant und Schlegel stritten sich über Don Quichotte, über Kunst im Allgemeinen und Poesie im Besonderen und über Fragen der Religion, über alles und nichts, wenn man will, und trotz aller akademischen Wertschätzung waren die beiden Herren wechselseitig der Meinung, dass der andere ein Störenfried sei und verzichtbar. Die Stimmung war aufgeheizt. Auf Schweizer Boden wechselte Germaines ungewohnte Lethargie in eine Getriebenheit, die in Panik ausartete. In Zürich traf sie mit ihrer Cousine zusammen, die die letzten fünf Monate an ihrer statt mit Necker verbracht hatte – ein weiterer Zusammenbruch der verzweifelten Trauernden angesichts dieses Treffens und die letzte Etappe der traurigen Heimfahrt. Albertine Necker de Saussure schilderte: »Wenn die Niedergeschlagenheit des Schmerzes an die Stelle der heftigen Ausbrüche getreten war, so bat uns Frau von Staël, im Wagen unter uns ein Gespräch zu führen, wie es schien, weil das Geräusch der Worte es ihr leichter machte, ihre Gewalt über sich selbst zu behaupten. Herr von Schlegel begleitete sie nach der Schweiz, und da sie, sobald sie nur irgend Meisterin ihrer selbst war, sich mit der Aufmerksamkeit für Andre beschäftigte, so wünschte sie, er möchte sich vortheilhaft zeigen, und deutete ihm in ein paar Worten einen Gegenstand des Gesprächs an. Nach solchen Aufforderungen entwickelte uns Herr von Schlegel eine große Menge neuer Ansichten, und wenn die Unterredung sich belebte, so geschah es zuweilen, daß Frau von Staël, von ihrem Talent ergriffen, plötzlich in das Gespräch einging. Indem sie von Deutschland, von den Menschen, den Systemen, der Gesellschaft erzählte, entfaltete sie ein Feuer, eine Schönheit des Ausdrucks, die außerordentlich waren; tausend glänzende Schilderungen folgten einander, bis sie, wie von einer mörderischen Klaue aufs neue gefaßt, unter die Herrschaft des Schmerzes zurücksank.« Auf der letzten Wegstrecke von Nion nach Coppet musste Germaine regelrecht ruhiggestellt werden – man gab ihr »Reizmittel«, so hieß es, um Ohnmachten vorzubeugen.

»Bey dem ersten Rasseln auf dem Steinpflaster des Schloßhofes«, so Schlegel, »fuhr sie wie vor einem Donnerschlag zusammen, sie stieg nicht, sie stürzte aus dem Wagen, und nie habe ich ein herzzerreißenderes Geschrey gehört als das womit sie halb besinnungslos von ihren Bedienten in das Haus getragen ward. Dieser Zustand dauerte mehrere Stunden, bis endlich einige aufgedrungne Arzneyen ein wenig die körperliche Ruhe herstellten. Indessen fand sie gleich Stärke genug in sich, die Papiere ihres Vaters zu lesen.« Damit blieb Germaine für den Rest dieses Sommers beschäftigt. Inmitten von Geselligkeit (denn anders konnte Germaine gar nicht sein), indem das Leben auf Coppet weiterging wie gewohnt – die Gäste spielten hier und in diesem Fall ganz speziell ein wenig die Rollen von Statisten –, stürzte sie sich in die Aktivität, um den Schmerz zu betäuben und weiterzuleben. Indem sie sein Werk sichtete und in eine letztgültige Ordnung brachte, blieb Germaine schließlich auch noch mit ihrem Vater verbunden. Sie veröffentlichte auch eine Schrift mit dem Titel DU CARACTÈRE DE M. NECKER ET DE SA VIE PRIVÉE, eine Art Nachruf, der mehr für sie selbst als für die Öffentlichkeit bestimmt zu sein schien.

In ihrer Verzweiflung, die eine andere Dimension bekommen hatte, nachdem Coppet, der Ort ihres stets unfreiwilligen Rückzugs, nicht mehr mit dem Zusammensein mit dem geliebten Vater verbunden war, sondern nur noch Exil, Einöde, zeigte sich Germaine nun bereit, dem Ersten Konsul alle denkbaren Konzessionen zu machen, um sich nur irgendwie die Rückkehr nach Frankreich zu sichern. An Hochet, der Sekretär in der Sektion des Inneren war, schrieb sie, er möge an den Präsidenten der Inneren Sektion, den Comte Regnault, weiterleiten, dass sie sich gegen die Dynastie der Bourbonen und für die gegenwärtige Dynastie ausspreche. Diese jedoch verweigere ihr standhaft zwei Dinge: »mein Vaterland und mein Vermögen« (Letzteres respektive: die Leihgabe von zwei Millionen).

Germaine war nun 38 Jahre alt, und der Tod ihres Vaters war die größte Zäsur in ihrem Leben. Sie zog Bilanzen und tätigte eine akribische Nachlassverwaltung, die deutlich über das hinausging, was ihr als Erbin des väterlichen Vermögens zu tun blieb. Es war wie ein Abschluss des eigenen Lebens. An Benjamin schrieb sie am 1. November, vor einer Reise, einen erschütternden Brief, in dem sie ihn bat, sich im Falle ihres Todes um ihre Kinder zu kümmern – er solle den Kindern dann auch diesen Brief zeigen, wenn es soweit sei. Das gemeinsam gekaufte Haus in der Rue des Mathurins gehöre ihm; lebenslang stünden ihm sämtliche Einkünfte daraus zu, und er solle das Anwesen anschließend ihrer gemeinsamen Tochter Albertine hinterlassen. »Adieu, lieber Benjamin, ich hoffe wenigstens, daß Sie, wenn ich sterbe, in meiner Nähe sein werden; leider habe ich meinem Vater nicht die Augen geschlossen. Werden Sie die meinen schließen?« Doch soweit war es noch nicht.

Schlegel richtete sich im Schloss im »Blauen Zimmer« zwischen der Bibliothek und dem Zimmer der Knaben ein, nutzte die Bibliothek als Studierkabinett, unterrichtete die Kinder nach einem mit Germaine abgesprochenen Lehrplan und genoss die Natur. Das Klima sei mild und die Aussicht auf den Genfer See und die Alpenkette vortrefflich, schrieb er an Sophie Bernhardi. Er schien seinen vorschnellen Schritt nicht zu bereuen. Sein Bruder Friedrich warnte ihn aus der Ferne, dass diese bezahlte Hofmeisterstelle bei der Frau von Staël seinen Ruf schädige. Er solle gefälligst ein Verhältnis mit der Baronin zustandebringen, damit seine Stellung an ihrer Seite eine andere sei. August Wilhelm dürfte diesen gut gemeinten brüderlichen Ratschlag mit dem Gedanken quittiert haben: »Nichts lieber als das!« Constant mochte ihn nicht. Immer wieder gab er beißende Kommentare über August Wilhelm Schlegel ab, die seinen gewohnten Spott noch weit überstiegen. In seinem Tagebuch hieß es: »Schlegel hat einen merkwürdigen Charakter. Dauernd beschäftigt er sich mit sich selbst, und immer ist er verzagt. Er ist ein Mensch, der ungeheuer eitel ist, und aus dieser Eitelkeit entspringen alle seine guten wie schlechten Eigenschaften; seine Begeisterung, seine Initiaitive und seine Weichheit. Wenn ihn einmal seine Eitelkeit verläßt, z.B. beim Herannahen einer Gefahr, weil dann die physische Natur wieder die Oberhand gewinnt, so reißt diese Eitelkeit alles, was dazu gehört, hinweg, und es bleibt nichts übrig als der Charakter, *ein Stubengelehrter, den ein Leben zwischen seinen vier Wänden schwach an Leib und Seele gemacht hat.*« Schlegel trieb ausgiebig Sport in Coppet, sofern es nur irgend das Wetter erlaubte. Er wanderte, ging bei schwachem Wind im See schwimmen und lernte sogar Reiten – doch bei all seinen Bemühungen und obwohl er sicher am Ende dieses ersten Sommers in Coppet weniger bleich aussah als vorher: Es half alles nichts; er wurde ganz einfach nicht der Mann von Weltläufigkeit, Eleganz und Vitalität, den Germaine de Staël anziehend fand. Seine hochgeschlossene und steife Erscheinung mit dem gestärkten Vatermörder um den Hals, den korrekt gekämmten und gescheitelten Haaren, dem etwas aufgedunsenen Gesicht und dem versonnenen Blick zwang ihn einfach in eine andere Rolle, und die behagte ihm wenig. Er hatte zudem das Gefühl, dass Germaines Umgebung sich gegen ihn verschworen habe und ihn als Eindringling empfinde, als den, der zuletzt gekommen war und kein Anrecht auf den unmittelbaren Dunstkreis der Hausherrin hatte. Die vielen Besucher im Schloss störten ihn, Germaines schonungslose und manchmal neckende Art in Gesprächen beleidigte ihn, und wenn er es wieder einen ganzen Tag nicht erreichte, mit ihr allein zu sein, zog er sich schmollend in sein Zimmer zurück. In den Privatgemächern der Schlossherrin wehte dagegen ein anderer Wind: Hier lieferte sie sich mit Benjamin häufig ebenso leidenschaftliche wie furchtbare Szenen, die bis in die Morgenstunden andauern konnten. August Wilhelm bekam diese wohl mit und wusste nun, dass Germaine mit Benjamin auf andere Weise verbunden war als mit ihm, der für sie nur ein wandelndes Lexikon war. Es gab aber noch andere schmachtende Liebhaber auf Schloss Coppet, die genauso wenig zum Zuge kamen wie Schlegel: etwa Karl Viktor von Bonstetten aus dem nahe gelegenen Nyon oder Jean-Charles-Léonard Sismondi, den späteren Autor des sechzehnbändigen Werks GESCHICHTE DER ITALIENISCHEN REPUBLIKEN DES MITTELALTERS. Beide hatte Germaine intellektuell aufgebaut und zu publizistischen Tätigkeiten angeregt. Im Falle Bonstettens sprach Constant einigermaßen frivol von literarischer Selbstbefriedigung, derer sich der Arme offensichtlich bediene, seit Germaine seine Schriften gelobt und in einem Pariser Magazin besprochen hatte, woraufhin er es selbst nicht mehr lassen konnte, darüber zu reden. Als Germaine in diesem Sommer einmal einen Tag in Genf verbrachte und ihre Verehrer allein ließ, notierte Constant: »Bonstetten, Schlegel, Sismondi und ich haben wie die Schuljungen, deren Lehrer fortgegangen ist, zusammen zu Mittag gegessen. Eine unglaubliche Frau! Wie sie ihre Umgebung beherrscht, ist völlig unerklärlich, aber äußerst reell für alle, die um sie sind. *Wenn sie nur sich selbst beherrschen könnte, würde sie die Welt beherrschen.«* Wenn Constant dies nach einer zehnjährigen Beziehung mit allen Höhen und Tiefen noch feststellen konnte, dann war es wohl so.

Friedrich Schlegel schrieb seinem Bruder, er mache sich lächerlich, er sei der frühere Herausgeber und Gründer des ATHENAEUM und kein Lakai im Gefolge der Staël. Die pekuniäre Seite des Abkommens war allerdings für August Wilhelm, der gerne gut speiste und trank, sich teuer und modisch, fast geckenhaft kleidete und die materielle Seite des Lebens keineswegs geringschätzte, ausnehmend interessant, denn sie bestand aus zwölftausend Schweizer Franken Jahresgehalt nebst der Zusicherung einer lebenslangen Rente, selbst nach dem Tod der Madame de Staël. Nein, es war einfach zu spät: Schlegel blieb. Er blieb bis zum Ende Germaines.

Jahrelang waren die Schlegel-Brüder weitgehend im Doppelpack aufgetreten. Man witzelte, der einzige Unterschied zwischen ihnen sei, dass Friedrich zu sagen pflegte: »Mein Bruder und ich …«, dagegen Wilhelm: »Ich und mein Bruder …« Friedrich, der Jüngere, war einst das Sorgenkind seiner Eltern, eines braven hannoveranischen Pastorenehepaares, gewesen, die den verträumten Jungen einem Leipziger Bankier in die Lehre gaben, damit er bodenständiger wurde. Das Projekt fehlte, und Friedrich fand auf mancherlei Umwegen und weitgehend als Autodidakt seine philologische Bestimmung. Er war origineller und leidenschaftlicher als sein Bruder, aber dafür auch im Leben chaotischer. Immer wieder musste der solide August Wilhelm die Schulden seines jüngeren Bruders bezahlen, etwa aus seinen Jahren im galanten Leipzig, dem »Klein-Paris« dieser Zeit. Friedrich dagegen ermahnte und ermunterte August Wilhelm häufig in zwischenmenschlicher Hinsicht – um zu verhindern, dass dieser sich hinhalten und ausnehmen ließ, durch seine Trägheit oder durch seine Gutmütigkeit.

Auch Germaine hatte in Weimar noch, bevor sie sie kannte, von »den Schlegel« im Doppelpack gesprochen, leicht spöttisch, denn sie hatte den Klatsch über die beiden, die Auseinandersetzungen, Eskapaden und Empfindlichkeiten, vernommen. Sie korrespondierte mit Friedrich und lud ihn bereits von Deutschland aus nach Coppet ein. Da aber der Tod ihres Vaters dazwischenkam, wartete Friedrich dezent eine zweite Einladung ab. Auch er sollte in das große Projekt des Staëlschen Deutschlandbuches eingebunden werden und äußerte sich positiv über den Plan. »Sie wollen den Franzosen die deutsche Literatur nahebringen«, schrieb er, »das heißt, Sie wollen in neuer Form versuchen, was Sie schon immer tun wollten, den Samen des Enthusiasmus säen, selbst auf dem kargsten und unfruchtbarsten Boden. Um eine so schwierige Aufgabe zu erfüllen, bedarf es Ihres ganzen Mutes, Ihrer ganzen Beredsamkeit und Ihrer ganzen Hingabe. Wie Naturen ohne Liebe und ohne Redlichkeit, die zutiefst ignorant sind und seit einiger Zeit närrisch geworden zu sein scheinen, für das Große und Schöne entflammen?« Das klingt nicht sehr Frankreich-freundlich, entsprach aber den Einschätzungen August Wilhelms und schließlich auch der Grundhaltung der Madame de Staël, aus der heraus sie die Kulturbegegnung mit Deutschland so suchte. Jedes Volk, so der Tenor, hat seinen eigenen Genius und soll die Welt, wenn die Reihe an ihm ist, beherrschen. Die französische Literatur und Ästhetik war in Regelnormen erstarrt, das Geistesleben insgesamt zu sehr von den politischen Wirren der letzten Jahre in Anspruch genommen. Der »fruchtbare Boden« befand sich jenseits des Rheins, und für Germaine lag der eigentliche Ertrag in der fruchtbaren Wechselbeziehung. Für die kommenden Jahre (1804–1810), die die »großen Tage von Coppet« werden sollten, war der Staëlsche Landsitz am Genfer See vor allem ein Sammelpunkt deutsch-französischen Austauschs, bei dem oft die Deutschen die Überzahl bildeten.

Doch dauerhaft konnte die Herrin nicht in Coppet leben. Auch jetzt war ihr die Vorstellung, den Winter hier zu verbringen, ein Gräuel. Paris war ihr noch immer verschlossen, und so plante sie zum Herbst 1804 eine Reise nach Italien, für die sie sich die entsprechenden Pässe erbat. Sie fragte beide Schlegel-Brüder, ob sie nicht mitkommen wollten, doch Friedrich hatte Verpflichtungen. Er dozierte in Köln, wohin es ihn verschlagen hatte, nachdem ihn die Brüder Boisserée, Kunstsammler mit einer besonderen Vorliebe für das christliche Mittelalter, von Paris nach Köln abeskortiert hatten. Die Boisserées zahlten gut, es waren wohlhabende Kaufmannssöhne mit Bildungshunger und einer Antenne für die Strömungen der Zeit. Gerade hatte Friedrich Schlegel seine langjährige Geliebte Dorothea Veit, die Tochter Moses Mendelssohns, geheiratet – ein weiteres Beispiel einer Verbindung, bei der die Frau die Ältere und Lebenserfahrenere war und ein erstes Leben mit Konventionsehe und Kindern schon hinter sich hatte. Immerhin schaffte es Friedrich noch zu einem Besuch in Coppet, bevor Germaine abreiste. Er blieb etwa sechs Wochen. Constant kommentierte Ende September: »Schlegels Bruder ist soeben angekommen. Er ist ein kleiner rundlicher Mann, außerordentlich dick, mit einer spitzen Nase, die zwischen zwei glänzenden Wangen hervorsticht, darunter ein Mund, der ziemlich honigsüß lächelt. Er hat schöne Augen, eine subalterne Art, besonders wenn er nicht spricht, und ein eisiges Aussehen, wenn er zuhört. Seine Grundsätze sind ebenso absurd wie die seines Bruders.« Es passte wieder einmal alles ins Bild! Die Deutschen waren bizarr, skurril, weltfremd.

Dorothea Schlegel schrieb im Oktober aus Köln an eine Freundin: »Von unserm Friedrich habe ich erst einen Brief aus Coppet. Von der Staël schreibt er Gutes. Er meint, sie sei zwar ganz und gar Französin, aber doch von der besten Gattung, die ihm noch vorgekommen sei. Sie schiene sinnlich und veränderlich zu sein, aber nicht von der wüsten Koketterie, die sonst so bei ihnen gewöhnlich ist. Im letztern, glaube ich, irrt der liebe Friedrich. Der Delphine nach zu urteilen, gehört sie zu den Eitelsten der Eiteln.« Dorothea führte dann weiter aus, dass Wilhelm wohl sanfter geworden sei, und dass die Staël dieses »ihrer Erziehung« zuschreibe. »Ist es dir nicht auch verhasst«, fuhr sie fort, »wenn die Frauen sich soviel auf die Erziehung ihrer Liebhaber einbilden?« Also hatte Friedrichs Ratschlag, sein Bruder solle, wenn schon nicht in der Ausführung, so doch wenigstens dem äußeren Anschein nach dafür sorgen, dass man ihn für den Liebhaber der Frau von Staël hielt, offensichtlich gefruchtet. Die Version machte in Deutschland die Runde, und damit war allen Anforderungen Genüge getan. Dorothea fügte lakonisch hinzu: »Wieviel Frauen haben nun schon den Wilhelm erzogen? Eigentlich wird er aber nur, wie eine Springfeder, einmal von dieser, dann von jener Seite zusammengedrückt. Hört nun der Druck einmal auf oder läßt nach, so fährt die Springfeder wieder ganz natürlich auseinander ...« Friedrich Schlegel schrieb an Germaine de Staël: »Meine gütige Beschützerin, sorgen Sie dafür, daß Wilhelm in Italien regelmäßig alle Tage sein Tagebuch ohne Lücken führt. [...] Meine hohe, gütige Beschützerin, dulden Sie nicht, daß Wilhelm soviel Pfefferminzpastillen ißt.«

Germaine hatte andere Sorgen. Die Jahre bis zum Sturz Bonapartes würde sie rückblickend ZEHN JAHRE IM EXIL nennen. Das war der Titel einer Schrift, die sie später herausgab. Zwar plante sie einen Roman über Italien, und die bevorstehende Reise war sicher vielversprechend genug, dass vor allem die weniger betuchte Gelehrtenwelt Europas sie darum beneidet hätte, doch sie war im Exil und sie reiste nicht freiwillig. Germaine zögerte lange, bevor sie ihre Reise antrat – diesmal Italien, die Überquerung der Alpen. Wahrscheinlich hoffte sie bis zum Schluss, die Reise werde sich erübrigen, da Napoleon ein Einsehen hatte und man ihr Paris wieder zugänglich machte. Doch davon konnte gar keine Rede sein. Madame de Staël brach am 3. Dezember in Begleitung ihrer drei Kinder und August Wilhelm Schlegels in Richtung Süden auf. Am Vortag hatte sich Napoleon Bonaparte in der Kathedrale von Notre-Dame zum Kaiser der Franzosen gekrönt.

Im Angesicht von Ruinen

Corinna, Italien und die Liebe jenseits der Zeit

Germaine als Corinna
»Auch der ausgezeichnetste Mann genießt vielleicht nicht ganz rein und unvermischt die Überlegenheit einer Frau. Wenn er sie liebt, so beunruhigt es sein Herz. Liebt er sie nicht, so beleidigt es seine Eigenliebe. Oswald war bei Corinna mehr berauscht als glücklich, und die Bewunderung, die sie ihm einflößte, vermehrte seine Liebe, ohne seinen Entschlüssen mehr Beständigkeit zu verleihen. Er betrachtete sie als eine wunderbare Erscheinung, die ihm täglich aufs neue vor Augen trat. Aber selbst das Entzücken und das Erstaunen, das sie in ihm erregte, schienen ihm die Hoffnung auf ein ruhiges friedliches Leben wegzunehmen. Corinna [..] vereinigte zu viele Talente, sie war zu bemerkenswert in jeder Hinsicht.« Germaine de Staël, Corinna oder Italien

Italien war festes Bildungsgut, das Mekka der Kunstsinnigen und der Höhepunkt jeder Kavalierstour von höheren Söhnen, adeligen Engländern, Hobbymalern aus wohlhabenden Kaufmannsfamilien, entflohenen deutschen Geheimräten und anderen bildungsbeflissenen Menschen. Wer nicht in Rom oder in Neapel gewesen war, gehörte nicht zu den Eingeweihten, die das antike Szenarium der ehemaligen »Hauptstadt der Welt« und die Ruinen der ehemals blühenden Hafenstadt mit Augen gesehen hatten. Germaine dachte eigentlich nicht, dass sie dessen bedurfte. »Reisen ist, was man auch sagen mag«, heißt es im Italien-Roman der Germaine de Staël, »eines der traurigsten Vergnügen des Lebens.« Doch um den Roman zu schreiben, war die Reise lästigerweise notwendig. Sie lieferte die Kulisse dazu sowie das Material. Grundidee der Autorin war die Veranschaulichung des Antagonismus von Norden und Süden, der schon zum festen Motto ihrer Literatursoziologie geworden war, eine Ergänzung ihrer Betrachtungen durch ein literarisches Gegenerlebnis zu Deutschland.

Da Italien bereits von Napoleon erobert war, hatte die Reise der Staël durch dieses Land tendenziell einen Versöhnungsgestus im Gegensatz zu der Provokation ihres Triumphzugs durch Deutschland. Sie könne ungehindert reisen, versicherte ihr Bonaparte. Als sie bereits auf der Rückreise war, rief Kaiser Napoleon das Königreich Italien aus und krönte sich in Mailand nach altem lombardischen Ritus zum König. Da bat die Staël um Audienz bei der Kaiserin Joséphine – vergeblich.

Über die verschneiten Alpen kam sie zunächst nach Turin, dann nach Mailand, Parma, Modena, Bologna und schließlich nach Rom. In Mailand traf sie den gefeierten italienischen Dichter Vincenzo Monti, dem es gelang, mit poetischem Geist, Charme und wohlklingenden Rezitationen, Germaine für Italien und für die italienische Dichtung zu öffnen. Bei ihrer Abreise schrieb sie ihm: »Als ich nach Italien kam, glaubte ich unter all den weiten Mänteln Dolche zu sehen; jetzt habe ich Vertrauen zu diesen Gesichtern, zu diesen Stimmen, die, weit davon entfernt, Ihnen ähnlich zu sein, doch ungefähr aus dem gleichen Lande stammen wie Sie.« Doch die Lektüre von Dantes GÖTTLICHER KOMÖDIE mit Monti schien ihren Italien-Aufenthalt auch fürs Weitere zu prägen, denn mitten in das sinnliche Leben, das Lebensfest um sie herum und die selbst sie begeisternde schöne Natur mischten sich immer bedrohliche Todesbilder – eine Art »media vita in morte sumus«; den Kontrast sollte sie nirgends so deutlich spüren wie hier, unter der südlichen Sonne. Dass einer, wie bei Dante, »in des Lebens Mitte«, einen düsteren Wald durchstreift und vom rechten Wege abkommt, um schließlich äußerst intime Erfahrungen mit der Unterwelt zu machen, samt Fegefeuer und allem, was die christlich-katholische Mythologie aufzubieten hat, musste sie hier und jetzt, in dieser Lebensphase, stärker berühren als sonst, und es war einfach eine bildhafte Einstimmung auf die katholische Welt, die sie erwartete.

Bei jeder Gelegenheit mokierte Germaine sich über den rückständigen Aberglauben des einfachen Volkes, auch hier. In einem kleinen Marktflecken in der Nähe von Parma hatte ein tollwütiger Hund einige Kutscher und auch einen Kellner aus der Herberge der Reisegruppe gebissen. Mit verständnislosem Erstaunen nahm Madame de Staël zur Kenntnis, dass all diese Unglücklichen zu einem Priester gebracht wurden, damit dieser sie segne, und dass sie sich mit diesem Heilmittel vollends begnügten. »Kann ein Volk sich von all dem je befreien?«, fragte Germaine. Weder damals noch heute gibt es ein wirksames Heilmittel gegen die Tollwut, doch Germaines Engagement und Kritik waren grundsätzlicher Art. In CORINNA, ihrem Italien-Roman, gibt es relativ zu Beginn eine Szene, in der Lord Nelvil, der männliche Protagonist, in Ancona eine nächtliche Feuersbrunst erlebt. Das Feuer war im Hafen entstanden und drohte nun, sich von Haus zu Haus bis in den oberen Teil der Stadt auszubreiten. Die Einwohner schrien und beteten, waren aber wie paralysiert und vollkommen handlungsunfähig. Die Stadt wäre wohl gänzlich zu Schutt und Asche verbrannt, hätte sich nicht Lord Nelvil, der pragmatische Engländer, vergegenwärtigt, dass sich an Bord der im Hafen liegenden Schiffe vortreffliche Feuerspritzen befinden mussten – was auch der Fall war (als Angehöriger einer mächtigen Seefahrernation wusste man so etwas). Lord Nelvil holte die Spritzen, und gemeinsam mit seinem französischen Reisebegleiter und einigen englischen Matrosen wurde das Feuer in weiten Teilen gelöscht, während die Einheimischen noch immer nicht wussten, wie ihnen geschah. »Jetzt tönten die Glocken von allen Seiten, die Priester hielten Prozession, weinende Frauen knieten vor den Heiligenbildern in den Straßen. An die natürlichen Mittel, die der Himmel dem Menschen zu seiner Rettung verliehen hat, dachte niemand.« Noch deutlicher wird der humanistische Aufklärungsgestus an der Stelle, als die Stadtbewohner den Verbrennungstod der Menschen im abgeschlossenen jüdischen Viertel in Kauf nehmen wollten, da sie ohnehin der Meinung waren, das Feuer sei nur um dieser Juden willen entstanden und bringe ihnen selbst weniger Verderben, wenn man die vermeintlich Schuldigen brennen ließ. Der englisch-französische Reisetrupp aber verschaffte sich Zugang zu dem verschlossenen Viertel, löschte auch hier und befreite die von Angst verzehrten, schreienden Menschen. Es hatte also schon eine humane Bewandtnis, wenn Germaine de Staël mit ihrer Vernunftfackel herumzog und den finsteren Glauben bekämpfte, der ihrer Meinung nach die kulturelle Entwicklung der Menschen behinderte.

Noch tief bewegt von den Höllenbildern der Divina Commedia, bemerkte Germaine, die dichterische Phantasie des italienischen Volkes sei derart, dass sie schließlich auch der Angst alle Pforten öffne, und da die Macht wie ein furchterregendes Gemälde auf sie wirke, sei dieses Volk, das so leicht wie kein anderes in Schrecken zu versetzen sei, von jedem Machthaber in vier Minuten täglich zu regieren – eine Anspielung auf den vollkommen widerstandslosen Eroberungszug Bonapartes in Italien. Sinnlich sei dieses Volk, immer heiter und immer verliebt, ohne Eitelkeit und niemals auf Wirkung bedacht, voller Anmut, zugleich temperamentvoll und träge, da in seiner südlichen Selbstzufriedenheit völlig unambitioniert, nur dem Dasein verpflichtet, die Tage unter dem herrlichen Himmel vertändelnd. Der ganze Roman Corinna oder Italien wimmelt von solchen Darstellungen. In Parma heißt es dann aber auch lakonisch in einem Brief: »Priester und Bettler bevölkern die Straßen; welch miserable Gesellschaftsordnung!«

In der Universitätsstadt Bologna machte die Besucherin eine ganz außerordentliche Erfahrung, die sie lediglich in einem Nebensatz notierte: Es gab in Bologna eine Ansammlung weiblicher Wissenschaftler mit fester institutioneller Einbindung ins akademische Leben, wie sie für die Zeit geradezu revolutionär scheinen musste und eine Frau wie Germaine de Staël in höchsteigener Sache eigentlich hätte zum Beifall veranlassen sollen. Doch sie vermerkte es gleichsam als ein Kuriosum, ja, diese Professorinnen hatten in Germaines Augen sogar etwas »Lächerliches«. »Gestern besuchte ich hier eine Frau, die Professor für Griechisch ist. In ihrem ungeheizten Zimmer empfing sie alle Universitätsprofessoren, die ihre Überröcke anbehielten. Ihr alter Lehrer, ein spanischer Mönch, führte uns mit einer kleinen Laterne hinein. Nun, das alles wurde nicht einmal belächelt, denn dieses Volk lacht zwar über das Groteske, aber nicht über Gegensätze in Rang, Manieren und Betragen – Gegensätze, die ihm unbekannt sind. Ein weiblicher Arzt und ein weiblicher Rechtsanwalt waren anwesend und mit ihnen zusammen einige Frauen, die kaum lesen konnten – aber eine gesellschaftliche Erziehung wie bei uns gibt es nicht. Entweder beherrscht man hier achtundzwanzig Sprachen, oder man kann nicht einmal die eigene richtig schreiben …« Kuriosa und mangelnde Weltläufigkeit, eine nicht vorhandene Gesellschaftskultur, starke Kontraste im Bildungsstand, der von Universalbildung reicht bis zum Analphabetismus, dagegen kein wettbewerbsfähiger Allgemeingeist, an dem sich handlungsfähige Normen ausbilden können, kein kritisches Denken, sondern Worte statt Taten: »Es ist ein Land, das literarische Auszeichnung um so lieber entgegennimmt, als es sich nicht rühmen kann, je eine andere zu erhalten, und diese geht in der Rhetorik unter wie in jedem Land, wo Worte erlaubt sind und nicht Taten.« Es sind dieselben Dinge, in nur leicht abgewandelter Form, die Germaine auch in Deutschland moniert hatte. Alles, was sie auf Reisen sah – häufig sehr vorgefertigte Bilder –, wurde dem französischen Anspruch gegenübergestellt, der kulturell noch immer die erste Stelle behauptete, aber leider politisch nicht eingelöst war.

Ärztinnen, Rechtsanwältinnen und Professorinnen schließlich – was für ein Kuriosum! Germaine hatte in Metz Frau Dr. phil. Dorothea Rodde, geborene Schlözer, die erste promovierte Geisteswissenschaftlerin Deutschlands, achselzuckend als »Blaustrumpf« bezeichnet. Die große Rahel Levin, die sie in Berlin kennenlernte, fand nirgends in ihren Schriften und Briefen auch nur eine kleine Erwähnung. Rahel übrigens kommentierte die Staël auch nicht sehr positiv; sie war ihr zu extrovertiert, zu französisch, zu aufdringlich, zu schnell in ihren Meinungen, zu vorgefasst. »Arme Frau!«, soll sie nach einem ersten Treffen geäußert haben. »Sie hat nichts gehört, nichts gesehen, nichts verstanden.« Weibliche Interessenvertretung, so scheint es, ist gelegentlich weit mehr am Konkurrenzempfinden der Frauen gescheitert als an den historischen Umständen.

Am 3. Februar 1805 erreichte Germaine Rom. Sie hatte es aber keineswegs eilig, die Kunstschätze und Baudenkmäler der Ewigen Stadt zu bewundern. Das überließ sie Schlegel, der es auch pflichtbewusst tat und jeden Tag eifrig loszog, nicht ohne sein Tagebuch mit vielen informativen Aufzeichnungen zu füllen, die Germaine später verwerten konnte. Sie gestand selbst, dass sie es mehr gewohnt sei, mit Menschen als mit Dingen zu leben, und daher machte sie sich schon kurz nach der Ankunft auf, sich in der römischen Gesellschaft einen Platz zu erobern, noch bevor sie irgendetwas Nennenswertes von der Stadt gesehen hatte. Nach zwei Tagen schrieb sie an Monti: »In Rom sind alle Eindrücke widersprüchlich, die schönsten Bauwerke sind zu Ehren abergläubischer Ideen errichtet, und die größten Denkmäler stehen neben dem größten Elend.« Im CORINNA-Roman würde sie später die Synthese der abendländischen Kultur aus Antike und Christentum, wie sie in Rom sinnfällig wurde, erfassen; da heißt es: »Die Alten vergötterten das Leben wie die Christen den Tod. Dies ist der Geist der beiden Religionen.« Doch während der ersten Wochen ihres Rom-Aufenthalts fühlte Germaine sich bedrückt von all den Ruinen und Grabstätten, den Todesdenkmälern und Zeugen einer vergangenen Kultur, die mit ihrer verfallenen Pracht nur umso stärker ins Bewusstsein riefen, meinte sie, wie marode es um die gegenwärtige bestellt sei. »Ich gestehe Ihnen«, schrieb sie einige Wochen später an Monti, »daß ich nicht fähig wäre, mein Leben in Rom zu verbringen. Man wird hier so sehr von dem Gedanken an den Tod ergriffen, er erscheint in so vielerlei Gestalt, in den Katakomben, auf der Via Appia, in der Pyramide des Cestius, in den unterirdischen Gewölben der Peterskirche, in der Totenkapelle, daß man sich selbst kaum sicher ist, am Leben zu sein, und alles Bemühen um gegenwärtige Existenz wird zunichte beim Anblick dieser Tausende von begrabenen Existenzen.« Selbst eine Stadt wie Rom vermochte es nicht, Germaine aus ihrem Bannkreis zu lösen und diesem überwältigend schönen Fremden gegenüber wirklich offen zu sein. Die Vergänglichkeit, die sie hier geradezu auf Schritt und Tritt verfolgte, nahm ihr die Illusion unaufhörlicher Bewegung und Wirksamkeit – trotz der Lebhaftigkeit der Menschen hier, trotz der Feste und der nächtlichen Lieder. Die Toten bewohnten Rom, schrieb sie an Suard, und jeder Schritt, den man hier tue, zeige die Nichtigkeit des Lebens. Es waren Schreckbilder wie einsame Landschaften, düstere Rituale, Stillstand, Alleinsein und Eintönigkeit.

Es wurde aber alles anders, als Germaine in Rom einen jungen Mann kennenlernte, der das erste Modell für Lord Oswald Nelvil im CORINNA-Roman wurde: Es war der portugiesische Aristokrat Dom Pedro de Souza e Holstein, verwandt mit dem dänischen Herrscherhaus, der eine glänzende Diplomatenkarriere vor sich hatte und dessen Vater, Botschafter in Rom, gerade gestorben war. Dom Pedro war vierundzwanzig, melancholisch, sensibel, auffallend gutaussehend, südländisch charmant, doch mit iberischer Schwermut. Er dichtete, er hatte wie Germaine kürzlich den Vater verloren und befand sich deswegen in Trauer. Ein leichter Lebensüberdruss trotz seines jugendlichen Alters näherte ihn der fünfzehn Jahre älteren Frau an, die ihn in ihrer Brillanz auf bisher ungekannte Art faszinierte. Geradezu romanhaft war ihre erste Begegnung. Sie entspricht einigermaßen der Schilderung im CORINNA-Roman, wenngleich sie in Wirklichkeit wohl etwas bescheidener war. Die Roman-Corinna ist eine italienische Improvisationskünstlerin, eine Dichterin, die auf dem römischen Kapitol in einer triumphalen Zeremonie mit dem Lorbeer gekrönt wird. Germaine de Staël wurde während ihres Rom-Aufenthalts öffentlich in die Accademia dell' Arcadia aufgenommen, was zwar sicher sehr ehrenhaft war, aber nicht ganz einer weltlichen Krönung vergleichbar, wie es der Roman im Falle Corinnas hypostasiert. Dom Pedro war bei der Sitzung zugegen und stellte sich anschließend vor – der Beginn einer bezaubernden Liaison, melancholisch und von Abschiedsgedanken durchzogen von den Anfängen her, aber auch voller Gegenwart, selbstvergessen, wie es nur bei einer Episode, besonders auf Reisen, sein kann. Mit Dom Pedro erlebte Germaine Rom vollkommen neu: Nächtliche Spaziergänge, das Erlebnis der Ruinen im Mondschein an der Seite Dom Pedros warfen ein gänzlich anderes Bild auf die Stadt, von der Germaine jetzt schrieb, sie sei »so einzigartig, so jung, so schön, daß kein anderes Leben ohne äußeren Glanz und Aufregung mit diesem hier verglichen werden könnte.« Nach einigen Tagen reisten Germaine und Dom Pedro nach Neapel – nicht allein, wie Corinna und Oswald im Roman, sondern in Begleitung Schlegels, Sismondis und Albertines. Sismondi hatte sich in Mailand zu der Reisegruppe gesellt und versorgte Germaine mit den nötigen historischen Kenntnissen über Italien, während Schlegel den kunstgeschichtlichen Teil übernahm. Die beiden Herren, die schließlich, wie Constant einmal bemerkte, auch geistig nicht sehr harmonierten, mussten sich – beide waren aussichtslos verliebt in Germaine – jetzt als Anstandsherren ihrer Gebieterin, die mit dem jungen Dom Pedro herumturtelte, etwas merkwürdig vorkommen. Die kleine Albertine war ein frühreifes Mädchen. Mit ihren knapp acht Jahren las sie bereits Vergil im Original und begriff auch sehr wohl, was zwischen ihrer Mutter und Dom Pedro vonstatten ging.

So ungewohnt milde, ganz ohne die sonstigen despotischen Anwandlungen war Germaines Verliebtheit in Dom Pedro, dass sie ihm später in einem Abschiedsbrief schrieb, sie träume davon, er werde irgendwann der Gatte ihrer Tochter sein. Sie gab sich nicht der Illusion hin, dass aus dem Verhältnis mit ihm eine dauerhafte Verbindung entstünde. Allein am Alter des Kavaliers lag das nicht. »Oswald Nr. 2«, das zweite Modell für den Romanhelden alias Prosper de Barante, der im Sommer in der Schweiz auf den Plan treten sollte, war ebenso jung wie Dom Pedro, und mit ihm dachte sie sogar eine Zeitlang an Heirat. Dom Pedro aber war so sanft, so gebrochen, dass Germaine sich selbst in eine männliche Ritter-

und Erlöserrolle hineinstilisierte – das gab ihr als Frau keine echte Herausforderung. Es war und blieb sanft, unverbindlich und zeitlos, was Germaine mit Dom Pedro erlebte. In seiner Gegenwart sah sie die Ruinen Roms und Pompejis unter dem Blickpunkt der Ewigkeit – eine Versöhnung, wie es scheint, mit dem Tod und mit den Gesetzen des Lebens. Nach der Affäre würde sie ihren römischen und neapolitanischen Aufenthalt als ein »Geheimnis« beschreiben, »das man nicht am ersten Tag ergründet, ein Erlebnis des Südens, das denen, die nicht hier gewesen sind, völlig unbekannt ist, eine gewisse Freundschaft zwischen Natur und Mensch, von der man sich überall sonst keine Vorstellung machen kann – und ein edles und friedliches Bild des Todes in den Gräbern«. Die Beschreibung der Ruinen Pompejis gehört zu den großartigsten Stellen im CORINNA-Roman. Im Gegensatz zu den Trümmern öffentlicher Monumente in Rom, die die politische Geschichte der Antike schilderten, war es hier, in Pompeji, das alltägliche bürgerliche Leben der Alten, eine Momentaufnahme, die sich der Nachwelt in dem Augenblick darstellt, als der Vulkan die Stadt in der Asche begrub. »Die Amphoren standen noch bereit für das Fest des kommenden Tages. Das Mehl, das eben geknetet werden sollte, steht noch da. Die Überreste einer Frau sind noch mit dem Schmucke geziert, den sie an dem Festtage trug, als die Lava sie zudeckte; ihre vertrockneten Arme füllen die sie noch umgebenden Armbänder von Edelsteinen nicht mehr. *Nirgends findet man wohl ein so überraschendes Bild von der plötzlichen Unterbrechung des Lebens.* Die Furchen der Räder sind noch sichtbar dem Straßenpflaster eingedrückt; die steinernen Einfassungen der Brunnen zeigen noch die Spur der Seile, die sie nach und nach aushöhlten. An den Wänden einer Wachstube sieht man noch schlecht geschriebene Buchstaben und grob hingeworfene Figuren, welche die Soldaten gezeichnet hatten, um sich die Zeit zu vertreiben, während diese Zeit sie zu verschlingen herankam.«

Pompeji war ein Initialerlebnis für Germaine de Staël. Es ermöglichte ihr geradezu einen kosmischen Blick, eine Bannung der Todesangst und der Furcht vor dem Stillstand, dem Ende. Sich auf versöhnliche Weise den Tod als Teil des Lebens zu vergegenwärtigen, war sicher ein beträchtlicher Teil dessen, was sie als ihr »Erlebnis des Südens« bezeichnete. Sie hatte für einen Moment eine Art Frieden gefunden – das war mehr, als sie je hoffen konnte und mehr, als ihr bislang möglich war. Es war auch eine fruchtbare Trauerverarbeitung, denn zum ersten Mal entwickelte sie ein milde-entrücktes und weniger schmerzhaftes Bild ihres verstorbenen Vaters, der aus einer anderen Welt ihren Lebensgang segnete.

Am 11. Mai reiste Germaine ab Richtung Florenz. Von da aus schrieb sie Dom Pedro: »Ich kann Ihnen nicht sagen, ich kann selbst mir nicht sagen, wie unglücklich ich darüber bin, daß ich Sie verlassen habe: Ich nährte nie die Hoffnung, mein Leben mit Ihnen zu verbringen, aber ich leide, als hätte ich solchem Glück getraut. [...] Angesichts der Trümmer von Jahrhunderten waren wir gleichaltrig, waren vereint in der Verehrung alles Schönen, und vom Himmel herab hat mir mein Vater ein Glück verziehen, das so mit Tränen vermischt, so von Wolken umhüllt war. [...] Rom und Sie sind in meiner Erinnerung untrennbar. Nur dank Ihnen habe ich seine Herrlichkeiten verstanden; meine Phantasie hatte die Wüste noch nicht belebt, ich liebte Sie, und alles wurde für mich lebendig: die bildenden Künste, die Natur und selbst die Erinnerungen an Vergangenes, die mich schmerzten, doch derer froh zu werden ich gelernt habe. Zwei Monate meines Lebens sind Ihr Werk. Sollte es Sie nicht reizen, mir noch einige solche Monate zu schenken?«

Im kommenden Winter sah Germaine Dom Pedro in Genf wieder. In der Zwischenzeit hatte sie jedoch einen weiteren jungen Galan gefunden, mit dem sie die gewohnte leidenschaftliche Konfliktbeziehung unterhielt. Es war der 23-jährige Sohn des Präfekten vom Departement Léman, Prosper de Barante, der im Paris Napoleons an seiner Karriere bastelte, ungeachtet dessen aber den heftigen Wunsch äußerte, sich mit Germaine de Staël zu verbinden. Wie so viele ihrer Männer hatte Prosper eine problematische Vaterbeziehung, von der er abhing und von der er sich lösen wollte, beides im ständigen Wechsel, und die schließlich dazu führte, dass er seinen Vater nach einer jahrelangen Zerreißprobe bat, die ungeklärte Lage zu bereinigen und mit seiner Autorität über die Verbindung mit Germaine zu entscheiden. Der Präfekt antwortete seinem Sohn, diese Bitte sei eine Ausgeburt an Unsinn und Extravaganz. Die Frau, um die es hier gehe und die nach Prospers eigener Aussage nicht den leisesten Begriff von Pflichterfüllung besitze, habe ihn offenbar in den Wahnsinn getrieben. Er habe mit ihr sein Geld, seine Zeit, seinen Schlaf und seine Gesundheit verschwendet. »Oh, wie bemitleide ich Dich, daß Du nicht imstande bist, ein solches Band zu zerreißen!« Der gute Präfekt wusste nicht, mit welcher Art Frau sein Sohn es zu tun hatte (obgleich er wohl wusste, um wen es sich handelte)! Es war die übliche Diskrepanz zwischen Anspruch und Wirklichkeit: die hohe und heilige Liebe, die Germaine literarisch, philosophisch, moralisch verteidigte und die an sämtlichen Widerständen gebrach, die es nur gab, inklusive ihrer eigenen Herrschaftsansprüche. Jedenfalls machte Barante eine schöne Karriere, für deren Anfang es wichtig war, dass er sich gut mit Napoleon vertrug, und heiratete eine junge, sanfte und unschuldige Mademoiselle d'Houdetot – doch dies erst sechs Jahre später. Auch Dom Pedro würde später ein junges Mädchen heiraten.

Zurück in Coppet, zwischen dem im Aufbruch begriffenen Noch-Lebensgefährten (Constant), zwei sich ins Gehege kommenden Neu-Geliebten (Dom Pedro / Barante), dem ewig beleidigten Schlegel, dem diskret seufzenden Sismondi, der sich während der Italienreise vollends in Germaine verliebt hatte, dem ebenfalls in sie verliebten Bonstetten sowie einer Fülle wechselnder Besucher in der neu angebrochenen Sommersaison schrieb Germaine ihren Italien-Roman.

Corinna, eine bedeutende italienische Dichterin, führt ein unabhängiges Leben in Rom. Die Dichterkrönung auf dem Kapitol zeigt sie auf der Höhe ihres Ruhms, umringt von Bewunderern, darunter so manchem Mann, der sie gerne erobern möchte. Corinna aber umgibt ein Schleier des Geheimnisvollen. Niemand weiß, ob sie einen Liebhaber hat, wer sie überhaupt ist. Sie ist reich, sie ist vollkommen frei, doch ihre Familienvergangenheit ist so unbekannt wie ihr Liebesleben – eine ästhetische Existenz, wie es scheint. Lord Oswald Nelvil, ein schottischer Peer, kränkelnd an Leib und Seele und in Trauer um seinen verstorbenen Vater, reist zur Erholung nach Rom, sieht Corinna auf dem Kapitol und ist von ihr fasziniert. Die Neigung ist gegenseitig, doch die Konstellation scheint von vornherein zum Scheitern verurteilt. Corinna ist Künstlerin, eine selbstbestimmt lebende Frau, die den Konventionen bürgerlichen Lebens in keiner Weise entspricht, ein schillerndes Ausnahmewesen, mit dem der sensible und brave, jedoch alles in allem recht unspektakuläre Lord (sieht man einmal von seinem Selbstmitleid ab), dem in seinem aufgeklärten Land eine wackere parlamentarische Laufbahn bevorsteht, sich kaum eine gesellschaftlich akzeptierte gemeinsame Lebensplanung vornehmen kann. Der gesellschaftliche Aspekt erhält eine neue Nuance, als nach vielen Schwüren und Seufzern, Geständnissen, Enthüllungen, platonischen Annäherungen und großer Entsagung herauskommt, dass Corinna in Wahrheit eine Halb-Engländerin bester Abkunft ist, sich aber mit ihrer Familie in England überworfen hat, da sie die starren Konventionen dort nicht ertrug und daher mit ihrem Teil des Familienvermögens unbekannt, quasi inkognito in Rom ihren künstlerischen Neigungen lebt. In Oswald Nelvil, der eine Frau wie Corinna noch nirgends gesehen hat, bricht nach der Leidenschaft nun auch der Rittergeist aus. Er will Corinna heiraten, sie gesellschaftlich rehabilitieren und dafür sorgen, dass sie sich auch mit ihrer Familie versöhnt. Da Corinna jedoch von Anfang an spürt, dass die Widerstände dieser Verbindung ganz andere sind als nur solche, die mit öffentlichen Rehabilitationsakten zu beheben sind, lehnt sie ab, oder vielmehr: Sie lässt Oswald vorübergehend in seine Heimat zurückkehren, damit er alles noch einmal überdenke und, sozusagen in seiner eigenen Sphäre, fern vom Zauber des Südens und fern von der Ausnahmesituation, sich vollends bewusst mache, ob er, was er sagt, auch tatsächlich will. Zurück in England, beginnt Oswald merklich zu schwanken. Das Ganze wird dadurch noch verkompliziert, dass Oswalds Vater ursprünglich sogar Corinna für Oswald bestimmt, diese Bestimmung jedoch wieder zurückgenommen hat, als die Eigenschaften der jungen Dame, die in Italien geboren war und in England einige Jungmädchenjahre verbrachte, immer offenkundiger wurden: Dichtkunst und Libertinage (in Sozialformen wie der englischen Oberschicht quasi ein Synonym), italienisches Temperament und der Drang nach Veräußerung waren den Wunscheigenschaften einer guten englischen Gattin und Hausfrau geradezu diametral entgegengesetzt, kurz: Corinna war zu exzentrisch. Vater Nelvil sah daher Corinnas Halbschwester Lucile, eine entzückend unschuldige, brave und unprätentiöse Blondine, als

Gefährtin seines Sohnes vor, und jetzt, da er tot ist, empfindet Oswald, der niemandem so ergeben ist wie seinem Vater, auch nach dessen Tod, den Wunsch des Vaters posthum als seine Kindespflicht. Und hatte der Vater nicht auch irgendwie recht mit seinem Urteil? Lucile ist sechzehn Jahre alt, als Oswald nach England zurückkehrt, ein Vorzeigefrauchen, perfekt darauf vorbereitet, seine Gattin zu sein, eine geschmeidige, liebe Gefährtin, die in Gegenwart von Männern die Augen niederschlägt und sich mit einer Stickerei beschäftigt, während ihre Mutter am Teetisch das Wort für sie führt. Oswald vergisst seinen Vorsatz, die Familie mit Corinna zu versöhnen und um die Hand der Verfemten zu bitten. Er lässt die Familie halb in dem Glauben, er werde, wie vorgesehen, der Gatte Luciles. Einige Monate lässt er sich untätig treiben, während Corinna in Italien nichts von ihm hört, sich für vergessen hält, sich daraufhin selbst nicht mehr meldet, ihm nachreist, aber unentdeckt bleibt und seine Annäherungen an ihre Familie und ihre Halbschwester aus ihrem Versteck heraus eindeutig interpretiert.

Die Geschichte geht tragisch aus, wie man sich vorstellen kann. Angeblich aufgrund eines Missverständnisses – nach langem Stillschweigen seinerseits sendet Corinna Oswalds Ring zurück – hat sich Nelvil zu der väterlichen Wunschheirat mit Lucile hinreißen lassen; doch der »Held« weiß im selben Moment, in dem er sich diese Version einredet, dass es allein seine Lauheit war und seine Entschlussunfähigkeit, die die Verbindung mit Corinna vereitelte. Corinna stirbt an gebrochenem Herzen. Oswalds Ehe mit der süßen Lucile entspringt ein Töchterchen, doch die glamouröse Corinna, für die Lucile nur ein banaler Ersatz ist, lebt ewig in seinem zerrissenen Herzen fort.

Ein Bekenntnisroman? Natürlich ist Corinna Germaine, eine Teilzeichnung und eine Selbststilisierung. Der angeblich so sanfte Charakter der Heldin hat mit Germaine wenig zu tun, ebenso wenig der verzweifelte Versuch, die Eigenschaften der Ausnahmefrau als Künstlerin im Blickpunkt der Öffentlichkeit mit den traditionellen weiblichen Tugenden zu vereinigen, wonach die Schuld an der gescheiterten Liebesverbindung ausschließlich an der schwächlichen Männerfigur festzumachen ist. Die Hypostasierungen der Corinna, eine »Priesterin des Apoll«, segnende Göttin und Verkörperung der italienischen Künste, außerordentlich gleichermaßen in Malerei, Dichtkunst, Musik, Vortrag und Tanz, grenzen an Peinlichkeit. Da die Protagonistin schließlich auch in jedweder anderer Hinsicht perfekt ist, ist alles, was man ihr vorwerfen kann, dass sie den Anspruch hegt, ihr Talent zu verwirklichen, sich damit über die gewöhnliche Frauenrolle erhebt, aber dennoch den Wunsch nach erfüllter Liebe empfindet, was offenbar nur im Rahmen eines klassischen Rollenverständnisses vonstatten gehen kann – ihr Märtyrertod am Ende scheint sie für ihre Selbstüberhebung grausam zu strafen. Die Frau, die eben noch so unabhängig war, so selbstbestimmt glücklich in dem, was sie tat, wie sie lebte, wird in dem Moment in einen noch viel größeren Abgrund gestoßen als andere unglücklich Liebende, indem sie durch ihr weibliches Gefühlsleben in einen naturgemäßen, anscheinend geschlechtsspezifischen Determinismus gerät, der sich als radikaler erweist bei Frauen, die in anderer Hinsicht freier und stärker sind als gewöhnlich. Die beiden Pole ihres Ich, die Liebende und die sich Verwirklichende, scheinen so unvereinbar wie ihre Künstlerexistenz und die Rolle der verheirateten englischen Landadeligen, die sich darauf beschränkt, den Herren den Tee zu reichen und sich am Damentisch an nichtssagender Konversation zu beteiligen.

Der Text kreist um drei Themenlinien: die Unbedingtheit weiblicher Liebe, die bei den Männern in ihrer emotionalen Unzulänglichkeit kaum dieselbe Resonanztiefe findet, weibliches Verwirklichungsstreben, das an gesellschaftlichen Vorurteilen scheitert und der Gegensatz zwischen Norden und Süden, der – so scheint die Autorin zu weissagen – eine Vereinigung finden muss, damit in Europa eine kulturelle Ganzheit zustandekommt. Oswald Nelvil, der melancholische Engländer, leidet an der Krankheit der Zeit: dem Ennui, dem Lebensüberdruss, einem Weltschmerz, wie ihn Goethes WERTHER, Byrons CHILDE HAROLD oder Chateaubriands RENÉ thematisieren und der eine Zeitstimmung ist, eine aus übersteigertem Subjektivismus entstandene seelische Lähmung, die zu Entschlussunfähigkeit, mangelnder Tatkraft führt. Bis zur echten Todessucht, bis zum Selbstmord schließlich kann die Empfindung gehen. Es ist das HAMLET-Syndrom. Die »nordischen« Menschen mit ihrer stark ausgeprägten Innerlichkeit neigen dazu. Der Süden dagegen ist reine Plastizität, eine Sinnlichkeit und Diesseitigkeit, die droht, sich in sich selbst zu verzehren, wenn ihr nicht eine gestaltende Kraft, eine Tiefe, ein Innehalten und Insichgehen entgegengesetzt wird. Corinna als englisch-italienisches Konglomerat ist eine solche Mischung aus Norden und Süden, doch ihre Kräfte befruchten sich nicht, sie stehen vielmehr einander im Wege. Germaine sagte auch über sich: »Geboren sein als Französin mit nicht französischem Charakter, mit den Ansprüchen und Gewohnheiten des französischen Lebens, und zugleich mit den Ideen und der Empfindungswelt des Nordens, das ist ein Gegensatz, der das Leben unterhöhlt.« Zwei mit sich selbst nicht im Einklang stehende Ichs, Oswald und Corinna – ihr gemeinsames Scheitern ist wohl kaum nur auf gesellschaftliche Hindernisse gegründet.

Biographisch ist für die Autorin die Problematik der Ausnahmefrau – verstärkt durch den Fall, dass ein relativ durchschnittlicher Mann ihr nicht genügend entgegenzusetzen hat und deshalb letztlich doch die Verbindung scheut. »Auch der ausgezeichnetste Mann«, heißt es in CORINNA, »genießt vielleicht nicht ganz rein und unvermischt die Überlegenheit einer Frau. Wenn er sie liebt, so beunruhigt es sein Herz. Liebt er sie nicht, so beleidigt es seine Eigenliebe. Oswald war bei Corinna mehr berauscht als glücklich, und die Bewunderung, die sie ihm einflößte, vermehrte seine Liebe, ohne seinen Entschlüssen mehr Beständigkeit zu verleihen. Er betrachtete sie als eine wunderbare Erscheinung, die ihm täglich aufs neue vor Augen trat. Aber selbst das Entzücken und das Erstaunen, das sie in ihm erregte, schienen ihm die Hoffnung auf ein ruhiges friedliches Leben wegzunehmen. Corinna war jedoch die sanfteste Frau, von leichtem, gefälligem Umgang, man hätte sie wegen ihrer gewöhnlichen Eigenschaften schon geliebt, ganz abgesehen von ihren glänzenden Talenten. Aber noch einmal, sie vereinigte zu viele Talente, sie war zu bemerkenswert in jeder Hinsicht. Mit wie vielen lobenswürdigen Eigenschaften Lord Nelvil auch ausgestattet war, glaubte er dennoch, ihr nicht gleich zu sein; und dieser Gedanke ließ ihn für die Dauer ihrer gegenseitigen Zuneigung fürchten. Vergeblich machte sich Corinna aus Liebe zu seiner Sklavin; ihr Herz konnte seine Macht nie in Ruhe genießen, weil er wegen seiner gebundenen Königin zu oft unruhig war.«

Germaines Bekenntnis zur leidenschaftlichen Liebe als einer »Religion des Herzens« ist echt. Dass man ihr dieses häufig nicht abnahm, wenn man sich ihren Lebenswandel betrachtete – die wechselnden Liebhaber, die Parallelflirts und Parallellliaisons, die offene Zweierbeziehung mit Benjamin, die schnellen Tröstungen nach einer zerbrochenen Liebe –, ändert nichts an der Tatsache, dass sie es mit der Leidenschaft immer ganz ernst meinte, dass sie litt und dass jede einzelne Liebe für sie doch etwas Ganzes war, das an einigem scheiterte, aber gewiss nicht an mangelnder Tiefe und Ernsthaftigkeit ihrer Gefühle – meist war es den Herren im Gegenteil einfach zu viel.

Benjamin Constant, der zu dieser Zeit begann, sich aus ihrer Umklammerung zu befreien und wieder eigene Wege zu gehen, schrieb ebenfalls einen Roman, fast zeitgleich zu CORINNA, und in ADOLPHE geht es gleichfalls um einen entschlussunfähigen, zerrissenen Mann, der von seinem Vater abhängig ist und nicht selbständig handeln kann und der damit eine ganz ähnliche Tragödie wie in CORINNA hervorruft. Der Tenor ist in beiden Romanen derselbe: Weibliche Liebe ist zum Leiden verurteilt, und männliche Liebe bedeutet Halbherzigkeit. Die Liebe als Ideal scheint sich jedenfalls nur in zeitloser Form zu bewähren. Corinna, die das Scheitern der Liebe im wirklichen Leben vorausahnt, enthält sich in den Monaten, die sie mit Oswald genießt, aller Zukunftsgedanken – wie Scheherazade im orientalischen Märchen, so sagt sie, um durch die lebendige Gegenwart Zeit und Schicksal zu bannen. Der abgeklärte Franzose Graf d'Erfeuil, der im Roman natürlich den Weltmann verkörpert, prognostiziert den prosaischen Ausgang schon zu Beginn, wenn er sagt: »Lord Nelvil ist ein Mann wie andre Männer. Er wird in sein Land zurückreisen und seiner Laufbahn folgen, kurz, er wird vernünftig sein.« Fast zynisch erscheint da der Erzählkommentar am Romanende, wenn es heißt – Corinna ist mittlerweile an einer Art innerer Auszehrung gestorben –: »Lord Nelvil gab ein Beispiel des wohlgeordnetsten und ungetrübtesten häuslichen Lebens.«

Die Matriarchin von Coppet

»Große Tage«

Château Coppet
»Ihr Haus in Coppet wurde zu einem wahren Arsenal. Man ging dorthin, um sich die Sporen gegen mich zu verdienen.« Napoleon über Schloss Coppet, den Landsitz von Germaine de Staël am Genfer See

Die kommenden Jahre machten den kleinen Ort am Genfer See und sein beschauliches Schloss für alle Zeiten berühmt. Zwar war die Schlossherrin nie allzu lange hier anwesend – ihre Unruhe führte sie in diesen Jahren immer wieder hinaus, auf Reisen nach Frankreich, Deutschland, Österreich, im Winter wohl auch gelegentlich, in Ermangelung eines Besseren, einige Zeit nach Genf und Lausanne. Coppet aber war der Treffpunkt, ein Diskussionsforum, Kulturzentrum, literarischer Salon, Werkstätte für Publizistik und Dramaturgie, Gesellschaftsort und eine Insel der Verbannten, wenn der Wind aus Paris schneidender wurde.

Alles, was Rang und Namen hatte, fand sich hier ein. Napoleon erklärte in seinen Memoiren, die er später auf Sankt Helena schrieb, über Madame de Staël: »Ihr Haus in Coppet wurde zu einem wahren Arsenal. Man ging dorthin, um sich die Sporen gegen mich zu verdienen.« Dabei ist es Germaines genialem Gesellschaftstalent zu verdanken, dass so unterschiedliche Menschen wie Constant, Schlegel, Sismondi, Hochet, Montmorency, Chateaubriand, Bonstetten, Prinz August von Preußen, die Mystikerin Barbara Juliane von Krüdener, die geheimnisvolle Juliette Récamier, Barante der Ältere, Präfekt von Genf, der dänische Dichter Adam Oehlenschläger, Zacharias Werner oder Adalbert von Chamisso in Coppet zusammenkamen und sich fruchtbar assimilierten. Es war wie in den Zeiten der Revolution, als politisch Denkende aller Couleur, Monarchisten und Republikaner, Girondisten und Jakobiner sich in Germaines Salons tummelten. Das Spektrum reichte auch jetzt weit – politisch, kulturell, religiös –, und die eigentliche Gefahr, die für den Kaiser von diesem Ort ausging, war die Tatsache, dass, wie früher schon, selbst Mitglieder seiner Regierung (Hochet, Sohn und Vater Barante) im Coppet-Kreis verkehrten. Französische Aristokraten und deutsche Gelehrte, Staatsmänner,

Verwaltungsbeamte, katholische Dichter und Mystikerinnen, Militärs, Diplomaten und preußische Prinzen, gediegene Schweizer Volkswirte, Vertreter des Klassizismus und der romantischen Schule, Calvinisten, Atheisten und Konvertierte frequentierten Coppet, und Germaine war das Haupt dieses Kreises. Ohne sie hätte das Sammelsurium wahrscheinlich keinen Tag harmoniert.

Bedeutende Werke entstanden in den kommenden Jahren auf Coppet: Germaines CORINNE und DE L'ALLEMAGNE, Constants WALLENSTEIN-Dichtung sowie sein Roman ADOLPHE, Sismondis Schrift LA LITTÉRATURE DU MIDI, von Schlegel weitere Calderón- und Shakespeare-Übersetzungen und die VORLESUNGEN ÜBER DRAMATISCHE KUNST. Doch auch Gäste, die sich sonst kaum publizistisch und literarisch betätigten, wurden zum Schreiben angeregt, da die Atmosphäre um sie herum derart diskursiv und produktiv war, dass sie regelrecht davon infiziert wurden. Die Zimmertüren im Schloss standen den ganzen Tag offen, so dass die Gäste sich zwanglos, wie zufällig zusammenfinden und Gesprächskreise bilden konnten. Man schrieb sich auch Billette und Briefe von Zimmer zu Zimmer, wie schon zu Zeiten des Neckerschen »Dreigestirns«. Zeitlich festgelegt waren lediglich die Mahlzeiten sowie das abendliche Unterhaltungsprogramm. Während der Sommersaison bestand allein das Küchenpersonal Coppets aus fünfzehn Dienstboten, und der Tisch wurde mindestens für 30 Personen gedeckt. Gefrühstückt wurde zwischen zehn und elf Uhr, doch die Teilnahme an diesem Frühstück war nicht obligatorisch. Schlegel hatte sich beispielsweise von Beginn an erbeten, sein Frühstück auf seinem Zimmer einnehmen zu dürfen, da er die ersten Stunden des Tages für seine Studien nutzen und nicht gesellschaftlich verpflichtet sein wollte. Die Gäste wurden im Allgemeinen nach dem Frühstück sich selbst überlassen, bis um fünf Uhr diniert wurde. Germaine erledigte vormittags zunächst ihre Geschäftskorrespondenz, die Verwaltung ihres Besitzes, Vermögensangelegenheiten, zu denen inzwischen auch Spekulationen in der Neuen Welt gehörten – sie hatte Grundbesitz im Staat New York gekauft. An ihren Werken schrieb sie, so hieß es, wenn sie gerade nichts Besseres zu tun hatte, das heißt, wenn es keine sehr viel wichtigere gesellige Unterhaltung oder Zusammenkunft gab, die stets vorrangig war. So mancher Zeitgenosse wunderte sich über die stupende Konzentrationsfähigkeit der Madame de Staël, die nur inmitten ihres großen Freundeskreises, in einem vollen Haus mit Zerstreuung und ganztägiger Abwechslung leben, atmen und arbeiten konnte. Sie las und schrieb überall: in ihrer Reisekutsche, im Bett, am Frisiertisch, auch mitten im geselligen Rahmen, wobei es ihr gar nichts ausmachte, sich in Sekundenschnelle auf ein neues Thema, ein Gespräch oder eine Lektüre einzustellen, die ihre Umgebung ihr in dem Moment zutrug. In ihrem hektischen Rhythmus hatte sie wenig Nachsicht mit anderen. Ihr Tempo und ihre aufreibende Vitalität gestatteten es anderen Menschen nicht, in einem anderen Rhythmus zu leben, bedürftig nach Ruhe, Erholung, Einsamkeit, Schlaf oder Stille zu sein. Sie selbst schlief wenig. Nur Opium brachte ihr Schlaf.

Um elf Uhr nachts gab es ein reichhaltiges Souper, und das anschließende kulturelle Unterhaltungsprogramm zog sich meist bis in die Morgenstunden hin. Zu den Theateraufführungen auf Schloss Coppet kamen häufig auch auswärtige Gäste, aus Genf etwa; in den Jahren 1807 bis 1809 erlebte Coppet in dieser Hinsicht eine Blütezeit. Werke wie DER VIERUNDZWANZIGSTE FEBRUAR von Zacharias Werner wurden hier uraufgeführt. Die klassischen Stücke aber gehörten zum Standardprogramm. Germaine, die sich überaus gerne schauspielerisch unter Beweis stellte, schrieb für ihr privates Theater auch eigene Stücke, in denen die Heldinnen – von ihr selbst gespielt – meist verwandelte Selbstbilder waren. Was sie verarbeitete, waren biblische Stoffe – DIE SULAMITIN etwa und HAGAR IN DER WÜSTE – oder die im Mittelalter angesiedelte Legende der Genoveva von Brabant, Gattin des Pfalzgrafen Siegfried, die unschuldig eines Ehebruchs bezichtigt, verstoßen und schließlich gerettet wird, nachdem sie sechs Jahre lang mit ihrem Söhnchen im Wald lebte. Bei der Darbietung von Racines ANDROMACHE führte Germaine vor den Gästen des Hauses ihr Beziehungsdrama mit Benjamin auf. Sie verkörperte Hermione, die ehemalige, nun verschmähte, von rasender Eifersucht gepeinigte Braut des Pyrrhus, den Benjamin darstellte. Eifersuchtsszenen und rasende Weiber spielte Germaine seelenvoll und mit Leidenschaft, Racines PHÄDRA zum Beispiel mit ihrer Liebesraserei; da war sie unschlagbar, und die Zuschauer identifizierten sie mit den Rollen.

Inszenierung und Wirklichkeit flossen bei den Hauptakteuren Coppets in dieser Zeit wüst durcheinander. CORINNA war fertig, wurde veröffentlicht, triumphal aufgenommen und sehr schnell verbreitet. Eines der Urbilder des männlichen Protagonisten, der junge Prosper de Barante, erhielt ein Belegexemplar der Autorin und reagierte daraufhin mit großer Empörung. Er distanzierte sich aufs Schärfste von dem gefühlskalten und phantasielosen Oswald, besonders von seinem erbärmlichen Ende, und warf der Autorin bei der Gestaltung ihrer beider Geschichte mangelnde Redlichkeit vor. »Sie machen mir grausame Vorwürfe, und Sie haben mich in diesen Oswald eingesperrt, in dessen Haut ich mich nicht verteidigen kann. Ach! wenn er eines Tages auch beschriebe, was er empfand, würde offenbar werden, wie sehr er gelitten hat [...] Seine Jugend ist ihm vergällt worden, weil er Corinne begegnet ist. Er hatte innere Kämpfe auszutragen, hatte Augenblicke tiefer Erregung, und zeitweise hat er sie noch immer. Aber er ist nicht so ungerecht, irgend jemand daran die Schuld zu geben. Seine Reue genügt ihm [...] Kurz, er wird aus seinen Gefühlen und seinem Kummer kein Buch machen [...] Ich sagte Ihnen vor einiger Zeit, welche Verheerungen es in meinem Leben angerichtet hat, daß ich Ihre Bekanntschaft machte und meine Vorahnungen in den Wind schlug. Auch das können Sie als Stoff für ein Buch verwenden. Sie sehen, daß Corinne, wenn sie als Racheakt gemeint war, die gewünschte Wirkung erzielt, und daß ich sie als solchen betrachte.«

Es ging Germaine in CORINNA nicht um Racheakte gegen einen einzelnen Mann, etwa Barante. Die Liaison mit Dom Pedro hat darin Einzug gehalten, Edward Gibbon und dessen Verhältnis zu Germaines Mutter ist unverkennbar skizziert, und selbst von Benjamin spuken Wesensmerkmale in der Erzählung herum. CORINNA ist indes mindestens so sehr ein Männerroman wie ein Frauenroman. Es geht unter anderem auch um den Mann, seine Gefühle, Konflikte und Ängste in einer patriarchalischen, von den »Vätern« bestimmten Gesellschaftsordnung. Die Ordnung, das ist das Staatswesen, das sind die Regelungen und Übereinkünfte der bürgerlichen Lebenswelt, auch jede Form von Gewaltherrschaft, die selbst hier in der Kritik dezent durchschimmert. Der Mann will die Ordnung um jeden Preis. Die Gefühlswelt aber ist Unordnung, Chaos, ist angstbesetzt. Die väterliche Ordnungswelt, die auf ihre Autorität pocht, mit moralischer Erpressung und pseudo-religiösen Gewissenskeulen arbeitet, warnt den Sohn auch zugleich vor der Herrschaft der Frauen. »Ihre Tochter ist reizend«, schreibt Vater Nelvil Vater Edgermond über Corinna, »aber mir scheint, als sähe ich in ihr eine jener schönen Griechinnen, welche die Welt bezauberten und unterjochten.« Und das ist die Antwort, die Oswald gesucht hat, als er in seiner beunruhigenden Gefühlssituation, statt für sich eine Entscheidung zu treffen und seinem eigenen Herzen zu folgen, in seine Heimat aufbrach, um, wie er sagt, die Ursache herauszufinden, die seinen Vater damals bewog, von der Verbindung zwischen Sohn Oswald und Corinna Abstand zu nehmen. Der Sohn akzeptiert dieses Urteil, und die Entscheidung ist gefallen, also ihm selbst abgenommen, was Erleichterung bei ihm hervorruft. Es ist eine Art Männerpakt gegen archaische Weiblichkeit und gegen die Macht des eigenen Gefühls unter den Repräsentanten der Ordnung. Die Väter, die väterlichen Freunde oder die Vertreter der Welt wie der leichtlebige Graf d'Erfeuil bringen immer wieder eine abgeklärte Sicht auf die Angelegenheiten des Herzens mit ein, wenn sie dem verliebten Mann, also Oswald, bedeuten, die Illusion einer Liebe gehe früher oder später vorüber, und dann sei man eben wieder vernünftig. Zynismus liegt in solchen Passagen und Anklage aus weiblicher Sicht, aber es wird darin auch ein Männerleiden geschildert, das in einer Epoche feminisierter Kultur zwischen Empfindsamkeit und Romantik besonders einprägsam wird. Es ist die psychische Problematik des Mannes, der sich zum sinnlich-emotionalen Teil seiner selbst in einem entfremdeten Verhältnis befindet, da es der Ordnung zuwiderläuft und die Vater-Welt, also die eigene Vorherrschaft und die Autonomie untergräbt. Die Konfrontation mit dieser Sphäre führt zu tiefer Verstörung, doch was am Ende die Oberhand behält, ist die äußere Ordnung, die männlich bestimmte Welt – ein Verrat an der Liebe und an der eigenen Seele.

Tochter-Vater und Sohn-Vater erscheinen in CORINNA in einem geradezu entgegengesetzten Licht. Während die Vater-Autorität den Söhnen gegenüber streng, rigoristisch, gleichsam alttestamentarisch ist und zersetzende Wirkungen hat, ist der Tochter-Vater von barmherziger Milde, ein liebender, segnender Gott, der Schuld vergibt, sanktioniert, Freiräume lässt, die Persönlichkeit stärkt und an den man sich vertrauensvoll anlehnen kann.

Von Sappho über Armida und Sibylle bis hin zur Amazonenkönigin reicht die Identifikation Corinnas mit weiblicher Herrschaft und weiblicher Ausnahmestellung. Ihr trauriger Liebestod straft jedoch jeden Ansatz Lügen, es könne sich hierbei um einen weiblichen Emanzipationsroman handeln.

Germaine war ohne Benjamin Constant nach Italien gefahren. Während ihrer Abwesenheit traf dieser sich in Paris mit einer früheren Geliebten, mit der er zwölf Jahre zuvor ein leidenschaftliches Verhältnis gehabt hatte, das ihrerseits sogar zur Scheidung von ihrem ersten Mann führte, um für Constant frei zu sein. Es war Madame du Tertre, geborene Charlotte von Hardenberg; sie waren sich damals in Braunschweig begegnet. Charlotte war mittlerweile fünfunddreißig und zum zweiten Mal verheiratet, nachdem sie fünf Jahre lang vergeblich auf Benjamin gewartet hatte. Dieser bemerkte mit einer Mischung aus Beglückung und Unruhe, dass sie ihn immer noch liebte und offenbar bereit war, ein zweites Mal seinetwegen eine Ehe zu beenden. Die Sache nahm ernsthafte Formen an, und die kommenden vier Jahre befand sich Benjamin in einem Wechselbad der Gefühle, Entschlüsse und Schwankungen, denn weder schaffte er es, von Germaine freizukommen, noch konnte er sich Charlotte gegenüber offen erklären. Die jedoch wartete, und vordergründig wurde ihr Warten belohnt.

Wie in ADOLPHE setzt sich Constant auch in CECILE mit der Problematik eines Mannes auseinander, den eine eigentümliche Willenslähmung und charakterliche Zerrissenheit in amouröse Verwicklungen bringt. In dem ursprünglich mit Happy End geplanten Romanfragment schildert Constant seine Geschichte zwischen Charlotte und Germaine. Cécile-Charlotte ist die sanft und unbedingt Liebende, Ruhepol, Heimat und Hafen, während die despotische Madame de Malbée von aufwühlendem Reiz ist, die den Helden zu ewiger Unruhe aufpeitscht und beinahe gewaltsam in ihren Fängen hält. Die Ausschließlichkeit weiblicher Liebe, ein Moment des Besitzergreifens, ob nun auf heftige oder auf sanfte Art, scheint nach Meinung des Erzähler-Ichs grundsätzliche Realität zu sein und das männliche Dilemma noch zu verschlimmern. Der Held hat Cécile, die ihre Scheidung bereits arrangiert, zugesagt, sich mit ihr zu verbinden, doch in seiner furchtbaren Qual schiebt er den Schritt immer wieder hinaus. Die unumgängliche Entscheidung wird mit Vertröstungen, Ortswechseln und Warten auf den geeigneten Augenblick über Monate, vielleicht Jahre vertagt – im richtigen Leben waren es Jahre. Und der Held hat starke Skrupel vor den Folgen seiner Entscheidung. »Ich war im Begriff, eine Frau aufzugeben, mit der ich so viele Beweise der Zuneigung ausgetauscht hatte. Sie war die tyrannische Herrscherin, aber auch der Zweck meines Daseins gewesen.« Was die Ansprüche und Art dieser Beziehung betrifft, scheint es seitens der Frau auch immer doppelte Botschaften gegeben zu haben. Anscheinend hatte man in jüngerer Zeit Absprachen getroffen, nach denen sich der Mann als ganz frei und offen für neue Beziehungen betrachten konnte – die Gebieterin hatte schließlich offenbar selbst Liaisons. Wenn es jedoch darauf ankam, hielt Madame ihm wieder ein ominöses Versprechen vor – ein Treuegelöbnis, heißt es, das man in Leipzig abgefasst hatte – und tobte, was sie sich selbst und ihm nicht alles antäte, sofern er dieses nicht einhalten wolle. Mit anderen Worten: Sie verlangte von ihm lebenslange Treue, war aber selbst nicht bereit, sich dazu zu verpflichten.

Der Held der CÉCILE beschließt irgendwann, sich völlig »in Gottes Hand« zu begeben, um sich von der Last seiner Handlungsunfähigkeit, seiner lähmenden Resignation durch die Preisgabe an eine vermeintlich höhere Macht zu befreien. Der ursprünglich atheistische Aufklärer mit seiner abgeklärten Sicht auf die Welt konvertiert zu einer dubiosen quietistischen Mystik und schließt sich einer Lausanner Sekte in der Nachfolge Madame Guyons an. Die bislang vergötterte Vernunft scheint an ihre Grenzen gekommen, ein die Sinne benebelnder Irrationalismus der einzige Ausweg aus der abendländischen Subjektivitätsproblematik zu sein, die Constant reflektiert. In einer späteren Schrift diagnostiziert er auf theoretischer Ebene eine Degeneration des modernen Individuums, die auf den Verlust einer Einheit von Reflexion und Tat zurückgehe, wie sie dem antiken Menschen noch verbürgt gewesen sei – die Figur Wallensteins in Schillers gleichnamigem Drama dient ihm als Repräsentant dieser Gespaltenheit, der Tatlähmung und der daraus hervorgehenden Sucht nach Introspektion und zergliedernder Selbstanalyse. Constants Diagnosen und literarische Verarbeitungen dieser Thematik bilden die Grundlage der Dekadenzliteratur, wie sie hundert Jahre später von Frankreich ausging. Er selbst heiratete im Juni 1809 Charlotte von Hardenberg – heimlich zunächst. Sein Leben zehrte sich aber weiterhin auf zwischen Sex, Opium, Alkohol, Melancholie, Getriebenheit, Krisen und innerer Abstumpfung. Er war zu einem harmonischen und selbstgenügsamen Leben genauso wenig geschaffen wie seine Gebieterin und Geliebte Germaine de Staël, mit der er nach einem längeren dramatischen Nachspiel noch lose verbunden blieb.

Schlegel hatte Madame de Staël nach der Italienreise einen verbitterten Brief geschrieben, in dem er allen seinen enttäuschten Hoffnungen, was sie betraf, Ausdruck verlieh. Nach einem Donnerwetter war er dann aber wieder fügsamer denn je, und er schrieb: »Sie wollten, meine anbetungswürdige Freundin, ein schriftliches Versprechen von mir haben, und Sie haben gedacht, ich würde zögern, es Ihnen zu geben; hier ist es:

Hiermit erkläre ich, daß Sie jedes Recht auf mich haben und ich keines auf Sie. Verfügen Sie über meine Person und mein Leben, befehlen und verbieten Sie, ich werde Ihnen in allem gehorchen. Ich begehre kein anderes Glück als jenes, das Sie mir schenken wollen. Ich will nichts besitzen und alles nur Ihrer Großmut verdanken. Ich bin gerne bereit, an meinen eigenen Ruhm nicht mehr zu denken und alle meine Kenntnisse und Talente ausschließlich für Ihren persönlichen Gebrauch bereit zu halten. Ich bin stolz darauf, Ihr Eigentum zu sein. [...] Nicht zufällig bin ich Ihnen begegnet und hat es Sie inmitten weltlicher Vergnügungen zu mir getrieben, und das in dem Augenblick, da Sie von dem grausamsten und unersetzlichsten Verlust bedroht waren. Was mich betrifft, habe ich einen Teil meines Lebens mit Suchen verloren; endlich habe ich gefunden, was unvergänglich ist und mich erst im Grab verlassen wird. Mißbrauchen Sie Ihre Macht nicht: Sie könnten mich leicht unglücklich machen, ohne daß ich imstande wäre, mich dagegen zu wehren. Vor allem beschwöre ich Sie, weisen Sie Ihren Sklaven nie von sich. A. W. Schlegel.«

Schlegel übersetzte gerade Caldérons Standhaften Prinzen, und seine Umgebung machte sich schon darüber lustig, dass dies seine Rolle sei, die er ein für allemal neben Madame eingenommen hatte, verpflichtet zum ewigen Sklaven- und Minnedienst, unerhört, unbelohnt. Friedrich machte sich Sorgen um ihn, und er schrieb an Madame de Staël: »Wilhelm schreibt mir immer ganz traurig. Das beunruhigt mich. Was machen Sie nur aus ihm?« Dann wurde August Wilhelm Schlegel sogar krank, ernsthaft krank, doch Germaine machte sich noch nicht einmal die Mühe, seinen Bruder rechtzeitig davon in Kenntnis zu setzen. Für Friedrich Schlegel, der aus der Ferne beobachtete, wie sein Bruder verkümmerte, war die Situation etwas heikel, denn auch er profitierte von dem großzügigen Einkommen, das August Wilhelm von Madame garantiert war. Friedrich Schlegel befand sich in chronischer Geldnot; gerade hatte man ihn bei der Besetzung einer Kölner Professur, auf die er Hoffnung gehabt hatte, übergangen. So blieb eben auch nach der Krise alles beim Alten.

Wie einen neuralgischen Punkt umkreiste Germaine, sofern irgendwie möglich, Paris. Napoleons Polizeiapparat überwachte sie ständig, doch nachdem Prospers Vater, Claude Ignace de Barante, der Präfekt von Genf, einen günstigen Bericht über das Verhalten der Madame de Staël an den Kaiser geschickt hatte, erlaubte er ihr, nach Frankreich zurückzukehren und sich innerhalb eines 40-Meilen-Radius um Paris aufzuhalten. Lyon, Auxerre, Blois und Rouen waren im Jahr 1806 vorübergehende Zufluchtsorte Germaines, in die sie auch wieder große Gesellschaft und einen Teil ihrer Verehrer und Liebhaber mitnahm. Im Folgejahr, als Corinne gedruckt wurde, hielt sie sich im April einige Tage heimlich in Paris auf. Napoleon erfuhr dies, obwohl Fouché keine Meldung davon erteilt hatte und daraufhin fast seinen Posten verlor. Der Kaiser schrieb dem Polizeiminister, Germaine de Staël betreffend, aus Ostpreußen: »Ich habe die feste Absicht, sie aus Genf nicht mehr herauszulassen.« Vorbei war die Hoffnung und eine Chance verwirkt. Dabei hätte Germaine durchaus mit einigen Erleichterungen rechnen können, wenn sie sich bereiterklärt hätte, einige lobende Bemerkungen über Napoleon in ihren Italien-Roman einzufügen – Fouché hatte ihr dazu geraten. Das aber tat sie nicht. »Dante hoffte durch sein Gedicht das Ende seiner Verbannung zu erreichen«, heißt es in Corinne – doch weit gefehlt.

1807 kaufte Germaine ein Haus im Tal von Montmorency, in der Hoffnung, dadurch fortan zum Aufenthalt in der Hauptstadt berechtigt zu sein. Der Brief, den sie Napoleon mit diesem Anliegen schrieb, blieb unbeantwortet; der Kaiser hielt ihre sämtlichen Anliegen und Bitten für Anmaßungen und die Beteuerungen ihrer politischen Korrektheit für Heuchelei. Den vorerst letzten Versuch, ein Ende ihres Exils sowie die Rückzahlung ihrer zwei Millionen Livres vom französischen Staat zu erwirken, unternahm Germaine Ende 1807 mit Hilfe Augustes, ihres nun 17-jährigen ältesten Sohnes, der in Chambéry in Savoyen um eine Audienz beim Kaiser ersuchte. Auguste war fleißig und gewissenhaft, im Gegensatz zu Albert, der mehr dem Vergnügen nachging und seinem Hofmeister Schlegel einiges Kopfzerbrechen bereitete. Auguste kam auch im Großen und Ganzen damit zurecht, seit seinem 15. Lebensjahr allein in einem Internat in Paris, fern von seiner exilierten Familie zu sein. Ein wenig verwunderlich ist es, von wem dieser redliche Sohn, der Sprössling Narbonnes, seinen gewissenhaften Charakter geerbt hatte. Ein Gedanke, der Madame de Staël sicher gefiel, war, dass er in der direkten Nachfolge seines Großvaters stand. Germaine, die ein kameradschaftliches Verhältnis zu allen ihren Kindern hatte, nannte ihn in Briefen »lieber Freund«, wie auch ihr Vater von ihr genannt worden war. Es gab keine klassischen Eltern-Kind-Hierarchien in ihrem Leben. Als sie Auguste zwei Jahre zuvor schon einmal um eine ähnliche Auftragserfüllung bei Joseph Bonaparte gebeten hatte, da schrieb sie ihm: »Lebwohl, lieber Freund, dies ist der ernsteste Brief und der für Deine Klugheit ehrenvollste Auftrag, den Du bisher erhalten hast. Lebwohl und denke daran, genau in Deinem Alter hat mein Vater begonnen, sich dieses Vermögen zu schaffen, ohne das wir nichts wären. Lebwohl, kleiner Tollpatsch.« Sie wusste, sie konnte sich auf Auguste, der allenfalls etwas schüchtern war, in der Sache verlassen. Doch bei aller vertrauenden Mutterliebe – der Auftrag war schwerer Tobak für einen Jugendlichen im Alter von siebzehn.

»Es ist wirklich schwer, mit seiner Entrüstung angesichts all der (politischen) Verwandlungen zurückzuhalten, die diese, noch dazu häßliche, Hure durchgemacht hat. Ich werde Ihnen nicht erzählen, was für Pläne dieser lächerliche Kreis bereits geschmiedet hat, für den Fall, daß ich durch eine glückliche Fügung ums Leben komme«, hatte der Kaiser seinem wegen Milde gemaßregelten Polizeiminister bezüglich der Staël geschrieben. Er hatte keineswegs vor, ihr Strafmaß zu mildern, dennoch empfing er den Sohn in Savoyen. Auguste formulierte ruhig und gelassen das doppelte Anliegen seiner Mutter – die Rückzahlung ihres Vermögens und eine Aufenthaltserlaubnis für Paris. Als dabei der Name »Necker« fiel, erging sich der Kaiser in wüsten Verwünschungen. Necker, der alte senile Narr, sei ein Schwärmer, ein ewiger Unruhestifter gewesen, und mit dieser Art politischen Dilettanten und Einmischern habe es in seiner Regierung ein Ende, das sei ihm gesagt. Seine Mutter schließlich, diese bemitleidenswerte Person – warum gerade Paris? Überall in Europa könne sie leben, nur nicht in Paris, wo *er* sei und keinen Bedarf habe an Querulanten wie ihr. Auguste beteuerte, seine Mutter wolle sich ausschließlich der Literatur widmen und ihre Freunde wiedersehen; keine Politik – er verspreche es. »Literatur, sonst nichts?« erwiderte der Kaiser. »Darauf falle ich nicht herein. Man kann Politik machen, indem man über Literatur, Moral, Kunst, über irgend etwas spricht.« Er kenne diese Beteuerungen, er habe sie schon des Öfteren von ihr gehört. Im Übrigen sollten Frauen beim Strickstrumpf bleiben. Das war es im Wesentlichen. Auguste hatte keine Chance.

»Ich habe die kleine Literatur auf meiner Seite«, sagte Napoleon, »und die große gegen mich.« Das stimmte wohl, es war gut erkannt. Zur großen Literatur gehörte neben der Staël eigentlich nur der Vicomte de Chateaubriand, der kurz nach Madame de Staël auf den Index kam und der in der Besprechung eines Reisewerks geschrieben hatte: »Wenn alles vor dem Tyrannen zittert und es gleich gefährlich ist, seiner Gunst wie seiner Ungnade zu begegnen, dann erscheint der Geschichtsschreiber als Rächer der Nationen. Umsonst vertraut Nero seinem Glück, Tacitus ist bereits geboren …« Doch Chateaubriand behielt sein Vermögen, und er wurde auch nicht verfolgt wie Germaine de Staël. Der Kaiser kaufte seine Zeitschrift MERCURE DE FRANCE auf und brachte damit eine kritische Stimme zum Schweigen, doch er gab dem Vicomte eine solche

Summe dafür, dass er sich davon sein Schloss Vallée-aux-loups kaufen konnte. Napoleon hasste nur sie: Germaine de Staël, die Tochter Jacques Neckers. Sie war die einzige Vertreterin des Geistes, die von ihm wirklich Verfolgung erfuhr.

Die Gruppe von Coppet, die der Kaiser als »lächerlichen Kreis« bezeichnete, setzte dem usurpatorischen Treiben eine Geistesemigration, eine ständige oppositionelle Präsenz außerhalb französischen Bodens entgegen. Ihr Anliegen war es, die besten Seiten der Aufklärung zu retten. Das allein war schon Kampfansage genug. Germaine erklärte: »Die Philosophen haben die Revolution gemacht. Sie werden sie auch vollenden.«

Trunkener Lebenstanz

Die späteren Leidenschaften der Germaine de Staël

Juliette Récamier
»Madame Récamier spielt mit ihrer Schönheit wie ein Kind, weil sie eben nichts besseres anzufangen weiß.«
August Wilhelm Schlegel in einem Brief an Helmina de Lézy

Die Malerin Elisabeth Vigée-Lebrun hat Germaine im Porträt als Corinna (s. S. 214) unsterblich gemacht: In einem weißen Kleid aus leichtem Stoff, antikisiert, eine Leier im Arm und die Augen gen Himmel gerichtet, geht sie als Dichter-Improvisatorin römischen Stils in die Nachwelt ein. Doch selbst auf diesem stilisierten Porträt blickt ihr der Schalk aus den Augen. Germaine de Staël war alles andere als eine Träumerin. Sie schöpfte das Leben aus – bis zur Neige. Wie auf dem Sprung, angriffslustig ist sie auf dem Porträt positioniert. Die schwarzen Locken naturbelassen, den Mund halb geöffnet, den üppigen Körper, soweit gerade eben schicklich, enthüllt, verführt sie nicht unbedingt nur zu stiller Betrachtung. Der ihr vorauseilende Ruf war auch kaum derart, dass Germaine de Staël eine appollinische Priesterin sei. Die Rolle der Keuschen, Unnahbaren übernahm ihre Freundin Juliette Récamier, mit der Germaine gewissermaßen auf Schloss Coppet durch Polarität einen doppelten Anziehungspunkt bildete. Juliette war zehn Jahre jünger als sie, eine Schönheit ihrer Zeit, der die Männer reihenweise verfielen. Sie stammte aus Lyon und war während der Jakobinerherrschaft im Alter von fünfzehn Jahren mit dem siebenundzwanzig Jahre älteren Bankier Jacques-Rose Récamier verheiratet worden. Über diese Ehe gab es dubiose Gerüchte. Sicher ist, dass sie nur zum Schein bestand und nie vollzogen wurde. Juliette war die ewige Jungfrau, und diese Jungfräulichkeit stilisierte sie; sie verlieh ihr eine unglaubliche Macht. Ein Sofa wurde nach ihr »Récamière« genannt, denn in dieses einarmige Halbliege-Möbelstück ließ sie sich immer, gehüllt in ein hauchdünnes griechisches Gewand, nach der Ausführung ihres berühmten Schleiertanzes sinken, barfuß zumeist; ihre Anbeter knieten zu ihren Füßen. Sie war eine grazile Erscheinung, Unschuld und Wollust unvergleichlich gepaart. Doch dass dieses Wunderwesen partout nicht zu erobern war, brachte einige Herren der Schöpfung schier um den Verstand. Illustre Namen wie Prinz August von Preußen, Montmorency, Lucien Bonaparte waren darunter, ja sogar der Kaiser Napoleon selbst, der Juliette zu seiner Geliebten machen wollte und auf ihre Weigerung hin ihren Gatten in den Bankrott trieb, oder genauer: ihm einen dringend erforderlichen Überbrückungskredit der Banque de France nicht gewährte. Nach dieser unglücklichen Wendung und der Aufgabe ihres prächtigen Pariser Hausstandes kam Juliette im Sommer 1807 erstmals nach Coppet und gehörte fortan zu den besonderen Attraktionen des Ortes. Auf Napoleons schwarzer Liste stand sie in mindestens zweifacher Hinsicht: durch ihre Verweigerung gegenüber dem Kaiser und durch ihre Freundschaft mit Germaine de Staël, die noch aus Pariser Zeiten in den Jahren des Direktoriums herrührte. Die Schönheit Juliettes machte Germaine offenbar keine Probleme. Sie wusste zu jeder Zeit ihres Lebens, dass sie mit solcherlei äußeren Reizen nicht konkurrieren konnte. Juliette aber fehlte offenbar ein vital-sinnliches Element, das sie bei all ihrer anbetungswürdigen Schönheit nie zu einer aktiven Konkurrenz in der Männerwelt machte. Die Freundschaft zwischen Germaine und Juliette ist bemerkenswert, nicht zuletzt, da Frauenfreundschaften tieferer Art bei Germaine nicht die Regel waren. Germaine umwarb sie, beschützte sie, ließ sich von ihr bezaubern und wollte sie wohl gelegentlich auch zum Übertritt ins sinnliche Leben bewegen – als sie beispielsweise in der Affäre Prinz August von Preußen stark kuppelte –, doch Juliette war und blieb keusch, kühl und durchdrungen von der sanften Macht der Verweigerung. Constant verfiel ihr später und geriet darüber in eine weitere Krise. Auguste de Staël, Germaines Sohn, verliebte sich in sie. Prosper de Barante, der eigentlich in seinem noch lange ungeklärten Verhältnis zu Germaine Juliette als Mittlerin anrufen sollte, machte ihr irgendwann selbst Avancen und bildete damit den einzigen Anlass zu kurzfristiger eifersüchtelnder Distanz zwischen Germaine und Juliette. Viel später – es war kurz nach Germaines Tod – gab es eine späte Liebe zwischen Juliette Récamier und Chateaubriand, von der niemand weiß, inwieweit Juliette darin wirklich ganz involviert war. Während der »großen Tage von Coppet« aber blieb Juliette eine Kunstfigur und eine Sonne ihrer selbst, seltsam unberührt von all dem dramatischen Geschehen der Liebeswirren um sie herum, obgleich sie ja mitwirkte, sehr stark sogar – für seine Liebeswirren war Coppet mindestens so bekannt wie für seine politisch-oppositionellen Gruppierungen und für die vielseitigen literarischen Diskurse.

Nach dem Erscheinen ihrer CORINNA war Germaine de Staël populärer denn je. Unmittelbar nach der französischen Erstausgabe war eine deutsche Fassung erschienen, die Dorothea Schlegel, Friedrichs Frau, besorgt hatte. Über weite Strecken hielt sich das Ehepaar mit Dorotheas Übersetzungen, die indes als Friedrichs ausgegeben wurden, finanziell über Wasser; August Wilhelm hatte seinem Bruder und dessen Frau den Übersetzungsauftrag vermittelt. Goethe reagierte begeistert auf den Roman – die italienische Szenerie mag ihn darin auch etwas bestochen haben. Die Phrase: »Kennt ihr das Land, wo die Orangen blühen …«, in der von der Eingangszeile seines »Lieds der Mignon« nur die Zitrusfrucht durch eine andere ersetzt worden ist, hat er geflissentlich übersehen. Wilhelm von Humboldt, bei dem Germaine in Rom anfangs gewohnt hatte, erinnerte sich beim Lesen des Romans an die gemeinsamen römischen Tage, an die Spaziergänge und Gespräche; auch er war in seinem Urteil ein wenig befangen, da er mit der Autorin befreundet war. Es gab eine Vielzahl von Rezensionen in Deutschland. In der ZEITUNG FÜR DIE ELEGANTE WELT stellte der Kritiker August Kuhn Staëls CORINNA neben die NOUVELLE HELOISE Rousseaus, Goethes WERTHER und WILHELM MEISTER. Plagiat jedoch warf man der Autorin auch vor – Karl Ludwig von Knebel etwa meinte, besonders der Romananfang sei eine Imitation des Goetheschen TASSO. Von falscher Sentimentalität war vielfach die Rede, und den allzu schlaffen Oswald wollten die männlichen Rezensenten dann auch nicht unbedingt als Repräsentanten ihres Geschlechts anerkennen (eine »Kreisnull«, so Jean Paul, »wo das Nichts und die Vollendung dasselbe Zeichen haben«). Doch was sollte Germaine dazu sagen? Karl Friedrich Reinhard war sehr angetan von den Passagen historischer Darstellung in dem Roman. Er meinte allerdings auch: »Manche Capitel sind französischer Boden mit deutschen Kälbern gepflügt …« Jean Paul belustigte sich in den HEIDELBERGER JAHRBÜCHERN von 1808 auch über den aufgesetzten platonischen Nimbus, der in dem Zeitraum eines ganzen Jahres über dem Liebespaar schwebt (und den man der Frau von Staël schlichtweg nicht abnahm). Die Passage, als es in Neapel immerhin einmal fast zu einer Hinreißung kommt und Corinna sich säuselnd bei Lord Nelvil dafür bedankt, dass er ihre Tugend respektiere und nicht opfere, obwohl es ihm ja ein Leichtes wäre, übersetzt Jean Paul satirisch in den Tonfall eines deutschen Lustspiels, einer Burleske, und zwar mit den Worten: »Beim Henker, ich hätte auch nicht den ganzen Abend unschuldig zu bleiben gebraucht, und es war gar nicht mein Wille, aber ich wollte meine Schuldigkeit thun.« Jean Paul war allerdings auch der Meinung, Madame de Staël habe mit dem Roman selbst eine Satire geschrieben, und zwar eine Satire auf die Männer, verfasst von einer geistreichen Frau.

Im Sommer 1807, als der Kaiser der Franzosen nach siegreichen Schlachten in Ostpreußen dem russischen Zaren Alexander I. zwecks Friedensverhandlungen in Tilsit begegnete, befand sich Napoleon auf dem Höhepunkt seiner Macht. Er hatte bei Austerlitz Österreich besiegt und in der Doppelschlacht von Jena und Auerstädt Preußen niedergeworfen. Der russische Zar erkannte die französischen Eroberungen in Europa an, während ihm die Erweiterung seiner westlichen Grenzen durch den Erwerb neuer Gebiete (Finnland) zugestanden wurde – ein Handel unter Machthabern. Den Orient wollte man unter sich aufteilen, und Europa im weitesten Sinne sollte sich fortan in eine russische und eine französische Interessensphäre dividieren. Von Berlin aus hatte Napoleon die Kontinentalsperre über England verhängt – England, die Insel, blieb sein einziger Trotz, die Invasion Englands ein illusorischer Traum. Doch Kontinentaleuropa hatte er fest im Griff – es erstreckte sich inzwischen von Portugal bis Russland, von Kalabrien bis Dänemark. Seine Geschwister hatte er auf die Throne Europas gehievt oder neue Königreiche für sie geschaffen: Joseph Bonaparte, sein liebenswürdiger älterer Bruder, war König von Neapel, Louis, der Jüngere, König von Holland, Jérôme wurde König des neugeschaffenen Königreichs Westfalen.

Ende November 1807 reiste Germaine de Staël über München nach Wien. Es war immer der provinzielle Winter, dem sie entfloh und den sie durch ihre Reisen überbrückte. Das Bedürfnis nach einem Gesellschaftsparkett, öffentlicher Wahrnehmung und damit einer Provokation des Kaisers Napoleon, der sie gesellschaftlich lahmlegen wollte, war wohl der Hauptbeweggrund für ihre Reisen. Sie lebe nun wieder in einer alten Monarchie, schrieb sie Claude-Ignace de Barante im Januar, als sie in Wien, der Hauptstadt des alten Habsburger Reiches, ankam. In München war sie nur eine Woche geblieben. Sie fand es langweilig dort, hatte aber unter anderem Jacobi und das Ehepaar Schelling getroffen. Gemäß ihrer geographisch-kulturellen Einteilung galt es, so heißt es in De l'Allemagne, als »allgemein anerkannt, daß die Literatur bloß in Norddeutschland zu Hause sei, und daß die Bewohner des Südens sich den Genüssen des physischen Lebens hingeben, während die nördlichen Gegenden sich dem feineren Lebensgenuß überlassen.« Da nun, wie sie weiter schreibt, von Weimar bis Königsberg und von Königsberg bis Kopenhagen »Nebel und Frost das natürliche Element der Männer von starker und tiefer Einbildungskraft« bildeten, so erschien es ihrer Meinung nach nur folgerichtig, dass in Wien, wo ja das Klima gemäßigter sei als in Königsberg oder Weimar, weniger sinniert und gedacht, aber viel mehr gegessen werde. Madame beobachtete, wie nachmittags gegen fünf Uhr ganze Wiener Familien von Bürgern und Handwerkern nach dem Prater zogen, um dort im Grünen ungeheuer reichlich zu vespern – die Stadt stehe im Übrigen in dem Ruf, protokollierte sie, mehr Lebensmittel zu verbrauchen als jede andere Stadt. Die bedächtige Ruhe der Deutschen habe im Süden eine ganz andere Prägung als in den nördlichen Gegenden. Es sei hier mehr eine Art physisches Wohlbehagen als philosophischer Tiefsinn – aber träge sei man, in etwas abgewandelter Form, hier wie dort. Schließlich war man ja hier auch katholisch, was schließlich ein Gegensatz sei zur protestantischen Askese und Innenschau. Still und stumm gäben sich also die Wiener ihren Vergnügungen hin, die da wären: Essen und Trinken, Schauspiel, Spaziergänge, Bälle …, was eben an Zerstreuungen dargeboten werde in der von malerischen Hügeln umgebenen Donaustadt. Überall in Österreich herrsche eine große Ordnung und, bedingt durch seine väterliche, weise und religiöse Regierung, »eine schöne Liberalität« – ein Querschuss auf Bonaparte.

Es gab aber noch einen anderen Grund, warum es Germaine nach Wien zog: den jungen Grafen Moritz O'Donnell von Tyrconnel. Sie hatte den Österreicher irischer Abstammung, der Hauptmann bei den Pionieren war, im Mai 1805 in Venedig kennengelernt und wollte ihn wiedersehen. Trotz mehrfacher Aufforderungen, sie in Coppet zu besuchen, war er bislang nicht erschienen, also blieb ihr nichts anderes übrig, als ihn in Wien aufzusuchen. Er war 28 Jahre alt, also vierzehn Jahre jünger als sie. Die Liaison, die in Wien ihren Anfang nahm und dann zu Germaines untröstlichem Leidwesen keinen Fortgang mehr fand, entbehrte nicht einiger peinlicher Züge, unter anderem weil die klatschsüchtige Wiener Gesellschaft, die nicht gerade von besonderer Toleranz und Wohlwollen markanten Besuchern gegenüber geprägt war, die ein wenig die Konvention sprengten, die Begegnung von vornherein mit hässlichen Lästereien und Verdächtigungen beschwerte. Das hatte nicht zuletzt auch politische Gründe: Die österreichische Polizei sowie der Geheimdienst fanden es verdächtig, dass die Staël, zwar von Napoleon verfolgt, aber dennoch im Hause des französischen Gesandten verkehrend, Verbindungen zu einem Hauptmann der österreichischen Armee aufnahm. Man beobachtete das Paar insgeheim, und so entstand ein detailgetreuer Polizeibericht dieser Liebesgeschichte, in dem unter anderem festgestellt wurde, dass die Französin fast jede Nacht, wenn sie von ihrer Besucherrunde in der Wiener Gesellschaft zurückgekehrt war, O'Donnell bei sich empfing und bis in die frühen Morgenstunden bei sich behielt. Da auch die französische Geheimpolizei jeden ihrer Schritte beobachtete, wurde Germaine von mehreren Seiten gleichzeitig ins Visier genommen und galt aufgrund der prekären politischen Lage in Wien – die Reaktion gegen Napoleon baute sich auf, und man munkelte bereits von Krieg – als suspekte Figur.

Doch auch in anderer Hinsicht stand Germaines fünfmonatiger Wien-Aufenthalt unter keinem wohlwollenden Stern. Sie verkehrte im Wiener Hofadel und in den ersten Häusern der Stadt. Man öffnete ihr zwar dort die Türen, doch hinterrücks lästerte man: über ihr parvenuehaftes Auftreten und ihre unmögliche Kleidung, über ihre vorlaute, unfeine Art, ihren Intellektualismus, zuletzt nun gar über ihre Affäre mit einem jüngeren Mann, mit der sie sich gänzlich lächerlich machte und dem Spott der Wiener Gesellschaft anheimgab – zumal es ganz offensichtlich so war, dass sie um ihn warb und ihn wohl auch ein wenig forcierend zu ihrem Liebhaber machte. Der Wiener Aufenthalt der Madame de Staël ging in die Annalen der Stadt ein, doch kaum so, wie sie es gewünscht hätte. Der General Graf Clairembault notierte in seinem Tagebuch: »Frau von Staël behandelt die Frauen sehr lässig und wollte immer mit Männern reden, immer nur über Literatur, Philosophie und Politik. Ihr Kostüm war ungemein lächerlich, sie selbst aber häßlich, so daß der Gesamteindruck noch scheußlicher war.« Schlegels Ex-Frau Caroline Schelling hatte von München aus an Luise Gotter geschrieben: »Sie ist ein Phänomen von Lebenskraft, Egoismus und unaufhörlicher geistiger Regsamkeit. Ihr Äußeres wird durch ihr Inneres verklärt und bedarf es wohl: es gibt Momente oder Kleidung vielmehr, wo sie wie eine Marketenderin aussieht und man sich doch zugleich denken kann, daß sie die Phädra in höchstem tragischen Sinne darzustellen fähig ist.« Die Rolle der Phädra war Germaine längst auf den Leib geschrieben. Sie spielte sie, wo sie nur konnte und ließ keine Gelegenheit aus. Die Gattin des Theseus begehrt in sündhafter Liebe dessen Sohn aus erster Ehe, Hippolythe – ein Drama der Gewissensqual und der verheerenden Folgen der Leidenschaft. Germaine gab sich auch hier, neben anderen Rollen, in ihrer Lieblingsrolle zum Besten – in Wien, der Stadt des Theaters, die mit dem Erlesensten aufwarten konnte, was es im deutschen Theaterleben gab. Der Versuch, sich derart zu präsentieren, missglückte – das herbeigeorderte Publikum empfand ihre leidenschaftlichen Darbietungen nur als »Geschrei«. Diese wenig freundlichen Urteile hingen indessen gewiss auch damit zusammen, dass Germaine de Staël wieder einmal einigermaßen ignorant gegenüber den kulturellen Errungenschaften ihres Gastortes war. Das Musikleben Wiens – welch ein reichhaltiger Schatz! Doch Musik war überhaupt nicht das Terrain der Germaine de Staël. Haydn und Beethoven lebten in Wien; Germaine legte keinen Wert darauf, sie zu treffen. Über Haydns SCHÖPFUNG, Mozarts REQUIEM und DON GIOVANNI, die sie in Wiener Aufführungen erlebte, schrieb sie später in ihrem Deutschland-Buch, diese Werke überschritten die Grenzen reiner Musik, da sie sich mit der

Dichtung vermählten und daher mehr aus der Reflexion als aus den Künsten erwüchsen. Es sei zu viel Scharfsinn darin und zu wenig Gefühl. Die leichte Muse goutierte sie mehr. Mit großer Begeisterung besuchte Madame de Staël mit ihren Kindern das Wiener Kasperletheater und erwähnte außerdem später lobend ein Lustspiel, in dem ein Harlekin sich aus sich selbst herausstahl, Perücke und Rock stehen – und statt seiner paradieren ließ, um anderswo zu leben; Germaine empfand dieses Stück als Parabel auf die Zwänge der Gesellschaft und riet jedem, der in der großen Welt seine Rolle zu spielen gezwungen sei, dazu, dieses Gleichnis recht tief zu beherzigen.

Ihr so häufig kritisiertes äußeres Erscheinungsbild schien den Betrachtern völlig mit den Anmaßungen der Person übereinzustimmen, die sich keinerlei Mühe gab, ihre Eigenarten und Ansprüche in gesellschaftliche Konventionen zu kleiden. Für die damalige Zeit war sie mit ihren 42 Jahren eine Matrone. Und diese Matrone stellte einem jungen Mann nach, sie erhob einen aus der Libertinage geborenen Liebesanspruch, sie verletzte die Etikette, sie dominierte alle Gespräche … Da war die »unmögliche Kleidung« dann nur noch ein äußeres Zusatzsymptom. Sie trat in knallbunten Farben auf, mit Turban, bunten Vogelfedern und orientalischen Schals, und das Ganze wirkte so wenig dezent wie ihr grenzwertiges Decolleté, mit dem sie ihren gewaltigen Busen zur Schau stellte. Doch selbst diese Körperpartien, von denen bislang die Männer so schwärmten: Brust, Arme und Nacken, wirkten zunehmend fleischig – ebenso wie ihr ständig gerötetes Gesicht, besonders wenn sie sehr lebhaft redete und in Rage geriet. Es war einfach nichts Vornehmes an ihr.

Schlegel war wieder als Reisebegleiter dabei und sollte unter anderem dafür sorgen, dass Albert in einer Wiener Kadettenanstalt untergebracht wurde. Seine Eifersucht wegen Moritz O'Donnell und seine ständigen beleidigten Launen konnte Germaine kanalisieren, indem sie veranlasste, dass Schlegel in Wien vor erlauchtem Publikum eine Vorlesung hielt. Das tat ihm gut, und es hob seine Selbstachtung. Bei jeder Gelegenheit erwähnte Schlegel in der Folgezeit, wieviele Höflinge, Staatsminister und Fürstinnen sich im Publikum befunden hatten, als er in Wien Über dramatische

Kunst und Literatur referierte – ob all diese Höflinge und Fürstinnen sehr viel von den Darlegungen umsetzen konnten oder vielmehr nur kamen, um sich selbst zu bespiegeln und weil diese Art der Gesellschaftszerstreuung einmal eine skurrile Abwechslung war, ist eine andere Frage. Der Vorlesungszyklus, der später gedruckt erschien, wurde zu einem zentralen theoretischen Werk der deutschen Romantik. Völlig neu waren die Grundgedanken in Schlegels Vorlesung nicht – vieles war von seinem Bruder, von Herder, von Schiller beeinflusst –, er brachte sie aber in eine pointierte und wegweisende Form. Demnach gab es zwei Phasen der dramatischen Kunst: das plastische klassische Drama der Griechen, gleichzeitig Vorbild für die epigonalen Werke der Römer, Italiener und Franzosen, und das romantische Drama der christlichen Epoche, das sich in Spanien im Werk Caldérons und in England in Shakespeares Werk manifestiere. Grundlage dieser Zweiteilung, so Schlegel, sei eine vollkommen unterschiedliche Welterfahrung der antiken Griechen und der modernen Menschen, denn während das Weltverhältnis der Griechen noch ganzheitlich sei und keine Trennung zwischen Phantasie und Verstand vollziehe (weshalb die Welt ihnen als Mythos erscheine), träten in der Neuzeit Empfindung und Reflexion divergent auseinander. So sei es nun also Aufgabe der Poesie, »eine künstliche Herstellung jenes mythischen Zustandes, ein freywilliges und waches Träumen« erneut zu erreichen. Romantische Kunst sei »der Ausdruck des geheimen Zuges zu dem immerfort nach neuen und wundervollen Geburten ringenden Chaos, welches unter der geordneten Schöpfung, ja in ihrem Schoße sich verbirgt: der beseelende Geist der ursprünglichen Liebe schwebt hier von Neuem über den Wassern.« Die Vorlesungsreihe war für August Wilhelm Schlegel ein voller Erfolg. Zwar provozierte sie auch heftige Gegenstimmen – zum Beispiel vonseiten eines beflissenen Aufklärers namens Joseph Schreyvogel, der sich im Wiener »Sonntagsblatt« heftigst gegen Schlegels Thesen empörte –, doch nach der Drucklegung wurde sie europaweit populär. Schlegel konnte zufrieden sein. So hatte ihm der Kontakt mit Madame de Staël endlich einmal etwas gebracht.

Germaine war innerlich zerrissen und zögerte immer wieder ihre Abreise hinaus. Moritz O' Donnell war ihr nämlich keineswegs so ergeben, wie sie es sich wünschte. Sie brachte ihn einfach nicht dazu, ihr Versprechungen für die Zukunft zu machen, und selbst die Rendezvous, die sie in Wien initiierte, sagte er oft wegen vermeintlicher Krankheiten ab. Als sie im Sommer wieder zurück in Coppet war, hatte der junge Mann, der noch eine große Militärkarriere machen und zum Generalleutnant aufsteigen sollte, die historische Kardinal-Ausrede der Männer auf Lager, warum er nicht zu ihr kommen könne: Er müsse wohl bald in den Krieg. Germaine kämpfte wie eine Löwin um ihn, leidenschaftlich, verzweifelt; sie sah die Sanduhr ihrer Zeit als begehrte Frau ablaufen und schrieb an Juliette, ihre Angst, nicht geliebt zu werden, schmerze sie grausam. An O' Donnell schrieb sie damals den bezeichnenden Satz: »Ich weiß, wenn einer mich verstünde, wenn ich meinem Vater in seiner Jugend begegnet wäre, ich würde die Spur seiner Schritte küssen, doch meine Seele erschöpft sich darin, die Schranken, die uns trennen, zu beseitigen, und es gelingt mir nicht.« Ihre Briefe an Moritz aus Budweis, Teplitz, Dresden und Weimar – ihren weiteren Stationen vor der Rückreise in die Schweiz – klingen wie die Ergüsse einer Halbwüchsigen. Der Boden schwanke unter ihren Füßen, da keine Nachricht von ihm komme, obgleich er es doch versprochen habe, sie sei krank, habe Opium genommen, sie könne nicht ohne ihn leben ... Sie schickte ihm später Geld, hundertfünfundzwanzig Louisdor über einen Bankier, der mit Genf in Verbindung stand und schrieb, sie hätte ihm auch das Vierfache geschickt und würde es gerne noch tun. O' Donnell fühlte sich in seiner Ehre gekränkt, reagierte erbost und wollte das Geld nicht annehmen. Germaine antwortete, der vornehmste Adel habe sich während der Emigration nicht gescheut, ihre Hilfe anzunehmen; es sei ein Zeichen ihrer übergroßen Liebe, und sie habe mehr Geld, als er sich vorstellen könne: 120 Tausend Livres Rente, selbst unter den derzeitigen Umständen, »und keinen Sou Schulden«. Im Fall eines Krieges werde er schließlich auch größere Ausgaben haben – für die Pferde, für seine Leute und für all die Pflege, die seine zarte Gesundheit verlange. Sie gehe mit ihm bis ans Ende der Welt, notfalls nach Polen, oder sie komme nach Wien zurück, um Albert abzuholen. Ob sie sich, falls der Krieg wirklich ausbreche, in Italien treffen könnten? Dann könne man auch eine gemeinsame Zukunft besprechen. O'Donnell ließ währenddessen in Wien ungalant verlauten, Madame de Staël überschütte ihn penetranterweise mit Briefen und sei gerade dabei, seinen Ruf zu ruinieren. Es war ein grausames Schauspiel. Germaine erhoffte sich eine Wiedervereinigung mit dem Geliebten, zurückgewonnenes Vertrauen. Aber O'Donnell wollte die Liaison nicht vertiefen und tat sie offenbar als Episode ab.

Germaine litt Höllenqualen; es schien vergleichbar mit ihrem Leid um Narbonne. Dabei blieb sie weiterhin in Verhandlungen mit dem jungen Prosper de Barante, und sie schrieb Benjamin von Wien aus einen Brief, in welchem es heißt: »Ich komme mit der gleichen Zuneigung zu Ihnen zurück, einer Zuneigung, der keine Verehrung etwas anhaben konnte, einer Zuneigung, die Sie mit niemandem auf Erden vergleicht. Mein Herz, mein Leben, alles gehört Ihnen, wenn Sie es wollen und auf welche Art Sie es wollen, denken Sie daran.« Es ist schwer zu sagen, wieviel Berechnung in solchen Aktionen und Beteuerungen steckt und wieviel spontanes Gefühl. Germaine spürte ja, dass auch Benjamin sich von ihr löste; ihr immer verlässlicher Hafen schien ihr in ihrem neuen Leid aus der Ferne bedroht. Doch die so verschiedenartigen und komplexen Gefühle Germaines waren anscheinend ganz merkwürdig ineinander verwoben. Germaines Liebessucht hatte etwas Kompensatorisches und war daher zur Erfüllung sowieso nicht geeignet. Alles an ihrem Liebesverhalten spricht dafür: das Krampfartige und die Herrscherallüren, ihre Fluchtbewegungen, ihre Panikanfälle, der ständige Gedanke und Verweis auf den Vater als imaginären Idealpartner, die Angst vor dem Alleinsein. An O 'Donnell schrieb sie: »Ich bin trotz meines Sinns für Geselligkeit ein einsames Wesen«, und das stimmte wohl auch. Es war keine reine Koketterie, dass sie gerade ihm so etwas schrieb. Und nun kam noch die Angst vor dem Alter und dem völligen Ende der Liebe dazu – unbegründet, denn das Liebesleben der Germaine de Staël würde bis zum Tod weitergehen. Zweieinhalb Jahre später, im Januar 1811 erzählte sie Juliette von ihrem keimenden Liebesverhältnis zu einem jungen Mann von dreiundzwanzig Jahren, »schön wie der lichte Tag«. Es war John Rocca, ihr zweiter und letzter Ehemann. Im Alter von 46 Jahren bekam Germaine de Staël von ihm noch ein Kind.

Dass Napoleon die Bedingungen ihres Exils im Anschluss an ihre Deutschland-Reise wieder drastisch verschärfte, lag nicht an Moritz O' Donnell, sondern an einem Treffen Germaines mit dem preußischen Publizisten Friedrich Gentz im böhmischen Teplitz. Die Zusammenkunft mit dem konservativen Gentz, der Napoleon bekämpfte, war im Grunde das Aus für jedes Entgegenkommen, das vom Kaiser noch zu erwarten war. Der 72-jährige Marschall Fürst de Ligne, mit dem Germaine in Wien charmanten Umgang pflegte, hatte das Treffen vermittelt. De Ligne, ein weltkundiger Grandseigneur alter Schule, »eine französische Insel im germanischen Meer«, wie die Besucherin meinte, zugleich eine Vaterfigur, empfahl ihr Gentz als besten Kenner des politischen Deutschland – und in der Tat: Germaine de Staël war sehr beeindruckt von Gentz, den man die »Feder Europas« nannte und der als Sohn eines Preußen und einer Französin auch ein exzellentes Französisch sprach, so schnell, stellte Germaine fest, dass er sogar noch ihr eigenes berüchtigtes Sprechtempo übertraf. Der frühere preußische Kriegsrat befand sich seit 1802 in österreichischen Diensten und vertrat die Auffassung, die beiden besiegten Großmächte Preußen und Österreich müssten sich gegen Bonaparte verbünden – die einzige Chance und der einzige Garant für eine Befreiung von der französischen Universalherrschaft. Darin war er einer Meinung mit dem jungen Diplomaten Klemens Fürst Metternich, mit dem er später die Restauration der alten Staatenwelt nach dem Wiener Kongress absichern würde. Er war ein Spielertyp, ein Hasardeur. Als Germaine ihn in Teplitz traf, führte er, wie er selbst sagte, das Leben eines »privilegierten Müßiggängers« in den böhmischen Bädern, wo sich zur Sommerzeit die Prominenz Europas traf, darunter so einige, die mit dem napoleonischen Weltzustand haderten. Gentz trug den Titel eines österreichischen Hofrats ohne dienstliche Bindung – was bedeutete, er brauchte für sein Geld nichts zu tun; er wartete ab, bis die Weltpolitik ihm adäquate Terrains für Aktionen und Einfluss bot und vergnügte sich einstweilen, wie er es immer getan hatte: am Spieltisch, auf rauschenden Festen, mit zahllosen Frauenaffären. Er glänzte in den Salons und in diplomatischen Kreisen. Auch England zahlte ihm Geld – nicht wenig, wie man weiß –, und zwar offenbar allein dafür, dass er London in regelmäßigen Abständen und über geheime Kuriere mit Berichten über die kontinentale Lage versorgte. Da er ja Zeit hatte, schrieb er viel. Er hatte Edmund Burkes Reflections on the Revolution in France, die wichtigste gegenrevolutionäre Schrift auf dem Kontinent, ins Deutsche übersetzt und zwei Kampfblätter gegen das napoleonische Frankreich herausgegeben. Anders als viele Vertreter der Reaktion machte Gentz jedoch nicht nur die widerstandslosen Fürsten in Deutschland für die Fremdherrschaft Napoleons verantwortlich, sondern in gleichem Maße die Bevölkerung, die Masse der Unpolitischen, die die Regenten ja lediglich repräsentierten. »Wenn aber ein Volk«, schrieb Gentz, »so tief in egoistische Bestrebungen, in einen beschränkten und niedrigen Gesichtskreis verfiel, daß alles öffentliche Interesse ihm fremd, der Wert einer selbständigen Existenz auf der engen, dürftigen Waage der gemeinsten Vorteile gewogen und der Verlust aller Freiheit und Würde eine gleichgültige Begebenheit wird, dann ist es nicht mehr Zeit, an die edleren Gefühle zu appellieren; die Sklaverei ist vollendet, auch ehe noch der Unterdrücker erschien.« An den preußischen Staatsminister, den Freiherrn vom Stein, schrieb Gentz, wenn schon alle Vaterlandsliebe, aller Nationalstolz und jedes Ehrgefühl in Deutschland erstickt wären, so müssten doch der unmittelbare Druck der Fremdherrschaft, die Opfer, Entbehrungen und täglichen Drangsale die Überzeugung bewirken, dass ohne Unabhängigkeit kein innerer Friede und Wohlstand gedacht werden könne. Die Abgabenlast, die unablässigen Truppendurchmärsche, die Bürde einer unnatürlichen Doppelherrschaft drücke die Völker zu Boden – und zugleich würden ihnen die letzten Mittel geraubt, um sich selbst zu erhalten. Mit einer solchen Haltung lebte der Lebemann Gentz nicht gerade ungefährlich. Als er sein Müßiggänger-Dasein in den böhmischen Bädern fristete, war das benachbarte Sachsen, das zu Napoleons Rheinbund gehörte, für ihn tabu. Freunde aus Dresden mussten über die Grenze kommen, um ihn zu sehen.

Auch Germaine de Staël kam im Anschluss an ihre Begegnung mit Friedrich Gentz nach Dresden. Sie wohnte im »Hotel de Pologne« und befand sich bald inmitten des Geschehens. Böttiger, der »Magister Ubique« aus Weimar, führte Madame de Staël durch die berühmte Dresdener Gemäldegalerie. Sie verkehrte beim französischen Botschafter und in den literarisch-intellektuellen Kreisen der Stadt. Der Publizist Adam Müller, der mit Gentz befreundet war, besuchte sie fast täglich in ihrem Hotel. Zu diesem Zeitpunkt ahnte Germaine jedoch nicht, dass bereits 23 österreichische Polizeiberichte über ihr Treffen mit Gentz gegen sie vorlagen und dass diese Begegnung ihr mehr Schwierigkeiten bereiten würde als alles bisherige. Napoleon erfuhr umgehend davon und schrieb am 28. Juni an Fouché: »Sie hat angefangen, sich in einem Kreis zu bewegen, der für den öffentlichen Frieden eine Gefahr bedeutet.« Seine Maßnahmen daraufhin waren drakonisch: Entzug jeden diplomatischen Schutzes, Empfangsverbot bei französischen Gesandten und ständige Polizeiaufsicht. Es war also hier in Dresden bis auf weiteres das letzte Mal, dass Madame de Staël offiziell in der oberen Gesellschaft eines Landes verkehrte, das zum napoleonischen Herrschaftsgebiet gehörte. Noch ahnte sie nichts von alldem und schrieb an den Fürsten de Ligne, sie habe mit Gentz, der ebenso ausgezeichnete Kenntnisse in der französischen Politik besitze wie in den Verhältnissen seines eigenen Landes, bis zur physischen Erschöpfung diskutiert. Die politische Beziehung kühlte sich jedoch sehr bald ab – wahrscheinlich war Gentz der Staël letztlich zu konservativ. Wie so viele Zeitgenossen betrachtete Gentz die Französische Revolution mit deutlich ernüchtertem Blick und brachte keinen geringen Teil seines publizistischen Lebens damit zu, das Misslingen dieses Ereignisses samt seiner hehren Ideale schreibend aufzuarbeiten. Jahre später schrieb Gentz an Madame de Staël: »Mit Ihnen eine Auseinandersetzung zu haben, ist besser für mich als mit irgend jemand in der Welt übereinzustimmen.«

Da sie nun schon einmal in der Gegend war, wollte Germaine gerne Goethe treffen, der zur alljährlichen Kur im böhmischen Karlsbad weilte. Ob er wohl ein paar Tage nach Dresden kommen könne? Doch sie konnte ihm schmeicheln, wie sie auch wollte, ihm ihre Verehrung ausdrücken und ihm einen wahren Hofstaat von Bewunderern seines Werks in Aussicht stellen, die sie begleiten würden (beide Schlegel-Brüder, Sismondi und so mancher aus der Dresdener Szene) – Goethe kam nicht. Er sah es überhaupt nicht ein, seine Karlsbader Kur zu unterbrechen, und wenn die Staël ihn aufgesucht hätte, dann wäre er vermutlich auf andere Weise unpässlich gewesen oder rechtzeitig abgereist. Er schrieb ihr aber wieder einen sehr huldvollen französischen Brief, dem zu entnehmen ist, dass es gerade ihre Gefolgschaft war, die er scheute, der Rummel und die große Societé, die Germaine immer um sich herum aufbaute und mit sich führte – er mochte das nicht. »Daß ich aufrichtig rede! Wenn Sie mich zu irgendeinem einsamen Bergschloß beschieden hätten, wo ich hoffen könnte, Sie, von wenigen Vertrauten umgeben, in ruhiger Sammlung zu finden, und einige Tage mit Ihnen zu verleben; nichts sollte mich abhalten, Sie aufzusuchen und jene glücklichen Stunden zu erneuern, die uns an Ihrer Seite früher geworden sind. Denke ich mir aber die bedeutende Stadt, geziert mit köstlichen Kunstwerken, umgeben von einer herrlichen Natur, und Sie mitten in einer zudringlichen Gesellschaft; so sehe ich schon zum voraus den Zweck meiner Reise vereitelt, ich fühle die Hindernisse, mich mitteilen zu können, die Anlässe zu Verstimmungen, und ich scheide verdrießlich. Lassen Sie mich also, beste Freundin, in meiner Einsamkeit verharren, wo ich Ihrem Andenken so manche Stunde widme …« Huldvoller kann man sich wohl kaum herausreden. Goethe schien jedoch wirklich gespannt auf ihr Deutschland-Buch, und so schrieb er abschließend in seinem gewundenen Absagebrief: »Geben Sie ja bald Ihre Bemerkungen über uns ehrliche (biedere) Deutsche! Wir verdienen durch den guten Willen einer freundlichen Nachbarin und Halb-Landsmännin aufgeregt, ermuntert zu werden und uns in einem so lieben Spiegel zu beschauen. Erlauben Sie mir sodann, was ich so gern schon nach gelesner Corinna getan hätte, meine lebhafte Teilnahme an Ihnen selbst und Ihren Arbeiten, meine Verehrung, meine Bewunderung auch einmal schriftlich und umständlich vorzulegen.« Vielleicht gefiel es Germaine, dass Goethe sie eine »Halb-Landsmännin« nannte; es war auf ihre deutsch-schweizerische Familienabkunft bezogen. Doch angesichts dieser Frau von »ruhiger Sammlung« zu sprechen, war fast Ironie. In ihrem aufgewühlten Zustand wegen Moritz O' Donnell, dem sie auf jeder Poststation mehrere Briefe schrieb, bedurfte Germaine mehr denn je der Zerstreuung. Von Weimar aus schrieb sie ihm: »Seit dem 1. Juni habe ich nichts von Ihnen gehört. Die Herzensbeklemmung, die ich deswegen habe, ist unbeschreiblich, und meine Gesundheit, um die ich mich nicht viel kümmere, hat sich derart verschlechtert, daß ich mit Fieber und ständigem Husten die Reise antrete. [...] Leben Sie wohl, Maurice, wie nur können Sie jene, die Sie Ihre arme Corinne nannten, so behandeln und für sie ein Leid bereithalten, das herzzerreißender ist als jedes, das die Phantasie erdacht hatte! [...] Man muß der Erde entrinnen, wenn ein solches Verhalten möglich ist, die französischen Romane würden es nicht wagen, derartiges zu ersinnen ...« Albertine, ein frühreifes Mädchen von mittlerweile elf Jahren, bekam all diese Dramen ihrer Mutter direkt mit und musste zwangsläufig zu der Einstellung gelangen, dass die Liebe eine missliche und schmerzliche Sache sei. Soweit man weiß, führte sie später eine glückliche Ehe mit dem Herzog von Broglie.

Weimar war auf dieser Zwischenstation auch nicht mehr derselbe Zauberort wie vor vier Jahren: Die Herzoginmutter Anna Amalia, Luise von Göchhausen und Schiller waren gestorben, Goethe weilte in Karlsbad, das Hofleben erging sich in sommerlicher Ruhe, und das Städtchen war noch beträchtlich in Mitleidenschaft gezogen von der Plünderung nach der Jenaer Schlacht und der preußischen Niederlage. Die Weimarer Herzogin Luise dürfte in diesem Zusammenhang rückblickend Germaines volle Sympathie und Bewunderung eingeholt haben, denn als Napoleon mit seinen Truppen das Städtchen erstürmte und die Herzogin vor dem Weimarer Schloss mit den Worten aufsuchte: »Wo ist der Herzog?«, da hatte sie, ungerührt und hochaufgerichtet auf der obersten Stufe der Freitreppe, geantwortet: »Bei seiner Pflicht, Sire!« – also mit den preußischen Verbündeten im Kampf gegen ihn.

Als Germaine im Juli nach Coppet zurückkehrte und das Nachspiel um Moritz O' Donnell sich in Briefen noch einige Monate hinzog, war sie in einer verheerenden Seelenverfassung und offen für alles, was ihr aus diesem Leid irgendwelche Auswege verhieß. So war Germaine sogar empfänglich für die mystischen Lehren der baltischen Adeligen Juliane von Krüdener, die im Herbst ihrer Einladung nachkam und Coppet aufsuchte. Frau von Krüdener war keineswegs ein nonnenhaft weltfremder Typ von altjüngferlich-puritanischer Prägung. Sie hatte ein bewegtes Leben als Gattin eines russischen Diplomaten hinter sich, mit wilden Affären dazwischen; ihr Lebensgang bis dahin war Germaines keineswegs unähnlich.

Nach dem Tod ihres Gatten und einigen Wandlungserlebnissen hatte sie jedoch das Bedürfnis nach Buße verspürt und alsdann eine neue mystisch-religiöse Lehre verbreitet. Später verband sie diese sogar mit politischen Ambitionen, als sie den russischen Zaren zur Gründung der Heiligen Allianz animierte. Juliane von Krüdener nahm sich der Herrin Coppets an und sah in ihrem Zustand ganz ähnliche hoffnungsvolle Anfänge wie zur Zeit ihres eigenen Gesinnungswandels vor einigen Jahren. Da erhoffte sie sich allerdings deutlich zu viel in ihrem missionarischen Eifer. Ein halbes Jahr nach ihrem Aufenthalt in Coppet schrieb Germaine an Juliane: »Das Leben, das Sie, Madame, dort bei sich zu Hause führen, ist köstlich und tief bewegend, und ich wünschte mir genügend Kraft, es Ihnen gleich zu tun. Aber meine Seele braucht Zerstreuung oder vielmehr, sie ist betrübt, wenn ich nicht durch irgend etwas abgelenkt werde, was mir völlige Zurückgezogenheit unmöglich macht. Ich habe nicht die Herzensfülle in mir, die Sie auszeichnet.« Frau von Krüdener antwortete, diese Herzensfülle sei eine Errungenschaft, keine Naturgabe, und jeder müsse den ihm gemäßen Weg dafür finden. »Sie sagen, Madame, es wäre Ihnen unmöglich, in der Einsamkeit zu leben. Sie haben mich nicht verstanden, wenn Sie glauben, daß es das war, was ich Ihnen riet.« Gott selbst achte die Freiheit des Menschen, und er zwinge ihn zu nichts. Er lade ihn ein, zu glauben, und man müsse folglich nur sein Herz öffnen und beten – jeder aber auf die Weise, die ihm entspreche. Sie werde für sie beten und für sie den Glauben erbitten, der sie selbst so glücklich gemacht habe. Germaine blieb skeptisch, und wenn es ihr noch so schlecht ging. Sich auf mystische Weise der göttlichen Sache zu verschreiben, ging über die natürlichen Grenzen ihrer Bereitschaft zur Innerlichkeit deutlich hinaus – da hätten noch einige Moritze ihren Weg kreuzen müssen, um sie derart zu läutern. Einerseits brachte sie in ihrem brieflichen Schlusskommentar wieder die Dimensionen durcheinander, was komplett an der Lehre vorbeiging. Andererseits aber sprach sie damit auch viel Wahrheit aus, wenn sie schrieb: »Sie wurden also geliebt, als Ihr Herz nach etwas verlangte, das über dies Gefühl hinausging. Sogar ich fand, wenn ich liebte, nur meine eigene Neigung uneingeschränkt ...«

»Über Deutschland«

Ein epochemachendes Werk

»Die Deutschen haben sich eine lebendige und unabhängige Gelehrten-Republik geschaffen, und das Interesse der Begebenheiten durch das der Ideen ersetzt.«
Germaine de Staël, Über Deutschland

Was veranlasste Germaine de Staël, ein Buch über Deutschland zu schreiben? Warum überhaupt versenkte sie sich derart in die Kultur, Literatur und Philosophie dieses Landes? Sie war von der deutschen Geisteswelt fasziniert, die das empfindende, denkende und autonome Subjekt wieder und neu in den Vordergrund stellte, während sich Frankreich in einer Veräußerung, Rationalisierung und zunehmenden Materialisierung des Lebens erging. Als dürr und dürftig empfand Germaine das Geistesleben im revolutionären, nachrevolutionären und napoleonischen Frankreich, und neben der Vereinnahmung durch die politischen Turbulenzen sowie der kreativen Verkümmerung durch die Restriktionen Napoleons hatte das ihrer Meinung nach folgende tieferliegende Ursache: Die Franzosen hatten, so die Staël, nicht ihre eigene Metaphysik-Tradition von Descartes, Pascal und Malebranche rezipiert (was die Deutschen getan hatten), sondern vielmehr den englischen Empirismus und Sensualismus, und dieses hatte zu einem allzu platten und fruchtlosen Materialismus geführt, in dem man den Sinnen misstraute und alle moralische, ästhetische wie erkenntnistheoretische Ausrichtung dem »Kalkül« vorbehielt.

Bei Madame de Staël sind Emotion und Reflexion indes immer untrennbar verbunden. Mit den Leidenschaften überschreitet der Mensch ihrer Ansicht nach die Begrenzungen seiner Welt, seiner Lebensumstände, ja wohl auch seines Ich. Sie sind Ausdruck eines »désir d'expansivité«, einer Ausweitung seiner selbst, die eine konstituierende Größe besitzt. Der Enthusiasmus, der die Seele eines Individuums und eines Volkes von innen ergreifen muss, um sich seine Welt aneignen und verändern zu können, besitzt ebenfalls konstitutiven Charakter. »Der Enthusiasmus ist der Weihrauch«, schreibt Germaine, »der von der Erde himmelan steigt, um die eine mit dem anderen zu verbinden.« Das »Kalkül« dagegen ist lediglich eine Setzung von oben, eine Vereinheitlichung, Ausdruck von Macht – und Macht, falsch verstanden, wird meistens missbraucht.

Den Nährboden für diese Begeisterung fand Germaine de Staël in Frankreich nicht mehr, dagegen Oberflächlichkeit, Räsonnement und eine spezifische Form spöttelnden Skeptizismus, der daher rührte, dass man alle Ideen den Sinneseindrücken zuschrieb und alles zu gestaltlosen Träumereien erklärte, was nicht ebenso evident war wie eine physische Erfahrung. »In der Tat, wenn in der Seele nichts weiter vorgeht, als was die Sinneseindrücke darin niedergelegt haben: so kann man auf Erden nur zwei Dinge für recht und dauerhaft anerkennen, die Stärke und das Wohlbehagen, die Taktik und die Gastronomie.« Der große Voltaire, den Germaine selbstverständlich bewunderte, da er als Repräsentant der französischen Aufklärung die unverhüllte Wahrheit zur Maxime erhoben und auch manche Unbilligkeit seiner Regenten dafür in Kauf genommen hatte, galt ihr doch zugleich als Verkörperung dieser Spottphilosophie, die unter ihrem sardonischen Lachen keine Werte mehr gelten ließ und sich mit Esprit und Zynismus über alles hinwegsetzte, was an Erträgen geistigen und emotionalen Tiefgangs dem Menschen noch irgendeine Würde oder ein lebendiges Interesse zu geben vermochte. Die Rezeption dieser Grundhaltung in der vergnügungssüchtigen und meinungsbildenden Pariser Gesellschaft, die aus alldem noch eine Theorie der Eleganz ableiten wollte, war schließlich eine Art leichtfertiger Epikurismus, der es sich auf den Leib geschrieben hatte, dieses kurze, auf nichts weiter zurückgehende Leben so angenehm als möglich hinzubringen. »Und da den Menschen nichts so furchtbar scheint, als für Betrogene gehalten zu werden, so haben sie sich beeilt, jeden Enthusiasmus, der ein schlechtes Ende nimmt, lächerlich zu machen. Denn die, welche den Erfolg auf ihrer Seite hatten, entgingen der Verspottung, da das Glück bei den Materialisten immer recht hat.« An diesem Punkt also hatte sich die Kulturnation Frankreich nach Meinung Germaine de Staëls von ihrer eigenen Tradition abgekoppelt und sie damit sogar ein Stück weit verraten. Eine zu oberflächliche und pragmatische Rezeption der englischen Philosophie eines Locke oder Hume, aber auch die von Witz, Scherz und Anmut geprägte Gesellschaftskultur, die keinen Tiefsinn mehr aufkommen ließ, sofern er zu mühsam und schwerfällig war, um noch auf elegante Art konsumierbar zu sein, hatte diese Profanierung des geistigen Lebens in Frankreich verursacht. »Von dem Tage an, da man sagte, es gebe keine Geheimnisse in dieser Welt, wenigstens brauche man sich nicht damit zu befassen, alle Ideen kämen durch die Augen und die Ohren, und nur das Handgreifliche sei wahr – seit diesem Tage haben sich *die* für die wahren Philosophen gehalten, die im Vollgenuß ihrer Sinne waren.« Die dogmatische Ungläubigkeit als vermeintliche letzte Stufe der Aufklärung sei die Quelle der großen Selbstironie des Menschen. Germaine de Staël empfand diese Haltung als antihumanistische Zersetzung, als Rückschritt und Austritt aus einem Entwicklungsprozess, der geradezu einen geistigen und moralischen Stillstand zur Folge hatte. Die alleredelsten Gefühle würden damit in das Licht einer nur zufälligen Krankheit gestellt, von welcher äußerliche Umstände die einzige Ursache seien. Ihr Credo dagegen ist klar, und damit wird deutlich, was sie in Deutschland suchte und fand: »*Die* Metaphysik, welche alle unsere Ideen auf unsere Sinneseindrücke zurückführt, ist das theoretisch begründete Prinzip der Leichtfertigkeit des Herzens; denn von außen her kommt uns nur Oberflächliches, und *das wahre Leben ist im Innern der Seele.*«

Die berüchtigte »deutsche Innerlichkeit« wurde viel diskutiert. Der Begriff stammt von Klopstock; er wurde unter anderem von Hegel und später von Kierkegaard in ein System gebracht. Nach dem Zweiten Weltkrieg stand er für eine Geisteshaltung, die gleichsam den »deutschen Sonderweg« zu verantworten hatte, die »Pathologie der deutschen Geschichte«, da in einer direkten Linie von Luther bis zur NS-Zeit eine Trennung von Politik und Privatsphäre zu ungesunden individuellen und gesellschaftlichen Spaltungen geführt habe. Germaine de Staël, die ausländische Zeitgenossin in einem historischen Brennpunkt, stellte nach ihrer ersten Deutschlandreise 1803/04 selbst diese Diskrepanz zwischen universellem Denken der Deutschen und politischer Unreife, Indifferenz und Obrigkeitshörigkeit fest, und mit einer gewissen Verstörung nahm sie dann nach der offiziellen deutschen Erstausgabe ihres Deutschlandbuches zehn Jahre später die dumpfen nationalistischen Töne zur Kenntnis, mit denen jenseits des Rheins auf ihr Buch reagiert wurde – die besonders muffigen Deutschtümeleien blieben ihr dabei dank ihres räumlichen, kulturellen und sprachlichen Abstands erspart.

Die tendenziell nur noch abwertende Verwendung des Wortes »Innerlichkeit« seit 1945 ist jedoch bedauerlich einseitig, und man muss nicht zu den Quellen des Begriffes zurückgehen, um das zu sehen. Gerade die Faszination der Germaine de Staël, einer politischen Person par excellence mit dem kritischen Abstand der Ausländerin, am deutschen Geistesleben, einschließlich und insbesondere dank seiner »Innerlichkeit«, zeigt doch auch, dass diese Haltung als kreative Verfasstheit verstanden wurde und nicht primär als Flucht oder Ausblendung von Wirklichkeit. Die Geisteshaltung ist aufklärerisch im besten Sinne des Wortes, steht sie doch im Zusammenhang des sich selbst konstituierenden Ich, das sich so wenig wie möglich von den Umständen bestimmen lässt und seine Aneignung von Welt stets einer kritischen Prüfung unterzieht.

Wann Germaine de Staël dieses Buch schrieb, bleibt ein Rätsel. Rein kalendarisch ist die Entstehungsphase zwar klar – DE L'ALLEMAGNE entstand nach längerer Vorbereitung zwischen Sommer 1808, also nach Germaines Rückkehr aus Deutschland, und Herbst 1810, als die erste Druckfassung erschien, die von Napoleons Polizeiminister umgehend konfisziert und eingestampft wurde. Doch das voluminöse Werk, das in der kritischen Ausgabe fünf Bände umfasst, wurde wie alle anderen Werke der Autorin zwischen großen Gesellschaften, persönlichen Dramen, Trennungen, Liebesquerelen, Reisen, Besuchen, politischen Drangsalen und unzähligen Zerstreuungen verfasst. Ein Werk, das man so nebenbei schreibt, ist DE L'ALLEMAGNE mit Sicherheit nicht. Allein die Literaturanalysen, für die umfangreiche Vorarbeiten, auch in Form von Übersetzungen aus den Originaltexten, notwendig waren, sind derart umfassend, dass ein kleines Lexikon der Goethezeit daraus zusammengestellt werden könnte. So manche bedeutenden literarischen Zeitgenossen ließen sie freilich aus – Kleist etwa oder Hölderlin, doch die wurden schließlich von deutschen Meinungsträgern, auch Goethe, dem Patriarchen von Weimar, damals ebenfalls nicht zur Kenntnis genommen.

Alles, was Madame de Staël schrieb, diente der Auseinandersetzung mit den grundlegenden Fragen der Aufklärung. Der Fortschrittsgedanke, der in Frankreich derart ins Leere gelaufen war, sich aufgerieben hatte in falsch gerichtetem Aktionismus, musste neu überdacht werden. Die romantische Bewegung ersetzte den eindimensionalen Fortschrittsglauben durch ein zyklisches Geschichtsbewusstsein und wandte sich auch aus diesem Grund der Vergangenheit zu. Gewiss hatte Madame de Staël einen emotionalen Zugang zum religiösen Weltverhältnis der Romantiker, solange es ein Gegengewicht zum Skeptizismus bildete. Doch die Flucht in die Religion als Ersatz für kritisches Denken war für sie immer der falsche Weg. Mit einigem Unbehagen beobachtete sie auch in ihren eigenen Reihen den Mode-Katholizismus, die vielen Konversionen und den Einfluss mystischer Lehren unterschiedlichster Provenienz – wenn sie sich auch selbst zeitweise intensiv und interessiert mit solchen Fragen befasste. Doch die Annahme eines Eingebundenseins in den göttlichen Kosmos und alle verlockenden Heilslehren, so tröstlich sie sein mochten, beantworteten nicht ihre Fragen nach der Bestimmung des Menschen. In ihrem Deutschland-Buch ist als eine Art Muster-Ansatz auf diese Frage zu lesen: »Goethe hat über die Vervollkommnungsfähigkeit des menschlichen Geistes ein scharfsinniges Wort gesagt, nämlich: Er schreitet vor, aber auf der Spirallinie!« Bei allen Anleihen aber formuliert die Autorin stets ihre eigenen Ausführungen und ihren eigenen Schlusskommentar. Zur Gegenüberstellung von Idealismus und Materialismus meinte sie beispielsweise, dass das Gefühl, der Motor des Menschen, in beiden Konzepten zu kurz komme. »Der Materialismus verschluckt die Seele, indem er sie herabsetzt; der Fichtesche Idealismus trennt sie von der Natur dadurch, daß er sie allzu hoch erhebt. Weder in dem einen noch in dem anderen Extrem behauptet das Gefühl, welches die wahre Schönheit des Daseins ist, den Rang, den es verdient.« Was das Verhältnis von Denken und Tun anbelangt, so könnte man folgende Passage geradezu als Motto und Aufruf auffassen: »Die göttlichen Gefühle sind hienieden mit irdischen Dingen im Kampf; dies ist die Bedingung des Daseins. In unserem Gemüte das Schöne; draußen der Kampf! Man muß für die Sache der Ewigkeit streiten, aber mit den Waffen der Zeit.«

Bei der Skizzierung der angeblich deutschen Charaktereigenschaften benutzte Madame stets die französische Folie, satirisch fast, auf jeden Fall schonungslos, was namentlich Frankreich betrifft. Es ging ihr ja gerade darum, sich mit den Potenzialen, Stärken und Schwächen sowie den Traditionen ihres eigenen Landes auseinanderzusetzen und Wege zu weisen, wie Frankreich aus seiner geistigen und moralischen Stagnation herausfinden könne. Die französische Nation war die zivilisierteste in Europa, daran ließ sie selbst jetzt keinen Zweifel, unübertroffen in der Form, im Geschmack, in Eleganz, Weltläufigkeit, Lebensart, Diplomatie; das Wort »Esprit« subsumierte das alles. Doch die Zeit verlangte nach Rückbesinnungen, die über diese etablierten Formen hinausgingen und für die diese Formen sogar ein Hindernis darstellten, weil man eben nicht tief genug in die Fragestellungen eindrang und aus Leichtigkeit von keiner positiven Setzung mehr ausging. Die Deutschen mit ihrer Schwerfälligkeit und ihrer Unkundigkeit in weltlichen Dingen hatten den Tiefsinn, den ein Denken erfordert, das bis zu den Ursätzen vorstoßen will. Mit ihrer Treuherzigkeit ermöglichten sie wieder einen Herzensglauben, Authentizität, ein echtes Gefühl, um das verbreitete Räsonnement der Epoche auszugleichen, da »alles Schöne des Gemüts sich in Staub auflöst.« Charakterisierungen wie »Treuherzigkeit« und »Biederkeit« sind indes auch fragwürdige Komplimente einer mondänen Pariser Salondame an die Herren einer ganzen Nation. Mit einer Spur Ironie schrieb Goethe an Madame de Staël, nun, da sei er also einmal gespannt auf ihre Ausführungen ›über uns biedere Deutsche‹. Er wusste, dass er kein Weltmann war, wollte es aber doch auch gelegentlich sein. Da August Wilhelm Schlegel im Grunde der einzige Deutsche war, mit dem Germaine de Staël ein langjähriges persönliches Verhältnis unterhielt, den sie also wirklich tagtäglich und in verschiedenen Situationen erlebte, ist anzunehmen, dass viele dieser typischen Eigenschaften (mitunter Stereotypen) von ihm abstrahiert wurden. Dass er so rechtschaffen war und so treu, so unverdrossen über dreizehn Jahre einen unbelohnten Minnedienst ausführte, musste Madame de Staël und ihrer Umgebung wie ein Relikt aus längst vergangenen Zeiten vorkommen. Germaine stellte fest, die deutschen Männer würden die Frauen auch nach einem sexuellen Gelegenheitsgenuss noch ritterlich achten, anders als die frivolere Sorte Mann in der Pariser Gesellschaft, die sich aus solchen Dingen, so wie aus allem ein Spiel machte, in dem es im Wesentlichen um befriedigte Eitelkeit ging. »Die Liebe ist in Deutschland eine weit ernsthaftere Leidenschaft als in Frankreich«, meinte sie, und das gefiel ihr; es kam ihrem leidenschaftlichen Wesen entgegen. Alles neigte in Deutschland zum Beharren: Lebensart, Denkweise, Alltagsverrichtungen, Geist und Gemüt. Doch Beharrlichkeit in allen Dingen war nicht nur eine Vorbedingung für Denktiefe, sondern auch für Moralität, Grundsatztreue; da es weniger Veränderung gab, gab es auch weniger Wankelmut, Meinungswechsel oder ein Handeln rein nach persönlichem Vorteil.

Doch auch die bedeutendsten Ideen bedurften einer gesellschaftlichen Vermittlung – um Wirkung zu zeigen, um ins Bewusstsein der Allgemeinheit zu dringen, um vom einsam gesponnenen Gedanken zum Gedankengut werden zu können, um Konsequenzen zu haben. Daran aber eben, aufgrund der besonderen Beschaffenheit der deutschen Mentalität und Verhältnisse, haperte es. Ideal wäre, so klingt es im Deutschland-Buch der Madame de Staël vorsichtig durch, wenn die Franzosen sich des geistigen Reichtums der Deutschen bedienten, um ihn dann auf ihre spezifische Art, formvollendet, gesellschaftsfähig, abgerundet, in eine elegantere und allgemeinverständliche Sprache übersetzt, gewissermaßen aus der dumpf-nebligen Hexenküche erlöst und mit möglichst vollkommenem Außenbezug, umzusetzen, zu etablieren. Am amüsantesten ist die Gegenüberstellung deutscher und französischer Charakteristika beim Thema »Gesellschaft«, und man kann sich vorstellen, warum die Kulturkritikerin Germaine de Staël sich bei solchen Extremen eine Synthese herbeisehnte. »Ein Franzose hat selbst dann noch etwas zu sagen, wenn er keine Ideen hat; ein Deutscher hat davon noch immer mehr, als er auszudrücken versteht. Mit einem Franzosen belustigt man sich auch dann noch, wenn er arm an Geist ist; er erzählt alles, was er getan, alles, was er gesehen hat, wie gut er von sich selbst denkt, wie andere ihn gelobt haben, welche große Herren er kennt, welche Erfolge er noch erwartet. Der Deutsche hingegen hat nichts zu sagen, wenn er nichts denkt, und verwickelt sich leicht in Formen, die, seinen Wünschen nach, zwar artig sein sollen, aber sowohl anderen als ihm selbst beschwerlich fallen.« »Von hochfahrender Dummheit und gutmütiger Mittelmäßigkeit« heißt das Kapitel, aus dem die Passage stammt. Die französische Gesellschaftskultur habe die verspielte Mittelmäßigkeit gefördert und lasse dem wirklich Genialen, sofern es einsam im Raum steht – und Geniales tut das ja meistens –, schlichtweg kein Terrain. »In Frankreich gibt es über alle Gegenstände so viel fertige Phrasen, daß, mit Hilfe derselben, ein Dummkopf eine Zeitlang ganz gut spricht und, augenblicklich wenigstens, wie ein Mann von Verstand aussieht: in Deutschland wird ein Unwissender nicht leicht wagen, seine Meinung mit Vertrauen abzugeben; denn da keine Meinung für unbestreitbar gilt, so kann man auch keine vorbringen, ohne im Verteidigungsstande zu sein; weshalb die Mittelmäßigen größtenteils schweigsam sind und den gesellschaftlichen Verkehr nur mit ihrer liebenswürdigen Gutmütigkeit unterstützen.« Geschmack, guter Ton und Eleganz galten in Frankreich stets mehr als Energie, Tiefe, Gefühl und sogar Geist. »Diese sagten zur *Energie*: du legst zuviel Gewicht auf Personen und Dinge; zur *Tiefe*: du nimmst mir zuviel Zeit weg; zum *Gefühl*: du bist allzu ausschließend; zum *Geiste* endlich: du bist eine allzu individuelle Auszeichnung. [...] Einem Franzosen würde es langweiliger sein, mit seiner Meinung als auf seinem Zimmer allein zu sein.«

Diese Kritik der Staël am französischen Konformismus ging weit und reichte deutlich über ästhetische Fragen hinaus. Alles, so die Autorin, unterliege in Frankreich der Mode und dem Gemeingeist, was aber nichts mit Anbiederung an die Mächtigen oder mit gewöhnlicher Berechnung zu tun habe. »Sie gehen, wohin alle Welt geht; Ungnade oder Ansehn, gleichviel.« Selbst die Revolution wurde als Massenbewegung, folgerte die Autorin, nicht von heiligen Idealen, sondern von Konformismus gesteuert. Im Jahre 1789 habe man die Revolution in Frankreich dadurch gemacht, dass man einen Eilboten aussandte, der von einem Dorfe zum anderen ausrief: bewaffnet euch, denn das benachbarte Dorf hat sich bewaffnet! »Alles stand gegen alle, eigentlich gegen niemand auf.« Wenn man in Frankreich das Gerücht verbreiten wollte, die und die Manier, die Dinge zu sehen, sei allgemein angenommen, so würde man, selbst gegen das innere Gefühl eines jeden, Einhelligkeit erheben. Selbst Männer von Genie seien keineswegs frei von der Allmacht der Masse und nähmen ihren Stützpunkt immer in den hergebrachten Meinungen. Auch der sogenannte militärische Mut habe bei den Franzosen nichts mit Überzeugung zu tun; er resultiere ebenso aus einer Mode wie alles andere, in diesem Fall der Mode zur Gefahr. »Der Geist der Gesellschaftlichkeit geht in Frankreich vom höchsten Rang bis zum niedrigsten; man muß vor allen Dingen die Billigung seiner Umgebung haben. Um keinen Preis will man sich dem Tadel oder dem Gelächter aussetzen. *Denn in einem Lande, wo das Schwatzen so großen Einfluß hat, betäubt der Lärm der Worte oft die Stimme des Gewissens.*« An solchen Stellen wird klar, warum Napoleon in diesem Buch, das ja angeblich nur eine Auseinandersetzung mit deutscher Literatur war, so viel politischen Zündstoff sah. Seine Zensur hat besonders an den Passagen Anstoß genommen, die den Franzosen im wahrsten Sinn des Wortes ins Gewissen redeten und sie implizit aufforderten, die gegenwärtigen Verhältnisse durch stärkere geistige Unabhängigkeit zu durchbrechen. Ästhetische Regeln, Fragen der Literatur und der Kunst waren hier auch Metaphern. In Frankreich herrsche der gute Geschmack, und dieser laufe, so heißt es, in seiner Verabsolutierung auf Konformismus hinaus, während sich in Deutschland Geist und Kunst durch Regellosigkeit und einen ausgeprägten Individualismus frei entfalten könnten. Im Gegensatz zu den Franzosen hätten die Deutschen jene geistige Unabhängigkeit und eine eigentümliche Originalität, was die Autorin als Voraussetzung für alles andere empfand, als *conditio sine qua non,* denn um sich abzugrenzen und zu behaupten, bedurfte man zunächst einer wirklichen Identität. *»Der gute Geschmack in der Literatur ist in gewisser Hinsicht wie die Ordnung unter dem Despotismus; es ist wichtig zu untersuchen, um welchen Preis man ihn erkauft.*« Dies strich ihr der Zensor, bevor man die ganze Auflage einstampfen ließ.

»Dieses Werk ist mein Testament«, schrieb Germaine im September 1808, als sie mitten im Manuskript war, an den Fürsten de Ligne nach Wien. »Nach seinem Erscheinen werde ich, denke ich, nach Amerika gehen.« Die Idee, nach Amerika auszuwandern, tauchte in diesen Jahren immer wieder in Germaines Plänen und Vorhaben auf. Sie nahm mehrmals konkrete Gestalt an, je prekärer die politische Lage auf dem ganzen europäischen Kontinent und für sie selbst im Besonderen wurde. Immer dachte sie dabei auch vor allen Dingen an ihre Kinder, die, so schrieb sie, ein Vaterland brauchten und innerhalb dieses Landes verbindliche Werte. Aber sie konnte sich letztlich nicht durchringen. Die Neue Welt war ebenfalls eine Idee, eng verbunden mit den Revolutionsidealen, die sich hier erstmals konkretisiert hatten, der Mythos des Unbetretenen, Unverbildeten, wo der Freiheitsgedanke noch ein offenes, ein geschichtsloses Experimentierfeld fand. Doch diejenigen, die Amerika kannten – Talleyrand, Chateaubriand –, sagten ihr auch, dass dort ihre kulturellen und intellektuellen Bedürfnisse wohl kaum einen geeigneten Boden vorfinden würden. Da sei nur Kaufmannsvolk, Puritaner zudem. Es sei auch eine enge Welt, trotz der immensen geographischen Weite. So wurde es also nichts mit der Auswanderung. Die Tatsache, dass sie seit ihrer Rückkehr aus Deutschland in Napoleons Herrschaftsgebiet keinen diplomatischen Schutz mehr genoss, schränkte Germaine de Staël in ihrer Bewegungsfreiheit unglaublich ein und machte schließlich Coppet wahrhaft zum Gefängnis. Die Krise spitzte sich nach der Fertigstellung von De l'Allemagne bis aufs äußerste zu, was Germaine nach 1812 um den halben Kontinent trieb, bis nach Russland und Skandinavien – doch Amerika, nein! Madame de Staël blieb Europa erhalten.

Was bezweckte Madame letztendlich mit dieser halb-satirischen Gegenüberstellung der frivolen Franzosen und der tiefsinnigen Deutschen, die vor allem im ersten Teil ihres Buches vorherrscht? Satire ist immer ein Stilmittel zur Aufrüttelung, und in diesem Fall betraf es wohl beide Parteien, da schließlich beide in falschen Verhältnissen lebten, doch gewissermaßen aus gegensätzlichen Gründen. Dass diese trägen Deutschen, die Germaine in ihren Reiseaufzeichnungen von 1803/04 fast bildhaft mit Nachtmütze darstellte, was gleichsam die Karikaturen des Vormärz vorwegnahm, die Garanten für ein freies und fortschrittliches Europa sein könnten, nur weil sie geniale philosophische Systeme errichteten, in denen die Freiheit des Einzelnen unwiderlegbar bewiesen wurde, glaubte sie wohl nicht im Ernst. Die Franzosen aber waren es auch nicht; sie hatten ihre kulturelle Führungsrolle in Europa verspielt und waren jetzt angewiesen auf die Impulse anderer Länder, um ihre geistige

Stagnation zu durchbrechen und irgendwann auch wieder handlungsfähig zu sein. Ihnen fehlte die Rückbesinnung, von der die Deutschen zu viel hatten. Konkreter wird DE L'ALLEMAGNE nicht – etwa zur Frage, wie man die verschiedenen Ansätze der vergangenen Jahrzehnte zusammenbringen, wie die geistigen Systeme mit den politischen kohärent sein und wie ein Europa der Zukunft aussehen könnte. Es ist eine kulturwissenschaftliche Schrift, keine politische, und sie bleibt ein wenig im luftleeren Raum gehobener Gesprächskultur im Stil der Salons, die die Autorin ja gleichzeitig massiv kritisierte, der sie aber doch auch verpflichtet war. Das Buch schließt mit einem euphorischen Aufruf an Frankreich, den Enthusiasmus wiederzubeleben, der die einzig beseelende Kraft zur Veränderung sei. In den Anmerkungen heißt es: »Diese letzte Phrase hat die Polizei am meisten gegen mein Buch aufgebracht; und doch meine ich, sie hätte den Franzosen nicht mißfallen sollen.« Sie lautete nämlich:

»O Frankreich! Land des Ruhmes! Land der Liebe! Wenn je der Enthusiasmus auf deinem Boden erlöschen, die Berechnung über alles verfügen und bloßes Räsonnement zur Verachtung der Gefahren antreiben sollte – wozu würden dann dein schöner Himmel, deine glänzenden Geister, deine so fruchtbare Natur dienen? Ein tätiger Verstand, ein geregeltes Ungestüm würden dich zum Herren der Welt machen; aber du würdest nur die Spuren von Sandwirbeln zurücklassen, fürchterlich wie Fluten, dürr und unfruchtbar wie die Wüste!« ÜBER DEUTSCHLAND ist ein patriotisches Buch, von einer patriotischen Französin verfasst, die Deutschland zum Spiegelbild machte für ihr eigenes Land und für die eigene nationale Standortbestimmung. In der Kernaussage und in der Grundintention ging es viel mehr um Frankreich, als es um Deutschland ging. Die letzten Sätze des Buches sind eine Pikanterie, eine Provokation und sicher bezeichnend genug. Der Usurpator hatte sich wieder einmal nicht in seiner Kontrahentin getäuscht.

Filigranes Endspiel

Hinausgezögerter Abschied von Frankreich

Adelbert von Chamisso

»Adieu, Corinne, adieu,
c'est pour la vie, j'ai vu.«
Adelbert von Chamisso,
Verse an Germaine de Staël

Während das Buch über Deutschland entstand, erlebte Coppet eine letzte Glanzzeit mit wechselnden, alten und neuen Gästen. Die Besetzung wurde immer skurriler. Im Herbst 1809 berichtete Bonstetten: »Nichts ist veränderter als Coppet. Die Leute werden alle noch katholisch, böhmisch, martinistisch, mystisch, alles durch Schlegel, und obendrein wird alles deutsch. Vor drei Tagen las Vogt Lessings ›Nathan‹ deutsch vor. Ganze Tage sieht man nur Deutsche. Die Bedienten verstehen kaum Französisch. Oehlenschläger wohnt hier: ein schöner junger Däne. Overbeck und Werner kommen. Alle Deutschen und Amerikaner sprechen hier vor. [...] Wenn die Staël allein im Wagen fährt, so liest sie Mystik! Nun repetieren sie ein biblisches Drama, die Sunamitin. [...] Auch die Krüdener ist durchgeflogen. Sie ist ganz närrisch und sprach mit der Staël nur von Himmel und Hölle.« Dass Bonstetten Schlegel für diese mystischen und katholischen Strömungen verantwortlich machte, ist wenig gerechtfertigt. Da gab es andere, die in diesem Sinne den Geist von Coppet einschlägiger prägten als er. Zacharias Werner zum Beispiel; er trat 1810 zum Katholizismus über und wurde später sogar Priester in Rom. Germaine hatte ihn in Interlaken kennengelernt und ihn in ihren illustren Kreis aufgenommen. Werner war eine bizarre Erscheinung: Sein wirres, struppiges und langes Haar über einer beginnenden Stirnglatze umrahmte ein hageres, markantes Gesicht mit einer langen Nase und buschigen Augenbrauen. In späteren Jahren, abgebildet in seinem Priestergewand, wirkt er wie ein Guru, wie ein verwilderter Priester des dionysischen Lebens – besonders wenn man Details seiner Biographie in die Betrachtung mit einbezieht. Er wurde hin- und hergepeitscht zwischen einem exorbitanten Sexualtrieb, gelebter Libertinage und tiefsten Gewissenskonflikten, dem Sinnen und Trachten nach einer mystischen Lehre, die ihn von all seinen Skrupeln, den seelischen

Abgründen, seiner Lebensangst und Verzweiflung befreite. Er wollte das Christentum erneuern und entwickelte ein Gedankensystem, das Elemente von Schleiermacher und Jakob Böhme mit einer sehr eigenwilligen Liebesmystik vereinte: Gott sei der große Hermaphrodit, verkündete er, und Religion haben heiße: ihn lieben, ihn oder ersatzweise ein irdisches Wesen, wenn man nicht begnadet sei, sich zur Höhe reiner Gottesliebe zu erheben. Die Ambivalenzen verbanden ihn mit Germaine de Staël: klare Geistigkeit und eine hinreißende Gewalt des Gefühls, beides stark ausgeprägt, mitunter gegenläufig, im Konflikt miteinander und von verzehrender Kraft, heftige Krisen stets inbegriffen. Als sie sich im Sommer 1808 kennenlernten, befanden sich beide in einer überaus krisenhaften Verfassung und waren infolgedessen füreinander sehr offen. Germaine hatte Liebeskummer wegen Moritz O'Donnell, litt mehr denn je unter ihrer Verbannung und empfand zum ersten Mal wirkliche Angst vor dem Alter. Werner fühlte Lebensekel und Selbstverachtung und sublimierte dieses Gefühl mit einem ätherischen Spiritualismus, der den erotischen Impetus mehr offenbarte als überwand. Er betrieb einen obskuren Marienkult in Gestalt seiner verstorbenen Mutter, deren Reinheit und Heiligkeit er zu seinem niederen Leben in Kontrast setzte. Dass er dann Priester wurde, hatte mit Sühnegedanken zu tun; er hatte seiner engelsgleichen Mutter so viel Kummer bereitet, da er so oft ins Bordell ging, und wollte den Rest seines Lebens dafür Abbitte leisten. Werner begehrte auch die Herrin von Coppet, doch er ließ sich bereitwillig von ihr in die keuschen Schranken der Freundschaft verweisen, was er an sich schon als Therapeutikum empfunden haben dürfte. Er verehrte, bewunderte sie, nannte sie ›Femme unique, Divine (Göttliche), Mon Idole‹, auch – nach der Aspasia von Milet, die im 5. Jahrhundert vor Christus in Athen in einem Kreis von Künstlern, Dichtern, Philosophen und Staatsmännern lebte – ›Aspasia‹, Sinnbild der schönen, geistreichen Kurtisane und Beschützerin der Künste. Germaine spürte die innere Not Werners. Er war ja ein Suchender, so wie sie, danach trachtend, die Leidenschaften in sich selbst zu besänftigen und zu kanalisieren. Sein Priestertum ohne Weihe, das er indes in Coppet inszenierte, überzeugte sie letztlich noch weniger als die Einweisungen der Juliane von Krüdener. Bis zum Schluss redete Werner Madame de Staël ins Gewissen, sie müsse unbedingt katholisch werden, denn dann werde ihre suchende Seele endlich die Ruhe finden, nach der sie sich sehne. Sie selbst schrieb über ihn: »Werners Einbildung machte ihm die katholische Religion notwendig; er bedurfte der Stützen von allen Seiten. Er hat soviel gelitten, daß er den Tod und das Leben auf gleiche Weise fürchtet. Ich kenne diesen Zustand sehr wohl.«

Zu Germaines festem Kreis traten schließlich noch Miss Fanny Randall, eine dürre alte englische Jungfer, und Signore Pertosa, ein italienischer Musiklehrer, der entzückend Gitarre spielte, hinzu. Miss Randall war Albertines Gouvernante. Das alte Mädchen war Germaine auf eine ähnliche Weise ergeben wie Schlegel. Sie wich ihr nicht mehr von der Seite und war bei den letzten großen Zusammenkünften um »Aspasia«, vor der Drucklegung von DE L'ALLEMAGNE, vor der Krise und der Flucht stets mit von der Partie. Auch meistens dabei war Benjamin Constant, der zwar heimlich verheiratet war, doch über weite Strecken nach wie vor bei Germaine lebte, im Kreis von Coppet, so, als sei nichts gewesen. Charlotte, seine rechtmäßige Frau, die sich seinetwegen hatte scheiden lassen, ihm auch einen beträchtlichen Teil ihres Vermögens geopfert hatte, nahm diesen Zustand anfänglich offenbar hin. Sie saß wochenlang allein in Hotels in Bern, in Lausanne, in Nyon sogar – also unweit von Coppet –, während Benjamin bei Germaine weilte, in ihrem Schloss lebte, in seinen Räumen eingerichtet blieb, so wie immer. Irgendwann aber hatte Charlotte genug. In einem dieser Hotels, es war in Sécheron, in der Nähe von Genf, verfasste sie einen kurzen Brief an Madame de Staël und ließ sie in ihrem und Constants gemeinsamen Hotelzimmer erscheinen. Da offenbarte sie ihr, dass sie Benjamins Frau sei, woraufhin Madame de Staël vor Wut raste und die Ehe für null und nichtig erklärte. Sie verlangte sogar, die beiden sollten ihre verräterische Eheschließung geheimhalten, und Benjamin solle mit ihr – offiziell und für jedermann sichtbar – nach Coppet zurückkehren. Er tat es tatsächlich, doch Charlotte war am Ende ihrer Kraft. Nach weiteren Absprachen und Vertröstungen nahm sie wenig später in Lyon, wohin Benjamin mit Germaine zu einer Theateraufführung des berühmten Schauspielers Talma gefahren war, in einem Hotelzimmer Gift

– oder schrieb zumindest, sie wolle es nehmen. Benjamin bekam dieses Schreiben noch rechtzeitig, verhinderte somit den Tod seiner Frau – Charlotte hatte strategisch das richtige Timing gewählt, um ihr Ziel zu erreichen –, reiste mit ihr nach Paris und begann nun immerhin mit ernstgemeintem Entschluss, sich aus seinen Coppetschen Verbindungen zu lösen. Nach wie vor aber tat er es heimlich und nicht offen vor Germaine. So unauffällig wie möglich schmuggelte er seine Habseligkeiten Stück für Stück aus seinem langjährigen Wohnsitz heraus. Germaine war am Boden, als sie Benjamins Ablösung begriff, und sie verzieh ihm nie diesen »Verrat«. Sie, die sonst die Großzügigkeit in Person war, rechnete ihrem langjährigen Lebensgefährten in der Folge die Schulden vor, die er bei ihr hatte; auch war keine Rede mehr von Albertine, ihrem gemeinsamen Kind, für das sie gemeinsam Sorge trugen und Zukunftsverfügungen trafen. Die endgültige Trennung von Benjamin war nun tatsächlich eine Zäsur – für beide, und beide würden für den Rest ihres Lebens damit zu tun haben. Sismondi, der beide gut kannte, urteilte: »Man hat Frau von Staël nicht gekannt, wenn man sie nicht mit Benjamin Constant gesehen hat. Nur er allein hatte die Macht, durch seinen ebenbürtigen Geist den ihrigen völlig anzufeuern, ihn durch Kampf zu vergrößern, ihre Beredsamkeit zu wecken und die volle Tiefe ihrer Seele und ihrer Gedanken, die in ihrer ganzen Höhe immer nur dann sichtbar wurden, wenn Benjamin bei ihr war, genauso, wie Benjamin Constant auch nur in Coppet ganz er selber gewesen ist. Als ich ihn nach dem Tode der Frau von Staël traf, war er so erloschen, daß ich kaum glauben konnte, es sei derselbe Mann …«

Die Freundschaft mit Juliette Récamier gab Germaine Trost. Juliette hatte angeboten, ihr die Briefe Prospers zu zeigen, und alle Verdachtsmomente waren bereinigt. Da sie ohne Liebe nicht leben konnte, zog Germaine Prosper de Barante erneut in Erwägung – doch eine Beziehung mit Prosper war nicht zukunftsträchtig, sie wusste es ja. »Finden Sie nicht«, schrieb sie Juliette, »daß alles, was man über das menschliche Herz sagte und schrieb, nur an der Oberfläche richtig ist? Jeder will ihm eine Einheit zusprechen, die es nicht hat. Ich weiß nicht, was es ist, was uns erregt, das den Sturm entfesselt. Diejenigen, die sich nicht preisgeben, scheinen konsequenter; doch wenn sie offen sprächen, was käme heraus?« Mit der Freundin friedlich in Paris zusammenzuleben, schien ihr eine verheißungsvolle Alternative zu all den Wirren der Geschlechterliebe zu sein. Sie beschrieb diese imaginäre Lebensform als »Bündnis zwischen zwei schwachen Geschlechtern, die gemeinsam ihre Unterdrücker betrachten« – ein Ausdruck, der im Fall der Germaine de Staël schon absurd anmutet, ebenso wie die Vorstellung, sie könne mit einer »zärtlichen Freundin« und ganz ohne Männerliebe ein häusliches Glück und ihren Frieden finden. Ihr einziger Unterdrücker war Napoleon Bonaparte. Sie hielt ihm genug entgegen und beunruhigte nicht wenig seine kaum legitimierte Usurpatorenexistenz, doch er traf sie über eine enervierende Anzahl von Jahren an ihrer empfindlichsten Stelle: ihrer Liebe zu Frankreich und ihrem Heimweh nach dem geliebten Paris. An Talleyrand schrieb sie, sieben Jahre Verbannung kämen ihr wie ein Jahrhundert vor, mindestens die Hälfte ihres Lebens sei erloschen, und die Ruhe und das Vaterland schienen ihr elysische Gefilde zu sein. In einer ihrer einsamen Stunden, die sie so fürchtete, schrieb sie an Benjamin: »Ich bin jetzt ein Mensch zuviel auf Erden, und vor allem mir selbst bin ich zuviel.« Dass sie in einer solchen Zeit – abgesehen davon, dass sie so nebenbei ihr Hauptwerk verfasste – mystische Texte las und sich von der esoterischen Atmosphäre ihrer Umgebung anstecken ließ, hatte wohl in erster Linie einen kathartischen, therapeutischen Hintergrund.

So sehr sie öffentlich auch um Versöhnung anhielt und immer wieder hoffte, Napoleon würde ihre Verbannung aufheben, ließ Germaine de Staël doch keine Gelegenheit aus, um sich im vertrauten Kreis über den Kaiser zu mokieren. Einer der Belustigungspunkte war sein phantasieloses Sexualleben – nach allem, was man so hörte: auf soldatische Art, kurz und knapp, ohne Überleitung und ohne den leisesten Verdacht zu erregen auf etwaige Galanterie, der Modeerscheinung einer versunkenen Epoche, in der den Frauen viel zu viel Beachtung geschenkt worden war. Madame de Staël parodierte in ihren Reihen den kaiserlichen Liebhaber und kolportierte die Gerüchte ihrer Informanten, etwa auf die Art: »Er bestellt Mademoiselle Mézerai zu sich. Als sie eintritt, sitzt er am Schreibtisch. Ohne sich umzusehen, schreibt er weiter. Er sagt: Setzen Sie sich! Ziehen Sie sich aus! Legen Sie sich hin!« Wenn die entsprechende Dame dann zu lange herumlag und der mit Regierungsbelangen beschäftigte Kaiser immer noch keine Anstalten machte, sich ihr zu widmen, konnte es schon einmal vorkommen, dass sie den Schauplatz verließ. Die Damen seiner Wahl schienen von Napoleon als Liebhaber jedenfalls nur bedingt begeistert gewesen zu sein. Bonaparte hatte mit Frauen nicht besonders viel Glück. Joséphines Liebesverrat schmerzte ihn mehr, als ihm lieb war. Dass ihre Kinderlosigkeit nicht an ihm lag, hatten ihm zwei seiner erotischen Eskapaden bewiesen, die trotz ihrer Knappheit fruchtbare Folgen verzeichneten. Ende 1809, als Österreich seinen Krieg gegen die napoleonischen Truppen verloren hatte, ließ der Kaiser seine Ehe mit Joséphine annullieren, um im Folgejahr die blutjunge österreichische Erzherzogin Marie-Louise zu heiraten. Ein knappes Jahr später kam der ersehnte Erbe zur Welt; schon bei seiner Geburt wurde er König von Rom.

Anlässlich seines prächtigen Fürstenkongresses, den Napoleon Anfang Oktober 1808 in Erfurt veranstaltet hatte, hatte sich Germaine de Staël in einem Brief an den Fürsten de Ligne in diversen Wortspielen ergangen: Ein »Parterre« von Königen – um die Worte des Kaisers zu wiederholen – marschiere da auf, aber das komme auch daher, dass es so viele Könige »par terre«, also unter der Erde gebe … Das grandiose Propagandaspektakel, das Napoleon da zelebrierte – und bei dem unter anderem Goethe und Wieland das Kreuz der Ehrenlegion vom Kaiser höchstpersönlich verliehen bekamen – war im Übrigen eine kontraproduktive Angelegenheit für den Veranstalter, denn sein wendiger Außenminister Talleyrand nahm das Spektakel als Gelegenheit, um hinter dem Rücken des Kaisers den ebenfalls anwesenden russischen Zaren zum Widerstand gegen Napoleon zu animieren. Der Zar hatte mehr als ein offenes Ohr für das Ansinnen, und die Sonne des Glückssohns begann nun tagtäglich zu sinken.

Mitten im alten deutschen Reich fand dieses Machtspektakulum statt, der Erfurter Fürstentag. Schon rein geographisch, in Europas Mitte gelegen, waren die deutschen Staaten für Napoleons Großmachtstreben von nicht geringer Bedeutung. Er modernisierte ihre überholten Strukturen und gab einigen ihrer Monarchen mit den uralten Namen noch eine Scheinmacht, mitunter sogar Gebietserweiterungen und Erhebungen (Bayerns und Württembergs Kurfürsten waren zu Königen avanciert, Badens Markgraf zum Großherzog). Dass er hier ernsthaften Widerstand zu befürchten hatte, hat er wohl nie geglaubt. Seit kurzem gab es da zwar eine Handvoll deutscher Poeten, die allmählich begannen, vom »Vaterland« zu dichten und zu singen, die die französische Hegemonie gar nicht gut fanden und die bei aller Hinwendung zum Mittelalter und zur zeitlosen Ferne einer vergangenen Welt ihre Landsleute dazu aufriefen, sich ihrer selbst zu besinnen. Aber musste man die tatsächlich ernstnehmen? Napoleon hat sich noch nicht einmal die Mühe gemacht, sie zu behelligen. Er ließ sie dichten und singen: Achim von Arnim und Clemens Brentano, den Rheinländer Joseph Görres und Heinrich von Kleist. Bevor er seinem Leben ein Ende setzte, hat Kleist seinen blindwütigen Hass auf den Eroberer und auf die französische Militärherrschaft hinausgeschrien:

Schlagt sie tot! Das Weltgericht
Fragt Euch nach den Gründen nicht!

Doch der Eroberer hielt diese Regungen für Spielerei: Fichtes REDEN AN DIE DEUTSCHE NATION, Arnims CHRISTLICHE TAFELRUNDE, die Sammlung von Volksliedern, Märchen und Sagen, all die Wanderlust und die Waldeinsamkeit, die sich mit der Propagierung altdeutscher Tugenden und der Sehnsucht nach einem Nationalstaat vermischten. Der Eroberer, der in Frankreich die strengste Zensur walten ließ, hielt die deutschen Dichter und Denker für harmlose Schwärmer und ließ sie gewähren. Der Publizist Görres, Gründer des liberalen RHEINISCHEN MERKUR, urteilte: »Lese- und Studierlust sind nicht gehindert, und die Regierung scheut keine andere Opposition als die materielle; die Literatur betrachtet man schon lange als ein Spielwerk der Nation, das ihr zu entreißen man nicht einmal den Versuch machen wird. Die Nationalität zu unterdrücken, ist nicht des Kaisers Weise … Gerade daß er keine echte Nationalität bei den Deutschen finden kann, hat ihn an diesem Volke irre gemacht.« Noch 1811 schrieb der Kaiser an den Marschall Davout in Hamburg: »Urteilen Sie doch selbst, was zu befürchten ist von einem so braven, so vernünftigen, so kalten, so geduldigen Volk, das von jeder Ausschreitung so weit entfernt ist, daß kein einziger Mann während des Krieges ermordet wurde. [...] Wenn eine Bewegung in Deutschland ausbrechen sollte, dann wird sie am Ende für uns und gegen die kleinen Fürsten gehen.« Ein Schriftstellerstaatsmann wie Gentz, Halbfranzose zudem, war zu fürchten und zu verfolgen, die politische Reaktion aus verschiedenen Lagern, man musste sie zumindest im Auge behalten; aber kaum die deutschen Poeten mit ihren zeitlosen Reisen in eine imaginäre Vergangenheit oder ins metaphysische Ich. Die konnte man ihre Dichter- und Denkspiele treiben lassen.

Im Frühjahr 1810 zog sich Madame de Staël mit ihrem Gefolge auf das Loire-Schloss Chaumont zurück, dessen Besitzer Monsieur Le Ray, mit dem Germaine befreundet war, gerade in Amerika weilte. Seit Jahresbeginn besaß sie selbst einen Pass für Amerika und damit verbunden die kaiserliche Erlaubnis, vor ihrer geplanten Ausreise einige Wochen in Frankreich zu verbringen. Der Sommer in dem schönen Schloss an der Loire würde ihr während der Folgejahre als köstlich unbeschwerte Zeit in Erinnerung bleiben. Angesichts dessen, was kam, war er fast eine Ausnahmezeit, ein kleines Stück Paradies.

Mit Schlegel, Albertine, ihren Söhnen, Miss Randall, Pertosa, Juliette, Montmorency, Prosper de Barante und einigen anderen ließ sie sich für den Sommer hier nieder und beendete in schönster Geselligkeit ihr großes Werk. Schlegel schrieb an seine Schwägerin: »Dies ritterliche Schloß liegt auf einem Felsen, zu unsern Füßen das Dorf, zweyhundert Stufen führen zu uns hinauf, die Heerstraße zieht sich jenseits hin, die Freunde, die uns besuchen wollen, müssen erst ihren Charon finden, der sie zu uns Abgeschiedenen herüber bringe.« Im Blick auf die Schiffe, die auf der Loire segelten, sinnierte der Briefschreiber, der diese in der Ebene von seiner Trutzburg hoch oben besah, würden die Gedanken »zum Meere und einer kühneren Schiffahrt« gelockt – eine Anspielung auf die Amerika-Ausreise, die ja nun offiziell von seiner Gönnerin geplant und angekündigt war. Sprach man in diesen Tagen und Wochen darüber? Hatte Schlegel vor, Madame de Staël auch in die Neue Welt zu begleiten? Der Gedanke an dieses Vorhaben machte ihm

Angst, Germaine sicher auch. Der Plan war das Äußerste, wenn es zum Äußersten kam. Sie wollte im Notfall über England nach Amerika ausreisen, was direkt nicht möglich war, da sich Frankreich mit England im Krieg befand. Man hatte ihr bereits die Häfen genannt, in denen sie sich einschiffen konnte. Doch sie machte sich nur ungern konkrete Vorstellungen von dem Unterfangen. Hier, auf Chaumont, über dem Loire-Tal, hinter den Mauern der gewaltigen Türme war alles ganz märchenhaft zeitlos, und man konnte auch die Gedanken an die »kühnere Schiffahrt« verdrängen. Angesichts der Dichtungen des Comte Alfred de Vigny, der 1826 die romantische Beschreibung des Schlosses Chaumont lieferte, prägte Sainte-Beuve den Begriff vom poetischen »Elfenbeinturm«.

Galant ging es zu auf Chaumont. Man hatte ein Rokoko-artiges Gesellschaftsspiel erfunden, die »Petite-Poste«, bei der sich die Beteiligten gegenseitig anspielungsreiche Briefe und Zettelchen schrieben. Juliette Récamier, die immer Begehrte, stand stets im Zentrum der Galanterien. Schlegel hat über sie einmal geäußert: »Madame Récamier spielt mit ihrer Schönheit wie ein Kind, weil sie eben nichts besseres anzufangen weiß.« Auguste, Germaines Sohn, verliebte sich auf Chaumont leidenschaftlich in Juliette Récamier; er konnte zwischen Spiel und Ernst nicht mehr gut unterscheiden. Auch Albert, 17, wandelte bereits auf Freiersfüßen: seine Angebetete war eine Dame aus Blois.

Ein sehr spezieller Gast gesellte sich Ende Juli der Gruppe hinzu. Es war Adelbert von Chamisso, eine weitere deutsch-französische Mischung, mit der sich Madame de Staël so gut identifizieren konnte. Er entstammte einem lothringischen Adelsgeschlecht und wurde auf Schloss Boncourt in der Champagne geboren, doch während der Revolutionsjahre verließ er mit seinen Eltern und Geschwistern die französische Heimat und emigrierte über Holland nach Deutschland. In Würzburg lernte er das Tischlerhandwerk, in Bayreuth verkaufte er Blumen, in Berlin verdingte er sich als Porzellanmaler, dann wurde er Page bei der Königin Luise und preußischer Leutnant. Ein Emigrantenschicksal – durch äußere Drangsal herumgetrieben, von aristokratischer Herkunft, aber mittellos, hin- und hergerissen zwischen zwei Heimatländern und nie so recht wissend, wohin er gehörte. »Wenn ich in Deutschland bin, fühle ich mich als Franzose, in Frankreich aber als Deutscher«, sagte er lange noch. Seine Familie war inzwischen nach Frankreich zurückgekehrt. Adelbert lebte weiter in Deutschland, schob als diensthabender Leutnant Wache im Brandenburger oder Potsdamer Tor und schloss sich dem Kreis der Berliner Romantiker an. Seine Freundschaft mit dem gleichfalls einer französischen Hugenottenfamilie entstammenden Friedrich de la Motte Fouqué war von gegenseitigem dichterischen Ansporn getragen. Die Schlegel-Brüder wurden auf Chamisso aufmerksam, nachdem er gemeinsam mit Carl August Varnhagen von Ense den MUSENALMANACH AUF DAS JAHR 1804 herausgegeben und erste eigene Arbeiten darin veröffentlicht hatte. August Wilhelm Schlegel war es schließlich auch, der Chamisso Madame de Staël zuführte. In der Zwischenzeit hatte der Wanderer zwischen zwei Heimatländern noch so einige politische Peinigungen erlebt: Während des Krieges zwischen Frankreich und Preußen hatte Napoleon erklärt, jeder Franzose, der im preußischen Heer diene, werde erschossen. Dieser Gefahr entging der preußische Leutnant Chamisso haarscharf, da der ihm übergeordnete General rechtzeitig kapitulierte und seine Festung übergab. Chamisso kehrte nach Frankreich zurück, aber halbherzig, uneins mit sich; die Siegerstimmung der Franzosen teilte er nicht. Er bezog eine bescheidene Privatrente und wollte eine Professur an einem französischen Lyzeum annehmen, doch daraus wurde nichts; die Stelle wurde gestrichen. Die Einladung nach Chaumont kam ihm in dieser haltlosen Zeit gerade recht. Chamisso war mächtig begeistert vom Kreis um Madame de Staël und von ihr selbst. Er fand in Chaumont eine »Welt in innerer beständiger Gährung, – vornehme, fremde, tapfere, witzige, zierliche Kerls, Jeder ein ausgebildetes Talent.« Schlegel mochte er nicht. Er fand ihn schwerfällig, »zierlich«(will heißen: gespreizt), wenn auch sehr klug. »Die Staël gefällt mir mehr als dieser Deutsche, sie hat mehr Lebensgefühl [...], hat auch mehr Leben, mehr Lieb' im Leibe, sie hat das Gute der Franzosen, die Formleichtigkeit, Lebenskunst und Anmut.« Sie sei ein seltenes Wesen, diese Madame de Staël, befindet Chamisso. »Sie vereinigt in sich den Ernst der Deutschen, die Glut des Südens und die Form der Franzosen.« Als »Mischwesen«, das sich von beiden Nationen das Gute herausnahm und aneignete, konnte

Chamisso solche Nuancen wahrnehmen und auch goutieren. Er verliebte sich ein wenig in Germaine de Staël. Sie ermutigte seine Avancen – spielerisch, im Stil der »Petite-Poste«, ohne Folgen und ohne Ableitungen. Einstweilen fand dieser das wohl auch in Ordnung. Als er im kommenden Jahr allerdings nach Coppet kam, sich dort dauerhaft einnistete und unter der Anleitung von Germaines Sohn Auguste zum leidenschaftlichen Botaniker wurde, da plagte ihn dann schon die Eifersucht. Sie bezog sich im Wesentlichen auf den jungen Jean-Michel Rocca, Germaines neuen Galan – ein Verhältnis, das ernsthafte Formen annahm. Chamisso schrieb eine romantische Erzählung über einen Mann ohne Schatten: »Peter Schlemihls wundersame Geschichte« Dem unglücklichen Helden, der seinen Schatten für ein Dukatensäckel verkauft hat, dient das Studium der Natur als Ersatz für ein verwurzeltes Dasein mit Heimat und Erdhaftung. So ging's auch dem Autor, der nach den Befreiungskriegen als Naturforscher auf Weltreise ging und schließlich eine Stelle als Kustos am Berliner Botanischen Garten erhielt. Vor alledem hauste er ein Jahr lang auf Schloss Coppet und botanisierte in der Landschaft des Genfer Sees herum, bis er weg musste, da auch die Hausherrin weg musste – eine Übergangszeit und eine Zäsur. Germaines anregender Kreis gab ihm einen geeigneten Rahmen für seinen inneren Klärungs- und Wandlungsprozess.

Da der Schlossherr mit seiner Familie aus Amerika nach Chaumont zurückkehrte – ärgerlicherweise früher als geplant –, musste Germaine mit ihrem Kreis den schönen Ort wieder verlassen und eine andere Bleibe finden. Zum Glück hatte sie überall Freunde, die ihr ihre Schlösser oder Landsitze vorübergehend zur Verfügung stellten. Diesmal war es das Landgut Fossé, ganz in der Nähe gelegen, das dem Grafen Salaberry gehörte. Auch dieser Graf stand unter polizeilicher Aufsicht, da er als Offizier in der Armee des Emigrantenführers Condé, des Herzogs von Enghien, gedient hatte – so konnten die Gendarme, was sicher sehr praktisch war, beide Verfolgten und Verbannten zugleich ins Visier nehmen. Auf Fossé beendete Germaine DE L'ALLEMAGNE und wollte von französischem Boden aus den Druck ihres Werks überwachen. Wenn auch stärker behelligt als in der geschützten Trutzburg Chaumont, nahm das Idyll in dem Landsitz noch eine kurze Zeit seinen Fortgang.

»Kaum waren wir angekommen, als ein italienischer Musiker, den ich bei mir hatte, damit er meiner Tochter Unterricht erteilte, anfing, die Gitarre zu spielen. Meine Tochter begleitete auf der Harfe die sanfte Stimme meiner Freundin, Madame Récamier. Erstaunt, diese Truppe Troubadours zu finden, die die Einsamkeit des Gutsherrn zu beleben kamen, standen die Bauern um unsere Fenster herum. Dort habe ich die letzten Tage in Frankreich mit einigen Freunden verlebt, deren Andenken meinem Herzen teuer ist.« Der in dieser Gegend zuständige Polizeiminister aber beobachtete alles, was Madame de Staël und ihr Freundeskreis taten. Im benachbarten Blois wurde eine Oper gespielt, die in Paris für großes Aufsehen gesorgt hatte. Es handelte sich bei der Aufführungsstätte um ein »schlechtes Provinztheater«, wie Germaine klar war, aber es war besser als gar nichts, und daher zog die Gesellschaft zu Fuß dorthin, Germaine führte sie an, während einige Einwohner der Stadt ihr aus Neugierde folgten – schließlich war Madame eine prominente Verbannte. Savary, der neue Polizeiminster nach der Entlassung Fouchés, schrieb daraufhin dem Präfekten des Departements Loire-et-Cher, Madame de Staël sei von einem ganzen Hofstaat umgeben – worauf sie antwortete: »Gewiss. Aber wenigstens habe ich ihn mir nicht mit Gewalt zugelegt.«

Die Autorin stand in ständigem Briefwechsel mit ihrem Verleger, dem Buchhändler Nicolle in Paris, der ihr mitteilte, die Zensur habe die Veröffentlichung ihres Werkes gestattet. Nachdem sie nun am 23. September das Wort »Ende« unter ihre mehrjährige Arbeit gesetzt hatte, wurde der endgültige Druck initiiert. Seit Anfang Mai waren die einzelnen Bände ihres Werks separat der Zensur vorgelegt und teilweise laut Auflage des Zensors ein wenig bearbeitet worden – ohne nennenswerte Probleme, wenigstens bei Band I und II. Was den dritten Teil anging, »Die Philosophie und die Moral«, so befürchtete Germaine selbst Streichungen und weitergehende Änderungswünsche, doch man würde sich einigen, daran hatte sie eigentlich keinen Zweifel. Für einen Tag zog sie in relativ sorgloser Stimmung mit ihrer Gefolgschaft auf eine Besitzung von Mathieu de Montmorency in der Nähe von Blois, um mit dem alten Freund – dem Mann, wie sie schrieb, den sie auf der Welt am meisten achtete, seitdem sie ihren Vater verloren hatte –

einige ruhige Stunden zu verbringen. Die alarmierenden Neuigkeiten erfuhr sie erst am folgenden Tag: De l'Allemagne war beim Kaiser persönlich, der das Manuskript offenbar unabhängig von seinen Zensoren selbst las, auf erbitterten Widerstand gestoßen, und General Savary, der Polizeiminister, hatte seine Beamten beauftragt, die bereits gedruckten 10000 Exemplare des Werks einzustampfen. Die Autorin selbst traf der Befehl, Frankreich binnen drei Tagen zu verlassen. Germaine reagierte einigermaßen gefasst auf die Nachricht und traf zunächst alle nur denkbaren Vorkehrungen, um ihr Manuskript zu retten, so dass es nicht gänzlich für die Nachwelt und ein mögliches späteres Schicksal verloren war. Juliette war bereits einige Tage zuvor mit einem Satz Abzügen nach Paris gefahren, um ihn unter anderem der Königin Hortense von Holland, Tochter der Ex-Kaiserin Joséphine und ehemalige Gattin des Ex-Königs Louis Bonaparte, die in Germaines Sinn intervenieren sollte, zuzüglich eines Briefes an den Kaiser zu übergeben. Als Germaine sich Fossé näherte, war das Haus von Polizei umstellt. Ihre Schreibmappe, die noch einige Notizen über ihr Werk enthielt, übergab sie Albert, der damit über eine Mauer sprang, um unbehelligt damit durch den Garten in die Wohnung zu gelangen. Noch auf der Straße besprach sich Germaine mit Miss Randall, wie man nun weiter vorgehen sollte. Als der Präfekt des Departements, Monsieur de Corbigny, auf sie zukam, um ihr das Manuskript einschließlich sämtlicher Korrekturbögen abzuverlangen, gab sie ihm nur eine schlechte Abschrift und behauptete, das Original-Manuskript sei in Paris, und sie werde umgehend veranlassen, dass man ihr alles zurücksende – so gewann sie zunächst einmal Zeit. Der arme Präfekt, der sich ohne weiteren Nachdruck mit Madames Erklärungen zufriedengab, wurde kurz darauf entlassen, unehrenhaft, wie man sich vorstellen kann. Er starb wenig später; die unehrenhafte Entlassung und die Ereignisse hatten ihm sehr zugesetzt.

In einem Brief, der keinerlei Illusionen mehr Raum ließ, teilte der Polizeiminister Madame de Staël am 3. Oktober mit, von Regierungsseite gehe man nun davon aus, dass sie sich zum baldestmöglichen Zeitpunkt nach Amerika einschiffe – und zwar von den Häfen von Lorient, La Rochelle, Bordeaux oder Rochefort aus; die Häfen des Ärmelkanals waren, ohne dass Savary dieses aussprach, tabu. Der Aufenthalt in Frankreich, schrieb er, sei ihr lediglich bewilligt worden, da sie den Wunsch geäußert habe, nach Amerika zu gehen. Also im Klartext: Coppet oder Amerika, und zwar besser heute als morgen. Die Ausweisung wurde damit zugleich als endgültig betrachtet und erstickte auch die letzte verborgene Hoffnung Germaines, der Kaiser werde ihre Verbannung noch einmal aufheben; erstaunlicherweise hatte sie diese Hoffnung ausgerechnet an die Veröffentlichtung ihres Buches über Deutschland geknüpft. Savary schrieb: »Sie dürfen die Ursachen dieses Befehls nicht etwa darin suchen, daß Sie in Ihren letzten Werken über den Kaiser Schweigen bewahrt haben. Nein, er konnte dort keinen seiner würdigen Platz finden! Ihre Verbannung ist eine natürliche Folge Ihres Verhaltens, das Sie seit mehreren Jahren beständig an den Tag legen. Es schien mir, als ob Ihnen die Luft dieses Landes gar nicht bekäme, und wir sind noch nicht so weit gesunken, daß wir unsere Vorbilder bei Völkern suchen müssen, die Sie bewundern!« Weiterhin heißt es: »Ihr Werk zeugt durchaus nicht von französischer Gesinnung.« Dem war wohl so, unbestritten, jedenfalls, was die derzeit gültigen Maßstäbe anbetraf. »Denkt man denn«, zitiert Germaine den Minister in einem Gespräch, »daß wir achtzehn Jahre lang in Deutschland Krieg geführt haben, damit eine so bekannte Frau ein Buch veröffentlicht, ohne auch nur von uns darin zu sprechen?« Auch, dass sie England so lobte, seine parlamentarische Tradition, seinen Liberalismus, war dem Kaiser und seinen Gefolgsleuten ein Dorn im Auge. Seinen Sinn für die Ewigkeit und für den freien Flug des Gedankens hatte sie enorm überschätzt, wenn sie meinte, dass Napoleon die Größe besäße, diesen den Vorzug zu geben vor den Gegebenheiten der politischen Mächteverhältnisse. Zu solcher Größe hatte er gegenwärtig auch weniger Anlass denn je. England war ungebeugt, trotz der Kontinentalsperre. Die spanischen Partisanen kämpften einen erbitterten Krieg. In Deutschland bildeten sich vermehrt patriotische Geheimbünde. Den Papst, der sich geweigert hatte, in seinem Kirchenstaat französische Kontrollen zu akzeptieren, hatte der Kaiser zwischenzeitlich gefangennehmen lassen und eine Art neuen Investiturstreit zwischen ihm und Pius VII. wiederbelebt – ein Affront gegen die ganze katholische Welt. Napoleon blickte begehrlich nach Russland und weiter von dort aus nach

Asien und Afrika. »Dieses alte Europa langweilt mich«, soll er gesagt haben. Doch im Innern war er nicht stark. Talleyrand und Fouché, die in den eigenen Reihen abtrünnig wurden und in seiner Abwesenheit gegen ihn konspirierten, wagte er nicht zu bestrafen, da er sie brauchte und besonders Talleyrands außenpolitische Beziehungen waren ihm zu gefährlich, um ihn offen zu seinem Gegner zu machen.

Auguste und Albert versuchten, vom Kaiser in Fontainebleau eine Audienz zu erlangen, um Fürsprache für ihre Mutter einzulegen – vergeblich. Die Verbannte schrieb daraufhin einen letzten Brief an Napoleon, in dem sie ihn mit aller Dringlichkeit um eine persönliche Unterredung ersuchte. »Sire, der heilige Ludwig sprach über den Geringsten seiner Untertanen selber Recht; weisen Sie dieses alte und edle Beispiel nicht von sich. Ich werde mich mit meiner Verbannung, so schmerzlich sie für meine Familie und mich auch ist, abfinden, wenn Euer Majestät sie erst aussprechen, nachdem Sie mich angehört haben.« Er hörte sie nicht mehr an, und er las ihre Briefe nicht mehr. Die Druckfahnen von DE L'ALLEMAGNE, die ihm Hortense von Holland überbracht hatte, hat er angeblich nach weiterem flüchtigen Querlesen wutentbrannt ins Kaminfeuer geworfen.

Krise

Auf Coppet im Gefängnis

Jean-Michel Rocca

»Die neue Zuneigung, die mich angeblich so sehr beschäftigt, gehört einem jungen Mann von dreiundzwanzig Jahren, schön wie der lichte Tag, der wegen fünf Schußwunden, die er im Krieg erhielt oder, besser gesagt, freiwillig suchte, an Krücken ging. Ich dachte, sein Leben sei in Gefahr, und ich pflegte ihn. Er verliebte sich leidenschaftlich in mich.«

Germaine in einem Brief an Juliette Récamier

»Mit hängenden Flügeln wie die Taube Lafontaines kam ich nach Coppet zurück und sah den Regenbogen über meines Vaters Hause stehen«, bekannte Germaine. Sie sah den Regenbogen als ein Zeichen an – für was, verrät sie uns nicht. Wahrscheinlich sah sie den guten Geist ihres Vaters, der über sie wachte, darin.

Eine sichere Atlantiküberquerung war im Herbst ohnehin nicht mehr gewährleistet, also mochte dieser Umstand maßgeblich sein und als Vorwand dienen, um sich vorläufig gegen Amerika und für Coppet zu entscheiden. Zurückgekehrt in ihr Exil, war Germaine wie gelähmt und zeitweise völlig handlungsunfähig. Die kommenden anderthalb Jahre verbrachte sie in einer Art Wechselzustand von gewohnter Zerstreuungswut und Apathie. Der Kreis um sie wurde enger und enger. Auf ihrem Schlösschen am Genfer See war sie nun wirklich isoliert. Vorbei waren die »großen Tage von Coppet« – Coppet war »ein Grab«, wie Germaine feststellte, »in dem man Post bekommen kann«. Ihren Söhnen war es von nun an verboten, ohne polizeiliche Erlaubnis nach Frankreich zu reisen. Sie selbst war auf den schmalen Gürtel zwischen Genf und Coppet beschränkt, da es ihr nun auch nicht mehr gestattet war, innerhalb der Schweiz zu reisen oder sich weiter als zwei Meilen von Coppet zu entfernen – wenigstens offiziell. Genf gehörte zu Frankreich; es war die einzige französische Stadt, die Madame de Staël betreten durfte. Gesellschaftlich mied man sie aber; die Genfer wollten sich mit der nun so offenkundig mit dem Machthaber Verfeindeten nicht kompromittieren. Vater Barante war als Präfekt von Genf seines Amtes enthoben worden, da er, ebenso wie Corbigny, Madame de Staëls Angaben bei der Frage nach dem Verbleib der Korrekturbögen von De l'Allemagne zu leichtgläubig vertraut hatte, und dies hatte den Anlass gegeben, die vermeintlich Schuldige dieser Entlassung von nun an zu meiden. Infolgedessen »floh alles, was auf Ämter Ansprüche machte, aus meinem Hause, wie vor einer furchtbaren, ansteckenden Krankheit.« Bei allem aber, betonte Germaine, hatte sie in Genf noch immer mehr Freunde als in irgendeiner anderen Stadt in der französischen Provinz, »denn das Erbe der Freiheit hat in Genf noch viele edle Gefühle zurückgelassen.« Als sie sich für den Winter eine Wohnung in Genf mietete und ihr gewohntes Leben mit Theaterspielen und Konzerten fortsetzte, um ihren Trübsinn auf diese Art zu vertreiben, sah man oberflächlich wohl kaum, wie es in Wahrheit jetzt um sie stand.

Freundschaften waren von hohem Wert für Germaine de Staël – so besitzergreifend und egoman sie auch sein mochte. Dass jetzt ihretwegen Menschen ihren Posten verloren und andere Nachteile in Kauf nehmen mussten, dass jeder die kaiserliche Missbilligung zu spüren bekam, der mit ihr in Kontakt stand, dass ihre Freunde gewaltige Risiken eingingen, um sie in ihrem gefängnisartigen Exil zu besuchen und dass sie offensichtlich durch ihre Situation auch die Zukunft ihrer Kinder verbaute, war unerträglich für sie, bei all ihren persönlichen Leiden. Ihr Verleger Gabriel-Henri Nicolle, der allerdings schon vor dem Druck ihres Werks hochverschuldet war und die Hoffnung gehegt hatte, sich durch einen Verkaufserfolg mit dem Deutschland-Buch finanziell zu sanieren, war durch die Einstampfung der 10000 Buch-Exemplare ruiniert. Madame de Staël zahlte ihm ihren Vorschuss zurück und glich die Verluste der Einstampfung aus, doch der Konkurs war damit nicht zu vermeiden.

Zwar gab es wieder einen neuen jungen Verehrer in ihrem Leben, frisch verlassen von seiner Ehefrau, der Germaine sehr bezauberte: Es war der reiche livländische Diplomat Baron Piotr Fedorowitsch Balk-Polev, dem sie bereits drei Jahre zuvor auf Coppet begegnet war. Baron Balk versprach, in Paris für sie einzutreten und sie anschließend auf Coppet zu besuchen. Doch der Baron hielt sein Wort nicht – die Nachteile, die der Diplomat zu befürchten hatte, waren zu groß. Obwohl die Begegnung mit ihm relativ flüchtig war, schrieb Germaine ihm nach ihrer Abreise aus Frankreich einige wenige Liebesbriefe von bezaubernder poetischer Kraft. Man kann annehmen, dass sie sich in eine solche Stimmung hineinfühlte, um ihren Ängsten und Drangsalen eine ideale und grenzüberschreitende Sphäre entgegenzusetzen. Der

Tonfall der Briefe ist ähnlich zeitentrückt wie vor fünf Jahren an Dom Pedro de Souza. »In Ihrer leiblichen wie seelischen Existenz liegt ein Charme, der beängstigend ist. Ich weiß nicht, warum Sie mir der Erde sozusagen geliehen scheinen. Etwas Wolkenhaftes und Ätherisches umgibt Sie, und ich habe beim kleinsten Augenblick, der uns trennt, Angst um Sie. Sie werden das Einbildung nennen. Ach, mein Freund, ich bin immer noch beeindruckt von jener Episode bei Klopstock, in der er das Erstaunen der Bewohner eines Planeten beschreibt, auf dem der Tod unbekannt war.« Der Tod – Todesahnungen – bildeten stets einen poetisch vertiefenden Rahmen für Germaines Liebesbetrachtungen der sanfteren Art. »Das Gefühl ist eine irdische Religion«, sinnierte sie, »aber geradeso wie die wahre Religion taugt sie nichts, wenn sie nicht alles ist.« – Germaines Metaphysik der Liebe, fast imaginär und traumwandlerisch zu Papier gebracht, zwischen allen nur denkbaren Grenzen. Baron Piotr war jung, schön, weltgewandt, reich. Er war Gesandter in Brasilien gewesen und bewegte sich erneut auf europäischem Parkett. Germaine de Staël liebte die Weltmänner, die Aristokraten; doch ein Mann musste auch etwas Zartes, Gebrochenes haben, eine zumindest versteckte Melancholie oder Anfälligkeit, um sie zu bezaubern. Ritterliche Eigenschaften konnte sie außerdem in den jungen Diplomaten, der versprach, sich bei Napoleon für sie zu verwenden, hineindichten. Doch Baron Balk hielt sein Wort nicht – Ende Oktober war dies vollkommen klar. Der Traum vom schönen livländischen Ritter war damit auch ausgeträumt.

Dann geschah etwas Unglaubliches: Schlegel wurde des Landes verwiesen. Er wurde wegen »anti-französischer Gesinnungen« von französischem Territorium verbannt und erhielt zugleich den Befehl, Genf und sogar Coppet zu verlassen. Als Madame de Staël davon hörte, war sie entsetzt und wandte zunächst einmal ein, der Präfekt von Genf habe wohl kaum in der Schweiz Befehle zu erteilen – sie hatte dies hinsichtlich ihrer eigenen Auflagen schon einmal gerügt. Doch der Einwurf verhallte. Man würde den Fall sonst, antwortete man ihr, durch die Hand des französischen Gesandten gehen lassen – und damit hätte man gar nichts gewonnen. In der Denunziation hieß es, ein gewisser »Monsieur Chelègue, mehrjähriger Hausgenosse der Madame de Staël«, sei anti-napoleonisch, anti-französisch, mit einem Wort, deutsch gesinnt und müsse ferner nicht in Frankreich geduldet werden. August Wilhelm ließ sich vorerst in Bern nieder, wo er mittelalterliche Geschichtsbücher und altdeutsche Werke las, Pläne schmiedete, sehr viele Briefe schrieb und diverse Verfügungen traf. Unabhängig von seiner haltlosen Lage gefiel es ihm sehr gut in Bern, und er verliebte sich sogar ein wenig in eine verheiratete Dame. Germaine hörte von seinem Flirt und schickte ihm briefliche Maßregelungen, gegen die er sich bitter verwahrte – ein Beweis dafür, wie besitzorientiert ihre Ansprüche waren; sie hatten in diesem Fall wirklich nichts mit dem Herzen zu tun.

Capelle, der Präfekt von Genf, richtete Madame de Staël aus, sie könne froh sein, dass man Schlegel aus ihrem Hause entfernt habe, denn Schlegel flöße ihr anti-französische Gesinnungen ein. »Von dieser väterlichen Fürsorge der Regierung wahrhaft gerührt, fragte ich, was wohl Herr von Schlegel gegen Frankreich verbrochen hätte. Da warf mir der Präfekt Schlegels literarische Meinungen vor und unter anderem eine Broschüre, in der er die Phädra des Euripides mit der Phädra Racines verglichen und der ersteren den Vorzug gegeben hatte.« Germaine spöttelte weiter: »Es war von einem korsischen Monarchen allerdings sehr feinfühlend, so für die kleinsten Nuancen in der französischen Literatur Partei zu ergreifen.« Schlegel, von Germaines dubioser Besitz-Eifersucht beflügelt, sann heroische gemeinsame Fluchtpläne aus; vor allem redete er ihr brieflich immer wieder ins Gewissen, es sei jetzt die Zeit zum Handeln gekommen. »Wir haben nun ständig die Erfahrung gemacht, daß alles nur schwieriger wird, wenn man seine Entschlüsse aufschiebt«, schrieb er. Sie habe bisher so viel Mut bewiesen, da werde es ihr doch am letzten Entschluss nicht gebrechen. »Alles bekommt ein anderes Gesicht, wenn man eine Handlung als Pflicht ansieht. Dann steht man unter Gottes Schutz, der alle Haare auf unserm Haupte gezählt hat und der in einem einzigen Augenblick alle Mächtigen dieser Erde in Staub verwandeln kann ...« Heldenhaft klingt das, fürwahr. Monsieur »Chelègue« wurde hier noch zum Chevalier, mannhaft bemüht, die gefangene Dame aus ihren Nöten zu retten. Es gebrach Germaine jedoch lange an diesem letzten Entschluss. Er war auch nicht leicht zu fassen, egal, wie mutig man war. Der Präfekt hatte ihr unmissverständlich bedeutet, dass sie überall, wo Frankreich befehle, gefangengenommen werde, wenn sie einen Fluchtversuch unternehme. Coppet lag nur wenige Kilometer von der französischen Grenze entfernt und war quasi eingeschlossen von Frankreich. Das Wallis, Genf, Neuenburg und das Bistum Basel waren französische Provinzen geworden; der Rest der Eidgenossenschaft ein französischer Vasallenstaat, der durch Militärverträge und ein förmliches Bündnis an Frankreich gekettet war. Wie also sollte sie überhaupt heimlich entkommen? Es gab Spitzel in ihrem eigenen Haus; Capelle berichtete Napoleon regelmäßig, was auf Coppet vor sich ging. Selbst das Schmieden von Fluchtplänen war unter solchen Umständen lebensgefährlich. Auch im Dorf waren Spione der französischen Polizei untergebracht, so dass die Schlossherrin noch nicht einmal die Landstraße unbehelligt hinausfahren konnte. Für einen neuen Pass nach Amerika stellte man ihr neuerdings so viele Hindernisse in den Weg, dass sie dieses – offizielle – Mittel überhaupt nicht mehr in Betracht zog. Madame de Staël wandte sich hilfesuchend an den Weimarer Hof, der durch die russische Gattin des Erbprinzen, die spätere Großherzogin Maria Pawlowna, gute Beziehungen zum Zarenhof hatte. Sie brauchte einen Pass, sie wollte nach England, und zwar über Wien und Moskau – der direkte Weg war das gerade nicht, aber der einzig mögliche, wenn man sich die gegenwärtige politische Landschaft betrachtete. Doch Weimar, der Musenhof, und das großherzogliche Paar wollten und konnten nicht helfen. Als Schlegel davon hörte, bekam er einen regelrechten Tobsuchtsanfall und donnerte, er habe diesen finsteren und jämmerlichen Hof, der permanent überschätzt werde, schon immer gehasst. Ungeheuerlich sei das! Aber sie brauchten den Weimarer Hof nicht, sie würden schon alles allein schaffen.

Russland also. Der Usurpator und seine berühmteste Opponentin des Geistes hatten dasselbe geographische Ziel. Germaine fasste in ihren Flucht-Memoiren zusammen: »Gleich wie Napoleon die Karte studierte, um sich zum Herrn der Welt zu machen, verbrachte ich nun auch meine Tage mit dem Studium dieser Karte, um zu entfliehen. Und mein Feldzugsplan hatte, ebenso wie der seinige, immer Russland zum Ziel. Dieser Staat war der letzte

Zufluchtsort der Unterdrückten, und auch ihn beabsichtigte der Beherrscher Europas niederzuschmettern.«

Was Germaine anbetraf, kam ihr jedoch leider vor ihrem Feldzug noch etwas dazwischen. Ende Januar 1811 gestand sie Juliette in dem bereits angeführten Brief: »Die neue Zuneigung, die mich angeblich so sehr beschäftigt, gehört einem jungen Mann von dreiundzwanzig Jahren, schön wie der lichte Tag, der wegen fünf Schußwunden, die er im Krieg erhielt oder, besser gesagt, freiwillig suchte, an Krücken ging. Ich dachte, sein Leben sei in Gefahr, und ich pflegte ihn. Er verliebte sich leidenschaftlich in mich.« Es handelt sich hierbei um den jungen Jean-Michel Rocca, den Germaine Ende 1810 bei einer Genfer Geselligkeit kennenlernte. Rocca war Leutnant in Napoleons 2. Husarenregiment. Er hatte im spanischen Partisanenkrieg gekämpft und die erwähnten Blessuren in Form mehrerer Schusswunden davongetragen. Überhaupt hatten die Grausamkeiten dieses Guerillakrieges – vor allem von französischer Seite – seine Begeisterung sowie die Identifikation mit seinem Feldherrn und Kaiser deutlich abklingen lassen. Der junge Held musste zunächst einmal gesundgepflegt und vom Krieger zum Gesellschaftsmenschen modelliert werden, denn für Schliff, Kultur und Manieren hatte er in seinem jungen Leben bislang weder Zeit noch Orientierung gehabt. Da landete er gerade rechtzeitig bei Germaine de Staël. Leidenschaftlich verliebte er sich in die 22 Jahre ältere Frau und bestürmte sie mit einer Heftigkeit, wie sie eben seinem jugendlichen Alter entsprach. Germaine war berückt, wie im Traum. Sie konnte ihr Glück zunächst gar nicht fassen und hatte auch mannigfache Vorbehalte dagegen, die sie sich selbst immer wieder vor Augen hielt. An Juliette schrieb sie, unmittelbar nach dem Geständnis seiner Leidenschaft: »Aber er hat keinerlei Bildung, und diese Beziehung ist ohne jede Zukunft.«

Die Diskrepanzen lagen auf der Hand; es war von beiden Seiten eine sonderbare Wahl: der schöne, blutjunge Rocca, ein Sportsmann, ein soldatischer Held, aber geistig vollständig unbedarft, und Europas berühmteste Intellektuelle in fortgeschrittenen Jahren, die seine Mutter sein konnte und auch optisch so wirkte. Trotz ihrer offensichtlich noch immer vorhandenen sinnlich-weiblichen Ausstrahlung: Ihr Körper war ausgezehrt und vom Opium zerrüttet, ihre Neigung zur Korpulenz nahm immer mehr zu – »dick und feurig« fand sie Chamisso –, und ihr aufgewühltes Leben in ständiger Überbeanspruchung, der psychische Stress und die Bedrängnisse der vergangenen Jahre hatten einfach ihre Spuren hinterlassen. Rein physisch betrachtet, war Germaine sogar vorzeitig gealtert. Rocca störte das nicht. Er war fasziniert von dieser bedeutenden Frau. Der Sprössling einer Genfer Patrizierfamilie war mutterlos aufgewachsen. Seine Mutter war wenige Tage nach der Geburt des Söhnchens gestorben, und sein verwitweter Vater hatte eine Atmosphäre von calvinistischer Strenge in seiner Umgebung verbreitet. Für Rocca, den soldatischen Helden, der sich so gerne in seiner Husarenuniform zeigte und einmal auch abbilden ließ – groß und schlank, etwas schlaksig, schwarzhaarig, mit Koteletten und gezwirbeltem Schnurrbart, sein stolzes andalusisches Pferd am Zügel führend –, hatte so viel Liebe nachzuholen, Kindheitsliebe und Mutterliebe. Er mochte für damalige Verhältnisse und namentlich für die Ansprüche einer Germaine de Staël relativ ungebildet sein; er war aber sensibel, empfänglich, romantisch und seelenvoll. Er selbst sah keine Diskrepanz zu ihr, und er wollte diese Frau haben. »Ohne Zukunft« sei die Beziehung? Von wegen! Jedem, der es hören wollte (oder auch nicht), verkündete er: »Ich werde sie so sehr lieben, daß sie mich schließlich heiraten wird.« Da er sich nicht gerade durch die Gabe der Konversation auszeichnete, um seine Angebete auf diese – ihr geläufige – Art zu gewinnen, ritt er mit seinem stolzen andalusischen Pferd vor ihren Genfer Fenstern entlang und vollführte halsbrecherische Reiterkunststücke, um Germaine zu beeindrucken. Es war Winter, und zum Hause der Angebeteten führten Treppenstufen herauf, die mit Eis bedeckt waren. Rocca ritt diese eisbedeckten Stufen hinauf, sich und sein Pferd präsentierend – da mochte er wohl ihr Herz endlich erweicht haben. Dennoch blieb sie verhalten und gestand Juliette: »Ich brauchte Ablenkung, um den dunklen Grund meines Herzens zu ertragen.« So nahm sie denn Rocca an ihren üppigen Busen, und alles war erst einmal gut.

»Ich möchte dich ganz und gar«, schrieb Rocca an Germaine. »Ich möchte, daß du meinen Namen trägst, und ich möchte ein Kind von dir, das wirklich ein *kleines Wir* ist.« Germaine, die mit mystischen Lehren von Fénelon, Langalerie, Juliane von Krüdener, mit Freundestreue, Geselligkeit und allen nur denkbaren Hilfsmitteln gegen ihre Depressionen und Ängste gekämpft hatte, kapitulierte. Sie versuchte, an diese Liebe zu glauben und ließ sich nun ganz darauf ein. Anfang Mai 1811 gaben Madame de Staël und Jean-Michel Rocca in Anwesenheit Miss Randalls und eines protestantischen Pfarrers unter dem Siegel der Verschwiegenheit ihre Absicht kund, »sobald die Umstände es erlauben«, zu heiraten. Zwei Monate später war Germaine schwanger. Sie war 45 Jahre alt, sie stand vor einer abenteuerlichen Flucht durch Europa, die sie bis in die tartarischen Steppen und in die finnische Tundra führen sollte, sie war politisch verfolgt, auf dem Sprung sozusagen, und der Vater ihres ungeborenen Kindes war nur zwei Jahre älter als ihr ältester Sohn.

An die strengen Auflagen der französischen Polizei hielt sie sich in der ganzen Zeit nur bedingt. Albert hatte die Bäder von Aix in Savoyen verordnet bekommen, und sie reiste in der Vorsaison Anfang Mai mit ihrem Sohn einige Tage dorthin, ohne gesondert um Erlaubnis zu bitten. Umgehend erschien ein Bote des Präfekten von Genf, um ihr die Rückkehr nach Coppet zu befehlen. Man befürchtete, sie würde eine solche Station nur als Ausgangspunkt nehmen, um nach England zu fliehen. Germaine widersetzte sich solchen Befehlen nicht, weil ihr ständig ein Schreckbild vor Augen trat, das schlimmer für sie war als der Tod. »Ich fürchtete immer, aus einer so strengen Verbannung bald ins Gefängnis zu kommen, was ich mir schrecklicher als den Tod vorstellte.« Gefängnis, Einzelhaft – es war ein regelrechter Alptraum für sie. Zugleich wusste sie, dass ihr Schicksal besiegelt war, wenn der Kaiser einmal dem Skandal getrotzt hätte, sie festnehmen zu lassen. Dann würde es wohl niemand mehr wagen, für sie zu sprechen.

Im August reiste sie mit Mathieu de Montmorency durch die Schweiz, was ihr ja offiziell gleichfalls verboten war und was Mathieu in eine prekäre Verdachtslage brachte – die Sicherheitsbelange des Kaisers betreffend, sicher nicht ganz zu Unrecht, denn wenn Germaine sich auch eifrig bemühte, Montmorency in ihren Memoiren als unpolitischen und harmlosen Privatier und Familienmenschen erscheinen zu lassen, der so gänzlich zu Unrecht und nur wegen seiner Freundschaft zu ihr von Napoleon verfolgt wurde, gilt es für einigermaßen gewiss, dass Montmorency in geheimer kirchlicher Mission diese Reise antrat. Bei ihrer Rundreise durch die Kantone Wallis und Freiburg kamen die Reisenden auch in ein geheimnisvolles Kloster, dessen Bewohner möglicherweise als Vermittler zwischen dem französischen Klerus und dem Papst dienten, der sich zu der Zeit noch immer als Gefangener Napoleons in Savona befand. Von einigem Kolorit ist Germaines Beschreibung dieses Klosterbesuchs, wie sie eines Abends, durchnässt und erschöpft von einem längeren Fußmarsch, im Frauenkloster Einlass begehrte und eine der Nonnen, um hineinzukommen, vergeblich davon zu überzeugen versuchte, dass sie ihr weltliches Leben gegen den Nonnenschleier eintauschen wolle. Die Nonne ermaß die Besucherin mit einem Blick und urteilte: »Ich bin ganz sicher, Sie haben für unsern Stand keine Neigung«, um daraufhin das Fenster zum Vorraum wieder zu schließen. Nach der mysteriösen gemeinsamen Schweiz-Reise blieb Mathieu noch einige Tage bei Germaine auf Coppet, doch noch bevor er Anstalten machen konnte, nach Paris zurückzukehren, erreichte ihn auch schon die Nachricht von seiner Verbannung. Ebenso erging es Juliette Récamier, auch sie eine Unerbittliche und Unbestechliche gegen Kaiser Napoleon. Auch sie blieb Germaine in treuer Freundschaft verbunden, und auch sie hatte den Mut, die Verbannte in ihrem Total-Exil zu besuchen. Germaine schickte Juliette auf ihre Besuchsankündigung hin einen Boten entgegen, um sie zu warnen, dass sie nicht nach Coppet kommen solle. Es war aber schon zu spät. Weinend fielen die Freundinnen sich zum vorläufig letzten Mal in die Arme, und nach lediglich vierundzwanzig Stunden Aufenthalt wurde Juliette von einem Verwandten an einen sicheren Ort gebracht, was aber nichts nützte. Capelle hatte von ihrem Besuch schon erfahren, und die schöne Juliette wurde an einen öden Provinzort verbannt; später zog sie in ihre Geburtsstadt Lyon. Germaine weinte ununterbrochen darüber, dass sie nun ihre treuesten Freunde in ein derartiges Unglück gerissen hatte und dass sie sie bis auf weiteres, für eine unabsehbare Zeit, vielleicht in diesem Leben nicht mehr sah. »Man erklärte mir immer wieder, daß ich mein ganzes Leben innerhalb des Gürtels zwischen Coppet und Genf verbringen müsse. Blieb ich, so mußte ich mich von meinen Söhnen trennen, die im Alter standen, sich eine Laufbahn zu suchen. Und meiner Tochter bereitete ich die trübste Zukunft, wenn ich sie mein Schicksal teilen ließ.«

Als Germaine im September ihre Schwangerschaft realisierte, war ihr bewusst, dass sämtliche Fluchtpläne, so verhalten sie diese schon ohnehin hegte, fürs erste erledigt waren. Sie erwog noch eine Zeitlang Italien, des Klimas wegen, das ihrer Gesundheit zuträglich wäre, und trug dem Polizeiminister offiziell die Bitte vor, erinnernd an CORINNA, in Rom leben zu dürfen, während sie sich verpflichte, nie wieder etwas zu veröffentlichen. Aber vergebens! Die Begründung, dass sie dereinst einen Italien-Roman geschrieben hatte und deshalb, gleich ihrer Romanheldin, in Rom leben wollte, leuchtete dem Polizeiminister gar nicht ein, und dass sie nichts mehr schreiben oder veröffentlichen, sprich: gegen die gegenwärtige französische Regierung unternehmen würde, nahm man ihr sowieso nicht ab. Sie war sozusagen in einer als lebenslang zu betrachtenden Quarantäne gefangen und wusste das auch. »Ich verbrachte acht Monate in einem unbeschreiblichen Zustand. Jeden Tag stellte ich meinen Mut auf die Probe, und immer wieder erschlaffte er bei dem Gedanken an das Gefängnis. Gewiß fürchtet sich ein jeder davor; aber meine Phantasie stellt sich diese Einsamkeit dermaßen schrecklich vor, meine Freunde sind mir so nötig, um mich zu stützen und anzuregen, um mir neue Hoffnungen zu geben, wenn ich einem bleibend schmerzhaften Eindruck unterliege, daß der Tod mir niemals so schrecklich vorgekommen ist wie das Gefängnis und die Einzelhaft, in der man jahrelang verharren kann, ohne die Stimme eines Freundes zu vernehmen.«

Was wirklich erstaunlich anmutet, ist die Tatsache, dass niemand in ihrer Umgebung, und zwar bis zum Schluss, Germaines Schwangerschaft bemerkte. Miss Randall war eingeweiht und zwei Genfer Ärzte, Dr. Jurine und Dr. Butini, die sie regelmäßig konsultierte, sonst aber niemand – natürlich mit Ausnahme des werdenden Vaters. Füllig war die Patientin schon immer, ihr schlechter Gesundheitszustand konnte zahlreiche Ursachen haben und wurde vor allem auf die Leiden ihrer äußeren Bedrängnisse zurückgeführt, und schließlich – ihre Schwangerschaft war schon im fortgeschrittenen Stadium – sprach man von »Wassersucht«, da sie so aufgeschwemmt schien; Germaine selbst hatte diese Diagnose verbreitet.

Schlegel war seit Oktober wieder da, ungeachtet des polizeilichen Verbots; man ließ ihn auch vorerst sich auf Coppet umtreiben und gab allenfalls Acht, dass er nicht etwa französischen Boden betrat. Mittlerweile war er in Wien gewesen und hatte seinem Bruder eine Abschrift von De l'Allemagne übergeben, sich auch nach Möglichkeiten erkundigt, ob Madame de Staël Wien als Fluchtstation nutzen, auf diskrete einflussreiche Mitwisser und Helfer zählen und sich mit den entsprechenden Pässen versehen könne; dann war er schleunigst und ohne Ruhepause wieder zurückgereist, um bei den Berner Behörden weiter sein Glück zu versuchen. Schlegel war wirklich ein treuer Freund. Germaine wusste ihn zu dieser Zeit in zunehmendem Maße zu schätzen. Das Problem war nur, dass sie ihm die Wahrheit über ihr gegenwärtiges Privatleben nicht mitteilen wollte – aus der berechtigten Furcht heraus, dann würde sein selbstloser Eifer als Retter und Fluchthelfer erneut einer gekränkten und beleidigten Eifersucht weichen. Schlegel merkte nichts, gar nichts. Er saß in seinem Blauen Zimmer und arbeitete. Schlegels Leben war ein bemerkenswertes Beispiel einer immer gleichbleibenden Gelehrtenexistenz. Wo er auch seine Zelte aufschlug, da las, schrieb und übersetzte er Texte, machte sich mit den Bibliotheken und Archiven des Ortes vertraut, beklagte sich allenfalls einmal über mangelnde Qualität des Essens oder unzureichend heizende Öfen im Winter, sonst aber war in seinem Leben alles veränderungslos. Sein einziges Laster schienen die Pfefferminzpastillen zu sein, deren übermäßigen Verzehr Friedrich in den Briefen vor der Italien-Reise angemahnt hatte. Germaines unruhige Seele mit ihren aufpeitschenden Höhen und Tiefen brauchte vielleicht gerade ihn als Konstante in ihrem Leben. Sie hatte ihn ja oft schlecht behandelt und ihm des Öfteren zu verstehen gegeben, wie unzulänglich und wie entbehrlich er sei. Als sie ihn aber in den kommenden Jahren, bedingt durch die furiosen Umstände, über längere Zeit nicht mehr an ihrer Seite hatte, da fehlte er ihr. Schlegel war weltfremd und daher als Pädagoge oder Betreuer der quasierwachsenen Kinder der Madame de Staël völlig ungeeignet, nachdem sein rein philologischer Unterricht vorläufig abgeschlossen war. Der mittlerweile fast sechzehnjährigen Albertine schrieb er dermaßen kindische Briefe, dass man meinen konnte, sie seien für eine Fünfjährige – und Albertine war ein Kind ihrer Mutter; gewiss schaute sie sich schon längst in der Männerwelt um. Schlegels offizielle Verpflichtung als »Hauslehrer« war also sozusagen beendet. Doch er blieb ein Vasall, ein »standhafter Prinz«, so treu und deutsch wie im Märchen und in der Nationaltypologie der Germaine de Staël.

Nicht einmal Juliette erfuhr von Germaines intimer Lebensgemeinschaft mit Rocca und von ihrer Schwangerschaft. Germaine schrieb ihr von ihren Sorgen und von ihrer beklagenswerten Verfassung, die zum Jahresende hin düsterste Formen annahm – man fühlt sich geradezu an die Todesängste ihrer Mutter erinnert, als diese mit ihr schwanger war –, doch sie verriet der Freundin die Hauptursache nicht. Die Schwangerschaft in ihrem fortgeschrittenen Alter setzte ihr fürchterlich zu, und sie scheint wirklich voller Angst gewesen zu sein, dass sie die Geburt vielleicht nicht überlebe. In Germaines Briefen vom Winter 1811/12 geht es oft um den Tod, und als sie schließlich die Nachricht vom aufsehenerregenden Selbstmord Heinrich von Kleists in Berlin erhielt, da schrieb sie ihre RÉFLEXIONS SUR LE SUICIDE, BETRACHTUNGEN ÜBER DEN SELBSTMORD. An und für sich führte sie in dieser Abhandlung vornehmlich Gründe auf, die dagegen sprachen, sich das Leben zu nehmen, doch die Beschäftigung mit dem Thema in dieser Zeit und in dieser Verfassung ist aussagekräftig genug. »Ich weiß aus Erfahrung«, schrieb sie an Hochet, »daß man diese Fragen mitten im Unglück am besten erfaßt.« Juliette war ihr Alter Ego; auch sie litt, auch sie war verbannt, ihr äußeres Unglück war mit dem ihren so ziemlich identisch, auch durch den Schicksalsgang mit dem ihren verknüpft. Doch Juliette schien der Erde so fern. Sie schwebte wie über Wolken, sie kannte die Liebe nicht und folglich auch nicht den Schmerz. Alterslos war sie – so schien es zumindest Germaine, die das Gefühl hatte, dem Grabe näher zu sein als irgendeinem anderen Ort. Die vielen Männer, die sich ihretwegen verzehrten, sah Juliette im Grunde nur mit einem Schulterblick an. Prinz August von Preußen war im Sommer von ihr in Schaffhausen versetzt worden und ohne jegliche Nachricht geblieben; sie hatte ihn noch nicht einmal von ihrer Verbannung in Kenntnis gesetzt. »Ich bin Ihnen sehr dankbar, gnädige Frau, daß Sie so aufmerksam waren, mich 300 Stunden umsonst reisen zu lassen, weil mich das völlig von einer wahnsinnigen Liebe geheilt hat, die mich so lange unglücklich machte«, gab der Preußenprinz daraufhin seiner Enttäuschung Ausdruck. Auguste de Staël hatte dieses Stadium und diesen Erkenntnisstand noch nicht erreicht. Er war wie von Sinnen wegen Juliette Récamier und befand sich in einem ständigen Zwiespalt, sie in Châlons-sur-Marne, ihrem Verbannungsort, aufzusuchen oder seine Mutter in ihren Fluchtplänen zu unterstützen, sie gegebenenfalls auch zu begleiten. Germaine drang in ihre Freundin, ein wenig für Abkühlung zu sorgen, da diese Liebe – unbelohnt, wie man annehmen darf – ihrem Sohn und besonders seinem Werdegang gar nicht förderlich sei. »Liebe Juliette, da das Schicksal uns alle trennt, sagen Sie ihm selbst, was er zu tun hat, denn er spricht fortwährend nur von der Macht, die Ihre Gegenwart auf ihn ausübt. Ach!, Sie haben noch alle Ihre Reize; Sie sind noch allmächtig. Ich dagegen fange an zu sterben. Das kann sehr gut noch 25 Jahre dauern, doch das Werk ist begonnen und wird in gleicher Weise fortgesetzt. Warum auch seine Zeit überschreiten wollen? Die meine ist zu Ende.« Diesen traurigen Satz schrieb sie an einem dunklen Dezembertag des Jahres 1811.

Am 7. April des folgenden Jahres brachte Germaine de Staël kurz vor ihrem 46. Geburtstag einen Jungen zur Welt. Miss Randall fungierte als Hebamme, begleitet von dem Gynäkologen Dr. Jurine, der Säugling blieb sogar noch einige Tage im Haus, bis er in einer Geheimmission in ein Dorf in der Nähe von Nyon zu einem Pastor gebracht wurde, doch außer den direkt Beteiligten bekam unvorstellbarerweise niemand auf Coppet etwas von dem Geschehen mit. Schlegel saß quasi nebenan in seiner Studierstube, Albertine und Albert lebten wie immer hier, auch die Bediensteten schienen nicht weiter verwundert zu sein; die vorübergehend unpässliche und daher gesellschaftlich abwesende Hausherrin hatte nach offizieller Verlautbarung die Wassersucht, und als sie einige Tage danach deutlich erschlankt, aber erschöpft und noch immer stark leidend ihre Zimmer verließ, da schöpfte nach außen hin niemand Verdacht. Interessant ist, dass die Genfer Öffentlichkeit über die Gerüchte des Präfekten Capelle offenbar sehr viel mehr mitbekam oder mutmaßte als Germaines unmittelbare Umgebung. Capelle ließ ein Epigramm in der Gesellschaft kursieren, das davon zeugt, dass der Beamte Bescheid wusste:

> Selbst deine Wassersucht, geniale Frau, auch sie
> Wird leben, zu verew'gen deinen Namen.
> Erstaunliches Geschöpf, o furchtbares Genie,
> des Taten allesamt dem Ruhm zugute kamen.

Das »kleine Wir«, das unter dem Namen »Louis Alphonse, Sohn der Henriette geb. Preston und des Theodor Giles aus Boston« ins Taufregister des Dorfes Longirod eingetragen wurde, hatte wenig Gelegenheit, den Namen seiner Mutter zu verewigen. Die Eltern ließen das Kind bei den Pfarrersleuten des Dorfes zur Pflege zurück. So hatte sich Rocca seinen Traum vom »Kleinen Wir« sicher nicht vorgestellt.

Am frühen Nachmittag des 23. Mai bestieg Germaine de Staël mit Albertine eine offene Kutsche, um, wie es offiziell hieß, eine Spazierfahrt zu machen. Die Damen hatten nur ihren Fächer dabei und sonst kein Gepäck. Sie würden zum Abendessen zurück sein, hatte man im Schloss mitgeteilt. Rocca begleitete sie. Auguste reiste bis Bern mit ihnen, wo man Schlegel zur Weiterfahrt abholte. Auguste kehrte um; alles war abgesprochen. Als Capelle zehn Tage später gewahrte, dass sein Schützling entkommen war, hatte Madame de Staël bereits Österreichs Grenze passiert.

Eine Flucht durch Europa

Wien – Moskau – Sankt Petersburg – Stockholm – London

Germaine de Staël

»Als sich der Schlagbaum öffnete, der die beiden Länder trennte (das zu Österreich gehörende Gallizien und Rußland), schwor ich, nie wieder meinen Fuß in ein Land zu setzen, das Napoleon unterworfen ist. Würde ich nun jemals mein schönes Frankreich wiedersehen?« Madame de Staël, Zehn Jahre im Exil

»Als wir die Straße von Coppet hinunterfuhren und das Schloß hinter uns ließen, das für mich ein guter und alter Freund geworden war, war ich einer Ohnmacht nahe«, berichtet Germaine. Auguste nahm sie in dieser Situation an der Hand und sagte: »Liebe Mutter, denke daran, daß du nach England gehst.« »Diese Worte brachten mich wieder zur Besinnung.«

Selten zuvor ist ein solcher Umweg in die Routenplanung aufgenommen worden wie hier: über die Grenzen Europas und Asiens auf die Britischen Inseln. Selten zuvor hat ein Reisender wohl auch eine derart ausgedehnte Kaffeefahrt unternommen: zwei Jahre lang, von Genf nach Tirol, Innsbruck, Wien über Polen, Galizien ins tiefste Russland, zum Kreml und an den finnischen Meerbusen, nach Stockholm und London und wieder nach Genf.

Die Flucht an jenem Nachmittag des 23. Mai hatte viel von einer spontanen Eingebung aus der Chance einer günstigen Gelegenheit heraus. Weitreichend und detailliert planen konnte man das Unternehmen nicht, dazu war es zu abenteuerlich und mit zu vielen Unbekannten verbunden. Man hoffte auf eine gute Wendung der Dinge, musste viel improvisieren, auch öfter den Kurs ändern; stets hatte man mehrere Optionen parat, falls die eine oder andere misslang. Germaine hatte Skrupel, und sie war sich auf Schweizer Boden noch lange nicht sicher, ob sie ihre große Flucht wirklich durchführen, ob sie nicht lieber umkehren oder sich irgendwo in der Schweiz niederlassen sollte. Ihre Kinder, Albertine vor allem, gaben ihr Kraft, um letztlich bei ihrer Entscheidung zu bleiben. Ausgiebig hatte sie sich von ihrem letzten Stück Heimat verabschiedet – vom See, von der Landschaft, vom Park von Coppet und vom Grabmal ihrer Eltern, vor dem sie lange kniete und betete, vom Arbeitszimmer ihres Vaters, in dem noch alles so angeordnet war, wie er es vor acht Jahren verlassen hatte. Seinen Mantel, den man auf seinem Stuhl hatte hängen lassen, so, als sei er nur eben kurz aus dem Zimmer gegangen, nahm sie mit, »um mich darin einzuhüllen, wenn sich der Bote des Todes mir näherte.«

Würde sie Coppet jemals wiedersehen? Auf was für ein Abenteuer ließ sie sich ein? Mitunter fragte sich Germaine wahrscheinlich auch, ob sie die Strapazen einer solchen Reise überhaupt durchstehen würde. Sie war körperlich angegriffen. Als sie wenige Tage nach ihrer Niederkunft wieder in der Genfer Gesellschaft erschienen war, da hatte man die Version einer tödlichen Krankheit in Anbetracht ihres abgezehrten Aussehens geglaubt. Sechs Wochen war diese Geburt gerade her; sie hatte sich noch nicht richtig davon erholt.

Die Flucht war eine Notwendigkeit, aber im Unterschied zu allem Bisherigen hatte sie etwas Endgültiges, weil Germaine ihren einzig verbliebenen Zufluchtsort und quasi die andere Hälfte ihrer Heimat verlor. Es war höchste Zeit. Nur wenige Wochen später wäre ihr der Weg über Russland durch die napoleonischen Armeen versperrt gewesen. Den Verantwortlichen für ihre Misslage würde sie bis an ihr Lebensende dafür anklagen, und so waren jetzt zumindest alle ihre verbliebenen Energien gebündelt, um ihr Möglichstes dafür zu tun, dass die irdische Herrschaft des Usurpators ihrem Ende zustrebte. »So mußte ich als Flüchtling zwei Vaterländer, die Schweiz und Frankreich, auf Befehl eines Mannes verlassen, der weniger Franzose ist als ich. Denn ich bin an den Ufern der Seine geboren, wo er nur infolge seiner Tyrannei heimisch ist.« Sie betonte diesen Umstand des Öfteren, um die mangelnde Legitimität des korsischen Emporkömmlings schon von den Wurzeln her zu erklären. »Die Luft dieses schönen Landes ist für ihn nicht Heimatluft. Kann er daher den Schmerz verstehen, daraus verbannt zu sein, er, der dieses fruchtbare Land nur als Werkzeug seiner Siege betrachtet? Wo ist sein Vaterland? Es ist das Land, das ihm unterworfen ist. Seine Mitbürger? Es sind seine Sklaven, die seinen Befehlen gehorchen.«

In Bern trennte sie sich von Auguste, der nach Coppet zurückkehrte – ein weiterer schmerzlicher Moment. Vorsorglich hatte sie die Besitzrechte an Schloss Coppet ihrem ältesten Sohn übertragen; er passte zu Hause auf alles auf. Rocca fuhr eine andere Route, und Albert sollte mit dem getreuen Diener Uginet und dem Gepäck zu ihnen stoßen. Wien war als Treffpunkt vereinbart. Nun stand allerdings noch die prekäre Notwendigkeit an, Schlegel über ihre privaten Verhältnisse aufzuklären, denn bei allem, was vor ihnen lag, war Germaine klar, dass ihm die Wahrheit ohnehin nicht verborgen bleiben konnte. Er wartete in der Nähe von Bern und hatte einen bedeutenden Teil dieser Flucht organisiert, ging wohl auch davon aus, sie allein mit Germaine und den Kindern zu unternehmen. Über seine Reaktion auf die Enthüllungen ist nichts bekannt, doch wie es daraufhin in ihm aussah, kann man sich vorstellen. Er sollte auch Rocca, den Geliebten, Verlobten Germaines, von dem sie ein neugeborenes Kind in der Schweiz zurückgelassen hatte, wie Schlegel bei dieser Gelegenheit erfuhr, mit einem österreichischen Pass für die Reise versorgen, und das war von ihm etwas viel verlangt. Nach dem ersten Schock über die Neuigkeiten brachte er auch so einige politische Argumente gegen Roccas Mitreise vor, denen sich Uginet später in Wien lebhaft anschloss: Rocca sei als beurlaubter französischer Offizier den österreichischen Behörden verdächtig, was für die weitere Reise ein zusätzliches Risiko darstelle. Doch Germaine konnte ohne ihn nicht leben; schon diese erste Wegstrecke ohne ihn war entsetzlich für sie.

Schlegel ließ sie selbst jetzt nicht im Stich. Er blieb an ihrer Seite, er half ihr und tat weiterhin, was er nur konnte, für sie. In einem Gasthof in Salzburg trat ein Mann auf ihn zu und meldete ihm auf Deutsch, ein französischer Kurier habe nach einem Wagen gefragt, der von Innsbruck mit einer Dame und einem jungen Mädchen angekommen sei. Germaine wurde bleich vor Schreck, und auch Schlegel war äußerst besorgt – der »Kurier« aber, der kurz darauf das Zimmer betrat, war Jean-Michel Rocca, genannt John. Schlegel durfte mit ansehen, welche Freude und emotionale Erschütterung seine Ankunft bei Germaine auslöste. Von nun an nahm Rocca also an der Reise teil – als »Privatsekretär« Madame de Staëls, wie es offiziell hieß. Der beurlaubte französische Offizier hatte damit unwiderruflich die Seiten gewechselt und war auf dieser Reise höchstpersönlich der größten Gefahr ausgesetzt. Er war Deserteur der französischen Armee; Frankreich konnte verlangen, dass man ihn auslieferte, wenn er entdeckt wurde, und dann wäre die Todesstrafe sein sicheres Ende gewesen. Als der liebestrunkene junge Mann Germaine de Staël bis ans Ende der Welt, zumindest des europäischen Territoriums folgte, hat er wohl kaum all die Folgen bedacht, die sein Entschluss haben konnte. Aber waren Männer wie er nicht genau das, was die Zeit brauchte? Germaine war glücklich, wenn sie ihn nur ansah. Dass sie noch nicht verheiratet waren, lag an den Umständen, auch an rechtlichen Hindernissen, denn Germaine wollte erst all das hier hinter sich bringen – je nachdem, wie es weiterging –, dann die Zukunft ihrer Kinder sichern und abwarten, bis vor allem Albertine verheiratet war. Man lächelte etwas über das ungleiche Paar, unterwegs wie zu Hause und überall, wo beide hinkamen. Eine Dame der Genfer Gesellschaft, die Sängerin Madame de Boigne, hatte geäußert, der neue Liebhaber der Germaine de Staël sei »absolument ridicule«, also »vollkommen lächerlich.« Das Gerede der Leute, an das Germaine in ihrem stürmischen Leben schon lange gewohnt war, schien ihm jedoch mehr auszumachen als ihr. In Wien schrieb sie ihm ein Billett, in dem es unter anderem hieß: »Ich hoffe, wenn wir unser Leben gemeinsam verbringen, werden Sie nicht mehr an die Empfindlichkeit der Gesellschaft denken, die echtes Zartgefühl unweigerlich tötet. Lieber Freund, als ich auf der Straße beleidigt wurde, habe ich unsere Gefühle nicht bereut.«

Germaine traf in Wien mit alten Bekannten zusammen: dem Fürsten de Ligne, Friedrich Gentz, Wilhelm von Humboldt. Doch sehr entspannt waren die Begegnungen in Anbetracht der besonderen Umstände nicht. Rocca musste sich zeitweise versteckt halten. Als seine Identität bekannt wurde, informierte der Polizeichef von Wien die prominente Besucherin über die vertrackte Situation, in der sich die österreichische Polizei seinetwegen befand. Germaine zeigte sich wenig beeindruckt und glaubte an einen gewissen Ehrenkodex der alten Habsburger Monarchie. Es musste doch auch allen klar sein, meinte sie, dass sie nur fliehen wollte und in Wien keinerlei politische Umtriebe im Sinn hatte. Sie selbst wurde überall beobachtet, egal, was sie tat und wohin sie auch ging; überall standen oder liefen pflichtbesessene Wiener Polizeibeamte herum. »Diese Art zu spionieren schien mir den französischen Machiavellismus aufs beste mit der deutschen Unbeholfenheit zu vereinigen.« Sie wartete fieberhaft auf ihren russischen Pass, den der russische Kurier aus Wilna herbeischaffen sollte und ohne den sie ihre Weiterreise nicht antreten konnte. Auch würde sie Wien verlassen müssen, bevor der französische Gesandte zurückkehrte, der derzeit nicht anwesend war. In der Zwischenzeit musste sie andere Reiserouten in Erwägung ziehen, falls der Pass für Russland verweigert oder die Grenze geschlossen würde. Eine der Alternativen war, über Ungarn in die Türkei und von dort aus entweder über Russland und Schweden oder über Griechenland, Sizilien, Cadiz und Lissabon nach England zu gelangen. Baron Balk befand sich mit seinem Regiment in Konstantinopel, und ihr früherer Geliebter Moritz O'Donnell, dessen junge Ehefrau (eine Enkelin des Fürsten de Ligne) Germaine gerade in Wien kennengelernt hatte, war in Polen stationiert, sodass es für sämtliche Eventualitäten hilfreiche Verbindungen gab. Dann gab es noch die romantische Route auf den Spuren von Richard Löwenherz: über Bukarest und Odessa nach Konstantinopel, eventuell später nach Syrien.

Die österreichischen Behörden machten ihr vorläufig einen Strich durch die Rechnung, denn sie weigerten sich, ihr ein Ausreisevisum für zwei verschiedene Reisewege auszustellen; das sei einfach gegen die Vorschriften. »Zur Entscheidung gezwungen, stimmte ich für Galizien, über das ich jenes Land erreichen konnte, das ich vorzog: Rußland. Napoleon versteht es vortrefflich, einem durch Unglück die neue Geographie Europas beizubringen.« Schlegel war in Wien geblieben, um auf die Pässe zu warten. Rocca hatte nur die Erlaubnis bekommen, über Troppau direkt nach Schweden zu reisen, und so hatte sich Germaine auch von ihm vorläufig trennen müssen. In Brünn in Mähren machte sie einige Tage Station. Sie wandte sich direkt an Klemens Fürst Metternich, um freies Geleit für John Rocca zu bekommen, den sie als ihren Beschützer und zugleich als einen »mir verwandten Schweizer« bezeichnete. Metternich war zur Zeit ihres Wien-Aufenthalts nicht in der Hauptstadt gewesen. »Es scheint, Graf, daß sich die Wiener Polizeibeamten in Ihrer Abwesenheit mir gegenüber und folglich auch dem gegenüber, den ich brauche, um auf einer so langen Reise beschützt zu sein, jede Art von Verfolgung erlaubten.« Monsieur Rocca habe gedient und den Dienst nur quittiert wegen seiner zahlreichen Verwundungen und versehen mit den besten Zeugnissen. Sie selbst sei – auf der Reise nach Schweden befindlich – immerhin die Witwe des schwedischen Botschafters und habe einen schwedischen Pass, ebenso ihre Kinder. Doch ihr pikierter Tonfall stieß beim großen Staatsmann Metternich auf Granit. Er war auf Madame de Staël sowieso nicht gut zu sprechen. In Erinnerung an seine Begegnung mit ihr in Berlin anlässlich ihres ersten Deutschland-Besuchs vor acht Jahren, bei der sie ihn in ihrem improvisierten Salon vergeblich umworben hatte, hatte er sie unausstehlich gefunden, da, wie er äußerte, ihr Esprit ihn krank machte, ihre Gesten beängstigend waren und das Mannweib in ihr etwas Paralysierendes hatte. Für dieses herrische Weib, »dessen Salon einem Forum, deren Fauteuil einer Tribüne glich und die nur gefesselte Sklaven sich zu Füßen sehen wollte«, für diese »Amazone« also setzte er sich jetzt sicher nicht ein. Schlegel blieb standhaft. Er unterhandelte weiter und sandte Germaine über den Stand der Dinge jeden Tag Briefe nach Brünn. Dem Gouverneur von Mähren versuchte Germaine verständlich zu machen, dass sie, wenn man sie weiterhin »mit aller Höflichkeit der Grenze zuschöbe«, bald nicht mehr wüsste, wohin, und gezwungen wäre, ihr Leben in Brody, der Grenzstadt zwischen Österreich und Russland, zuzubringen, wenn ihre russischen Pässe nicht bald einträfen. »Was Sie mir da sagen, ist allerdings wahr«, erwiderte der Gouverneur, »doch ich habe Befehle.« Also blieb ihr nichts übrig, als weiter zu warten. Schließlich aber konnte ihr Schlegel frohlockend verkünden: »Ich habe Ihren russischen Paß. Er lautet auf Sie, Ihre zwei Söhne, Ihre Tochter, Professor Schlegel, den Privatsekretär und vier Schweizer Bediente.« Sämtlichen Beteiligten fiel wohl ein Stein vom Herzen – und weiter ging's über Galizien nach Russland; Schlegel traf unterwegs wieder mit der Gruppe zusammen. Das in Polen gelegene Galizien gehörte damals zum österreichischen Kronland. Germaine kommentierte an einigen Stellen ihres Reiseberichts die besondere Stellung Polens, den bislang immer vergeblichen Freiheitskampf dieses Landes und sein trauriges Schicksal. »Unter den Völkern, die Napoleon hinter sich herschleppt, verdienen allein die Polen Teilnahme. Zwar glaube ich, daß sie so gut wie wir andern wissen, daß sie Napoleon nur als Vorwand dienen und daß er sich um ihre Unabhängigkeit wenig kümmert; aber Napoleon braucht sie zum Angriff gegen Rußland, und sie benutzen diesen Umstand, um sich als Nation neu zu gründen. Ich weiß nicht, ob es ihnen glücken wird, denn aus der Hand des Despotismus erhält man selten Freiheit.« Die polnische Landschaft fand die Reisende jedenfalls unglaublich öde, alle Eindrücke traurig, und als man ihr schließlich noch in Landshut, wo sie im Schloss des Prinzen Lubomirski übernachten und eine alte Bekanntschaft auffrischen wollte, einen Kommissar als Aufpasser zuteilte, mit dem sie sich vor dem Prinzen, ihrem Gastgeber, kompromittiert fühlte, hatte sie auch von dieser Reiseetappe bald deutlich genug. Der Kreishauptmann ließ ihr mitteilen, sie dürfe nicht länger als acht Stunden in Landshut bleiben, und um den Vollzug dieses Befehls zu sichern, sei sein Kommissar leider gezwungen, ständig in ihrer Nähe zu bleiben – auch nachts. Laut seines Befehls wandte sich der unerwünschte Gast konspirativ an Albert, sollte er sogar die Nacht im Zimmer seiner Frau Mutter zubringen, um sicher zu sein, dass sie mit niemandem unterhandle. Mit Rücksicht auf sie wolle er aber darauf verzichten. »Sagen Sie besser aus Rücksicht auf Sie selbst«, antwortete Albert, »denn wenn Sie heute nacht einen Fuß in das Zimmer meiner Mutter setzen, werfe ich Sie zum Fenster hinaus.« Mit tiefen Bücklingen beantwortete der Aufpasser diese Drohung des »Herrn Baron«. Noch bis Lemberg, der Hauptstadt Galiziens, waren an jeder Poststation Grenadiere aufgestellt, um den Weg der Reisenden zu beobachten – ein ziemlicher Aufwand insgesamt für eine Literatin. Bei jedem Polizeiposten musste sie sich melden, um ihren Pass abstempeln zu lassen. Germaine kommentierte den Aufwand mit folgenden Worten: »Sie nehmen die Keule des Herkules, um eine Fliege zu töten, und während dieser unnützen Anstrengung entgehen ihnen die wichtigsten Dinge.«

Von nun an schritten Madame de Staël und Bonapartes Armeen gewissermaßen parallel zueinander voran, Richtung Russland und innerhalb des russischen Reiches. Am 25. April hatte Zar Alexander Napoleon aufgefordert, mit seinen französischen Armeen Preußen zu räumen – ein Ultimatum und schließlich der offene Bruch. Alexander hatte die Fronten gewechselt, Napoleons Großmachtgelüste gingen ihm schon lange zu weit. Während Napoleon mit seiner Vielvölkerarmee von Dresden aus über Wilna nach Smolensk marschierte, passierte Madame de Staël mit Schlegel, ihren Kindern und ihren Dienern ein paar hundert Kilometer weiter südlich die Grenze der Ukraine. »Am 14. Juli«, berichtete sie, »dem Jahrestag der Französischen Revolution, betrat ich Rußland. Dieser Zufall stimmte mich sehr nachdenklich; so schloß sich für mich der Kreis in der Geschichte Frankreichs, der mit dem 14. Juli 1789 begonnen hatte. Als sich der Schlagbaum öffnete, der die beiden Länder trennte, schwor ich, nie wieder meinen Fuß in ein Land zu setzen, das Napoleon unterworfen ist. Würde ich nun jemals mein schönes Frankreich wiedersehen?«

Als die Reisende russischen Boden betrat, waren die französischen Armeen schon sehr weit ins Land vorgedrungen – umso verwunderlicher für sie, dass kein Argwohn den Reisetrupp aufhielt. Ein deutscher Arzt bot sich als Dolmetscher an; Germaine war in der Tat sehr erstaunt darüber, dass die französische Sprache, die Sprache des Feindes, der das Land verwüstete, nicht auf Misstrauen und offene Feindschaft stieß. Nur Gutes und Liebes, betonte Germaine, sei ihr in Russland widerfahren, einem Land, das als barbarisch verschrien sei.

In der Provinz Wolhynien machte sie auf dem Schloss eines polnischen Adeligen Halt, der ihr zur Eile riet, da die Franzosen auf Wolhynien zu marschierten und in acht Tagen, so hieß es, schon hier sein könnten. In Kiew lernte Germaine im Hause eines Generals erstmals die russische Gastfreundschaft kennen, die sie immer wieder als unvergleichlich erlebte. Die Russen seien ein kraftvolles Volk, bemerkte sie, schwermütig, leidenschaftlich, wohl auch etwas unzivilisiert und nur sehr oberflächlich europäisiert; »ihrer Natur nach [...] sind sie Orientalen.« In vielerlei Hinsicht glichen die Russen ein wenig den Wilden, »aber mir scheint, daß die Völker Europas jetzt nur dann Kraft besitzen können, wenn sie entweder frei sind oder das, was wir barbarisch, d. h. nicht aufgeklärt nennen. Jene Nationen hingegen, die die Kultur nichts gelehrt hat als Gleichgültigkeit gegen dieses oder jenes Joch, solange nur der eigene Herd in Sicherheit ist, nichts als die traurige Kunst, die Macht zu rechtfertigen und über die Knechtschaft zu räsonnieren, jene

Nationen sind zur Niederlage bestimmt.« Mit anderen Worten: lieber ein barbarisches Volk mit gesunden Instinkten als eine kultivierte Nation, die ihre Hochkultur und Überfeinerung gerade dahin gebracht hat, jedes Unrechtsregime mit ausgeklügelten Argumenten zu rechtfertigen. Madame de Staël war tatsächlich jedes Mittel recht und jeder Vergleich, der sich anbot, um das napoleonische Frankreich zu brandmarken. Das oberflächliche und klischeehafte Bild, das die Franzosen von Russland hatten, nahm sie allerdings auch kritisch unter die Lupe. Ein paar üble Anekdoten über die früheren Regierungen (Iwan der Schreckliche?), ein paar russische Herren, die in Paris Schulden machten, ein paar Sprüche von Diderot hätten den Franzosen in den Kopf gesetzt, dass Russland aus nichts als einem liederlichen Hof, aus antichambrierenden Offizieren und einem versklavten Volk bestehe. Das sei aber falsch, vollkommen falsch. Gerade jene ursprüngliche Kraft, die den Russen zueigen sei, die sich etwa auch in einer tiefen Religiosität und echter Vaterlandsliebe ausdrücke, charakterisierte Madame de Staël als ein Zeichen von Unverdorbenheit, und diese erscheint folglich geradezu als das Gegenteil jener überzüchteten Décadence, die symptomatisch für überlebte Gesellschaftsformen ist. »Kein zivilisiertes Volk trägt noch soviel Wildes in sich wie die Russen, und wo der Adel Kraft zeigt, erinnert er im Bösen und Guten an diese ungezügelte Natur. Man hat Diderots bekannten Ausdruck, die Russen wären verdorben, ehe sie reif geworden seien, immer sehr gerühmt. Ich kenne keinen falscheren. Selbst ihre Laster sind, von einigen Ausnahmen abgesehen, eher durch Gewalttätigkeit verursacht als durch Verdorbenheit.«

Germaine hatte das Glück, Moskau noch im Glanz seiner goldenen Kuppeln, fünf Wochen vor dem Brand, der alles zerstörte, zu sehen. »Asien und Europa fanden sich in dieser unermeßlichen Stadt vereinigt«, schreibt sie. »Ein buntes Gemenge von Hütten, Häusern, Palästen, Bazaren des Morgenlandes, Kirchen, öffentlichen Anlagen, Wasserläufen, Lustwäldern und Parks« bot sich ihr dar; »die ganze Vielfältigkeit der russischen Völkerschaften und ihrer Sitten.« »Wollen Sie sich, fragte man mich, einen Kaschmirschal im Tartarenviertel kaufen? Haben Sie schon die Chinesenstadt besichtigt?« Anfang August stieg Germaine de Staël die Treppen zum

Kreml hinauf, auf denen wenige Tage zuvor Zar Alexander gestanden hatte, umgeben von einer riesigen Volksmenge, die für ihn betete und ihm versprach, erinnerte sie, das Reich um jeden Preis zu verteidigen. »Dies Volk hat sein Wort gehalten.«

Der Abschied vom prächtigen Moskau fiel Germaine schwer, doch Sankt Petersburg war, wie die Reisende fasziniert feststellte, noch eine deutliche Steigerung. »Von Nowgorod bis Petersburg fährt man fast ununterbrochen durch Sümpfe, und man gelangt zu einer der schönsten Städte der Welt wie durch Zauberei, als habe ein Hexenmeister mitten in der Wüste die Wunder Europas und Asiens aus dem Boden gestampft.« Als Germaine in Sankt Petersburg ankam, dankte sie allen möglichen höheren Mächten, dass sie endlich das Meer erreicht hatte. Alles stand schon im Zeichen des nahenden Friedensschlusses mit England. Auf der Newa wehte die englische Flagge, »das Signal der Freiheit, und ich fühlte, daß ich mich, wenn ich mich den Wellen des Meeres anvertraute, unter den unmittelbaren Schutz der Gottheit begab.« Als der Frieden mit England gefeiert wurde, weilte Germaine gerade auf einer Insel der Newa im Haus eines russischen Grafen. Der Garten des Grafen war an diesem Sonntag der Öffentlichkeit zugänglich. Langbärtige Kaufleute in ländlichen Trachten befanden sich unter den Spaziergängern, und das Orchester des Grafen spielte »God save the King«. Der Graf erklärte den Kaufleuten, dass man das Friedensfest mit England feiere, woraufhin diese das Kreuz schlugen und dem Himmel dankten, dass das Meer ihnen wieder erschlossen war – so jedenfalls berichtet es die Chronistin. Ein nettes Bild, wie geschaffen für die bürgerlich-protestantische Tochter eines Genfer Bankiers. Sie selbst war bedürftig nach solchen »Zeichen des Himmels«, die den guten Ausgang ihres Unternehmens versinnbildlichten.

Germaine de Staël wurde in Russland wie ein hoher Staatsgast empfangen. In Sankt Petersburg traf sie das russische Zarenpaar. Den reformbeflissenen Zaren, nun Gegner Napoleons, stilisierte sie zu einem Garanten der Freiheit, sah aber auch, dass Alexander selbst wesentlich liberalere Grundsätze hatte als sein Adel, die Großen um ihn herum. Diese waren am Erhalt der despotischen Hierarchie und der absoluten Herrschaft des Monarchen interessiert, um weiterhin die unumschränkten Gebieter ihrer Bauern sein zu können. Germaine zitiert ein Gespräch mit dem Zaren, in welchem dieser den Wunsch äußerte, die Lage der immer noch leibeigenen Bauern zu verbessern. Sie entgegnete: »Sire, Ihr Charakter ist eine Konstitution für Ihr Reich und Ihr Gewissen deren Garantie.« »Wenn das so ist«, soll er geantwortet haben, »dann bin ich immer nur ein glücklicher Zufall.« »Ein schönes Wort, wie es meines Wissens noch nie ein absoluter Monarch ausgesprochen hat«, kommentiert Germaine in ihrer Schrift. Aufgeklärte Monarchen, so erkannte sie immer wieder, waren ein soliderer Garant für Fortschritt und Freiheit als die Emporkömmlinge und Revoluzzer aller Couleur. Eigentlich blieb sie doch immer eine Konstitutionelle und hätte vielleicht letztlich am liebsten am Hof eines aufgeklärten Monarchen ihre historische Rolle zu Ende gespielt.

Auf dem Landgut des Herrn von Narischkin, Großkanzler des Zaren, fanden in der Folge bedeutende Zusammenkünfte und Unterredungen statt. Hier traf Madame de Staël unter anderem den Freiherrn vom Stein. Der gestürzte preußische Minister, der schon seit Ende 1808 vor der französischen Polizei flüchtete, war nach Russland gekommen, um dem Zaren Pläne zur Rettung Europas zu unterbreiten. Stundenlang saßen er und Madame de Staël in lebhafter Diskussion auf einem Sofa zusammen. Herr vom Stein sei ein Mann von antikischem Charakter, meinte Madame, »der nur in der Hoffnung lebte, sein Vaterland befreit zu sehen.« Es war ein internationales Publikum, das sich im Hause Narischkins versammelte und das der Kampf gegen Napoleon vereinigte: Russen, Engländer, Deutsche, Militärs, Diplomaten, sogar der spätere Präsident der Vereinigten Staaten von Amerika und erste amerikanische Botschafter in Russland, John Quincy Adams; Sir Robert Wilson, der gegen Napoleon in Ägypten gekämpft hatte, der britische und der spanische Botschafter, Noailles, ein französischer Emigrant, der hessische General Dörnberg, Freiheitskämpfer auch er, Baron von Tettenborn, der als Oberstleutnant in russische Dienste trat. Auch Schlegel war meistens zugegen. Er war mittlerweile zum Patrioten geworden, entschlossen, seinen Teil zur Befreiung Europas und seines Heimatlands beizutragen. An Auguste de Staël schrieb er im Januar 1813 nach Coppet: »Nachdem ich in meinem Leben so viele Enttäuschungen erlebt habe, zuerst in der Liebe, dann in der

Freundschaft, wo ich jetzt alternd vereinsamt bin, ohne anderes Vermögen als einen unbedeutenden literarischen Ruf, habe ich nur noch den einen Wunsch: meinen Namen ehrenvoll in die schmachvolle Geschichte meines Vaterlandes einzutragen ...« Es war aber ganz egal, wo er war und in welcher Art von Gesellschaft sich Schlegel befand: Immer wirkte er anachronistisch, seiner Umgebung sonderbar unangemessen. Der vaterlandsliebende Dichter Ernst Moritz Arndt, der sich damals ebenfalls in Russland und im gastfreundlichen Hause des Großkanzlers Narischkin befand, äußerte: »Schlegel trat vor den Russen und uns Deutschen nicht eben deutsch auf, sondern erschien, wo wir andern nach Zeitart und Kriegsart meist gestiefelt und gespornt einhertraten, wie ein blankgeschniegelter französischer Abbé in Schuhen mit goldenen Schnallen und schneeweißen seidenen Strümpfen, und flüsterte meist sehr leise, was wohl in einer gewissen Furcht seinen Grund hatte, als flüstere man hier überall über dionysische Ohren, indem er mir, der gewöhnlich wohl zu laut spricht, einmal zuflüsterte: »St! St! Hier in Rußland sind hinter allen Türen und Tapeten Ohren.« So Unrecht hatte er damit allerdings nicht.

Dieses Landgut des Großkanzlers sowie der Großkanzler selbst beeindruckten Germaine gewissermaßen als Verkörperungen der russischen Seele. Herr von Narischkin, so Germaine, sei ein liebenswürdiger, umgänglicher und artiger Mann, »der jedoch ohne Feste gar nicht leben kann«. Jedem Fremden stehe sein Haus offen, und wenn er nur zwanzig Personen um sich habe, beklage er sich über die philosophische Abgeschiedenheit seines Aufenthalts – unverkennbare Parallelen zu ihr. Voller Einbildungskraft sei er, geistreich, wenn es ihm Vorteile bringe, mehr prachtliebend als ehrgeizig, und in allem suche er einen gewissen asiatischen Pomp. Als Narischkin allerdings einen Toast auf das Glück der vereinigten Waffen von Russland und England ausbringen wollte, wurde Germaine nachdenklich und melancholisch. Die Tränen standen ihr in diesem Moment in den Augen. »Warum mußte mich ein fremder Tyrann so weit bringen, daß ich die Franzosen besiegen wollte!«, haderte sie. »Mein Wunsch ist es«, erwiderte sie auf den Toast, »daß jener unterliegen mag, der Frankreich und Europa in seinen Fesseln hält; dann werden die echten Franzosen siegen.«

Noch in Sankt Petersburg erfuhr Madame de Staël, dass Smolensk in der Hand des Feindes und Moskau in großer Gefahr sei. Große Mutlosigkeit breitete sich auf diese Nachricht hin überall aus. Doch »das betrübliche Schauspiel« der Friedensschlüsse mit Österreich und Preußen wiederholte sich nicht. Der Zar reiste ins finnische Abo, um dort mit dem schwedischen Kronprinzen, General Bernadotte, zusammenzutreffen. Bernadotte, der ehemalige napoleonische Marschall, war 1810 zum Kronprinzen Schwedens gewählt worden und verfolgte in Schweden von Anfang an eine anti-napoleonische Politik. Alexander und der schwedische Kronprinz, berichtet Madame de Staël, gelobten im finnischen Abo, niemals einen Frieden mit Napoleon zu unterzeichnen. Smolensk war eingenommen; Moskau wurde vier Wochen später niedergebrannt – wahrscheinlich von Rostoptschin, dem Gouverneur Moskaus. »Mag man mir auch noch Petersburg nehmen«, zitiert Madame de Staël den Zaren vom Treffen in Abo, »dann ziehe ich mich nach Sibirien zurück. Wir werden auf unsere alten Gewohnheiten zurückgreifen und wie einst unsere langbärtigen Vorfahren unser Reich von dort aus zurückerobern.« – »Wenn Sie dazu entschlossen sind«, erwiderte Bernadotte, »ist Europa gerettet.«

Alle Beteiligten der Napoleon-Opposition setzten recht große Hoffnungen auf Madame de Staël. Sie war eine Instanz und galt allgemein als »das Gewissen des geschmähten Europas«. Selbst auf der Flucht, reiste sie zugleich in diplomatischer Funktion. So vermittelte sie zwischen den Hauptakteuren der Allianz, die das Ende der napoleonischen Herrschaft besiegelte. Am 8. September reiste Germaine mit ihrer Begleitung nach Finnland ab und schiffte sich im Hafen von Abo ein, um über die Ostsee nach Schweden zu fahren. Bernadotte wartete in Stockholm auf sie; sie wollte dort vor ihrer Überfahrt nach England den Winter verbringen.

In geheimer Mission

Germaine de Staëls diplomatische Rolle

Die beiden Söhne Auguste und Albert de Staël
»Ich muß, wenn ich noch lebe, meinen Sohn mit einer schönen, liebenswerten und reichen Engländerin verheiraten. Sie werden aus Coppet nach mir einen schönen Wohnsitz machen, wo der Name meines Vaters der Leitstern sein wird.«
Germaine über ihren Sohn Auguste an Benjamin Constant
»Es handelte sich in Hamburg darum, die Schanzwerke des Feindes auf dem anderen Elbufer zu rekognoszieren. Albert setzte sich ganz allein in ein Boot und gelangte bis unter die feindlichen Batterien. Die Franzosen waren zuerst ganz verblüfft über diesen Wagemut, dann schossen sie auf ihn, ohne ihn zu treffen, und er sah ihnen zu, ohne sich im mindesten aufzuregen. Schließlich kehrte er rudernd zu seinen Truppen zurück.« August Wilhelm Schlegel in einem Brief an Germaine

Der Bund zwischen Russland und Schweden sollte die politische Wendung Europas einläuten. Bernadotte war der Joker, mit dem die nach-napoleonische Ära personal besetzt werden sollte, der russische Zar die verkörperte Gegenmacht des Usurpators, an dem seine Großmachtpläne an ihre Grenzen gelangten. Er sollte die Allianz anführen – soviel war klar. Alles Weitere aber bewegte sich in diplomatischen Unterhandlungen, in denen Madame de Staël eine maßgebliche Rolle spielte. Eine langjährige Freundschaft noch aus Pariser Zeiten verband sie mit General Bernadotte, dem schwedischen Kronprinzen. Sie kannte seine politische Haltung und wusste auch mit seinem zögerlichen Charakter, dem Entscheidungen schwerfielen, umzugehen. Zar Alexander hatte sie in Sankt Petersburg ausdrücklich um ihre Vermittlung gebeten, und als sie ins finnische Abo abreiste, um von dort aus nach Schweden überzusetzen, hatte sie eine bedeutende Aufgabe in ihrem Gepäck. Letztlich erreichte sie die Teilnahme Schwedens an der Vierten Koalition gegen Napoleon und seinen Kriegseintritt zur Befreiung Europas. Mit englischem Gold wurden schwedische Truppen finanziert, die in Schwedisch-Pommern stationiert wurden. In einem kleinen Flecken in Litauen schlossen am 30. Dezember 1812 zwei Generäle die preußisch-russische Konvention von Tauroggen ab. Die Befreiungskriege waren damit initiiert. Doch bis zur alles entscheidenden Völkerschlacht bei Leipzig nach dem Kriegseintritt Preußens und Österreichs verging noch ein gutes Dreivierteljahr.

Am 19. Oktober hatte der Rückzug der Grande Armée aus dem russischen Reich seinen Anfang genommen. Als Napoleon am 18. Dezember wieder in Paris eintraf, waren 500 000 seiner Soldaten zugrundegegangen. Unterernährung, Versorgungsnotstände und Epidemien hatten bei Temperaturen von unter minus dreißig Grad für Dezimierung gesorgt, wenn es schon nicht die Kampfhandlungen getan hatten. Die russischen Verluste waren noch größer. In Paris war zwischenzeitlich ein Putschversuch unternommen worden. Napoleon stellte zu Hause die Ordnung wieder her und stampfte eine neue Armee aus dem Boden. Zu dieser Zeit etwa schrieb Madame de Staël in Stockholm einen Brief an Thomas Jefferson, den dritten Präsidenten der Vereinigten Staaten von Amerika, nun im Ruhestand, den sie mit den Worten einleitete: »Ich bin dem Joch, das auf halb Europa lastet, endlich entronnen, my dear Sir, und kann den Brief, den Sie mir über M. le Ray de Chaumont geschickt haben und den ich mir als Ehre anrechne, freimütig beantworten.« Sie beschwor die Vereinigten Staaten, trotz ihres Krieges mit England, der durch die Auswirkungen der britischen Seeblockade zustandegekommen war, die Seite des bedrohten Europa zu unterstützen und sich von Napoleon nicht täuschen zu lassen. Jefferson, der Verfasser der amerikanischen Unabhängigkeitserklärung von 1776, war vor einem halben Menschenleben als erster Botschafter Amerikas nach Frankreich gekommen und hatte dort auch die Familie Necker kennengelernt. In Erinnerung an gemeinsame Zeiten bat Germaine ihn um Unterstützung gegen Napoleon, auch wenn dieser sich jetzt Amerikas gegen England bediene: »Alle Ihre alten Freunde in Europa, alle, die wie Sie dachten, als Sie die Unabhängigkeit Amerikas unterstützten, erwarten von Ihnen die Beendigung eines Krieges, der für sie ein Bürgerkrieg ist, da die freien Völker alle derselben Familie angehören.« Jefferson hatte vollstes Verständnis für das Anliegen Madame de Staëls. Bonaparte werde sterben und seine Tyrannei mit ihm – viel Glück also bei ihrem Kampf! Was aber die Vereinigten Staaten und England betreffe, so blieb er bei seiner Einstellung, jeder müsse das Feuer löschen, das in seinem eigenen Hause ausgebrochen sei, bevor er sich um das Feuer der Freunde »jenseits des Wassers« kümmern könne. Und England sei der Feind aller seefahrenden Nationen, ein »Usurpator der Weltmeere«, wie Bonaparte auf dem europäischen Kontinent. Mit Piraten-Prinzipien verfolgten die Engländer die permanente Beherrschung des Ozeans und die Vormachtstellung im Welthandel, so Jefferson. Angesichts dieser konkurrierenden Situation mit dem »Mutterland« jenseits des Ozeans war Amerika nicht bereit, die europäische Allianz in ihrem Kampf gegen Napoleon zu unterstützen. Schade für diese – aber Germaine de Staël hatte es wenigstens noch einmal versucht. Von Stockholm aus organisierte sie eine regelrechte Verschwörung, um Bernadottes Anwartschaft auf den französischen Thron zu untermauern. Eine weitere wichtige Mittelsperson in den europäischen Machtkonstellationen gegen Napoleon war ihr entfernter Cousin Jacques-Augustin Galiffe, wie ihr Vater ein Genfer Bankier, der ihr in Russland als Dolmetscher gedient hatte und nun vom russischen Zarenhof aus einen wichtigen Kommunikationskanal bildete. Madame de Staël residierte in einer Vier-Zimmer-Wohnung an der Stockholmer Arsenalgatan und empfing dort fast täglich das gesamte Diplomatische Corps. Zwei Jahre später machte europaweit der Ausspruch die Runde, es gebe in Europa drei Mächte: England, Russland und Madame de Staël. Ihr argloser Liebhaber und Verlobter John Rocca muss sich etwas sonderbar neben ihr ausgemacht haben, als sie Europas führende Diplomaten und Machthaber zum Endkampf gegen Napoleon zusammenführte. Er trat auch selten mit ihr gemeinsam auf, sondern zog sich zurück, mit Büchern versehen, die er lesen sollte, um sich zu bilden, neuerdings sogar mit dem Auftrag Germaines, seine Erlebnisse im spanischen Krieg niederzuschreiben – eine literarische Fingerübung, wie sie wohl meinte, die seiner Geschmeidigkeit nützlich sei. Seine angeschlagene Gesundheit als Kriegsversehrter hatte er schon zur Genüge durch die anstrengenden Reisen belastet, und er bedurfte der Schonung.

Schlegel war Germaines eifriger Mitstreiter in dieser Zeit, enthusiastisch wie sie, die Allianz und den Sieg der Freiheit zustandezubringen. Er nutzte seine Kontakte nach Deutschland, um Preußens Beitritt zur Koalition zu befördern, und schrieb auf Anregung Bernadottes ein Memorandum mit dem klangvollen Titel DENKSCHRIFT ÜBER DEUTSCHLANDS ZUSTAND UND DIE MITTEL, EINE ALLGEMEINE VOLKSERHEBUNG ZU ERREGEN. »Diffus« sei die Schrift, gab er im Nachhinein selbst zu. Immerhin war aber klar, was er wollte: Die napoleonische Universalmonarchie könne man nur durch die Wiederherstellung des Deutschen Kaiserreiches verhindern. Der Rheinbund müsse sofort aufgelöst und ein »Deutscher Bund« gegründet werden. Die Fürsten müssten ihre Souveränität aufgeben, und ein neues vereintes Deutschland solle unter der Kanzlerschaft des Freiherrn vom Stein und unter der militärischen Leitung des »großen Heerführers« General Bernadotte stehen. Bernadotte gefiel diese Schrift. Er machte Schlegel zu seinem Privatsekretär und nutzte den Inhalt von Schlegels Denkschrift in seinen späteren Proklamationen. Was die Volkserhebung der Deutschen betraf, die »erregt« werden sollte, und zwar quasi von außen und oben, so hat Heinrich Heine über den Verlauf der Ereignisse rückblickend amüsante Betrachtungen zu Papier gebracht, die Schlegels Denkschrift recht bildhaft ergänzen: »Als Gott, der Schnee und die Kosaken die besten Kräfte des Napoleon zerstört hatten, erhielten wir Deutschen den allerhöchsten Befehl, uns vom fremden Joche zu befreien, und wir loderten auf in männlichem Zorn ob der allzulang ertragenen Knechtschaft, und wir begeisterten uns durch die guten Melodien und schlechten Verse der Körnerschen Lieder, und wir erkämpften die Freiheit; denn wir tun alles, was uns von unseren Fürsten befohlen wird.«

Im Frühjahr 1813 reiste Schlegel mit Albert de Staël, den der schwedische Kronprinz zum Offizier seines Gardehusarenregiments gemacht hatte, Bernadotte folgend, ins Hauptquartier seiner Armee nach Stralsund. Kurz darauf machte sich Germaine von Göteborg aus Richtung London auf. Schlegel war dieses ganze bewegte Jahr lang an ihrer Seite gewesen, hatte die Weiten der russischen Landschaft mit ihr durchmessen und in Abo ihre Angst vor der Seefahrt beschwichtigt. Auguste riss sich endlich von Juliette Récamier los und kam auf Wunsch seiner Mutter im Mai nach Stockholm, um sie nach England zu begleiten. Auch für seine Zukunft hatte sie in Schweden gesorgt. Bernadotte hatte Auguste de Staël zu seinem Flügeladjutanten ernannt. Eine glänzende Karriere würde ihm in Schweden und in Europa bevorstehen, wenn er sich nur überwinden könnte, Juliette aufzugeben, vorläufig wenigstens. Schlegel hatte ihm noch im Januar einen recht liebevollen Brief geschrieben, um ihn zu trösten – es war derselbe, in dem er auch von seinen eigenen Enttäuschungen sprach sowie von seinem patriotischen Ehrgeiz, um seinem Dasein noch einmal eine sinnvolle Wendung zu geben. Er war gar nicht altklug, der Brief, gar nicht weltfremd und auch gar nicht professoral. Schlegel kannte das Leben auf seine Art. »Sie haben Kummer, lieber Auguste, und infolgedessen haben Ihre letzten Briefe auch Ihre Mutter sehr traurig gestimmt. Was soll ich Ihnen sagen? Das Leben ist nun einmal so. Meistens hat man nur die Wahl zwischen stumpfer Gleichgültigkeit oder einer zerrissenen Seele, zwischen dem Glück einer Neigung, die man nicht sanktionieren lassen kann, die einen fast immer mit seiner ganzen Umgebung, mit allen seinen anderen Verbindungen in offenen Widerspruch geraten läßt, oder der Enttäuschung einer Ehe, die den gesellschaftlichen Formen entspricht.« Er solle aber nicht nur dem Schicksal die Schuld geben, denn häufig sei es gerade das Nebeneinanderbestehen von Leichtsinn und Ernst, das die Disharmonien ins Leben bringe. Schlegel betonte noch einmal die Notwendigkeit, dass Germaine Coppet verlassen hatte – zu diesem Zeitpunkt und auf diesem Weg, auch wenn dem Sohn oder der Freundin in Lyon nun Unbequemlichkeiten daraus entstünden. Er fühlte sich dafür verantwortlich, dies zu betonen, da er die Flucht maßgeblich initiiert hatte. Klare Angaben über die politische Lage konnte Schlegel in seinem Brief nicht machen, aber er deutete an, dass es Anlass zu vielfältigen Hoffnungen gebe und dass Auguste schneller zu Juliette zurückkehren könne, wenn er nur endlich aus der Stickluft der von Napoleon besetzten Gebiete herauskomme und hier, in der hellen, klaren Luft des Nordens, eine andere Sichtweise annehme, die ihm auch klar mache, was jetzt zu tun sei. »Bei allen Ihren ausgezeichneten charakterlichen Fähigkeiten fehlt Ihnen etwas: edler, reiner Ehrgeiz. Was? Sie wollen die vielfachen Vorzüge, die Ihnen Ihre persönlichen Fähigkeiten, Ihre Geburt, Ihr Vermögen, Ihre Erziehung und die Berühmtheit Ihrer Mutter und Ihres Großvaters mitgegeben, nicht ausnutzen? Aus besonderen Umständen heraus haben Sie schon viel zu viel Zeit verloren. Heute liegen die Dinge so, daß Sie sich entweder selber zu ewiger Bedeutungslosigkeit verurteilen oder den Augenblick wahrnehmen und sich mit aller Kraft in das Leben stürzen müssen, um dem höchsten Ziele zuzustreben.« Auguste raffte sich auf, und er kam. Während Rocca für Auguste, Albert und Albertine fast ein Gleichaltriger war, ein Gefährte, war Schlegel eben inzwischen doch zum soliden Ersatzvater mutiert. Die Herausforderungen der Zeit hatten vieles verändert. »Denken Sie daran, daß Sie zur Familie gehören, und kommen Sie ins Nest zurück, wenn Sie mit Ihrer rühmlichen

Unternehmung zu Ende sind«, ermahnte ihn Germaine aus Stockholm.

Mitte Juni traf sie in London ein, und man bereitete ihr einen triumphalen Empfang. Hier auf der Insel war der Anti-Bonapartismus am stärksten, und Madame de Staël wurde als Repräsentantin des Kontinents gefeiert, die als Einzige Napoleons Macht dauerhaft trotzte. Doch schon in Russland hatte Germaine angesichts des aggressiven und Frankreich-feindlichen Tenors der alliierten Versammelten ambivalente Gefühle gehabt. So hundertprozentig einig war sie sich auch nicht gerade mit den Engländern, deren Frankreich-Opposition sehr viel ältere Wurzeln hatte, als dass sie sich auf die Machenschaften des Usurpators beschränkte. Während des knappen Jahres, das Madame de Staël in England verbrachte, gab es gewiss den einen oder anderen Moment, der dem Toast auf die vereinigten Waffen von Russland und England gegen die Franzosen, wie er im Hause des Herrn von Narischkin ausgesprochen worden war und der Germaine in Sankt Petersburg die Tränen in die Augen getrieben hatte, recht gleichkam. Sie kämpfe nicht gegen Frankreich, betonte sie immer wieder, sondern nur gegen Napoleon. In der augenblicklichen Lage war dies aber durchaus nicht leicht zu trennen. Im Frühsommer war auch noch keineswegs klar, wie es strategisch und politisch weitergehen würde, da Österreich noch nicht entschlossen war, sich am Befreiungskrieg zu beteiligen. An den Fürsten de Ligne schrieb Germaine nach Wien: »Die drei Mächte: Rußland, Preußen und Österreich sind – könnte man sagen – wie das Problem vom Wolf, von der Ziege und vom Kohlkopf, die nie zusammen übergesetzt werden dürfen, weil der Wolf die Ziege frißt und die Ziege den Kohlkopf usw.«

England galt Madame de Staël mit seiner parlamentarischen Tradition immer als Vorbild und Musterland des Liberalismus. Immer wieder hob sie die englische Verfassung als Garanten der Freiheit hervor. In ihrer Schrift ZEHN JAHRE IM EXIL erwähnte sie zum Beispiel im Kontext des Moskauer Brandes und des eigenmächtigen Verhaltens des Gouverneurs Rostopschin, der zwar mit der Brandsetzung selbst eine Heldentat begangen, aber die schlechten Nachrichten vor der Armee allzu lange verheimlicht habe, bei den Engländern wäre so etwas nicht vorgekommen. Mit ihrer bewunderungswürdigen Geradlinigkeit verheimlichten sie weder Sieg noch Niederlage und stützten sich auf die Wahrheit, wie immer diese auch aussehen möge – *das Ergebnis einer freien Konstitution*, meinte sie; eine Stufe der Vollkommenheit, wie sie die meisten europäischen Nationen eben noch nicht erreicht hätten. Mit dieser bewundernden Haltung kam sie nach England, und sie ging den Engländern, die sich von ihr nicht täglich erzählen lassen wollten, wie vorzüglich sie seien und warum sie das seien, respektive ihr politisches System, ganz gehörig damit auf die Nerven. Das entsprach weder dem Understatement der Briten noch ihrem Taktgefühl. Henry Crabb Robinson, der vor Jahren in Weimar versucht hatte, Madame de Staël die Wege durch den Nebel des deutschen Idealismus zu bahnen, nannte sie »eine bigotte Verehrerin unserer Regierung, die sie für vollkommen hält.« Sie war dies keineswegs, und niemand wusste das besser als die Insider, denen Madame begeisterte Vorträge über ihre eigene Regierung hielt. Lord Byron, der sich noch einige Zeit mit der Besucherin abmühte, erzählte, sie habe bereits am Tag nach ihrer Ankunft den englischen Whig-Politikern der ersten Reihe einen Vortrag über englische Politik gehalten; dasselbe tat sie einige Tage später vor den Tories. Byron war am Anfang ausnehmend skeptisch und zynisch in Gegenwart von Madame de Staël, gewann aber zunehmend Respekt vor ihr und genoss am Ende schließlich die Rededuelle, die er mit einer fast feindlichen Haltung begonnen hatte. Jedenfalls öffnete Byron seiner Gesprächspartnerin im Lauf der Zeit ein wenig die Augen über die englischen Realitäten. Die vielbeschworene Verfassung in England sei brüchig, die Wahlen korrupt, die politischen, religiösen und gesellschaftlichen Einrichtungen überlebt – es dauerte nicht mehr lange, bis Byron selbst ins Exil ging. Nicht umsonst nahm Goethe den enthusiastischen Dandy mit seiner Verherrlichung von Freiheit, Liebe und Dichtung zum Vorbild für den »Euphorion« in seinem FAUST II.

Germaine de Staël verfolgte drei Ziele in England: den Krieg gegen Napoleon auf ihre Art vorzubereiten, DE L'ALLEMAGNE drucken zu lassen und Albertine zu verheiraten. Was das Erstere anging, so nahm sie auf der Insel nicht mehr die weltpolitische Rolle ein, die sie in Russland und Schweden gehabt hatte. Doch sie wurde auch hier konsultiert, galt als kontinentale Größe und als Vermittlerin. In ihrem Haus am Hanover Square verkehrten Parlamentarier beider Häuser und aller Parteien. Um zu einem Kabinettsminister zu gelangen, führe der Weg über Madame de Staël, äußerte eine Zeitgenossin der Londoner Tage Germaines. Während sie selbst jedoch nach wie vor für Bernadotte als Thronfolger eintrat, von dem sie sich die Gewähr für eine aufgeklärte und liberale Regierung versprach, favorisierten die führenden englischen Politiker, so auch Premierminister Lord Dillon, die Restauration der Bourbonen. In diesem Sinne versuchte man Madame de Staël zu verwenden, doch Germaine zweifelte sehr daran, ob das eine gute Idee sei. Sie wollte keineswegs die Wiederherstellung des Status quo ante durch Wiedereinsetzung der alten Königsdynastie. Im Herbst sah sie den alten Bourbonenerben Ludwig XVIII. während eines Kuraufenthalts im südenglischen Bath. Vorzeitig vergreist, verfettet und nahezu bewegungsunfähig, rollte man ihn in einem Badestuhl heran, woraufhin Germaine frozzelte: »In seinem Rollstuhl war er geradezu das Abbild der früheren Monarchie, von vorne gezogen und von hinten geschoben ... Wie kann jemand den Thron besteigen, wenn es so vieler Arme bedarf, um ihn in einen Stuhl zu heben?!«

Bereits im Sommer, kurz nach ihrer Ankunft unterzeichnete Germaine in London einen Vertrag mit dem Verleger John Murray und verkaufte ihm das Manuskript ihres Deutschland-Buches für 1500 Guineen – ein beträchtlicher Preis, der auch dokumentiert, wie sehr das brisante Buch als »Corpus Delicti« im Wert gestiegen war und in der gegenwärtigen Weltlage als Politikum eingesetzt wurde. Eine politische Kampfschrift war das Buch ja nun wirklich nicht. Es war aber eben ein »Corpus Delicti«, von Napoleons berühmtester Opponentin geschrieben. Eine Autorin dieser Zeit konnte im Grunde kein besseres Marketing haben. Als es im Oktober in französischer Sprache in London erschien, war es nach drei Tagen vergriffen. Madame de Staël hatte ein aktualisiertes Vorwort zu dieser Ausgabe verfasst, in dem sie die Leidensgeschichte ihres Werkes skizzierte, die Briefe des Polizeiministers anführte und auch noch die eine oder andere allgemeine Bemerkung zur derzeitigen Weltlage abgab. Aus dem Gedächtnis zitierte sie Robert Southey:

»Die tapfern Dulder sind es, die die Menschheit retten«, und sie lobte damit die unermüdlich kämpfenden Spanier, die zum gegenwärtigen Zeitpunkt (Oktober 1813) alles bis auf Cádiz verloren hatten und sich trotzdem Napoleons Joch nicht beugten, sondern mit dem militärischen Beistand des Herzogs von Wellington, dem »antiken Charakter« und »modernen Genie«, an der Grenze der Pyrenäen standen, um ihr Land zu verteidigen. Und die Deutschen, um die es in ihrem Buch ging? »Die Deutschen haben sich oft zu Unrecht von Schicksalsschlägen überzeugen lassen. Individuen müssen sich dem Schicksal fügen lernen, Nationen niemals, denn sie sind es allein, die diesem Schicksal zu gebieten vermögen – *ein* fester Wille mehr, und das Elend wäre gebändigt.« Das Vorwort trug sicher mehr zur Popularität dieses Buches bei als die Analysen der klassischen deutschen Dramen oder der Kantischen Philosophie. Den Vorwurf, den man erheben konnte, warum es denn notwendig sei, gerade in solchen prosaischen Zeiten derart schöngeistige Themen zu behandeln – also: ob es für den Augenblick nichts Wichtigeres gebe –, setzte die Autorin vorwegnehmend außer Kraft: »Das Gemälde einer Literatur und Philosophie scheint dem gegenwärtigen Augenblick wohl fremd zu sein; doch ist es vielleicht dem armen, edlen Deutschland tröstlich, sich inmitten der Verwüstungen des Krieges an seine Geistesschätze zu erinnern. Vor drei Jahren nannte ich Preußen und die nördlichen Länder, die es umgeben, das *Vaterland des Denkens*. In wieviel herrliche Taten hat sich dies Denken nicht seitdem gestaltet. Was die Philosophen in Systeme brachten, geht in Erfüllung, und der Seele Unabhängigkeit wird die der Staaten gründen!« – so Madame de Staël.

Nur wenige Wochen nach ihrer Ankunft in London erhielt Germaine eines Abends aus einem Brief Schlegels eine schreckliche Nachricht: Ihr Sohn Albert war in dem Ostseestädtchen Doberan bei einem Duell ums Leben gekommen. Albert war immer ihr Sorgenkind, ein wilder und ungezähmter Geselle, der die Gefahr suchte, sich nur schwer einordnen konnte und überall bis an die Grenzen ging. Sein früher gewaltsamer Tod erweckt nachgerade den Anschein, als habe er ihn in unbewusster Absicht gesucht. Schlegel gegenüber hatte er wenige Wochen zuvor geäußert, er glaube nicht, dass er noch lange zu leben habe – daraufhin Schlegels Antwort: »Wenn das so ist, warum stellen Sie sich dann nicht ernster zum Leben ein?« Doch die vernünftigen Ratschläge des soliden Familienfreundes konnten bei dieser wilden Natur nicht viel ausrichten. Der junge Husarenleutnant, der unter Bernadottes Regiment an die Ostsee gekommen war, führte in den von Kosaken besetzten Gebieten ein ausschweifendes Leben: Glücksspiel und Trinkgelage, Hurerei – es war der Lebensrausch der Soldaten, die sich ohnehin jeden Tag mit dem Tod konfrontieren. Wenn er kämpfen konnte, tat er auch das mit Besessenheit, immer an vorderster Front, aber er nahm die Ordern seiner Vorgesetzten nicht ernst, nicht einmal disziplinarische Maßregeln. Im Hauptquartier von Stralsund sollte er eigentlich auf seinen Regimentsführer warten, aber er ging unerlaubterweise nach Hamburg, um sich dort ins pralle Vergnügen zu stürzen. Bernadotte beorderte ihn zurück, doch Albert folgte der Order erst, nachdem er sein gesamtes Geld verspielt hatte und Hamburg von den Franzosen zurückerobert war. Wahrscheinlich nur dank der Beziehungen seiner Mutter zu Bernadotte kam er recht milde davon: Nach einigen Tagen Verbannung auf die Insel Rügen durfte er wieder ins Hauptquartier zurückkehren. Bernadotte zeigte dem jungen Leutnant seine besondere Gunst, als er ihm eine zweite Chance gab, ihm sogar im Juli noch einige Tage Urlaub gewährte, damit er sich vom Kampf etwas erholen konnte. Da ging er nach Doberan, einem Badeort in der Nähe von Rostock. Albert hatte Spielschulden und war infolgedessen in dem unseligen Kreislauf gefangen, im Weiterspielen das einzige Mittel zur Rettung zu sehen. Im Kasino bekam Albert im Eifer des Gefechts Streit mit einem russischen Offizier. Es ging um gewonnenes, verlorenes und geliehenes Geld beim Spiel sowie Rückzahlungsforderungen. Da es bei solchen Auftritten in der Öffentlichkeit immer auch um die Ehre geht, kam man schnell überein, die Sache im Duell auszufechten. Das Duell der Hitzköpfe war schnell entschieden: Mit einem einzigen Säbelhieb schlug der Gegner Albert praktisch den Kopf ab. Albert de Staël war noch keine 21 Jahre alt. Bei den anderen Soldaten war der junge Lebemann äußerst beliebt – einer sagte, er sei ein prächtiger Kamerad in fröhlichen Stunden gewesen. Schlegel, der ältere Freund, war der Meinung, Albert habe sozusagen aus Lässigkeit diesen Kampf tödlich verloren. In seinem unbegrenzten Vertrauen auf seine Kraft und seine Geschicklichkeit sei er vor dem Gegner nicht im Geringsten auf der Hut gewesen und habe sich töten lassen, gleichsam ohne sich zu verteidigen. Schlegel beschreibt auch Alberts Heldentaten im Krieg, die darauf hindeuten, dass er den Tod eher suchte, als ihm auszuweichen – ein Mut, der an Wahnsinn grenzte. »Es handelte sich in Hamburg darum, die Schanzwerke des Feindes auf dem anderen Elbufer zu rekognoszieren. Albert setzte sich ganz allein in ein Boot und gelangte bis unter die feindlichen Batterien. Die Franzosen waren zuerst ganz verblüfft über diesen Wagemut, dann schossen sie auf ihn, ohne ihn zu treffen, und er sah ihnen zu, ohne sich im mindesten aufzuregen. Schließlich kehrte er rudernd zu seinen Truppen zurück.« Was wurde Albert de Staël zum Verhängnis? Er hatte die Leidenschaft und die Lebensgier seiner Mutter geerbt, und dieses Feuer, dieser Überschuss an Vitalität, der bei ihm noch mit einem Schuss sportlich-militärischem Machismo verbunden war, hat ihn nicht nur vorzeitig verzehrt, sondern trägt auch so einige Hinweise auf die Kehrseite von Depression und Lebensüberdruss: wissentlich ins Verderben zu rennen. Albert hatte ein Suchtpotenzial und keinerlei Selbstschutztendenz. Seine Geschwister waren wohltemperierter, vernünftiger: Auguste war sensibel, aber solide, ein Abbild des Großvaters, wie Germaine erfreut feststellte. Albertine wurde kaum von Instinkten gesteuert. Die Exzesse ihrer Mutter, die sie an ihrer Seite erlebte, hatten sie frühzeitig veranlasst, sich in die Gegenrichtung zu entwickeln und ihr Glück weniger in der Entgrenzung als in der Selbstbeherrschung zu suchen. Später, als Ehefrau, wurde sie sehr religiös. Doch alle Kinder Germaines starben jung oder in mittleren Jahren. Ein Zufall? Man wird den Eindruck nicht los, dass diese Frau, die ja selbst auch nicht alt wurde, die Lebenskraft ihrer Umgebung noch mit aufgesaugt hat.

Es gibt keine Briefe mehr, aus denen der Schmerz Germaines über den Tod ihres Sohnes hervorgeht. Nach außen hin nahm sie schnell wieder am gesellschaftlichen Leben in London teil, und auch ihre unmittelbare Umgebung hatte sie schon wegen nichtigerer Anlässe verzweifelter und ausgebrannter erlebt. Eins aber ist klar: Die Trauer um ihren Sohn war mit dem Schmerz nach dem

Verlust ihres Vaters in nichts zu vergleichen. Nichts kam diesem Verlust gleich, selbst jetzt nicht, da ihr selbst nicht mehr viel Zeit übrig blieb und es schmerzlicher als in jüngeren Jahren sein musste, ein Kind zu verlieren. Alberts Vater, Louis de Narbonne, Germaines große Passion, starb übrigens im gleichen Jahr, in Torgau bei Leipzig, wohin es ihn als Truppenführer Napoleons verschlagen hatte. Er starb an Typhus. Napoleon war ihm zum Schluss nicht mehr besonders gewogen gewesen. Germaine schluckte diese doppelte Trauer hinunter und richtete sich an die Lebenden. Sie vermisste ihre kongenialen männlichen Gefährten – Benjamin, Schlegel, auch Mathieu, ihren ältesten Freund –, da sich Rocca mit der Zeit als zu substanzlos erwies, um ihr inneres Leben wirklich zu teilen. Doch Benjamin lebte mit Charlotte in Göttingen, wo er eine gute Universitätsbibliothek in der Nähe hatte und an politischen Schriften arbeitete, unter anderem einem Pamphlet mit dem Titel VOM GEIST DER EROBERUNG UND DER USURPATION. Er schickte Germaine die ersten Seiten davon, machte aber keine Anstalten, sie, wie sie es wünschte und forderte, in England zu besuchen. Auch Schlegel war derzeit nicht abkömmlich. Madame de Staël setzte alles mögliche in Bewegung, damit er einen ehrenvollen Empfang in England erhielte, eine Stellung oder eine Pension. Damit lockte sie ihn, doch Schlegel betonte immer wieder, er wolle erst auf dem Kontinent die Entwicklungen abwarten. Er wollte ohnedies nicht über Protektionen geehrt werden, glaubte, er habe solches nicht nötig, und hatte auch seinen Stolz. Zusammen mit Friedrich hatte er seinen alten Familienadel ausgegraben und nannte sich fortan »von Schlegel«. Seine Freundin in England bat er, ihn auf der Adresse »Chevalier« zu nennen, wie Germaine mit einiger Belustigung an Rocca weitergab; Bernadotte hatte ihn mit dem Gustav-Wasa-Orden ausgezeichnet. Der in schwedischen Diensten stehende Privatsekretär leistete sich jetzt einen Kammerdiener und einen eigenen Kutscher. Je mehr Germaine den Geistesfreund, der die letzten neun Jahre an ihrer Seite gewesen war, vermisste, umso mehr warb sie um ihn. Er solle nun endlich herkommen; ohne ihn könne sie keinen klaren Gedanken mehr fassen. Schmeichelnd erhob sie den Freund imaginär sogar zum Vater ihrer »gemeinsamen« Kinder. Schlegel hatte ihr die volle Auflistung von Alberts Spielschulden geschickt. Sie antwortete ihm, gut, sie werde die Hamburger Schulden nun auch noch bezahlen, dann aber nichts mehr. »Lieber Freund, wir müssen an unsere Zukunft denken und an diejenigen unserer Kinder, die klug und gehorsam sind.« »Denken Sie daran, daß wir Ihre Familie sind, und zerreißen Sie niemals die Bande, die Gott selber Ihnen gegeben hat«, schrieb sie an anderer Stelle. Aber Schlegel war das alles suspekt. Er war nicht mehr bereit, ihr so blindlings zu folgen wie früher. »In unserer Zukunft – wennanders es uns beschieden ist, noch einige Zeit miteinander zu leben, fürchte ich Ihre plötzlich wiederkehrenden phantastischen Launen. Jetzt vermissen Sie mich, und es sieht so aus, als ob ich Ihnen wirklich fehle. Wenn ich aber wieder da bin, werden Sie mich abermals mürrisch, schwierig, unerträglich finden – Sie werden mir wieder wie früher meine inneren Qualen als Fehler anrechnen und mich deshalb mit Vorwürfen überhäufen.« Es war der 3. August. In wenigen Tagen würde man wissen, ob es Krieg oder Frieden geben werde, schrieb Schlegel. Das war nun das wichtigste für ihn. Deutschland müsse vollständig zu sich selbst kommen, sodass man ein Vergnügen darin finden könne, ihm seine Schriften zu widmen, um wenigstens irgendeine leuchtende Spur seines dunklen Erdendaseins zurückzulassen. »Glück erhoffe ich nicht mehr – liebe Freundin! Ich zweifle nicht an Ihrer Freundschaft – aber Sie haben selbst oft dem Dichter zugestimmt, der die Freundschaft als einen schwachen Rückhalt anderen Verlusten gegenüber bezeichnet. Ich trage Wunden in meinem Herzen, die nicht heilen – auch Sie haben mir eine solche geschlagen – meine Jugend ist verloren, mein Leben verfehlt, und ich stehe vereinsamt auf der Schattenseite des Daseins.« Aus der Ferne hatte Schlegel immerhin den Mut, sich die Zudringlichkeiten Germaines zu verbitten, ihre ständige Kritik, ihre stets fordernde Haltung. Nachsicht sei schließlich eine der wesentlichsten Eigenschaften der Freundschaft, schrieb er ihr einmal in dieser Zeit, Nachsicht und (implizit) Toleranz. Er setzte also auch ein wenig die Zeichen, wie diese Freundschaft zukünftig ihren Fortgang nehmen sollte, falls sie denn überhaupt weiterging.

Die Gesellschaft gab Germaine immer ein Wirkungsfeld, Ablenkung und Bestätigung. Doch so begeistert sie auch von der politischen Reife der Engländer, ihrem aufgeklärten Geist und ihren

Institutionen war, umso gelangweilter war sie von ihrem Gesellschaftsleben. Für Germaines Geschmack war das alles viel zu formell und zurückgenommen, es fehlte das geistige Leben, das Feuer der Konversation. Die Frauen fand sie zu schüchtern, die moralischen Konventionen zu starr. Die Engländer, die nicht gereist seien, berichtete sie, hätten fast gar nichts zu sagen – das aber waren genau die Männer in Albertines Alter, durch die fast zehnjährige Kontinentalsperre Napoleons gezwungen, die berühmte englische Reisefreudigkeit im Zaume zu halten und auf ihrer Insel zu bleiben. Jedenfalls fand sich kein passender Heiratskandidat für Albertine – keiner zumindest, der der Mutter genehm war. Hier wie überall fiel diese Mutter auf wie ein schriller Vogel: ihre exaltierte Sprache und ihr unkonventionelles Benehmen, ihre eigenwillige Kleidung in viel zu kräftigen Farben, der exotische Kopfputz in Form von Turban und Paradiesfedern, das viele Fleisch, das sie zeigte – zumal in ihrem Alter –, ihre Ehrfurchtslosigkeit vor jeder Art von Umgebung und ihre dominierende Weise, Gespräche zu führen. Da waren einige dezente Briten wirklich gar nicht »amused«. Byron erinnerte sich daran, wie Madame eines Tages in großer Gesellschaft bei Tisch saß und eine Korsettstange sich aus ihrem Kleid herausbohrte. Sie versuchte zunächst selbst, sie mit beiden Händen und mit aller Kraft, krebsrot vor Anstrengung, zurückzudrücken, wandte sich dann aber, da ihre Bemühung vergeblich war, an den hinter ihr stehenden Kammerdiener, mit der Aufforderung, Hand anzulegen und ihr die Stange von seiner Position aus zu entfernen. Der Diener tat, wie ihm geheißen – wobei er ihr notgedrungen von hinten über Brust und Schultern fassen musste. Die indignierten Gesichter der englischen Ladies am Tisch, so Byron, waren zum Totlachen, Germaine aber redete ungerührt weiter und war sich überhaupt nicht bewusst, dass sie gerade massiv gegen den englischen Anstand verstoßen hatte. Man nahm ihr auch übel, dass sie in ihrem Corinna-Roman den englischen Landadel karikiert hatte: die Teegesellschaften, die langweiligen Rituale und die hohle Konversation; das Ganze war eine einzige Karikatur. In Gestalt der Lucille hatte sie außerdem die Tugenden englischer Mädchen verspottet. Dieser Art waren übrigens die ersten Gespräche, die Germaine mit Lord Byron führte. Byron nahm ironischerweise die Rolle des Tugendrichters ein und warf der Autorin vor, ihre Romane DELPHINE und CORINNE seien gefährliche Erzeugnisse, die man jungen Frauen nicht in die Hand geben sollte, da die Tugend darin als langweilig dargestellt werde. Byron, dessen eigener Ruf zu der Zeit weit von der Tugend entfernt war, amüsierte sich darüber, wie Germaine mit allem Eifer versuchte, seine Vorwürfe zu widerlegen. Sie unterbrach ihn jeden Augenblick, wild gestikulierend, mit Ausrufen wie: »Quelle idée!«, »Mon Dieu!«, »Ecoutez donc!«, »Vous m'impatientez!«, so dass er sie nur mit einem noch höheren Sprechtempo als dem ihrigen bändigen konnte. Doch die Gesprächspartner sollten ja eine respektvolle Freundschaft füreinander entwickeln, und dann war es mit den gegenseitigen Provokationen vorbei. Für Germaine war Lord Byron der »verführerischste Mann Englands«. Dieser aber flirtete lieber mit Albertine. Sie war groß und schlank, eine grazile Erscheinung, rothaarig, mit einem sehr weißen Teint. Sie hatte Verstand und auch etwas Spottsucht. Ihre Mutter fand sie nur eine Spur zu vernünftig.

Rocca musste zeitweise ins «Exil« gehen, um die empfindlichen Moralvorstellungen der englischen Gesellschaft nicht zu verletzen. Byron nannte ihn »Monsieur l'Amant« – er wusste, welche Rolle John Rocca bei Germaine de Staël einnahm. Schlegel hatte Rocca einen weniger schmeichelhaften Spitznamen erteilt: »Caliban« nach dem wilden und verwachsenen Sklaven in Shakespeares STURM. Jedenfalls musste »Caliban« oder »Monsieur l'Amant« eine Weile zur Kur nach Bath reisen, um mit seiner Reisegefährtin nicht allzu einschlägig in Verbindung gebracht zu werden und nicht für Indignationen zu sorgen. Später wohnte er in einem Hotel in ihrer Nähe und hatte die Auflage, nur mit Stock und Hut in ihrer Wohnung zu erscheinen – als ob er nur kurz zu Besuch sei (was er auch war). Er beklagte sich – und zu Recht. Seine Lebensgefährtin hatte glänzende intellektuelle Beziehungen in London aufgenommen, und zwar zu Männern, zu denen er im Grunde nur aufblicken konnte: James Macintosh etwa, einem schottischen Publizisten und Studienkollegen Benjamins aus seiner Zeit in Edinburgh, der für die EDINBURGH REVIEW eine Besprechung von DE L'ALLEMAGNE verfasste, sowie William Wilberforce, den Germaine später in seinem

Kampf gegen den Sklavenhandel unterstützte. Und dann musste sich Rocca auch noch versteckt halten – demütigend war das. Rocca war eifersüchtig, besonders auf Macintosh, der Germaine täglich besuchte, und er konnte überhaupt nicht verstehen, dass ihre Liebe nicht so ausschließlich wie seine war, dass sie noch so viele andere Bedürfnisse nach Umgang, Kommunikation, geistiger Regsamkeit und Beziehungen hatte. Germaine maßregelte ihn: »Wollen Sie mir jedes literarische oder politische Gespräch untersagen? Wollen Sie mich der unschuldigsten Vergnügungen des Lebens und des Gebrauchs meiner Fähigkeiten berauben? Wenn ein Mann eine Frau liebt, sucht er sie glücklich zu machen. [...] Ich habe Ihnen Beweise meiner Anhänglichkeit gegeben, die noch kein Mann erhalten hat. Ich ziehe Sie allem auf der Welt vor, und ich bin bereit, alles für Sie zu tun, wenn meine Tochter verheiratet sein wird. Doch diese Anhänglichkeit stammt aus meinem eigenen Herzen, denn Sie nehmen keinerlei Rücksicht auf mich. Sie sind zu jung und zu eingebildet, um jemandes Wert zu ermessen. Das Leben wird Sie lehren, daß man ein aus Gefühl schwaches Wesen nicht mißhandeln darf.« Ihre Moralkeule hatte wieder zugeschlagen. Ruhe war – für den Rest ihrer gemeinsamen Zeit. »Caliban« beschwerte sich fortan nicht mehr.

Die Zeit von Germaines Londoner Exil war mit enervierendem Warten auf Nachrichten erfüllt, was auf dem Kontinent vor sich ging. Die Nachrichten trafen nur in großen zeitlichen Abständen ein, waren dann meistens schon wieder überholt, widersprachen sich auch. Als sie von Napoleons Niederlage bei der Völkerschlacht bei Leipzig erfuhr, fiel ihr nichts Besseres ein, als Schlegel mit Vorwürfen zu überhäufen, dass er ihr seit zwei Monaten nicht mehr geschrieben und sie auf dem Laufenden gehalten habe (die zwei Monate stimmten im Übrigen nicht). Treulos sei das, fürwahr, und er füge damit ihrem Herzen große Schmerzen zu. Dieser schrieb: »Gott weiß: von dem Übergang über die Elbe bis zur Einnahme Leipzigs waren wir physisch und psychisch nicht dazu aufgelegt, Briefe zu schreiben.« Am 9. Dezember überschritt die österreichisch-russische Armee unter Schwarzenberg zwischen Basel und Schaffhausen den Rhein. Die legendäre Rheinüberschreitung des greisen Generals Blücher bei Kaub in der Neujahrsnacht 1813/14 diente fortan der Legendenbildung von »Deutschlands Strom, nicht Deutschlands Grenze« und vom freien deutschen Rhein, die in ein Nationalgefühl mündete, das sich in erster Linie als Abgrenzung zu Frankreich erfuhr.

Ganz Europa hatte sich schließlich gegen Napoleon verbündet. 700 000 Russen, Österreicher, Deutsche und Engländer brachen von allen Seiten in Frankreich ein – Napoleons letzte Herausforderung, sein geniales Können als Feldherr unter Beweis zu stellen, solange er den Einbrüchen noch standhalten konnte. Madame de Staël in ihrem Londoner Exil empfand mehr Besorgnis und Unruhe über die laufenden Entwicklungen als Triumph oder Freude, denn ihr wurde in vollem Maße bewusst, dass eine Niederlage Napoleons eine Niederlage Frankreichs bedeutete. Die Vorstellung von der Invasion ausländischer Armeen in ihr geliebtes Land erfüllte sie mit Schrecken, wenn nicht mit ohnmächtiger Wut. Ihre Pläne, ihre Hoffnungen, ihre Befürchtungen, Ängste und Wünsche waren infolgedessen so widersprüchlich, wie sie nur sein konnten. Von einem Londoner Kabinettsmitglied darüber befragt, was sie jetzt glaube und hoffe, antwortete sie: »Ich wünschte, dass Bonaparte siegt und in der Schlacht getötet wird.« Im März standen Blücher und Schwarzenberg vor den Toren der französischen Hauptstadt. Für Germaine, die die aufwallende Siegesstimmung in London zunehmend unerträglich fand, war es ein Schreckbild, sich den Einfall der fremden Truppen in Paris vorzustellen. An Benjamin, ihren alten Gefährten, der sich gerade mit Schlegel verbündete, um Bernadotte zum Thron zu verhelfen und der dabei war, in der anstehenden neuen Epoche Frankreichs seine Karriere zu planen, schrieb sie: »Ich werde nichts gegen Frankreich tun. In seinem Unglück werde ich weder den Ruf, den ich ihm schulde, noch den Namen meines Vaters, den es geliebt hat, gegen dies Land wenden. Die niedergebrannten Dörfer liegen an der Straße, auf der die Frauen sich auf die Knie warfen, um ihn vorbeifahren zu sehen. Sie sind kein Franzose, Benjamin, Sie haben nicht an diesen Stätten alle Ihre Kindheitserinnerungen; das ist der Unterschied zwischen Ihnen und mir. Doch können Sie wirklich wünschen, die Kosaken in der Rue Racine zu sehen? Der Tyrann ist in diesem Augenblick noch vom militärischen Ruhm der Franzosen gedeckt. Doch was wären die Franzosen, wenn ihnen nichts mehr bliebe als die Erinnerung an ihre legislativen Akte und ihre staatsbürgerlichen Taten? Kurzum, wenn Sie 1792 die Invasion der Fremden fürchteten, als man Tag um Tag mordete, als Frankreich Europa noch nicht zum Feinde hatte, wie ist es dann heute erst? Ich fühle im Innern, daß ich recht habe, weil meine Empfindung unfreiwillig und meinen persönlichen Interessen entgegen ist …«

Von 1789 bis hierher war es ein weiter Weg gewesen. Aber wozu all das Leid, all das Blutvergießen und die gescheiterten Hoffnungen, bei einem derart prosaischen Ende? Benjamin war nicht der Einzige, der sich in den neuanbrechenden Zeiten in ihren Augen von so manchem Ideal abwandte und seine persönlichen Interessen verfolgte. Wie paralysiert ließ Germaine die Siegesfeiern in London über sich ergehen, nachdem die Nachricht eingetroffen war, der Zar und der König von Preußen seien an der Spitze der alliierten Streitkräfte in Paris eingerückt. Als man sie in London beglückwünschte, dass sie nun endlich nach Paris zurückkehren könne, antwortete sie: »Wozu beglückwünschen Sie mich – dazu, dass ich verzweifelt bin?«

Napoleon Bonaparte, der selbsternannte »Kaiser der Franzosen«, dankte am 6. April ab. Wenige Tage zuvor hatte der wandlungsfähige Talleyrand, Germaines Ex-Liebhaber, eine wohl einzigartige Figur der Geschichte, eine provisorische Regierung gebildet. Doch auch unter den Bourbonen, die jetzt in Gestalt des altersschwachen Ludwig XVIII. wieder den Thron bestiegen, würde dieser Grandseigneur einer Epoche, der nach wie vor aristokratisch distinguiert, in Samt und Seide daherkam und mit Delikatesse das Weltgeschehen steuerte, weiter Karriere machen. Aus Wien, wo er beim Wiener Kongress Frankreich vertrat, schrieb er Germaine im Oktober, alle alternativen Ideen »tugendhafter Missionare« aus Genf (die immer besser wüssten, wie man in Frankreich regieren müsse) oder romantischer Wunsch-Herrscher (Bernadotte) müsse man bedauerlicherweise ob anderweitiger Realitäten dem Vergessen anheimgeben. »Man schickt mir aus Paris Schriften, die ich gar nicht mag; die Leidenschaften sind noch sehr aufgewühlt. Es wäre nötig, das Vergessen zu predigen. Erinnern Sie die Leute um Sie herum daran, was ein deutscher Autor sagt: das Vergessen ist derart notwendig, daß man, selbst wenn man seine erstaunliche Schwierigkeit ermißt, es immer noch erhoffen muß.« Monsieur Charles Maurice de Talleyrand-Périgord hatte seit einiger Zeit eine unschlagbar geistlose Ehefrau, über die sich seine Umgebung mokierte, da sie wirklich nur dummes Zeug von sich gab, von einem halb-blöden Lächeln begleitet, und soll gesagt haben, um den Wert einer solchen Frau zu ermessen, die ihm zumindest häuslichen Seelenfrieden gewährleisten könne, müsse man einmal der Liebhaber der Madame de Staël gewesen sein und mit ihr unter einem Dach gelebt haben.

Schlegel, der treue Vasall, eilte nach London, um Madame de Staël, wie er es ihr in den schwierigen Zeiten des Krieges prophezeit hatte, über Dover und Calais nach Paris zurückzuführen – er als ihr Ritter, kein anderer. Nachdem seine deutsche Sache nun glücklich entschieden war, konnte er auch wieder seine alte Rolle einnehmen und Versprechungen einlösen, die er fürs Leben gegeben hatte. Auf der Überfahrt traf er eine Menge Leute, die er als Anhänger Napoleons gekannt hatte und die sich nun gegenseitig darin zu übertreffen versuchten, den gefallenen Heros mit Tritten zu schmähen. Schlegel schrieb einen Achtzeiler in französischer Sprache auf einen Zettel, der lautete: »Bonaparte ist nichts wert und seine Schmeichler auch nicht. Die Leute, die ihn gestern noch den Helfer Gottes nannten, beschimpfen ihn heute, unter diesen Kanaillen ist Bonaparte der einzig anständige. Immer noch besser, man ist Feuer als Stroh, oder ein Wolf als ein Hund.« Schlegel, der redliche Deutsche, musste Germaine de Staël unter all den Wölfen am lodernden Feuer, die mit den Wölfen heulten und im Wandel der Zeiten vorwiegend ihre Wendigkeit unter Beweis stellten, immer wieder wie eine Lichtgestalt vorkommen – zwar die eines Hundes, den man vor allem »brav« fand und nicht unbedingt glorios, die aber doch etwas von dem verkörperte, was sie in der Tiefe ihres Herzens suchte und unter den Menschen gemeinhin nicht fand. Wenn ein deutsches Volkslied den Lebensgang dieses Deutschen begleiten sollte, dann ist es wohl »Üb' immer Treu' und Redlichkeit«.

»Ich habe Gott, meinen Vater und die Freiheit geliebt«

Endgültige Heimkehr

CHATEAU DE COPPET
»Immer hat sie geglaubt, sie werde, wenn es ihr jemals wieder erlaubt würde, in Paris zu wohnen, zehn Jahre lang seine Bannmeile nicht verlassen; – und nun sehnt sie sich so sehr nach der Schweiz, deren Zauber sie stets empfand, ohne es sich jemals einzugestehen, daß sie jetzt schon nach dort zurück will.«
Jean-Charles-Léonard Simonde de Sismondi

Am 12. Mai 1814, nach zwölf Jahren, kam Madame de Staël nach Paris zurück. Ihre Heimkehr war nach außen hin triumphal, eine Bestätigung ihres steinigen Weges, ihrer Beharrlichkeit und ihrer Agitationen. Vorläufig ließ sie sich in der ehemaligen Wohnung der Récamiers in Clichy nieder, und dieser Wohnsitz wurde ein Treffpunkt der Sieger aus Politik und Militär, die sich vor ihr verneigten: Zar Alexander und der Herzog von Wellington, Talleyrand und Fouché, Gentz, Schwarzenberg, Lafayette. Hier wurde im großen Stil debattiert, wie es weitergehen sollte, Frankreichs Zukunft nach innen und außen. Das Land war von ausländischen Truppen besetzt – ein Umstand, der Germaine in der Seele wehtat. Sismondi schrieb am 26. Mai an die Gräfin d'Albany über Madame de Staël: »Seitdem die Deutschen über den Rhein gegangen sind, wünschte sie nichts mehr als Frieden mit Bonaparte und fühlte mit tiefem Schmerz die Erniedrigung Frankreichs und seine Unterjochung.«

Nur diejenigen, die sie gut kannten, bemerkten die Veränderung: Müdigkeit und Überdruss machten sich in ihr breit. Sie war erschöpft, physisch und psychisch. Alle Kämpfe hatten nach ihrem Empfinden zu einem falschen Endziel geführt. Eigentlich nur in Ermangelung besserer Alternativen unterstützte sie jetzt die Bourbonen. Sie hatte noch vor ihrer Rückkehr nach Frankreich verkündet, dass ihre Unterstützung der Dynastie von der Etablierung einer liberalen Verfassung nach englischem Vorbild abhänge – alle bedeutenden Publizisten, betonte sie, »Montesquieu, Monsieur Necker etc.« betrachteten die englische Verfassung als den höchsten Punkt der Vollkommenheit, zu dem die menschliche Gesellschaft gelangen könne. In ihrem politischen Hauptwerk BETRACHTUNGEN ÜBER DIE HAUPTSÄCHLICHEN EREIGNISSE DER FRANZÖSISCHEN REVOLUTION, das in diesen Jahren entstand und zu einem guten Drittel den Werdegang und die Denkansätze ihres Vaters behandelte, machte Madame de Staël deutlich, dass die Revolution eine Errungenschaft der französischen Aufklärung sei, »le triomphe des lumières« und eine Notwendigkeit der Geschichte, dass es also regelrecht gegen die natürlichen Gesetze verstoße, die Errungenschaften dieses Naturereignisses in ihren Hauptpunkten wieder rückgängig zu machen. Dass aber der König am 4. Juni eine Charta proklamierte, ließ das Volk als Souverän außer Acht, mit dem der König einer konstitutionellen Monarchie verpflichtet sei, einen Vertrag einzugehen.

Es gab so manches, was Madame de Staël an der Charta kritisierte. Im Wesentlichen betraf ihre Kritik aber die Zurücknahme der Rechte des protestantischen Bürgertums zugunsten des alten katholischen Adels. Mit den englischen Grundsätzen hatte das wenig zu tun. Fast zum Zerwürfnis kam es zwischen Germaine und ihrem guten alten Freund Mathieu de Montmorency, der sich zum ultra-royalistischen Lager geschlagen hatte – ebenso übrigens Juliette Récamier, die außerdem mit Murat, unter Napoleon König von Neapel, der den Plan hegte, Neapel zurückzugewinnen, geheime Unterhandlungen führte. Bei beiden aber, Mathieu und Juliette, war die ultra-royalistische Einstellung nicht opportunistisch, sondern aus alter Überzeugung gewonnen, somit im Grunde auch nicht überraschend. Die Pläne Murats unterstützte Germaine schließlich auch.

Dem Earl of Harrowby gegenüber, damals Präsident des Geheimen Rates, gab Germaine de Staël eine Woche nach ihrer Rückkehr nach Paris folgendes Tatsachen-, Meinungs- und Stimmungsbild ab: »Ich sah Frankreich, und ich sagte wie Boussuet: Da ist es, so wie die Tyrannei es uns gemacht hat; viel materielle Interessen, aber wenig wirkliche Meinung. Große Unzufriedenheit über die Anwesenheit der ausländischen Tyrannen ist das einzige Gefühl, das alle Parteien verbindet, doch die Royalisten machen sich daraus mehr einen Ehrenpunkt, als daß sie tatsächlich darunter leiden, während die Militärs vor Zorn beben. Die allgemeine Sehnsucht gilt der Freiheit, doch gibt es eine Partei, der diese Bezeichnung das Synonym für alles ist, was es an Schaurigstem gibt. Der König ist sehr gemäßigt, versöhnlicher Menschen als Prinzipien gegenüber, doch die drei Kommissare, die er für die Verfassung ernannt hat, sind in einem solchen Grade Anhänger des Gottesgnadentums, daß sie Frankreich als das Eigentum des Königs ansehen. Überhaupt möchte man in aller Stille das »Ancien Régime« wiederherstellen, und da die Elemente dazu nicht mehr vorhanden sind, würde man sie durch mehr absolute Macht ersetzen, als es je gegeben hat, denn die Tyrannei hat dem Despotismus den Platz eingeräumt.« Solange die fremden Truppen in Paris seien, so Germaine de Staël, werde es keine konsolidierte Regierung geben. Die gute Gesellschaft werde »Es lebe der König!« rufen, aber einen König von Frankreich könne es nicht geben, solange es keine Nation gebe. In der Oper sei man kürzlich auf den Einfall gekommen, »Rule Britannia!« zu rufen, »und so wahr es ist, hat es doch starkes Mißfallen erregt« – bei ihr selbst wohl nicht minder. Ein trotteliger König, über den ganz Europa lachte, auf dem französischen Thron, von ausländischen Truppen gestützt und erhalten, erzkonservative Kommissare und Räte in der Regierung, Konfusionen um sie herum, Karrieristen und Wendehälse, Chaos im großen Stil, Kosaken auf den Straßen von Paris und »Rule Britannia« in der Pariser Oper als Hymne – das war einfach zu viel.

Am 19. Juli reiste Germaine nach Coppet. Sie hatte Heimweh nach ihrem Schloss, nach der Landschaft am Genfer See, nach der Schweiz. Sonderbar eigentlich – was hatte sie in der Vergangenheit den provinziellen Landsitz und den zwangsläufigen Aufenthalt dort, fern von der Hauptstadt, verflucht, und nun nahm sie beinahe die erste Gelegenheit wahr, um Paris zu verlassen und sich freiwillig dorthin zurückzuziehen. Ihre Freunde waren erstaunt und konnten es zunächst gar nicht glauben. Sismondi, der stets recht viel von Germaine verstanden hat, äußerte: »Immer hat sie geglaubt, sie werde, wenn es ihr jemals wieder erlaubt würde, in Paris zu wohnen, zehn Jahre lang seine Bannmeile nicht verlassen; – und nun sehnt sie sich so sehr nach der Schweiz, deren Zauber sie stets empfand, ohne es sich jemals einzugestehen, daß sie jetzt schon nach dort zurück will.«

Ganz andere Dinge gewannen ohnehin in diesen Jahren bei Germaine Priorität. Die Welt zu verbessern – freilich, daran wirkte sie weiterhin mit; unter anderem forderte sie die in Paris versammelten ausländischen Souveräne dazu auf, ein internationales

Abkommen zur Abschaffung des Sklavenhandels zu treffen. Im Innersten aber machte sie sich daran, ihr Haus zu bestellen. Die Zukunft ihrer Kinder stand dabei im Zentrum. Damit Albertine und Auguste heiraten konnten, war es zunächst unerlässlich, ihre Vermögensverhältnisse endgültig zu regeln. Hauptsächlich ging es dabei um die zwei Millionen, die Jacques Necker einst der französischen Krone geliehen hatte. Von Coppet aus schrieb Madame de Staël einen entsprechenden Brief an Ludwig XVIII. Der Monarch zeigte hinsichtlich der Angelegenheit keine besondere Eile, und so wandte sich Germaine beinahe zeitgleich an Benjamin und erinnerte ihn an die 80000 Francs, die er ihr schulde. Sie sei mit der Hälfte zufrieden, gemahne ihn aber auch an seine Pflichten gegenüber Albertine. Constant empfand dieses Ansinnen als kleinlich – von einer Frau, die auf 40000 Francs sicher nicht angewiesen war und die dereinst den bedenkenlosen Geldgeber für den halben exilierten französischen Adel gespielt hatte. Neben wenigen anderen empfand er besonders stark ihre Veränderung. Sie sei teilnahmslos, meinte er, als er sie nach beinahe zwei Jahren wiedersah, fast abweisend kühl, angegriffen, abgemagert und auch etwas bitter. Von Schweden und England aus hatte sie ihm noch ergreifende Briefe geschrieben, abschließende, rückblickende Liebesbriefe mit der Erinnerung an gemeinsame Zeiten, wenn auch immer wieder mit heftigen Vorwürfen durchsetzt. Jetzt aber wies sie ihn ab – und nicht nur ihn. Es war, als ob sie den Blick nur noch auf einen schmalen Pfad richtete, der schon der Zugang zu einem Leben war, das mit dem ihrigen nichts mehr zu tun hatte. In ihren BETRACHTUNGEN ÜBER DEN SELBSTMORD heißt es: »Sobald man ein reifes Alter erreicht hat, hört man schon von allen Seiten die Stimme seines eigenen Todes. Seine Kinder zu verheiraten, bedeutet, das Glück geltend zu machen, das sie haben werden, wenn man selbst nicht mehr ist. Die elterlichen Pflichten bestehen aus einer kontinuierlichen Hingabe, einem allmählichen eigenen Abtreten, und sobald die Kinder ein vernünftiges Alter erreicht haben, sind alle Freuden, die sie geben, auf den Opfern gegründet, die man ihnen bringt.« Die Opfer, die Madame de Staël für ihre Kinder brachte, hatten sich bisher eher in Grenzen gehalten. Sie waren recht frei neben ihr aufgewachsen. Sie hatten die Stürme von innen und außen, die den mütterlichen Lebensgang prägten, wohl oder übel begleitet und mitgetragen, gewiss nicht immer im Sinne einer altersgerechten und harmonischen Entwicklung. Abgehärtet gegen eigene Anstürme waren diese Kinder bestimmt. Die schnippische und unkonventionelle Albertine, über deren Benehmen in der großen Gesellschaft man mit Blick auf ihre geniale Mutter, die sich auch nie gut benahm, hinwegsehen konnte, hatte sich nun auch mit der Mutter auf einen Heiratskandidaten geeinigt. Ob Germaine ihn aussuchte oder die Tochter, ob sich der Bräutigam als erstes bewarb und für gut befunden wurde, bleibt offen. Doch Albertine war in dieser Hinsicht ganz pflegeleicht, und da überfließende Gefühle in ihrem Leben sowieso keinen großen Stellenwert hatten, war sie einverstanden, als sich herausstellte, dass der Mann alle wichtigen guten Eigenschaften besaß. Es war der junge Herzog Victor von Broglie, Pair von Frankreich, aus alter katholischer Adelsfamilie, zudem mit einer politischen Haltung, die der Familie genehm war. Sein Vater, ein liberaler Anhänger der Revolution, war während der Terreurs guillotiniert worden. Victor war gebildet, liberal gesinnt, ehrgeizig. Er hatte kein Vermögen, aber das war auch nicht wichtig. Für seine zukünftige Schwiegermutter war vor allem von Bedeutung, dass er die richtige politische Einstellung hatte und, wie sie sagte, »der einzige wahre Engländer unter den Franzosen« war. Ganz erheblich war aber sicherlich auch die Tatsache, dass die Enkelin Neckers durch diese Verbindung in den alten französischen Adel Frankreichs einheiratete. So waren Geist, Geld und Adel endlich verbunden und die französische Anstammung für die folgenden Generationen verbrieft. Dass Albertine Protestantin war, stieß bei der Familie von Broglie zunächst auf Bedenken; man einigte sich aber später darauf, dass eventuelle Kinder dieser Verbindung katholisch erzogen würden. Um jedoch die Heirat tatsächlich zu initiieren, wartete Madame de Staël erst die Rückgabe ihres Vermögens ab – die Voraussetzung sämtlicher ihrer Verfügungen. Sie wollte auch den kleinen Louis-Alphonse, Roccas Kind, das verborgen unter der Obhut seiner Pflegeeltern in Longirod lebte, legalisieren und in ihrem Testament entsprechend bedenken. Der Kleine war jetzt zwei Jahre alt, kränklich und etwas zurückgeblieben; Germaine besuchte ihn heimlich mit Rocca – wahrscheinlich mehrmals während ihres sommerlichen Coppet-Aufenthalts. Doch auch ihre eigene Heirat war an die Rückgabe ihres Vermögens gebunden.

Rocca war todkrank. Er hatte die Schwindsucht. Germaines Sorge um ihn hielt sich in den kommenden Jahren die Waage mit ihrem eigenen gesundheitlichen Niedergang. Ihre Schlaflosigkeit war inzwischen zur ständigen Problematik geworden, und in diesem ewig aufgepeitschten Wachzustand beanspruchte sie Tag und Nacht ihre nach wie vor zahlreiche Gesellschaft, die in Coppet wieder eingezogen war wie ehedem. Ihr Opiumkonsum war ein Teufelskreislauf. Sie nahm es, um schlafen zu können und da die Wirkung immer mehr nachließ und über die Jahre immer stärkere Dosen erforderlich machte, nahm sie es, um die Entzugserscheinungen der Droge so niedrig wie möglich zu halten. Der getrocknete Milchsaft unreifer Kapseln des Schlafmohns, früher auch als Meconium oder Laudanum bezeichnet, dessen Hauptbestandteil das Morphin ist, war eine Modedroge der romantischen Epoche. Ärzte verschrieben es zu jener Zeit als schmerzstillendes, krampflösendes und schlafförderndes Mittel; es kursierte sogar eine Zeitlang die merkwürdige Theorie, Opium sei ein Mittel gegen den Alkoholismus. Germaine de Staël war hier in guter Gesellschaft. Von Samuel Coleridge über Thomas de Quincey, James Macintosh und William Wilberforce, die sie alle in England kennenlernte, E. T. A. Hoffmann und Christian Dietrich Grabbe bis hin zu Edgar Allan Poe reicht die Liste berühmter Opiumsüchtiger ihrer oder der nächsten Generation. Novalis nahm Opium, desgleichen Byron, Keats, Thompson, Shelley und Heine sowie später Baudelaire. Rocca stand gleichfalls zeitweise unter Opium, doch gegen Tuberkulose half das bestimmt nicht. Der so wesentlich jüngere Mann, inzwischen ganz bleich und gebeugt wie ein Greis, und seine 48-jährige Verlobte stützten und ängstigten sich inzwischen wechselseitig, wer von beiden den anderen wohl überleben würde.

Das kleine Coppet am Genfer See hatte seine Herrin wie eine Schlachtensiegerin empfangen: mit Feuerwerk, Blumengirlanden und Jubel. Schnell zog auch das gesellige Leben wieder im Schloss ein. Schlegel bezog wie ehedem sein Blaues Zimmer, die alte Miss Randall war auch wieder da, des Weiteren Bonstetten, Sismondi und eine Menge Engländer, die nach dem glücklichen Ende der zehnjährigen Kontinentalsperre wieder vergnügt auf dem Kontinent herumreisen konnten. Währenddessen langweilte sich Napoleon Bonaparte auf Elba. Sein ständiges Gefühl, der Verdacht, dass man ihm nach dem Leben trachtete oder ihn noch weiter vom europäischen Schauplatz weg in die Verbannung schicken wollte, war keineswegs unbegründet. Madame de Staël hörte eines Tages in Coppet von einem Komplott zur Ermordung Napoleons – und was tat sie da? Sie benachrichtigte umgehend Joseph, der im nahe gelegenen Schloss Prangins bei Nyon neuerdings ihr Nachbar war, mit der Bitte, Bonaparte zu warnen. Sie war offenbar nicht der Meinung, dass ein Meuchelmord die richtige Methode sei, sich des Ex-Usurpators zu entledigen. Einen gewissen Respekt hatte sie ohnehin vor der Persönlichkeit Bonapartes, der freilich einen schmählichen Machtmissbrauch betrieben und Frankreich sowie halb Europa ins Unglück gestürzt hatte. Nachtragend und rachsüchtig war Madame de Staël nicht, ihre spontanen Gewissenshandlungen waren oft wenig strategisch und häufig kaum auf den persönlichen Vorteil gerichtet. Schon dass sie weiter mit Joseph Bonaparte verkehrte, gefiel der französischen Regierung gewiss nicht, von der sie sich doch die Rückgabe ihres Vermögens erhoffte. Napoleon hörte von ihrer Einflussnahme und drückte ihr seine Anerkennung aus. Auch das gehörte zu ihrem Motto »Alles verstehen, heißt: alles verzeihen.«

Ende September kehrte Germaine nach Paris zurück, wo sich wieder die große Welt in ihrem Hause versammelte. Bei einem Ball, der den ganzen Tag und die darauffolgende Nacht bis morgens um vier dauerte, musste Rocca sich bereits nach dem Mittagessen zurückziehen. Krank, wie er war, konnte er den Lebensstil Germaines nicht mehr teilen. Wenn er in seinem Krankenbett lag, dann las er – wie Germaine einmal stolz wiedergab, gelegentlich acht Stunden pro Tag. Er wollte sich doch so gerne bilden, um gemeinsame Gesprächsthemen mit der Frau an seiner Seite, die er liebte, zu haben. Das machte die Diskrepanz zwischen ihnen zwar nicht geringer, aber Germaine empfand es als Liebesdienst.

Das Verhältnis Germaines zu Constant war nach wie vor kritisch. Germaine warf ihm vor, keine Verantwortung für Albertine tragen zu wollen, sonst würde er sich zum Beispiel an ihrer Mitgift beteiligen. Constant war jedoch in einer äußerst lädierten Verfassung, und das hatte mehrere Gründe: Unzufrieden mit seiner politischen Stellung und seinen Erfolgen, nachdem das Projekt Bernadotte geplatzt war, hatte er erneut das Gefühl, dass alles, was er tat, nur im Sande verlief. Von seiner Ehefrau, die in Deutschland lebte, war er mittlerweile völlig entfremdet, und so wurde er wieder sehr anfällig für seine diversen dekadenten Neigungen, die er in seinen Romanen so plastisch beschrieb. Ein Abend bei Juliette Récamier, die ihn mit perfiden Methoden dafür zu gewinnen versuchte, dass er Murat unterstützte, nahm ihm den letzten Rest Selbstbeherrschung, den er jetzt noch besaß. Angestachelt von ihrer zweckorientierten Koketterie, ließ er sich in den Wahnsinn einer Liebe hineintreiben, in dem er seine sämtlichen Vorgänger wahrscheinlich noch weit übertraf. Er schlief nicht mehr, er aß nichts mehr, wand sich in Krämpfen und weinte, betrank sich und verbrachte ganze Nächte beim Spiel und in Bordellen, wo er Vergessen suchte – doch nichts half. Er selbst analysierte das Ganze als Wahnsinn, von Anbeginn an. Er sezierte seine inneren Vorgänge so akribisch und scharf wie bei der Schilderung seiner Romanhelden, aber es linderte seine Not nicht im Geringsten. Aussichtslos war jede Liebe von jeglichen Männern zu Juliette Récamier. Germaine, die nun wieder Mitleid mit Benjamin hatte, nahm ihn beiseite und erläuterte ihm die spezifische Veranlagung ihrer Freundin, die, so erklärte sie ihm, unfähig zur körperlichen Liebe sei, aber Vergnügen in der Begierde finde, die sie bei den Männern entfachte. Nun hatte er die Erklärung, die allen längst klar war, aber geheilt war er deswegen noch lange nicht. Letztendlich war es der einfache und heilsame Faktor der Zeit, der Benjamin schließlich von seinem Wahnsinn erlöste. Wütend machte Germaine die Tatsache, dass Benjamin Unsummen Geldes beim Spiel verprasste, während er nach wie vor behauptete, seine Schulden an sie nicht zurückzahlen zu können. Albertine, das Ergebnis dieser zügellosen und grenzsprengenden Elternkonstellation, unterhielt sich mit ihrem respektablen Verlobten Victor von Broglie über verfassungsrechtliche Fragen und ähnliche bedeutsame Themen, während sie auf grünes Licht für ihre Heirat wartete und sich sicher längst vorgenommen hatte, die Abgründe sorgfältig zu meiden, die man ihr elterlicherseits ständig vorlebte. Übrigens ist gar nicht klar, ob sie von Benjamins Vaterschaft wusste, desgleichen Auguste in puncto Narbonne; der Familienstammbaum weist Germaines Kinder bis auf den kleinen Louis-Alphonse als Sprösslinge des Barons von Staël aus.

Im März 1815 ging eine neue Hiobsbotschaft durch Europa: Napoleon hatte Elba verlassen und befand sich auf dem erneuten Vormarsch nach Paris. Madame de Staël reiste auf diese Nachricht hin umgehend ab Richtung Schweiz. Sie war nicht sonderlich überrascht; sie hatte mit Bonapartes ungebrochenen Ambitionen gerechnet. Doch was jetzt wieder an usurpatorischem Chaos zu erwarten war, wusste der Himmel. Dass die Franzosen mit der gegenwärtigen politischen Situation zufrieden waren, konnte man nicht gerade behaupten; Napoleon sah gerade deshalb seine Chance, weil er die entsprechenden Nachrichten aus der Hauptstadt erhielt. In mehrfacher Hinsicht war das Rad der Geschichte in vorrevolutionäre Zeiten zurückgedreht worden. Besonders die Bauern spürten wieder die Adelswillkür auf empfindlichste Weise. Napoleons Vorstellung, dass ein gesellschaftlicher Aufstieg von unten nach oben, rein nach Bewährung und Fähigkeit und unabhängig von der Herkunft möglich sein sollte, war einer erneuten Vormachtstellung des Adels gewichen, gerade in der Armee, deren Spitzenstellungen mit unerfahrenen Aristokraten besetzt waren. Seine ehemaligen Soldaten verehrten Napoleon. In vierzehn Tagen eroberte sich Bonaparte Frankreich zurück, und am 20. März schlief er wieder in den Tuilerien. Der Bourbonenkönig Ludwig XVIII. hatte die Flucht ergriffen, als er vom Vormarsch Napoleons informiert wurde. Chateaubriand hatte den König beschworen, den Usurpator zu erwarten, triumphierend, mit der Charta in der Hand. Da soll der gichtkranke König aber geantwortet haben: »Ich bin gerade nicht dazu aufgelegt«, und weg war er, flüchtend gen Gent.

Napoleon gab sich in Frankreich als neuer Mann, der während des knappen Jahres auf seiner winzigen Insel einen völligen Gesinnungswandel vollzogen hatte und plötzlich Frieden und Freiheit, geradezu demokratische Strukturen gewährleisten wollte. Er wusste, er brauchte für einen Neuanfang die Unterstützung der liberalen Kräfte im Land, also wandte er sich an Benjamin Constant und an Madame de Staël als ihre intellektuellen Repräsentanten. Constant hatte gerade im JOURNAL DES DÉBATS einen flammenden Artikel gegen Napoleon veröffentlicht, doch Napoleon und sein guter alter Fouché, der wieder einmal die Seiten gewechselt hatte, umwarben ihn mit verlockenden Angeboten, denen Constant schließlich erlag. Einen Monat nach seinem flammenden Artikel gegen Napoleon war er Staatsrat in Bonapartes Regierung und hatte den Auftrag, sich an der neuen Verfassung redaktionell zu beteiligen – seinen Zusatz würde man »la Benjamine« nennen. Madame de Staël hatte einen letzten, allerletzten Anlass, um ihrem Ex-Lebensgefährten zu grollen, und sie selbst glaubte Napoleon kein Wort. Joseph schrieb ihr: »Er will mehr Freiheit geben, als Sie werden haben wollen; seine Gefühle, seine Ansichten stehen im Einklang mit seinen Worten und den Wünschen besonnener Leute, und die besonnenen Leute scheinen mir heute ganz Frankreich zu sein«, und man versuchte sie vor allen Dingen mit der Aussicht auf die Rückgabe ihres Vermögens zu ködern, doch sie beließ es vorläufig bei einigen diplomatischen Worten und blieb in ihrem Schweizer Exil. Sie kommentierte Benjamins Verfassungszusätze in einem Schreiben an ihn und sanktionierte damit unausgesprochen seine ihr nicht ganz nachvollziehbare Wandlung. Wenigstens gab es, so mochte sie denken, durch seinen Einfluss eine gewisse Gewähr für gute Grundsätze in dieser unabsehbaren Regierung. Seine Befriedigung über sein Werk, fügte sie aber lakonisch hinzu, scheine ihr nicht allein aus seinem Gewissen zu kommen. Den Earl of Harrowby beschwor sie im Juni mit Inbrunst, Frankreich auf dem Wiener Kongress nicht soweit zu erniedrigen, dass man es zerstückle. »Die einzige Tugend dieser Nation ist der Stolz. Obwohl sie im Innern furchtbarer Niedertracht fähig ist, erträgt sie keine Demütigung, die ihr von außen zugefügt wird. […] Die schreckliche Alternative, mein Land zu verraten oder einem Tyrannen beizustehen, verdammt mich zur unbedingtesten Untätigkeit.« Ihre Geduld wurde diesmal auf keine sehr lange Probe gestellt.

Waterloo war das endgültige Ende und verdunkelte alle Erinnerungen an die Sonne von Austerlitz. Am 22. Juni dankte Napoleon zum zweiten Mal ab und legte sein Schicksal in die Hände der Engländer. Als er im feuchtwarmen Klima der Insel Sankt Helena noch einige Jahre vor sich hin brütete, von Langeweile allmählich dahingerafft und drakonisch bewacht von seinen britischen Wärtern, da hatte er zumindest noch Zeit, seine Memoiren zu schreiben und seinen Mythos reflexiv mitzugestalten. Heinrich Heine sollte später einmal sagen, Napoleon sei nicht von dem Holz gewesen, aus dem man Könige macht, sondern aus dem Marmor, aus dem die Götter gemacht werden. Der Korse eignete sich noch Jahrzehnte und Generationen nach seinem Schalten und Walten zu einer unglaublichen Hypostastierung. Für den Philosophen Hegel war Napoleon der verkörperte Weltgeist, für Chateaubriand das verkörperte Böse. Sören Kierkegaard verglich ihn mit Mohammed als Evangelisten der Freiheit, nur mit dem Unterschied, dass er statt von Ost nach West von West nach Ost zog. »Sein Leben war das Schreiten eines Halbgottes von Schlacht zu Schlacht und von Sieg zu Sieg«, soll Goethe seinem getreuen Eckermann gegenüber gesagt haben. Das Kreuz der Ehrenlegion, das ihm der Kaiser beim Erfurter Fürstentag überreicht hatte, trug er bei jeder Gelegenheit am Revers und ärgerte damit seine Umgebung, besonders in der freiheitstrunkenen Stimmung nach den Befreiungskriegen. Für Goethe war Größe eine außermoralische Kategorie; Napoleon war eine produktive Naturkraft, Schöpfung, in diesem Fall Tat.

Nach dem Waffenstillstand schrieb Benjamin ein Memorandum, um sein Verhalten während der Hundert Tage zu rechtfertigen. Obwohl ihm objektiv keine Gefahr drohte, reiste er daraufhin nach England ab. Seine Bedenken, dass Germaine ihn gesellschaftlich in Paris nicht mehr empfangen würde, winkte sie ab. Aber nein – solche äußeren Rücksichten hätten doch keine Macht über sie. »Jetzt sind wir einig«, meinte Germaine. Sie war in aufgeräumter, befriedigter Stimmung, denn der zurückgekehrte König Ludwig XVIII. hatte ihr nun endlich ihre zwei Millionen zurückgezahlt, und mit dieser Wendung der Dinge war sie auch Benjamin gegenüber wieder großzügig und redete nicht mehr von seinen Schulden. »Für immer können Sie auf mich und meine Tochter zählen, nicht als die, die wir sein wollten, sondern als die Sie uns zu sein gestatten, als Freundinnen, und Sie werden schließlich finden, daß es noch das Beste ist, was Sie haben [...] Eine schöne Karriere ist die Ihre, wenn Sie Frankreich die Freiheit lehren können.«

Germaine wollte nicht ins abermals besetzte Paris zurückkehren, sondern reiste mit Albertine, Rocca und Schlegel nach Italien. John Rocca war in einem Zustand, in dem er einen weiteren Winter in Paris nicht überlebt hätte; das italienische Klima sollte ihm guttun. So führte der Reisewagen der Madame de Staël die kleine Gesellschaft erneut über den Simplon auf die andere Seite der Alpen. Nach Aufenthalten in Mailand und Genua nahm sie Anfang des Jahres festen Wohnsitz in Pisa. Dort heiratete Victor von Broglie, der nachgereist war, nach der Erteilung des päpstlichen Dispenses die 18-jährige Albertine de Staël. Schlegel war sehr bewegt. Er hatte die kleine Albertine aufwachsen sehen und widmete ihr anlässlich ihres Hochzeitstages ein gefühlvolles Gedicht. Der glücklichen Mutter blieb jetzt nur noch die Sorge um Auguste, ihren Ältesten, der seine Wahnliebe zu Juliette Récamier glücklicherweise überwunden hatte.

Der Sommer 1816 in Coppet war eine Abschiedsvorstellung. Wie schon im Vorjahr fanden sich zahlreiche Engländer ein, unter anderem George Gordon Lord Byron, der in England nicht mehr ganz wohlgelitten war und den auch die Genfer in diesem Jahr aus Empfindlichkeit kaum empfingen. Er hatte am gegenüberliegenden Seeufer eine Villa gemietet und kam regelmäßig zu Besuch nach Coppet. Byron hatte außerdem Eheprobleme, bei denen Germaine zu vermitteln versuchte – brieflich und über Bekannte, denn der Dichter war allein in der Schweiz. Sie hatte mit ihren Bemühungen keinen Erfolg, aber Byron bedankte sich trotzdem bei ihr, er bedankte sich für ihre Gesellschaft, für all ihre Mühen, für ihre Anteilnahme, für ihre Freundschaft und Offenheit.

Am 10. Oktober heiratete Germaine de Staël in Coppet im Beisein Miss Randalls und des Bruders des Bräutigams heimlich John Rocca. »Der Unterschied im Alter und politische und private Umstände«, so schrieb sie in ihrem zwei Tage später abgefassten Testament, ließen sie wünschen, diese Eheschließung geheimzuhalten. Da aber aus der Verbindung ein Sohn hervorgegangen sei, solle er durch die Beurkundung in den Besitz aller seiner Rechte als ihr legitimer Sohn eintreten. Immerhin vermachte sie dem Kleinen eine halbe Million Schweizer Franken und unterschrieb das Dokument zum ersten und einzigen Mal mit dem Namen »Necker de Rocca«, von dem jedoch zu ihren Lebzeiten niemand erfuhr. Es waren nicht nur die Umstände, die Germaine davon abhielten, ihre Heirat nach außen hin kenntlich zu machen. Sie war und blieb Madame de Staël, die zu keiner Zeit irgendjemand mit einem Ehemann identifiziert hatte. Der wichtigste Mann im Leben der Germaine Necker de Staël Rocca durchzog schließlich wie ein guter Geist oder Hirte den Text ihres testamentarischen Willens: »Ich empfehle meine Seele Gott, der mich in dieser Welt mit Gütern so reich gesegnet hat und mir die Fülle schenkte durch die Hand meines Vaters, welchem ich schulde, was ich bin und was ich habe, und der mir alle meine Fehler erspart hätte, wenn ich nie von seinen Prinzipien abgewichen wäre. Nur einen Ratschlag habe ich meinen Kindern zu geben, nämlich in allem sich das Verhalten, die Tugenden und die Talente meines Vaters im Geist gegenwärtig zu halten und zu versuchen, je nach ihrem Charakter und ihren Kräften ihn nachzuahmen. Ich habe auf dieser Welt niemanden gekannt, der meinem Vater gleichkam, und meine Ehrerbietung und meine Zärtlichkeit für ihn haben sich jeden Tag tiefer in meine Seele eingegraben. Das Leben lehrt vielerlei, doch für jeden, der nachdenkt, bringt es uns Gottes Willen immer näher; nicht etwa, weil die Fähigkeiten nachlassen, sondern im Gegenteil, weil sie zunehmen.« Über die unergründlichen göttlichen Wege im Rahmen von individuellen Grenzerfahrungen, über Leidensdruck, Schicksal und Prüfungen hatte Germaine bereits in ihren BETRACHTUNGEN ÜBER DEN SELBSTMORD recht ausführlich nachgedacht. Anlass zu dieser Schrift war der Doppelselbstmord Heinrich von Kleists und der todkranken Henriette Vogel gewesen, der sie empörte und gegen den sie sich geradezu mit der Feder zur Wehr setzte. Ein Ausdruck von sentimentaler Affektation, gemischt mit philosophischer Eitelkeit, sei dieser Freitod, und die beiden unverantwortlichen Täter, die ihn begingen, hätten sicher nichts von den ewigen Gesetzen geahnt, die das Leben jedes einzelnen Menschen durchzögen, und wenn der Tunnel auch zeitweise noch so dunkel erscheine. Glück allein sei bestimmt nicht das alleinige Ziel des menschlichen Lebens, denn wenn dem so wäre, dann müsste man sich ja töten, sobald man die Jugend hinter sich habe, »sobald man den Berg wieder hinabsteigt, dessen Gipfelpunkt von so vielen brillanten Illusionen umhüllt schien.« Als eine Art Ziel des menschlichen Lebens stellt Germaine die Erhebung der Seele dar, die sich immer mehr von ihren rein individuellen Anteilen befreien müsse, um sich mit dem Großen und Ganzen, dem alles überschauenden Blick des Schöpfers des Universums zu vereinigen. Wann unser Weg zu Ende sei und wohin er führe, das bestimmten wir ganz einfach nicht selbst. Zweifelsohne, die vielen religiösen Einflüsse ihrer letzten zehn Lebensjahre hatten Madame de Staëls Denken geprägt. Eine fast religionsphilosophische Schrift, ein wenig in der Tradition der christlichen Erbauungsliteratur wie diese wäre in früheren Zeiten bei ihr undenkbar gewesen. Die Wendung zeugt aber auch von dem Gedanken an eine tröstliche Heimkehr, bei der ein gütiger Gott-Vater in der Gestalt von Jacques Necker sein Kind zu seinen Füßen vorfindet und ihm alles vergibt, auch seine törichten Versuche, gegen das System des Universums, gegen die Verhältnisse, gegen den Liebesschmerz, gegen die Lebensgesetze und gegen die vielleicht auch gelegentlich ganz berechtigten Interessen der anderen Menschen Revolte zu treiben.

Ihr politisches Vermächtnis an Frankreich konnte Germaine de Staël nicht mehr einlösen. Im Herbst trafen sich in ihrer neu bezogenen, nun wieder standesgemäßen Wohnung in der Rue Royale Nr. 6 erneut die oppositionellen Kräfte, deren Ziel es war, die Bourbonen zu stürzen und eine liberale Regierung zu errichten, während die Ultra-Royalisten einen dominierenden Einfluss in der wiedererrichteten Monarchie eingenommen hatten. Germaines Sorge um Frankreich reichte in eine unabsehbare Zukunft hinein. Paris war derzeit, im Herbst 1816, nach der Wiedereinsetzung Ludwigs XVIII., von ausländischen Truppen mit 150000 Soldaten besetzt – unerträgliche Zustände für Germaine und ihre Freunde. Dass die Engländer ihre Armeen bis auf weiteres in Frankreich halten wollten, war offenkundig. Germaine hatte keinerlei Hemmungen, dem Herzog von Wellington gegenüber ein ums andere Mal den unnatürlichen Zustand der Okkupation in ihrem Land anzuprangern. Wellington war ebenso schonungslos offen wie sie: Seine Gegenwart in diesem Land basiere auf Verträgen und Abkommen; die Ziele, die er verfolge, seien in Erklärungen und Anweisungen nach internationalem Recht streng definiert – »und Sie alle, die ein solch kurzes Gedächtnis und gleichzeitig eine starke Einbildungskraft haben, vergessen nur allzu leicht, was Frankreich in diese Situation gebracht hat, in der es sich derzeit befindet. Sie vergessen, wo Frankreich noch letztes Jahr stand sowie die noch weit schlimmere Situation, in der es sich in der Folge hätte befinden können.« Sie solle die Fakten betrachten und nicht einen nationalen Tunnelblick einnehmen oder ständig ihrer Imagination freien Raum lassen. Auch dem russischen Zaren schrieb Madame de Staël nach Sankt Petersburg, solange die Fremden das französische Territorium besetzt hielten, könne nichts von dem, was sich im Innern ereigne, Stabilität erlangen. Und Preußen, ebenfalls Siegermacht? Nach den Hundert Tagen Napoleons hatte Germaine an Constant geschrieben: »Wenn ich wagen könnte, mir zu schmeicheln, daß die Deutschen, nachdem ich sie in ihrem Ungemach so sehr gelobt habe, auf mich in ihrem Triumph hören würden, ginge ich (nach Paris), nicht um zu schweigen, sondern um zu reden.« Doch gerade das deutsch-französische Verhältnis war nach den Befreiungskriegen und dem erstarkenden Nationalstolz der Deutschen an einen Tiefpunkt gelangt und von der wechselseitigen kulturellen Befruchtung, der Völkerverständigung, für die Madame de Staël immer eintrat, sehr weit entfernt. Madame de Staël nahm es den Deutschen nicht übel. Sie glaubte an dieses Land, das auf seine eigenwillige Art eine Blüte der sich selbst reflektierenden Aufklärung hervorgebracht hatte. Sie glaubte auch an seine politische Zukunft. Diese liege im Föderalismus, schrieb sie in ihren CONSIDÉRATIONS, denn damit würde es den Deutschen auch weiterhin gelingen, ihre Unabhängigkeit zu bewahren.

Endlos müde, halbtot vor Erschöpfung war Germaine de Staël nach Paris zurückgekehrt; ihr Befinden wurde im Laufe des Winters nicht wesentlich besser. Um ihre Krankheit zum Tode irgendwie in Begriffe zu fassen, liegt der Ausdruck nahe, dass sie innerlich ausbrannte. Sie schlief quasi nicht mehr, und das Opium zeigte über die Länge verheerende Folgen, aber wirkte nicht mehr als Narkotikum und um ihr pausenlos überreiztes Nervensystem zu beruhigen. Nur ihre enorme Vitalität, ihr Lebenstrieb, ihr Bedürfnis nach Mitteilung und Anteilnahme am Geschehen hielt sie noch aufrecht wie immer. Alles ging weiter: die Tees, die Empfänge, die Bälle in ihrem Haus. Nebenher schrieb sie hochkonzentriert an ihren CONSIDÉRATIONS, den BETRACHTUNGEN ÜBER DIE FRANZÖSISCHE REVOLUTION. Sie führte ihre Tochter Albertine, Herzogin von Broglie, bei Hofe ein. Sie debattierte engagiert mit den Männern von Frankreichs politischer Zukunft: Barante, Broglie, Camille Jordan, Francois Guizot, die man die »Doktrinäre« nannte und die einmal dazu ausersehen waren, die Bourbonen zu stürzen. Dem Herzog von Wellington erklärte Germaine in diesen Tagen, dass Gespräche über Politik ihr eigentlicher Lebensinhalt seien.

Am 21. Februar 1817 stieg Madame de Staël anlässlich eines Empfangs im Hause des königlichen Kabinettschefs Decazes im Kerzenschein die große Eingangstreppe hinauf, als sie plötzlich schwankte und bewusstlos in die Arme ihres Schwiegersohns sank. Sie hatte einen Gehirnschlag erlitten. So brachte man sie nach Hause zurück, paralysiert, beinahe erstarrt. In den folgenden neunzig Tagen lag sie bewegungslos auf dem Rücken, halb-gelähmt, am Anfang sogar ihrer Sprache nicht mächtig. Ihre Sprachfähigkeit kehrte zurück, doch ihrer Umgebung war klar, dass ihr Zustand auf keine wirkliche Besserung oder gar auf Genesung hinauslief. Germaine sehnte sich nur nach Coppet und bat die Ärzte, sie dorthin bringen zu lassen, doch die Kranke war nicht transportfähig. Albertine war hochschwanger. Sie brachte am 1. März eine Tochter zur Welt und musste nur wenige Tage nach der Entbindung in Stellvertretung ihrer Mutter, denn so wollte es diese, die Empfänge in der Rue Royale, die nach wie vor weiterliefen, als Gastgeberin leiten. Die unnachahmliche Kranke nahm sogar nach einigen Wochen an den Empfängen teil, ließ sich im Bett in ihren Salon tragen und dirigierte von dort aus die Konversation. Im Mai brachte Broglie sie in ein Haus in der Rue Neuve-des-Mathurins, von dessen Erdgeschoss aus man sie in den Garten fahren konnte. Rocca, der selbst kaum noch in der Lage war, sich auf den Beinen zu halten, schob sie im Rollstuhl in die Frühlingssonne von Paris. Da auch ihre Hände gelähmt waren, konnte Germaine nicht mehr schreiben und bediente sich Albertines und Miss Randalls als Sekretärinnen. In einem ihrer diktierten Briefe schilderte sie Miss Mary Berry in London ihren Zustand: »Mir ist, my dear friend, infolge meiner Krankheit etwas wirklich Furchtbares zugestoßen: wegen der grausamen Krämpfe, die mich befallen, kann ich fast keinen Gebrauch mehr von meinen Füßen und Händen machen. Ich liege darum seit neunzig Tagen wie eine Schildkröte auf dem Rücken, jedoch mit viel mehr Gemütserregung und Leiden der Vorstellungskraft als dieses Tier. [...] Es ist wirklich eine Strafe des Himmels, wenn jemand, der der aktivste Mensch von der Welt ist, sich sozusagen versteinert findet. Doch ich bin es gar nicht, weder im Geist noch im Herzen.« Sie las Fénelon und strich sich Stellen im Buch an, das einzige, was ihre gelähmten Finger noch an Beweglichkeit aufbrachten. Bis zum Schluss empfing sie die Freunde: Juliette und Mathieu, Schlegel, der fast wie Rocca und ihre Kinder untröstlich war, Sismondi, Barante, ja sogar Wellington, Talleyrand und La Fayette. Sie schickte nach Wellington und wollte ihm offenbar noch etwas sagen, als das Ende schon absehbar war; der General war aber gerade nicht in Paris. Anfang Juli war Dr. Jurine aus Genf eingetroffen, von Auguste und Albertine gerufen, doch er konnte nichts mehr für die Todkranke tun. Als sich am 13. Juli an ihrem Körper Brand einstellte, wechselten sich Albertine, Auguste, Broglie und Miss Randall am Sterbebett ab – der völlig verzweifelte Rocca lag selbst meistens darnieder. Fanny Randall verabreichte Germaine am Abend auf ihren Wunsch hin einen besonders starken Trank Opium, entgegen der Weisung der Ärzte, und die Ruhelose, die zeitlebens Umgetriebene, starb schlafend, nur 51 Jahre alt, am Morgen des 14. Juli. Es war der Jahrestag des Sturms auf die Bastille.

Auguste und Schlegel begleiteten in kleinen Tagereisen den Leichenwagen von Paris nach Coppet, in die unfreiwillige Heimat, die es zum Schluss doch noch in vollem Sinne geworden ist, mehr als Paris. Hier wurde Anne Louise Germaine de Staël am 28. Juli bestattet – in dem Mausoleum im Park von Coppet, in dem schon ihre Eltern beigesetzt waren. Sie habe sich doch im Grunde gar nicht verändert, sagte sie in ihren letzten Tagen zu Chateaubriand, im Glück und im Leid und zu jeder Zeit ihres Lebens: »Ich habe Gott, meinen Vater und die Freiheit geliebt.« Für ihren Freiheitskampf schuf man ihr Monumente – doch keine aus Stein, sondern solche, die vorauswiesen ins Meer einer offenen Zukunft.

Zeittafel

1766: 22. April: Anne Louise Germaine Necker wird als Tochter des aus Genf gebürtigen Bankiers Jacques Necker und seiner ebenfalls aus dem Waadtland stammenden Gattin Suzanne Curchod in Paris geboren.

Madame Necker führt in Paris einen renommierten Salon, in dem Marmontel, Suard, Buffon, d´Alembert, der Abbé Galiani und Diderot verkehren. Millionär Necker hat privatisiert und beschäftigt sich mit nationalökonomischen Fragen. Germaine wächst im Klima dieses Salons heran und wird als »Wunderkind« präsentiert.

1776: Ludwig XVI. entlässt seinen Finanzminister Turgot.

April: Familie Necker bricht zu einer Reise nach England auf.

Oktober: Mit dem Titel eines »Generalkontrolleurs der Finanzen« wird Jacques Necker de facto Finanzminister Frankreichs unter Ludwig dem XVI.

1779: Psychische Krise der 13-jährigen Germaine infolge ihrer problematischen Mutterbeziehung.

1781: Necker veröffentlicht seinen »Compte rendu au Roi«, erste Veröffentlichung der französischen Staatsfinanzen.

Mai: Necker wird vom König als Finanzkontrolleur entlassen.

Die 15-jährige Germaine verfasst einen Kommentar zu Montesquieus »Geist der Gesetze«.

1783: Verhandlungen der Eltern Necker mit dem englischen Parlamentarier William Pitt als Heiratskandidaten für ihre Tochter

1784: Germaine verfasst einen Aufsatz über Rousseau.

1786: 14. Januar: Anne Louise Germaine Necker heiratet den 17 Jahre älteren schwedischen Botschafter Eric Magnus de Staël-Holstein. Die Botschaftergattin eröffnet in Paris einen Salon, verfasst Erzählungen und Theaterstücke.

1787: 31. Juli: Germaines Tochter Hedwig-Gustavine wird geboren, die im Alter von zwei Jahren stirbt.

In Reaktion auf die Vorwürfe des derzeitigen Finanzministers Calonne, sein Vorgänger Necker habe während seiner Amtszeit die Staatsfinanzen geschönt, veröffentlicht Jacques Necker eine Verteidigungsschrift, die Sanktionen des Königs zur Folge hat. Verbannung aus Paris mittels eines »lettre de cachet«.

1788: August: Der öffentliche Kredit bricht in Frankreich zusammen. Zwangsanleihen werden aufgelegt. Necker wird wieder zum Generaldirektor der Finanzen berufen sowie zum Staatsminister mit Sitz in allen Staatsräten.
Germaines »Briefe über Jean-Jacques Rousseau« werden veröffentlicht, ein Jahr später in einer erweiterten Auflage. Auch in Weimar liest man die Schrift mit Interesse.

1789: 5. Mai: Versammlung der Generalstände in Versailles.
11. Juli: Necker wird als Finanzminister entlassen.
14. Juli: Erstürmung der Bastille.
Wiederberufung Neckers und Rückkehr nach Paris.
26. August: Die Menschen- und Bürgerrechte werden erklärt.
Madame de Staël begrüßt zunächst die Revolution. Mutmaßlicher Beginn ihrer Liebesbeziehung mit Louis de Narbonne. Freundschaft mit Talleyrand und Mathieu de Montmorency. Erstere endet mit einem Bruch, Letztere besteht lebenslang.

1790: 31. August: Germaines Sohne Louis-Auguste wird geboren. Der Vater ist höchstwahrscheinlich Louis de Narbonne.
September: Jacques Necker tritt von seinem Amt zurück. Das Ehepaar Necker verlässt Paris und kehrt endgültig zurück an seinen Sitz Coppet am Genfer See.

1791: Januar: Madame de Staël veranstaltet in Paris »Koalitionsdiners« – ein pluralistisches Forum zur Meinungsbildung für Vertreter aller Parteien. Germaine plädiert für den Erhalt der Monarchie und betreibt einen dezidierten Lobbyismus. Ihren Geliebten Narbonne macht sie durch ihre Netzwerke zum Kriegsminister für das revolutionäre Frankreich. Die Presse verunglimpft Madame de Staël wegen ihrer politischen Aktivitäten, ihrer Offenheit für verschiedene Parteien und wegen ihres freien Liebeslebens.
3. September: Die Verfassung von 1791 wird verabschiedet.
14. September: Ludwig XVI. leistet den Eid auf die Verfassung.

1792: Germaine de Staël beginnt ihre Schrift: »Vom Einfluss der Leidenschaften auf das Glück der Individuen und der Nationen«. Erste Bestandsaufnahme eines bewegten privaten und politischen Lebens der 26-Jährigen.
13. August: Die königliche Familie wird im Temple gefangengesetzt.
2.–5. September: Septembermassaker in Paris. Unter Lebensgefahr begibt sich Germaine de Staël mitten in die Ereignisse.

3.–15. September: Wahlen zum Nationalkonvent.
21./22. September: Die französische Monarchie wird abgeschafft. Frankreich ist Republik.
20. November: Germaines zweiter Sohn von Narbonne Albert wird geboren. Unmittelbar nach der Geburt reist Germaine nach England, wo Narbonne in der Emigrantenkolonoie Juniper Hall lebt. Heftige emotionale Wirren Germaines, als Narbonne sich aus der Beziehung zu lösen beginnt.
11. Dezember: Prozessbeginn gegen Ludwig XVI. vor dem Konvent. Todesurteil.

1793: 21. Januar: Ludwig XVI. stirbt durch die Guillotine.
10. März: Revolutionstribunal. Germaine de Staël verfasst einen Aufruf zur Rettung der Königin. Zahlreiche von ihr organisierte und finanzierte Rettungsaktionen ihrer aristokratischen Freunde, die sie außer Landes schafft, um sie vor dem Schafott zu bewahren.
Liebesverhältnis Germaines mit Adolphe Ribbing.
27. Juli: Robespierre wird in den Wohlfahrtsausschuss gewählt (im April gebildet).
16. Oktober: Königin Marie-Antoinette wird hingerichtet.

1794: Im ungeliebten Zwischenexil in Coppet ist Germaine außerordentlich produktiv. Ihr »Versuch über die Dichtungen«, im Folgejahr publiziert, später von Goethe übersetzt und auszugsweise in »Die Horen« gestellt, ist ein Ertrag dieser Zeit.
14. Mai: Tod Suzanne Neckers in Coppet.
27. Juli: Robespierre wird gestürzt.
Ende der Jakobinerherrschaft. In der Folgezeit: Terror von rechts und von links.
September: Germaine de Staël trifft in Montchoisi nahe Lausanne erstmals auf ihren späteren Lebensgefährten, den Publizisten Benjamin Constant. Dramatischer Auftakt einer sturmgeschüttelten Beziehung, die mit politischer und publizistischer Zusammenarbeit einhergeht.
In einer Flugschrift »Betrachtungen über den Frieden, an Mr. Pitt und die Franzosen gerichtet« ruft Madame de Staël dazu auf, zum »Geist von 1789« zurückzukehren. Nach einer republikanischen Phase wird sie bis zum Schluss eine konstitutionelle Monarchie nach englischem Muster befürworten.

1795: Mai: Zusammen mit Constant kehrt Germaine nach Paris zurück, wo sie ihren Salon in der Rue du Bac wiedereröffnet.
31. Mai: Revolutionstribunal abgeschafft.
23. September: Direktorial-Verfassung von 1795 verkündet.
5. Oktober: Vendémiaire-Aufstand von Royalisten mit Hilfe Napoleon Bonapartes niedergeschlagen.
Madame de Staël sammelt erneut die Vielzahl der politischen Kräfte in ihren Reihen. Die neue Regierung, genannt Direktorium, eine fünfköpfige Exekutivgewalt, ist schwach und korrupt.
Zusammen mit Constant beschäftigt sich Madame de Staël mit Verfassungsfragen und politischer Theorie.

1796: 18. März: Aufgabe der Assignaten-Währung. Andauernde Inflation.
»Vom Einfluss der Leidenschaften« erscheint.
Madame de Staël verbringt das ganze Jahr in der Schweiz. Das Direktorium betrachtet sie als Feindin der Republik und royalistische Sympathisantin, während sie von der Berner Regierung des Jakobinismus verdächtigt wird. Lakonisch äußert sie: »Die Republik verbannt mich, die Gegenrevolution hängt mich.«
Beginn ihrer Liebesbeziehung mit Benjamin Constant, die bisher nur eine Freundschaft und Arbeitsgemeinschaft war.

1797: 8. Juni: Germaine bringt ihre Tochter Albertine zur Welt, die vermutlich von Constant ist.

1798: 12. April: Unter französischer Besatzung wird die Helvetische Republik ausgerufen. Untergang der alten Eidgenossenschaft.
19. Mai: Napoleon Bonaparte schifft sich nach Alexandria ein. Beginn des Ägyptenfeldzuges.

1799: Madame de Staël arbeitet an einer literatursoziologischen Schrift: »Über die Literatur in ihren Beziehungen zu den gesellschaftlichen Institutionen«, die 1800 veröffentlicht wird. Erste Berührung mit deutscher Literatur und deutscher Philosophie. Kontakt mit Wilhelm von Humboldt in Paris. Korrespondenz mit dem Exil-Franzosen Charles de Villers, der sich mit Kant beschäftigt und mit Klopstock, Schelling, Goethe, Jean Paul, Jacob Grimm, Görres, Voß und F.H. Jacobi in Verbindung steht.
9./10. November: Staatsstreich Napoleons (18. Brumaire).
11. November: Drei Konsuln (Bonaparte, Ducos, Seyès) gewählt.
15. Dezember: Konsulatsverfassung des Jahres VII verkündet. Bona-

parte ist de facto alleiniger Konsul und erklärt die Französische Revolution für beendet.

1800: Benjamin Constant hält im Tribunal eine kritische Rede zu Verfahrensweisen der neuen Regierung, die Bonaparte empört. Germaine de Staël fördert weiterhin in Paris eine latente Opposition und wird zunehmend zur Persona non grata. Von nun an immer wieder Auferlegung von Bannmeilen um Paris und Polizeikontrolle.

Im Sommer schreibt Germaine in Coppet ihren ersten Roman: »Delphine«, der 1802 in Paris publiziert wird. Der Erste Konsul Bonaparte moniert die systemkritischen Töne in diesem literarischen Werk.

1803: Madame de Staël bekommt eine Zehnmeilen-Bannzone von Paris auferlegt, die sie mehrfach durchbricht. Im Herbst bricht sie in melancholischer Stimmung zu ihrer ersten Deutschland-Reise auf. Beginn ihres zwölfjährigen Exils. Im Dezember erreicht sie Weimar, trifft Wieland, Schiller und Goethe.

1804: März: Madame de Staël trifft in Berlin ein. Glänzender Empfang am preußischen Königshof. Begegnung mit Fichte im Hause des schwedischen Botschafters Brinckmann. Madame de Staël plant ein Buch über Deutschland. August Wilhelm Schlegel, den sie in Berlin kennenlernt, wird als Hauslehrer ihrer Kinder angestellt und begleitet Madame von nun an durch Europa. In Weimar erhält Germaine im April die Nachricht vom Tod ihres Vaters. Große Erschütterung und Rückreise nach Coppet.

18. Mai: Proklamation Bonapartes zum Kaiser.

2. Dezember: Selbstkrönung Napoleons I. in Notre Dame.

1805: Krieg der 3. Koalition gegen Frankreich.

Madame de Staël macht eine Italien-Reise, aus der ihr Roman: »Corinna oder Italien« hervorgeht. Liebesaffären mit Prosper de Barante und Dom Pedro de Souza.

Coppet am Genfer See wird in den Folgejahren zu einem einzigartigen Treffpunkt europäischer Intellektueller und, wie Napoleon in seinen auf Sankt Helena verfassten Erinnerungen schreiben wird, »einem Arsenal«, wo man hinging, »um sich die Sporen gegen mich zu verdienen.« Blütezeit zwischen 1807 und 1809.

Germaine schreibt u.a. wieder Theaterstücke. Constant verfasst ebenfalls einen Beziehungsroman (»Cécile«), in dem er seine Beziehung zu Germaine aufzuarbeiten versucht. Mehrfache Versuche der Trennung von seiner gebieterischen Geliebten. Zunehmende Opium-Abhängigkeit bei Germaine de Staël.

1806: 12. Juli: Gründung des Rheinbunds.

1806/1807: Krieg der 4. Koalition gegen Frankreich.

1807/1808: Madame de Staël reist nach Wien und verbringt hier den Winter. Liebesaffäre mit dem jungen Moritz O´Donnel von Tyrconnel. »Corinna oder Italien« erscheint und findet große Resonanz. Dorothea Schlegel wird den Roman ins Deutsche übersetzen. Aufenthalte in Dresden und Weimar folgen dem Wien-Aufenthalt.

1808: Anfang Oktober: Napoleons Fürstenkongress in Erfurt.

1809: Madame de Staël arbeitet an ihrem Buch: »Über Deutschland«, das schon vor der Veröffentlichung zu einem Politikum wird. Ausreisepläne nach Amerika, die sich immer wieder zerschlagen. Von französischer Regierungsseite wird ihr die Ausreise nahegelegt.

1810: »De l´Allemagne« (»Über Deutschland«) erscheint. Die ersten 10.000 gedruckten Exemplare werden allerdings auf Befehl von Napoleons Polizeiminister Savary umgehend eingestampft. Die Autorin erhält den Befehl, Frankreich binnen drei Tagen zu verlassen.
Beginn ihrer Liebesbeziehung mit dem 22 Jahre jüngeren Jean-Michel Rocca.
Madame de Staël beginnt mit der Niederschrift ihrer Memoiren, woraus die Schrift »Zehn Jahre im Exil« entsteht.

1811: Letzte Schwangerschaft mit 45 Jahren, die Germaine in Verbindung mit der niederschmetternden Gesamtsituation äußerst zusetzt. Depressionen im Winter 1811/12, deren Frucht die Schrift »Betrachtungen über den Selbstmord« ist. In ihrem Drama: »Sappho« reflektiert die Autorin erneut die Problematik der genialen Frau, die an der Liebe zugrundegeht. Beginn eines Epos über Richard Löwenherz.

1812: 7. April: Kurz vor ihrem 46. Geburtstag bringt Germaine de Staël in Coppet einen Jungen zur Welt.
23. Mai: Heimlicher Aufbruch zu einer abenteuerlichen Flucht durch Europa mit den Stationen Wien–Moskau–Sankt Petersburg–Stockholm–London zur Mobilisierung der napoleonischen Opposition. Teilweise reist Madame de Staël parallel zu Napoleons Armee (Russland-Feldzug). Treffen mit dem russischen Zaren Alexander und dem Grafen von Bernadotte. Im Londoner Exil erscheint »De l´Alle-

magne«, das innerhalb weniger Tage vergriffen ist. Die berühmteste Napoleon-Opponentin genießt einen fulminanten Ruf.

Oktober: Niederlage der napoleonischen Truppen im Russland-Feldzug.

1813: In London erhält Madame de Staël die Nachricht vom Tod ihres Sohnes Albert, der bei einem Duell ums Leben kam.

16.–19. Oktober: Völkerschlacht bei Leipzig. Entscheidender Sieg der Verbündeten über Napoleon, dessen Herrschaft rechts des Rheins damit zusammenbricht.

1814: 2./6. April: Absetzung und Abdankung Napoleons. Abfindung mit dem Fürstentum Elba.

12. Mai: Madame de Staël kehrt nach Paris zurück. In ihrem Übergangsdomizil in Clichy verkehren Zar Alexander und der Herzog von Wellington, Talleyrand, Fouché, Gentz, Lafayette. Verfassungsdebatten. Sie unterstützt den Bourbonenkönig Ludwig XVIII., ist aber ausgebrannt und enttäuscht. Rückgabe der zwei Millionen Francs an Madame de Staël durch Ludwig XVIII., die Jacques Necker dereinst dem König geliehen hatte.

1815: Napoleons Rückkehr nach Frankreich zur »Herrschaft der 100 Tage«. Nach Niederlage bei Belle-Alliance (Waterloo) Gefangennahme durch die Engländer und Verbannung auf die Insel Sankt Helena.

1816: Heimliche Heirat Madame de Staëls mit Jean-Michel (»John«) Rocca.

In Pisa heiratet Albertine de Staël den Herzog von Broglie.

1817: Madame de Staël erleidet in Paris einen Hirnschlag. Halbseitig gelähmt und ans Bett gefesselt, leitet sie trotzdem weiter ihren Salon.

14. Juli: Madame de Staël stirbt in Paris, nur 51-jährig.

28. Juli: Im Mausoleum im Park von Coppet wird Madame de Staël beigesetzt.

Die »Betrachtungen über die Hauptereignisse der Französischen Revolution« erscheinen posthum 1818.

Literaturverzeichnis

Werke und Briefausgaben

Oeuvres complètes de Madame la Baronne de Staël-Holstein (Tome I–III), Paris 1838. Firmin Didot Frères, Libraires-Editeurs Paris et Treuttel et Würtz, Libraires Strasbourg

Madame de Staël: Considérations sur la Revolution Francaise, présenté et annoté par Jacques Godechot, Paris 1983

Germaine de Staël: Corinna oder Italien, Übersetzung von Dorothea Schlegel, München 1979

Madame de Staël: De la littérature, considérée dans ses rapports avec les institutions sociales. »Classiques Garnier« de l'Academie Francaise (Collection dirigée par Marc Fumaroli), Axel Blaeschke (édition critique), Paris 1998

Anne Louise Germaine de Staël-Holstein: Delphine (dt.), Brockhaus Leipzig 1847

Madame de Staël: De l'influence des passions/Réflexions sur le suicide, Editions Payot & Rivages, Paris 2000

Germaine de Staël: Essai sur les Fictions, suivi de: De l'influence des passions, présenté par Michel Tournier, Paris 1979

Germaine de Staël: Lettres sur les ouvrages et le caractère de J.-J. Rousseau, Genève 1979 (Réedition de 1788, Paris)

Memoiren der Frau von Staël (Dix Années d'Exile), bearbeitet und hrsg. v. Gertrude Kircheisen, Berlin 1912

Germaine de Staël: Rettet die Königin! Aufruf zur Verteidigung von Marie-Antoinette und andere Dokumente zur Französischen Revolution, Ruth Schirmer (Hrsg./Übersetzung), Zürich 1989

Georges Solovieff (Hrsg.): Madame de Staël: »Kein Herz, das mehr geliebt hat«/Briefe, Ffm. 1986

Werke anderer Autoren

Burke, Edmund: Reflections on the Revolution in France, Indianapolis 1976

Constant, Benjamin: Journal Intime/Cahier Rouge, Monaco 1945

Constant, Benjamin: Werke in vier Bänden, hrsg. von Axel Blaeschke und Lothar Gall, Berlin 1970

Chamisso, Adelbert von: Sämtliche Werke, München 1975

Fichte, Johann Gottlieb: Die Wissenschaftslehre, 2. Vortrag im Jahre 1804, Verlag Felix Meiner, Hamburg 1986

Günther Holzboog (Hrsg.): Fichte im Gespräch, SPECULA 1, 3, Frommann-Holzboog, Bd. 3, 1801–1806, Berichte der Zeitgenossen, S 1981

Goethe, Johann Wolfgang: Sämtliche Werke, Münchener Ausgabe, M 1985, ISBN: 3-446-14005-0

Briefe von und an Goethe, Hamburger Ausgabe, M 1976

Gentz, Friedrich von: Gesammelte Schriften, Bd. 2: Von dem politischen Zustande in Europa vor und nach der Französischen Revolution, Nachdruck Berlin 1802/1997, ISBN: 3-487-10412-1

Melchior Grimm: Paris zündet die Lichter an. Literarische Korrespondenz, München 1977

Kant, Immanuel: Werke in sechs Bänden, hrsg. v. Wilhelm Weischedel, Darmstadt 1983

Necker, Jacques: Oeuvres complètes, Tome 15: Mélanges, Paris 1971

Novalis: Werke, München 1981

Rousseau, Jean-Jacques: Julie où: La Nouvelle Héloise, Paris 1960

Rousseau, Jean-Jacques: Schriften, Bd. I und II, hrsg. v. Henning Ritter, Carl Hanser München 1978

Saint-Pierre, Bernardin de: Paul et Virginie, Paris 1965
Schiller, Friedrich: Werke, NA, Weimar 1983
Schlegel, August Wilhelm: Ausgewählte Werke, Berlin 1922
Schlegel, August Wilhelm: Geschichte der romantischen Literatur, Stuttgart/Kohlhammer 1967
Schlegel, August Wilhelm: Vorlesungen über dramatische Kunst und Literatur, Stuttgart/
Kohlhammer 1967
Schlegel, Friedrich: Kritische Schriften, Carl Hanser Verlag, M, o.J.
Villers, Charles: Philosophie de Kant où: Principes fondamentaux de la philosophie transcendentale, Bruxelles 1973 (Réedition Utrecht 1830–33)

Weiterführende Literatur

Armend, Anne: Zwischen »Implosion« und »Explosion« – zur Dynamik der Melancholie im Werk der Germaine de Staël, Trier 1991
Balayé, Simone: Madame de Staël, lumières et liberté, Paris 1979
Barudio, Günter: Madame de Staël und Benjamin Constant, Berlin 1996
Lady Blennerhasset: Madame de Staël et son temps, Réedition de 1890 (Louis Westhauser, Editeur), Tome I–III, Slatkine Reprints, Genève 2002
Brandes, Helga (Hrsg.): »Der Menschheit Hälfte blieb noch ohne Recht'« – Frauen und die Französische Revolution, Wiesbaden 1991
Brentano, Bernhard von: August Wilhelm Schlegel. Geschichte eines romantischen Geistes, Ffm. 1986 (1943)
Bürgin, Alfred: Kapitalismus und Calvinismus, Winterthur 1960
Christoffel, Ulrich: Deutsche Innerlichkeit, München 1940
Craig, Gordon A.: Die Politik der Unpolitischen. Deutsche Schriftsteller und die Macht 1770–1871, München 1993
Diesbach, Ghislain de: Madame de Staël, Paris 1983
Dufraisse, Roger: Napoleon. Revolutionär und Monarch. Eine Biographie, München 1994
Fairweather, Maria: Madame de Staël, London 2005
Fehrenbach, Elisabeth: Der Kampf um die Einführung des Code Napoléon in den Rheinbundstaaten, Wiesbaden 1973
Fuchs, Irmgard: Madame de Staël, die Unzeitgemäße, in: Gerhard Danzer (Hrsg.): Frauen in der patriarchalischen Kultur, Würzburg 1997
Haussonville, Gabriel P.: Madame de Staël et l'Allemagne, Paris 1928
Herold, Christopher: Madame de Staël. Herrin eines Jahrhunderts, München 1980
Von der Heyden-Rynsch, Verena: Europäische Salons. Höhepunkte einer versunkenen weiblichen Kultur, München 1992
Herre, Franz: Napoleon Bonaparte. Wegbereiter eines Jahrhunderts, München 1988
Klauß, Jochen: Alltag im »klassischen« Weimar, Nationale Forschungs- und Gedenkstätten der klassischen deutschen Literatur, Weimar 1990
Kleßmann, Eckart: Napoleon. Ein Charakterbild, Weimar 2000, ISBN: 3-7400-1128-9
Kronenbitter, Günther: Wort und Macht. Friedrich Gentz als politischer Schriftsteller, Berlin 1994
Kuhn, Axel: Die Französische Revolution, Stuttgart 1999, ISBN: 3-15-017017-6
Lacretelle, Pierre de: Madame de Staël et les hommes, Paris 1939
Loeben, Otto Heinrich von: Deutsche Worte über Frau von Staël, Heidelberg 1814
»Madame de Staël et l'Europe«, Colloque de Coppet (18.–24. Juillet 1966), Paris 1970
Mann, Golo: Friedrich von Gentz. Gegenspieler Napoleons, Vordenker Europas, Ffm. 1995
Maurois, André: Napoleon, Reinbek bei Hamburg 2002
Oppenheimer, Wolfgang: Necker. Finanzminister am Vorabend der Französischen Revolution, Stuttgart 1988

Orieux, Jean: Talleyrand. Die unverstandene Sphinx, Ffm. 1972 (Talleyrand où le Sphinx incompris), Paris 1970
de Pange, Pauline (Willy Grabert dt.): August Wilhelm Schlegel und Frau von Staël, Hamburg 1940
Pulver, Corinne: Madame de Staël, München 1980
Richet, Denis/Furet, Francois: Die Französische Revolution (übersetzt von Ulrich Friedrich Müller), Ffm. 1987
Röpke, Wilhelm: Die deutsche Frage, Zürich 1945
de Saussure, Albertine: Ueber den Charakter und die Schriften der Frau von Staël, übersetzt von A.W. Schlegel, Paris/Landau/Straßburg 1820
Solovieff, Georges: L'Allemagne et Mme. de Staël, Paris 1990
Sourian, Eve: Madame de Staël et Heine: les deux Allemagnes, Paris 1974
Stephan, Inge/Weigel, Sigrid (Hrsg.): Die Marseillaise der Weiber. Frauen, die Französische Revolution und ihre Rezeption, Hamburg 1989 (Literatur im historischen Prozeß, Neue Folge 26)
Theunissen, Michael: Produktive Innerlichkeit, in: Frankfurter Hefte. Zeitschrift für Kultur und Politik, H-extra 6 1984
Wallenborn, Melitta: Deutschland und die Deutschen, in: Mme. de Staëls »De l'Allemagne«, Ffm. 1998 (Europäische Hochschulschriften)
Weidenfeld, Werner (Hrsg.): Nachdenken über Deutschland. Materialien zur politischen Kultur der Deutschen Frage, Verlag Wissenschaft und Politik 1985
Winterling, Peter: Rückzug aus der Revolution. Eine Untersuchung zum Deutschlandbild und zur Literaturtheorie bei Madame de Staël und Charles de Villers, Schäuble Verlag Rheinfelden (Reihe Romanistik, Nr. 63) 1985
Wismer, Emil: Der Einfluß des deutschen Romantikers Zacharias Werner in Frankreich. Die Beziehungen des Dichters zu Madame de Staël, Bern 1968 (Europäische Hochschulschriften)

Bildnachweis

Collection du Château de Coppet, © Château de Coppet, www.coppet.ch
S. 9 Jacques Necker (1732–1804), Gemälde von Jean-Sifred Duplessis
S. 9 Suzanne Necker (1737–1794), Gemälde von Jean-Sifred Duplessis
S. 20 Germaine Necker im Alter von 14 Jahren, Rötelzeichnung von Carmontelle
S. 35 Eric Magnus de Staël-Holstein (1749–1802), Gemälde von Adolphe-Ulrich Wertmüller
S. 94 Benjamin Constant (1767–1830), Zeichnung, Firmin Massot zugeschrieben
S. 155 Germaine mit ihrer Tochter Albertine, Gemälde von Elisabeth-Louise Vigée-Lebrun
S. 201 Germaine des Staël mit der Büste ihres Vaters, Gemälde von Firmin Massot
S. 214 Germaine als Corinna, Gemälde von Firmin Massot
S. 230 Château de Coppet zu Lebzeiten Madame de Staëls
S. 243 Juliette Récamier (1777–1849), Gemälde von Eulalie Morin
S. 289 Albert-Jean-Michel Rocca, genannt John Rocca (1788–1818), Gemälde von Pierre-Louis Bouvier, Dépôt du Musée d'Art et d'Histoire de Genève
S. 304 Germaine de Staël, Gemälde von François Gérard
S. 318 Auguste de Staël (1790–1827) und Albert de Staël (1792–1813), Gemälde von Anne-Louis Girodet-Trioson und Zeichnung, Firmin Massot zugeschrieben
S. 338 Zimmer von Germaine de Staël im Schloss Coppet

Weitere Abbildungen

S. 49 Germaine de Staël, Lithographie/Zeichnung nach einem Gemälde von Elisabeth-Louise Vigée-Lebrun © akg-images
S. 57 Ludwig XVI. und Necker, anonymes Gemälde aus dem Jahr 1789, Musée Carnavalet, Paris, © akg-images/Erich Lessing
S. 73 Charles M. Talleyrand (1754–1838), Lithographie/Zeichnung nach Porträt um 1790, Bibliothèque Nationale, Paris, © akg-images
S. 113 Napoleon Bonaparte (1769–1821), Porträt von Anne-Louis Girodet-Trioson, © Archivo Iconografico, S.A./CORBIS
S. 128 Wilhelm von Humboldt (1767–1835), Porträt, © Bettmann/CORBIS
S. 140 Madame de Staël als Delphine, © Gianni Dagli Orti/CORBIS
S. 168 Johann Wolfgang Goethe (1749–1832), Porträt um 1800, © Bettmann/CORBIS
S. 186 August Wilhelm Schlegel (1767–1845), Holzstich nach zeitgenössischem Porträt, © akg-images
S. 261 Der Wanderer über dem Nebelmeer, Gemälde von Caspar David Friedrich, um 1818, Archiv des Verlags
S. 273 Adelbert von Chamisso (1781–1838), Punktierstich von Johann Michael Siegfried Lowe, © akg-images

Personenregister